Psychology of Self-Control

セルフ・
コントロール
の心理学

自己制御の基礎と
教育・医療・矯正への応用

高橋雅治 編著
Masaharu Takahashi

北大路書房

まえがき

　セルフ・コントロールの研究に着手してから30年以上が経過した。研究を始めたきっかけは、学生の時に読んだ「自己拘束、選択、および、セルフ・コントロール」という論文（Rachlin & Green, 1972）であった。そこには、「すぐにもらえる小さな報酬」と「遅延される大きな報酬」の間の選択をハトに行わせた実験が報告されていた。ハトが前者を選ぶことは、誘惑に負けて小さな報酬をとってしまうという意味で、衝動的な行動と言える。一方、後者を選ぶことは、目先の欲望を抑え自分にとってより好ましい結果を選び取るという意味で、セルフ・コントロール（欲望や感情をおさえること）に相当すると考えられる。実験の結果は、手続きを工夫すれば、ハトに後者の「遅延される大きな報酬」を選ばせることができることを示していた。すなわち、ハトでさえ、目先の誘惑に負けることなく、長期的に見てより好ましい選択を行うことができるというのである。

　この論文と出会った頃、大学では、研究や教育の活性化をめぐり様々な議論が始まっていた。なかでも特に重要に思われたのは、1970年代に中教審の答申において打ち出された教員任期制の導入という改革案（加澤、2015）であった。任期制が大学の活性化につながるなら大いに賛成である。だが、当時の大学の状況を見る限り、問題がそう簡単に解決するとは思えなかった。なぜならば、当時の議論には、「任期制の導入により教員の行動がどのように変化するのか」という視点がほとんど見られなかったからである。実際、任期制のもとで教員が取り得る行動は多数存在し、研究や教育を活性化するという行動はその一部にすぎない。場合によっては、教員が自らの相対的評価を短期的に上げるために、自分よりも能力の低い部下を採用しようとするかもしれない（Carmichael, 1988; Faria, & McAdam, 2015; 大竹、2003）。あるいは、キャリアパスが不透明になり、大学教員を志望する者が減少する可能性もある（小林、2015）。心理学の視座から考えれば、教員が「研究や教育の活性化により所属組織の長期的な評価を上げる」という選択肢を選ぶように、強化の随伴性に工夫をこらす必要があると言えよう。

　同じことが、今日の雇用制度改革についてもあてはまるように思われる。日本では、賃金の抑制が国際競争力の増強につながるという考え方に基づいて、非正規雇用の増加を中心とする賃金抑制政策が続いてきた。だが、その結果、研究開発力の低下による競争力の低下（内閣府、2013）や労働生産性の低下（日本生産性本部、2015）などの構造的な問題に悩まされることになった。これもまた、経営者に「人材育成や研究開発への投資により長期的な利潤を増加させる」という選択肢を選ばせるための工夫がないまま、賃金抑制によるコスト削減という安易な選択肢を提供し続けてきた結果

まえがき

ではないのか。

　セルフ・コントロールを研究する動機の背景には，常にこのような問題意識があった。幸い，1985年に若手支援のための特別研究員制度が創設され，思い描いていた研究を始めることができた。その後，この分野は大きく発展し，組織や国を越えた研究プロジェクトの構築が可能になった。特に，「不確実状況下での選択行動に関する異文化比較研究（1998-2000年度）」では，前掲論文の著者でありこの分野をリードしてきたグリーン先生（Dr. Leonard Green）や，数々の先駆的研究で行動経済学の基盤を構築したリー先生（Dr. Stephen Lea）らと共同研究を行い，さらに国内外で有益なシンポジウムを開催した。また，「医療・教育現場で真に役立つ自己制御尺度の開発と応用（2008-2011年度）」では，基礎研究と応用研究が有機的に連携することにより，臨床的な諸問題の解決に資する知見をもたらすことができた。

　本書の目的は，セルフ・コントロールに関する心理学的な研究の成果を総合的に解説することである。対象とする読者は，心理学，医学，教育学，経済学等に関わる学生・研究者・実務家であり，基礎及び応用研究の重要な成果を幅広く提供することを目指している。執筆者の多くは，前述のプロジェクトのメンバーとして長い間議論を積み重ねてきた研究仲間である。それにより，各章の内容が呼応し全体として統一感のある本に仕上げることができたと自負している。

　従来の研究が取り扱ってきたセルフ・コントロールは，個人がより良い結果を選び取ることを意味していた。だが，今後は，社会全体がより良い結果を選び取るためのセルフ・コントロールもまた研究の対象としていかなければならないだろう。具体的には，自然エネルギー等の活用により長期的な環境保全を優先するためのエネルギー政策や，富の再配分により社会全体の持続的な繁栄を実現するための社会保障政策などである。これらの問題に取り組むためには，ゲーム理論が軍縮問題に取り組む場合（Viotti, 2012）と同様に，集団による意思決定に関わるより複雑で複合的なモデルを導入してゆく必要がある。次世代のセルフ・コントロール研究が，これらの方向に向かって発展してゆくことを期待している。

　本書を，研究という私のセルフ・コントロールを支えてくれた家族に捧げる。特に，妻玲子は，研究中心の身勝手な生活を長きにわたり支えてくれた。また，新聞社の論説委員長であった義父の故鈴木英一氏は，特別研究員制度が創設されることを若き日の自分に伝えてくださり，さらに研究の意義を学問の外から見据えることの大切さを教えていただいた。ここに改めて感謝の意を表する。

　　　　　平成29年1月
　　　　　　高く澄み切った冬空を研究室より見上げつつ

　　　　　　　　　　　　　　　　　　　　　　　　　　　　髙橋　雅治

まえがき

引用文献

Carmichael, H. L. (1988). Incentives in academics: why is there tenure? *Journal of Political Economy, 96*, 453-72.

Faria, J. R. & McAdam, P. (2015). Academic productivity before and after tenure: the case of the 'specialist.' *Oxford Economic Papers*, 1-19. doi: 10.1093/oep/gpv002

加澤恒雄 (2015). 大学における教員「任期制」の背景に関する日米比較考―テニュアー制再論―. 広島大学高等教育研究開発センター大学論集, 245-261.

小林淑恵 (2015). 若手研究者の任期制雇用の現状. 日本労働研究雑誌, *660*, 27-40.

内閣府 (2013). 経済の好循環実現検討専門チーム会議中間報告書.

日本生産性本部 (2015). 日本の生産性の動向.

大竹文雄 (2003). 大学教授を働かせるには. 産政研フォーラム, *57*, 34-39.

Rachlin, H., & Green, L. (1972). Commitment, choice and self-control. *Journal of the Experimental Analysis of Behavior*, *17*, 15-22.

Viotti, P. R. (2012). Approaches to arms control simulations: A primer on game theory, agent-based modeling, and landscape dynamics. In R. E. Williams Jr. & P. R. Viotti (Eds.), *Arms control: history, theory, and policy, Vol.1, Foundations of arms control*, pp.157-166. Praeger.

もくじ

まえがき

第Ⅰ部 セルフ・コントロール研究の基礎

第1章 セルフ・コントロールについての行動分析学的研究 2
  1節 セルフ・コントロールと行動分析 2
  2節 セルフ・コントロールの改善 3
    1．行動修正法によるセルフ・コントロールの改善／2．選択行動研究の応用によるセルフ・コントロールの改善
  3節 今後の展開に向けて 21

第2章 価値割引過程からみたセルフ・コントロールと衝動性 23
  1節 セルフ・コントロールと行動分析 23
    1．完全版遅延割引質問紙による遅延割引測定／2．割引関数の当てはめ／3．簡易版遅延割引質問紙による遅延割引測定／4．簡易版遅延割引質問紙の再検査信頼性／5．簡易版遅延割引質問紙の妥当性
  2節 実験的方法で測るセルフ・コントロールと衝動性 35
    1．調整量手続きによる遅延割引の測定／2．調整遅延手続きによる遅延割引の測定
  3節 おわりに 37

第3章 経済行動におけるセルフ・コントロールと衝動性 39
  1節 行動経済学 40
    1．プロスペクト理論／2．価値関数と損失回避性／3．リバタリアン・パターナリズム
  2節 投資行動 44
    1．株式リスク・プレミアムのパズル／2．近視眼的損失回避性／3．近視眼的損失回避性の実験的研究／4．セルフ・コントロール改善への展望
  3節 金銭管理行動1：消費・貯蓄・借金 50
    1．経済学と心理学における遅延割引研究／2．Laibsonらのシミュレーション研究／3．借金行動と双曲割引関数／4．部分的に単純な双曲割引者／5．セルフ・コントロール改善への展望
  4節 金銭管理行動2：退職後に備えた貯蓄（年金） 59
    1．401（k）プラン／2．加入率を増加させる方法／3．拠出率を増加させる方法／4．セルフ・コントロール改善への展望

第4章 心理検査で測るセルフ・コントロール 66
  1節 セルフ・コントロールの個人差評価 66

もくじ

2節 子どもを対象にしたセルフ・コントロール尺度　69
 1．Self-Control Rating Scale／2．Teacher's Self-Control Rating Scale と Children's Perceived Self-Control Scale／3．Child Self-Control Rating Scale

3節 成人を対象にしたセルフ・コントロール尺度　73
 1．Self-Control Schedule／2．Redressive-Reformative Self-Control Scale／3．Self-Control Scale と Brief Self-Control Scale／4．Self-Control and Self-Management Scale

4節 おわりに：測定精度を高める工夫　80

第Ⅱ部　教育分野への応用

第5章　教育場面におけるセルフ・コントロールと衝動性　84
1節 意思決定問題としてのセルフ・コントロールと衝動性　85
2節 教育場面における対応法則　86
3節 子どものセルフ・コントロールの実験的検討　89
4節 子どものセルフ・コントロール確立のための具体的方策　91
5節 子どものセルフ・コントロールの背後にある価値割引過程　93
6節 今後の展望：セルフ・コントロールと個人内ジレンマ　95

第6章　幼児期，児童期，青年期のセルフ・コントロールと衝動性　98
1節 実験的方法で測る幼児期のセルフ・コントロールと衝動性　98
 1．満足の遅延パラダイム／2．選択行動パラダイム／3．調整量手続きを用いて測る幼児の遅延割引

2節 質問紙で測る児童期のセルフ・コントロールと衝動性　102
 1．児童用遅延割引質問紙の開発／2．日常場面のセルフ・コントロールと遅延割引との関連／3．他者との共有による報酬の価値割引（社会割引）の発達的研究

3節 児童用遅延割引質問紙の信頼性と妥当性　106
 1．児童における遅延割引の信頼性の検討／2．児童のパーソナリティ特性と遅延割引との関連／3．児童の学業成績・学習意欲と遅延割引との関連／4．児童の不安感と遅延割引との関連

4節 質問紙で測る青年期のセルフ・コントロールと衝動性　109
 1．青年期における遅延割引の発達的変化／2．青年期における社会割引と確率割引

第7章　セルフ・コントロールの教育の実践　113
1節 発達障害児を対象としたセルフ・コントロール訓練　113
 1．発達障害児の衝動性とセルフ・コントロール／2．セルフ・コントロールを獲得させる訓練／3．調整法を用いた ASD 児のセルフ・コントロール訓練／4．発達障害児の特性に応じた訓練と日常場面への般化

2節 セルフ・コントロールに関する心理教育授業　117
 1．セルフ・コントロールを確立するには／2．社会的スキル訓練を用いたセルフ・コントロールの教育

3節 教師によるセルフ・コントロールの教育と児童の遅延割引の変化　120

1．教育効果の査定における遅延割引の適用／2．教師によるセルフ・コントロールの教育／3．今後の学校教育における遅延割引研究の貢献

第8章　大学生における勉強行動と遅延価値割引　125
1節　遅延価値割引と勉強場面での行動の理論的関係　125
1．遅延価値割引とセルフ・コントロール行動／2．遅延価値割引の程度と勉強場面での行動の理論的関係／3．試験勉強場面での選好の逆転
2節　遅延価値割引と学業成績に関係があるのか？　128
1．遅延価値割引の程度の個人差と勉強行動の理論的関係／2．遅延価値割引の程度の個人差と勉強行動の実際の関係
3節　遅延価値割引と勉強行動には関係があるのか？　132
1．遅延価値割引と勉強行動との相関研究／2．遅延価値割引と試験やレポートに向けた毎日の勉強行動を検討した研究／3．研究知見からの暫定的な結論
4節　勉強行動への介入　136
1．遅延大報酬までの遅延を短くする介入／2．遅延大報酬の分割提示／3．まとめ

第Ⅲ部　医療分野への応用

第9章　医療場面におけるセルフ・コントロールと衝動性　144
1節　患者概念の変遷とセルフ・コントロール　144
2節　現代医療が抱える問題に対するセルフ・コントロールの必要性　146
3節　医療モデルからみたセルフ・コントロール　149
4節　健康問題におけるセルフ・コントロールと衝動性　155
5節　健康問題へのアプローチ　156
6節　医療行動分析学構築の必要性　159

第10章　糖尿病とセルフ・コントロール　161
1節　糖尿病への罹患しやすさを規定する諸要因　161
1．はじめに／2．糖尿病の自己管理を規定する心理社会的な諸要因
2節　糖尿病患者への心理行動的な介入　166
1．教育の介入／2．行動的介入／3．認知的介入
3節　自己管理の心理構造　171
1．うつと自己管理／2．自己効力感と社会的サポート

第11章　肥満とセルフ・コントロール　175
1節　カロリー表示の効果　176
2節　行動経済学の知見を活用した研究　178

1．双曲割引／2．損失回避性／3．セルフコントロールを高める技法
　3節　環境的要因の影響　188
　　1．ポーションサイズ／2．様々な環境的要因を検討したWansinkらの研究／3．居住環境
　4節　食行動に関するセルフコントロール改善への展望　197

第12章　口腔保健行動におけるセルフ・コントロール　200
　1節　高齢者とセルフ・コントロール　200
　　1．超高齢社会の課題／2．地域包括ケアと介護予防／3．介護予防に資する口腔機能の維持／4．高齢者の口腔保健行動とセルフ・コントロール
　2節　高齢者の口腔保健行動の評価　203
　　1．PRECEDE-PROCEEDモデル／2．高齢者の口腔保健行動評価尺度の開発／3．口腔保健行動評価尺度の構造／4．口腔保健行動評価尺度の構成概念間の関係／5．口腔保健行動尺度の活用
　3節　高齢者の口腔保健行動へのセルフ・コントロールの評価　209
　　1．高齢者の保健行動に関連する自己制御尺度の開発／2．自己制御尺度の構造／3．自己制御得点の理論的分布／4．自己制御尺度の妥当性と信頼性／5．保健行動に関連する自己制御尺度と歯磨き行動
　4節　口腔機能向上のためのプログラム　215
　　1．器質的口腔ケアプログラムの開発／2．機能的口腔ケアプログラムの開発
　5節　おわりに　223

第Ⅳ部　矯正分野への応用

第13章　矯正分野におけるセルフコントロール　226
　1節　「矯正」という言葉の定義　226
　2節　アルコールやその他の薬物依存症やギャンブル障害　226
　3節　依存症，ギャンブル障害の行動経済学による理解　228
　4節　行動コスト　229
　5節　交差価格弾力性　230
　6節　遅延報酬割引　231
　7節　選好逆転　233
　8節　報酬の結束　234
　9節　矯正施設　236
　10節　Gottfredson & Hirschiの『犯罪の一般理論』　237
　11節　矯正と医療の連携　239
　12節　おわりに　240

第14章　犯罪とセルフ・コントロール　241

1節　セルフ・コントロールと犯罪行動に関する理論的研究　241

1．社会学における犯罪行動理論／2．行動心理学における犯罪行動理論

2節　セルフ・コントロールと犯罪行動に関する実証的研究　247

1．非行少年におけるセルフ・コントロール／2．成人の犯罪者におけるセルフ・コントロール

3節　今後の展望　254

第15章　依存と価値割引　256

1節　はじめに　256

2節　薬物依存患者のセルフ・コントロール　256

1．薬物依存とセルフ・コントロール／衝動性の枠組み／2．薬物依存と価値割引／3．ギャンブル依存とセルフ・コントロール

3節　ギャンブル依存症と遅延価値割引　262

1．はじめに／2．実験／3．今後の展望

第Ⅴ部　今後の展開

第16章　セルフ・コントロールの神経経済学　268

1節　神経経済学におけるセルフ・コントロール　268

1．時間選好／2．リスク選好／3．社会選好／4．行動経済学との違い／5．行動心理学との違い

2節　時間・確率・対人的距離の心的表象とセルフ・コントロール　283

1．時間選好における時間知覚の役割／2．リスク下の意思決定における主観確率と時間知覚の関連／3．社会割引における知覚の役割

3節　価値評価や時間・確率・社会的距離の脳内表現　286

4節　行動神経経済学を用いたセルフ・コントロール研究の応用　287

1．セルフ・コントロールに関係する心的表象の調節／2．神経科学的介入方法を用いたセルフ・コントロール問題の制御

第17章　衝動性とセルフ・コントロールの神経基盤　290

1節　認知神経科学における衝動性の測定法　291

2節　異時間点選択における意思決定の神経基盤　294

1．報酬の価値評価に関わる神経過程／2．セルフ・コントロールを可能にする認知的制御の神経メカニズム／3．未来の予測と遅延割引：海馬の役割／4．本節のまとめ

3節　ADHDの選択衝動性と薬物療法　305

1．報酬感受性から見たADHDの行動特性／2．選択衝動性に及ぼすADHD治療薬の効果／3．本節のまとめ

もくじ

第18章　もう1つの自己制御
―エゴ・セントリックな自己制御からエコ・セントリックな自己制御へ　313
- 1節　はじめに　313
- 2節　Skinnerと「自己制御」　313
- 3節　Ainslieの自己制御手続き　315
- 4節　SS＼LL選択パラダイム　316
- 5節　強化スケジュールと自己制御　319
- 6節　SS＼LL選択パラダイム以外の実験パラダイム：ソフト・コミットメント，プリムローズ・パス，パッチ利用パラダイム　321
- 7節　自己制御問題を組み直す　325
- 8節　もう1つの自己制御　329

文　献　333
索　引　383

第Ⅰ部 セルフ・コントロール研究の基礎

第1章 セルフ・コントロールについての行動分析学的研究

1節 セルフ・コントロールと行動分析

　この章では，セルフ・コントロールについての研究動向を，主に行動分析学の視点から概観する。行動分析学の分野では，「欲望の制御」や「満足の遅延」を意味するために，セルフ・コントロール（self-control）という用語が用いられてきた。一方，健康心理学の分野では，これとほぼ同じ意味で，自己調節（self-regulation）や自己管理（self-management）という用語が主に用いられてきた。だが，最近では，これらの用語は，「目標指向性行動を妨害する行動，衝動，感情，欲望を抑制する個人的な能力」（例えば，Baumeister & Vohs, 2007; McKee & Ntoumanis, 2014）というような，これまでの定義を包括する意味で，ほぼ同義に用いられるようになってきている。

　行動分析学は，元来，行動を制御する諸変数を解明することにより，その行動の形成，維持，および，消去を可能にすることを目的としている。したがって，行動分析学は，これらの応用分野に対して役立つ知見を提供することができる最も有望な分野の1つである。実際，行動分析学は，セルフ・コントロール行動を形成・維持するための行動修正（behavioral modification）の手法を提供してきた。さらに，最近では，セルフ・コントロールや衝動性の問題を選択行動（choice behavior）として分析し，その成果をセルフ・コントロールの改善に応用する試みも始まっている。以下では，これら2つの研究動向について紹介する。

2節 セルフ・コントロールの改善

1．行動修正法によるセルフ・コントロールの改善

　行動分析学では，オペラント条件づけ（operant conditioning）の枠組みにより，行動の形成，維持，および，消去の問題をとらえる。この枠組みは，行動の手がかりとなる弁別刺激（discriminative stimulus），弁別刺激の呈示下で自発されるオペラント（operant）反応，および，その結果として与えられる強化子（reinforce）という3つの要因を含む。例えば，1つのキーが取り付けられたスキナー箱の中にハトを入れて，キー上に色刺激が点灯したときにキーをつつくと餌開口部に餌（穀物）が一定時間だけ呈示される場面を考えてみよう（図1-1）。この場合，色刺激の呈示が弁別刺激，キーをつつく反応がオペラント反応，その結果として与えられる餌が強化子である。この枠組みに従えば，ある行動を変容させるためには，その行動を取り巻く弁別刺激や強化子等の環境要因を操作することが重要であると考えられる。実際，1960～1970年代に行われた初期のセルフ・コントロール研究では，行動を取り巻く環境要因，および，行動の後に起こる事象を適切に設計する行動修正について様々な研究が行われてきた。以下では，それらの手法を紹介する。

（1）刺激制御法

　初期の研究では，標的とする行動を変容させるために，行動に先行し，行動を生起させるきっかけとなる事象，および，行動の後に起こる事象を操作するための様々な方法が提案された★1。前者の行動を生起させる事象の操作の典型は，弁別刺激の操

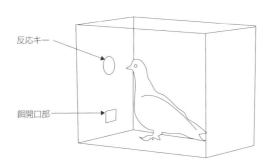

図1-1　単一操作体を用いたオペラント条件づけ

★1　Thoresen & Mahoney（1974）は，行動を引き起こす事象を適切に操作する介入を環境設計（environmental planning），行動の後に起こる事象を適切に操作する介入を行動設計（behavioral planning）とよんだ。

作である。例えば，肥満の治療を受けている患者においては，室内に置かれたお菓子の箱や，近所のファストフード店などが問題の多い摂食行動を引き起こす弁別刺激になっていると考えられる。その場合には，目につく場所に食物を置かない，近所のファストフード店で済ますのではなく，食材の豊富な市場へ出かける習慣を身につける等の工夫が，減量につながる。また，肥満の患者は，テレビ鑑賞や読書をしながら摂食行動を起こす習慣を身につけていることが多い。この場合には，テレビ鑑賞や読書を手がかりとして食べることをやめさせる介入も効果的である。このように，望ましい行動や望ましくない行動と結びついている様々な外的および内的な事象を操作する方法は，古くから刺激制御法（stimulus control）とよばれ（Ferster et al., 1962; Stuart & Davis; 1972），禁煙においてはその効果はさほど大きくないが（Schwartz, 1979），過食行動の抑制においてはかなり有効であることが示されている（Dalton & Kitzmann, 2012）。

（2）強化法

　ある反応に対して，その反応の出現頻度を変える報酬や罰を与えることを，強化（reinforcement）や罰（punishment）とよぶ。ここで，強化とは，反応頻度を増加させるような事象を与えることである。例えば，図1-1の実験において，空腹のハトが行うキーつつき反応に対して餌を与えれば，キーつつき反応の出現頻度は増加する。このように，反応に対して報酬を与えるという操作は，正の強化（positive reinforcement）とよばれる。

　また，ハトがキーつつき反応を自発しないときには常に電気ショックが与えられ，ハトがキーつつき反応を自発したときには電気ショックを停止するという操作を行うとする。この場合にも，キーつつき反応の出現頻度はやはり増加する。このように，反応に対して嫌悪刺激を停止するという操作を行うことは，負の強化（negative reinforcement）とよばれる。

　さらに，ハトのキーつつき反応に対して，電気ショック等の嫌悪刺激を提示すると，キーつつき反応の出現頻度は減少する。このように，反応に対して嫌悪刺激を提示するという操作を行うことは，罰とよばれる。

　セルフ・コントロールの形成においても，望ましい行動に対して報酬を与えたり，望ましくない行動に対して罰を与える強化法は効果的であることが知られている（Dalton & Kitzmann, 2012）。例えば，減量中の患者の運動療法において目標となる心拍数の維持が達成できたらポイントを与え，一定のポイントが貯まると賞が与えられる（Gutin et al., 1999），一定の減量に成功した子どもに子どもが望む行動（父親とボーリングにいく等）の許可を与える（Rotatori & Fox, 1980）等の手法は，正の強化に相当する。また，冷蔵庫の中に豚の脂肪を貯蔵しておき，体重減少がうまくいったときだけその一部を除去する（Penick et al., 1971）等の手法は，負の強化とよばれ

る。これに対して，減量がうまくいかなかったときにあらかじめ預けておいたお金を失う（Aragona et al., 1975）などの手法は，罰の例である。これらの手法では，報酬や罰を自分自身で行うという手法もよく用いられる。例えば，行動修正がうまくできたときには自分の欲しかった雑誌を買う（Nauta et al., 2000）などのように，自分の望ましい行動に対して自分で報酬を与えることは，自己強化（self-reinforcement），あるいは，自己報酬（self-reward）という。また，減量がうまくいかなかったときは自発的にお金を捨てる（Mahoney et al., 1973）などのように，自分の望ましくない行動に対して罰を与える自己罰（self-punishment）とよばれる。

強化によるセルフ・コントロールにおいては，介入に実効性をもたせるために，操作についての社会的な契約を結ぶことが一般的である。これを，行動契約（behavioral contract），あるいは，随伴性契約（contingency contract）とよぶ。そもそも，行動修正による治療を受けること自体が，随伴性契約であると考えられる。それに加えて，個々の行動に対して適用する報酬や罰について契約を結ぶのである。これら一連の強化による介入は，学習による行動修正を促進するのみならず，本人によるさらなる目標設定のきっかけとなるという効果もあることが指摘されている（Cullen et al., 2001）。

（3）自己観察

行動を変化させる上で，標的となっている行動についての情報を記録することは，自己観察（self-observation），自己監視（self-monitoring），自己記録（self-recording）などとよばれ，標的行動の変容に効果的であることが示されている（Dalton & Kitzmann, 2012; Carver & Scheier, 1998; de Ridder & de Wit, 2006）。例えば，禁煙を試みる被験者が喫煙回数を記録すること（Gehrman & Hovell, 2003）や，学生が自らの学習方法や理解度をモニターすること（Chiu & Linn, 2011; Zimmerman, 1990）などは学習の改善に有効であることが報告されている。自己観察が有効である理由としては，様々な要因が考えられる。例えば，自己観察は，自己の行動についての弁別を促進するだろう（Bean et al., 2008）。また，ある行動を観察することがその行動の明示的あるいは非明示的な評価につながるという要因が重要であることも示唆されている。さらに，自己観察は，結果として本人のかかえている問題についての教育を促進し，行動改善についての目標設定（goal setting）を促進したりすることもまた影響しているのではないかと考えられている（Bean et al., 2008; Wadden, 1993; Wadden et al., 2007）。一方，自己観察についての研究の大部分は白人女性を対象としたものであり，幅広いサンプルにおいてこの手法の妥当性を検討する研究が必要であることが指摘されている（Burke et al., 2011）。

（4）認知的行動介入

近年，行動の改善には，行動を方向づける認知的および情動的な反応を制御する認

知的行動介入（cognitive behavioral intervention）が重要であることが示されてきた。その最も基本的なものは，教育（education）による介入である。例えば，肥満の改善においては，基本的な栄養学の知識のみならず，コーピング（ストレスに対する適切な対処行動）についての指示的な教育（例えば，仕事でのストレスを過食ではなくスポーツで発散するなど）が効果的であることが示唆されている（Carels et al., 2004; Martyn-Nemeth et al., 2008; Peason, 2012）。加えて，行動を方向づける教示や面接も，望ましい行動を増やす上で有効であることが示されている。これらの手法は，自己教示（self-instruction）や思考制御（thought control）とよばれることもある。

最近の肥満に対する認知行動療法において重要視されている認知的再体制化（cognitive restructuring）も，認知の改善を目的とした介入であるといえる（Brownell, 2000; Cooper & Fairburn, 2001; Foster et al., 2005）。実際，認知的な歪みや不合理な信念（「肥満はすべて先天的なものだ」「食卓に出されたものはすべて食べなければならない」等）を改善することは，行動の介入の長期的効果を高めることが示されている（Cooper & Fairburn, 2001; Nauta et al., 2000）。さらに，動機づけ面接（motivational interviewing）において強調されている両価性（例えば，「減量はしたいけれど，自分は減量できないに違いない」などのジレンマ）の解決や動機づけの強化（Miller & Rollnick, 2002）もまた，きわめて有効な認知的行動介入である（Bean et al., 2008）。

最近では，認知の改善という視点から，目標設定（goal setting）が重要な手法としてクローズアップされるようになってきた（Pearson, 2012）。例えば，「ある日時までに一定の体重を減らす」，あるいは「毎日一定量の運動を行う」という目標を設定する等がその例である。加えて，行動を方向づける認知的および情動的な反応を制御するという意味では，最近の自助グループによる介入（Latner et al., 2000）もこの範疇に分類されるであろう。これらの手法と前述の自己観察や自己強化等の手法を併用することにより，患者の自己効力感や動機づけを高めることが，禁煙（Schwartz, 1979）や肥満の改善（Dalton & Kitzmann, 2012; McKee & Ntoumanis, 2014; Pearson, 2012; Wadden, 1993）において有用であることが証明されている。

2．選択行動研究の応用によるセルフ・コントロールの改善
（1）選択行動の研究とは

1960年代頃から，行動分析の枠組みにおいて，セルフ・コントロールの問題を取り扱うことのできる有用な枠組みがもたらされた。すなわち，選択行動（choice behavior）の研究である。

選択行動の研究とは，キーが2つあるスキナー箱のような，2つの反応装置が取り付けられた実験装置を使用し，異なる強化子をそれぞれの反応に対して提示することにより，被験体の選好（preference）を研究する研究分野のことである。例えば，右

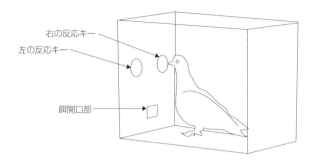

図1-2　2つの操作体を用いたオペラント条件づけ

のキーに対する反応に対しては1分間に1個の餌を与え、左のキーに対する反応に対しては1分間に3個の餌を与えることにより、1個の餌と3個の餌という2つの選択肢の間の選択行動を分析することが可能になるのである（図1-2を参照）。

このような場面では、各キーへの反応に対して、CFRスケジュール（反応に対して毎回強化を行う強化スケジュール）に従って、すぐに報酬を与えてもよい。しかし、多くの場合は、反応数VIスケジュール（前回の強化からn秒間が経過した後の最初の反応に対して強化を与え、かつ、nの値が毎回ランダムに変化する間欠強化スケジュール）に従って強化子を与える「並立スケジュール（concurrent schedules）」が用いられる。なぜならば、強化頻度を比較的低く抑えることができるので実験中に動機づけレベルが変化しにくい、スケジュールの性質から安定した反応頻度の維持が期待される、および、時間ベースのスケジュールであることから研究者による強化頻度の操作が容易であるなどのメリットをもつからである。

（2）対応法則

選択行動の研究では、被験体が2つの選択を選ぶ割合を、2つの選択肢における相対的な反応頻度、すなわち、以下の式により記述することができる。

$$\frac{右のキーに対する反応頻度}{右のキーに対する反応頻度＋左のキーに対する反応頻度}$$

この相対反応頻度は、それぞれの選択肢における強化頻度、強化量、強化の遅延等の操作に対して敏感に変化することがわかってきた。

初期の研究では、各選択肢の強化頻度を操作する研究が数多く行われた。例えば、並立スケジュールにおいて、右のキーにおける強化頻度を1分間当たり1回、左のキーにおける強化頻度を1分間当たり3回とした場合、強化頻度の比は1：3になり、相対強化頻度、すなわち、「右のキーにおける強化頻度／（右のキーにおける強化頻

第Ⅰ部　セルフ・コントロール研究の基礎

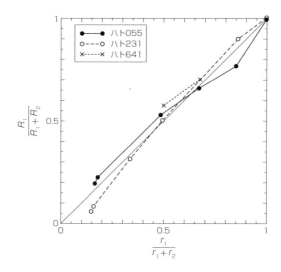

図1-3　相対強化頻度の関数としての相対反応頻度（Herrnstein, 1961より改変）

当初，これら3羽のハトのデータは，相対反応頻度が相対強化頻度に一致する（傾きが1である直線上に位置する）ことを示しているとされた。だが，その後，Baum（1979）は，これらのデータが傾きが1である直線から系統的に逸脱しており，ハト231はオーバー・マッチング傾向を，その他のハトはアンダー・マッチング傾向を示していることを指摘した。

度＋左のキーにおける強化頻度）」を0.25にすることができる。このようにして，2つの選択肢における相対強化頻度を様々な値に操作したときの相対反応頻度を系統的に分析する研究が数多く行われた。その結果，多くの場合，相対反応頻度が相対強化頻度に一致するという結果が示された。このことは，横軸に相対強化頻度（r_1/r_1+r_2）をとり，縦軸に相対反応頻度（R_1/R_1+R_2）をとると，得られたデータは傾きが1である直線上に位置することを意味している（図1-3を参照）。このように相対反応頻度が相対強化頻度に一致するという現象は，対応法則（matching law）と名づけられた。これは，次の等式により記述される。

$$\frac{R_1}{R_1+R_2}=\frac{r_1}{r_1+r_2} \qquad [1]$$

ここで，R_1とR_2は2つのキーへの反応頻度を，r_1とr_2は2つのキーにおける強化頻度を，添字は選択肢を表す。この法則は，ヒトや動物を用いた基礎および臨床研究において幅広く成立することが例証されている（Baum, 1979; Davison & McCarthy, 1988; McDowell, 1988, 2013; Borrero & Vollmer, 2002）。

対応法則は，強化強度（右辺）を操作したときの反応強度の変化（左辺）を記述・予測する法則である。そのため，この法則は，学習法則の根本である「効果の法則」の定量化を初めて具現化した，きわめて重要な法則であると考えることができる（Herrnstein, 1970）。実際，キーが1つだけ呈示されている実験場面において初験体がキー押し反応を行っているような単一操作体場面（図1-1）も，初験体は「反応する」という選択肢と「反応しない」という選択肢の間の選択行動を行っていると考えることができる。この考えに従えば，単一操作体場面での反応頻度もまた，対応法則により記述されることが予想される。そこで，Herrnstein（1970）は，対応法則を，操作体が1つである実験場面に拡張するために，次の式を提案した。

$$\frac{R_1}{R_1+R_o} = \frac{r_1}{r_1+r_o} \qquad [2]$$

ここで，ここで，R_1 はキー押し反応の頻度，R_o はキー押し以外のすべての行動の頻度（o は other の意味），r_1 と r_o はそれぞれキー押し行動とそれ以外の行動に伴う強化の強度を表す。この式において，その場面で自発することのできる反応頻度の最大値を A として（R_1+R_o）と置き換えると，次の式が得られる。

$$\frac{R_1}{A} = \frac{r_1}{r_1+r_2} \qquad [3]$$

この両辺に A をかけると，単一操作体場面における絶対的反応頻度を予測する次の式が得られる。

$$R_1 = \frac{Ar_1}{r_1+r_2} \qquad [4]$$

この式は，強化強度の操作が漸近線に一致するような効果（強化強度を増加させるにつれてその効果が次第に小さくなる効果）をもっていることを意味しており，単一操作体場面において強化の強度を操作したこれまでの実験の結果と一致することが知られている（de Villiers, 1977; Murray & Kollins, 2000）。

その後の研究から，対応法則が常に成立するわけではないことが動物やヒトを用いた実験により報告されてきた（Baum, 1974, 1979; Borrero & Vollmer, 2002; McDowell, 2013; Takahashi & Iwamoto, 1986; Takahashi & Shimakura, 1998）。例えば，実験場面によっては，相対強化頻度が0.25のときに相対反応頻度が0.23になるなどの微妙な逸脱が次つぎと指摘され，しかも，それらのズレにはある程度の一貫性があることがわかってきた。そこで，それらの一貫した逸脱を取り扱うことを目的として，対応法則は，一般化対応法則（the generalized matching law）に拡張された（Baum, 1974,

1979; Borrero & Vollmer, 2002; McDowell, 2013）。これは，次の式により予測される。

$$\frac{R_1}{R_2} = k\left(\frac{r_1}{r_2}\right)^a \tag{5}$$

この式の両辺の対数をとると，次のような式が得られる。

$$log\left(\frac{R_1}{R_2}\right) = a \cdot log\left(\frac{r_1}{r_2}\right) + log\, k \tag{6}$$

この式は勾配が a であり，y 切片が k である直線となるので，直線回帰を用いて a と k の値を個別に推定することが可能となる。ここで，k はどちらかの選択肢に対する「偏好（bias）」を表すパラメータである。k の値が 1 から逸脱することは，例えば，被験体の位置偏好，2つのキーの重さの違い，2つの強化子の質的な違いなどの原因により，一方の選択肢に対して強化頻度とは無関係の偏好があることを意味する（Bradshaw et al., 1981; Cliffe & Parry, 1980; Sumpter et al., 2002）。

また，a は，「強化に対する感度（sensitivity to reinforcement）」，すなわち，強化頻度比の操作に対する反応頻度比の感度をあらわすパラメータである。$a=1$ の場合には，強化頻度比と反応頻度比は完全に一致し，等式は等式と等しくなる。一方，$a>1$ の場合には，反応頻度比の変化は強化頻度比と比べてより大きくなり，例えば，$a=2$ の場合には，強化頻度比が 1：2 に操作されたときに反応頻度比は 1：4 となる。これをオーバーマッチング（overmatching）という。これとは反対に，$a<1$ の場合には，反応頻度比の変化は強化頻度比と比べてより小さくなり，例えば，$a=0.5$ の場合には，強化頻度比が 1：2 のときに反応頻度比は 1：1.4 になる。これをアンダーマッチング（undermatching）という。これまでの研究から，a の値は，2つの選択肢間の弁別の程度，2つの選択肢間の切り替えにかかるコスト，動機づけの程度，言語的教示やルール支配性行動などにより影響されることが示唆されている（Baum, 1979; Davison & Nevin, 1999; McDowell, 2013; Takahshi & Iwamoto, 1986; Takahashi & Shimakura, 1998）。

（3）強化量と強化の即時性についての対応法則

対応法則は，2つのキーでの強化頻度を同一とし，各選択肢で与えられる強化の量を操作した場合にも成立することが示されている。例えば，右のキーでは毎回 1 個の餌が与えられ，左のキーでは毎回 2 個の餌が与えられるような場合には，2つの選択肢の強化量が 1：2 に操作されたことになる。このような場合には，相対反応頻度は次に式により記述される。

$$\frac{R_1}{R_2} = k\left(\frac{A_1}{A_2}\right)^a \qquad [7]$$

ここで，R_1 と R_2 は2つのキーへの反応頻度，A_1 と A_2 は2つのキーにおける強化量，添字は選択肢を表す。この式は，2つの選択肢における強化量を操作した動物実験において成立することが報告されている（Brownstein, 1971; Catania, 1963; Davison & Baum, 2003; Elliffe et al., 2008; Iglauer & Woods, 1974; Rachlin & Baum, 1969; Stilling & Critchfield, 2010）。

同様に，2つのキーでの強化頻度や強化量は同一として，各選択肢における強化の即時性（強化の遅延の逆数）を操作した場合にも対応法則が成立するという仮説が提案された。例えば，右のキーでは毎回1秒間の遅延の後で1個の餌が与えられ，左のキーでは毎回2秒間の遅延の後で1個の餌が与えられるような場合には，2つの選択肢の即時性（遅延時間の逆数）が1：2に操作されたことになる。このような場合には，相対反応頻度は次に式により記述される。

$$\frac{R_1}{R_2} = k\left(\frac{I_1}{I_2}\right)^a \qquad [8]$$

ここで，R_1 と R_2 は2つのキーへの反応頻度，I_1 と I_2 は2つのキーにおける強化の即時性（遅延時間の逆数），添字は選択肢を表す。この等式は，いくつかの実験において成立することが報告された（Chung & Herrnstein, 1967; McDevitt & Williams, 2001）。

ところが，その後の研究から，遅延時間の異なる2つの選択肢の間の選択は，式（8）では説明しきれない場合があることが示されてきた。例えば，2つの選択肢における遅延時間が5秒間と10秒間である場合と，15秒間と30秒間である場合では，相対反応頻度が異なる。日常生活の例でいえば，例えば，2つのアルバイトの選択において，アルバイトを開始してから報酬をもらえるまでの時間が10分間と20分間の場合と，10時間と20時間の場合では，2つのアルバイト間の選好は異なるであろう。

また，2つの遅延時間が同じ5秒間と10秒間に固定されている場合であっても，2つのキーに適用されているVIスケジュールの長さがVI60″である場合とVI600″である場合で，やはり相対反応頻度が異なるのである。先程のアルバイトの例でいえば，例えば，アルバイトを開始してから報酬をもらえるまでの時間が1時間と2時間のアルバイトの間の選択を行う場合，平均して1時間に1回くらいどちらかに採用される場合の選択と，平均して1年に1回くらいどちらかに採用される場合の選択で，2つのアルバイト間の選好は異なるであろう。

これらのことから，Fantino（1969）は，遅延時間の異なる2つの選択肢の間の選

択は，選択を行うために2つのVIスケジュールが並立して呈示されている前期段階（initial link）と，一定の遅延時間の後に強化子をあたえるというVTスケジュールが適用されている後期段階（terminal link）の2段階からなる並列連鎖強化スケジュールとしてとらえるべきであるとした。さらに，Fantinoは，前期段階における相対反応頻度は，後期段階の選択肢に入ることによる平均遅延時間の減少により記述されるという仮説を提案した。これは次の式によりあらわされる。

$$\frac{R_1}{R_1+R_2} = \frac{(T-t_1)}{(T-t_1)+(T-t_2)} \qquad [9]$$

ここで，R_1とR_2は2つのキーへの反応頻度，Tは前期段階における強化までの平均遅延時間，t_1とt_2はそれぞれ2つの後期段階の長さを，添字は選択肢を表す。

強化までの平均遅延時間であるTの値は，前期段階の平均時間と後期段階の平均時間の和により計算される。例えば，前期段階のスケジュールが2つのVI30″であり，後期段階の2つのスケジュールがそれぞれFT5″とFT10″である場合には，前期段階の平均的な長さは15秒間であり（30秒に1回の頻度で後期段階をもたらすスケジュールが2つ同時に適用されているので，後期段階に入るまでの平均時間はおよそ15秒間となる），後期段階の平均時間は7.5秒となるので（2つの選択肢の経験回数がほぼ同じであれば，後期段階の長さは5秒間と10秒間の平均となる），Tの値は22.5秒間となる。一方，t_1とt_2はそれぞれ2つの後期段階の長さであり，今の例ではそれぞれ5秒と10秒である。

この式は，各選択肢の価値を，その選択肢に入ることによってもたらされる遅延減少の程度により予測することから，遅延減少仮説（delay-reduction theory）とよばれている。前述のアルバイト選択の例でいえば，2つのアルバイトに対する選好は，それぞれのアルバイトに採用されることにより報酬までの遅延時間がどれくらい減少するかにより予測されるのである。これまでの研究から，遅延減少仮説は，幅広い実験場面における多くの実験結果を記述できることが示されている（Fantino, 1977, 2012; Takahashi, 1996）。

（4）選択行動研究のセルフ・コントロールへの応用

Rachlin & Green（1972）は，強化量と強化の即時性の相互作用の視点から，セルフ・コントロールについての新しいパラダイムを提案した。彼らは，「遅延されない小さな報酬（immediate small reward）」と「遅延される大きな報酬（delayed larger reward）」の間の選択をハトに行わせた（図1-4の選択P）。例えば，左のキーへの反応には，遅延なしに2秒間餌を食べることが許された後に6秒間のブラックアウトが呈示された（遅延されない小さな報酬）。一方，右のキーへの反応には，4秒間の遅延の後に4秒間餌を食べることが許された。

第1章　セルフ・コントロールについての行動分析学的研究

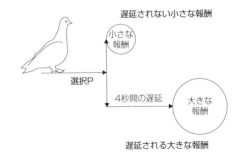

図1-4　セルフ・コントロールのパラダイム（Rachlin & Green, 1972）

　Rachlin & Green（1972）は，遅延されない小さな報酬を選ぶことが衝動性（impulsiveness，または impulsivity）の現れであり，遅延される大きな報酬を選ぶことがセルフ・コントロールの現れであると考え，このような選択をセルフ・コントロールの研究パラダイムとして提案した。
　この場面では，どちらの選択肢も長さは8秒間であり，かつ，強化量の比は1：2であることから，遅延される大きな報酬を選ぶ方がハトにとってより適応的である（遅延されない小さな報酬を選ぶと，最終的にもらえる報酬量は少なくなってしまう）。それにもかかわらず，ほとんどのハトは，前者の遅延されない小さな報酬を選ぶことが示された。すわわち，ハトはたった4秒間の遅延を嫌い，遅延されない小さな報酬を選び続けたのである。
　このパラダイムにより，日常生活における様々なセルフ・コントロールを，操作的に定義することが可能にされた。例えば，教育心理学の文脈では，「授業中に騒いでしまう」という選択肢と「授業中に勉強をする」という選択肢を，強化の量と強化の即時性という2つの変数により定量的に定義することがでるだろう。すなわち，勉強をせずに騒いでしまうという選択肢は，すぐに満足感は得られる（遅延されない）が，得られる満足感は一過性の小さなもの（小さな報酬）と考えられることから，遅延されない小さな報酬に相当する。一方，勉強をするという選択肢は，すぐに満足は得られない（遅延される）けれども，先生の友好的な態度を引き出し，高い成績をとり，さらに，自己肯定感の増大に伴う多様な満足感（大きな報酬）を手に入れる選択肢であることから，遅延される大きな報酬に相当するといえよう。同様に，医療心理学の分野では，減量中の患者にとって，目先のご馳走をすべて食べてしまうという選択肢は，すぐに満足感が得られる小さな報酬であり，ご馳走を我慢して減量するという選択肢は，遠い将来にわたり健康な生活を手に入れるという意味で，遅延される大きな報酬であると考えられる。

第Ⅰ部　セルフ・コントロール研究の基礎

　このパラダイムを用いた実験的研究から，セルフ・コントロールの選択肢と衝動的な選択肢の間の選択場面においてヒトや動物は衝動性を示すことが多いこと（Ainslie, 1974; Grosch & Neuringer, 1981; Logue et al., 1988），および，強化のパラメータを適切に操作すればセルフ・コントロールの選択肢を選択させることが可能であること（Ainslie & Herrnstein, 1981; Beeby & White, 2013; Green & Estle, 2003; Green et al., 1981; Kirby& Guastello, 2001）が示されてきた。以下では，それらの研究成果を紹介する。

（5）先行拘束によるセルフ・コントロールの改善

　Raclin & Green（1972）は，前述のセルフ・コントロールパラダイムにおいてハトにセルフ・コントロールを行わせるための手法を提案した。彼らは，「セルフ・コントロールと衝動性の選択（すなわち，遅延されない小さな報酬と遅延される大きな報酬の選択）」に先立って，X秒間後に「遅延されない大きな報酬のみが与えられる選択肢」と，X秒後に前述の「セルフ・コントロールと衝動性の選択」につながる選択肢の間の選択を行わせた（図1-5の選択Q）。

　これは，日常生活における先行拘束（commitment）に相当する続きであるともいえる。例えば，私たちは，給料日よりもかなり前の時点であれば，天引き貯金の契約

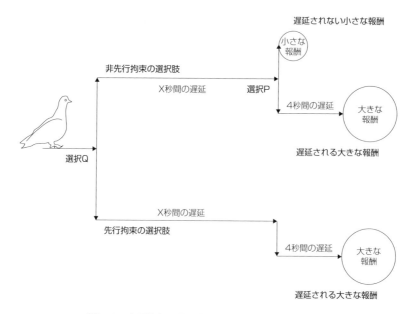

図1-5　自己拘束のパラダイム（Rachlin & Green, 1972）

にサインする (Rachlin & Green, 1972)。そのような契約をしなければ，給料日に，「貯金する」という選択肢と「すべてを使ってしまう」という選択肢の選択（選択P）に直面することになる。この場合には，給料日当日にすべてを使ってしまう確率が高くなるだろう。一方，そのような契約を行えば，給料日時点での選択肢は，貯金する（その結果，マイホームなどのような遅延される大きな報酬を手に入れる）という選択肢に限定されることになる。

　Rachlin & Green (1972) の実験では，Xの値を大きくすると，図1-5の選択Qにおける「遅延されない大きな報酬のみが与えられる選択肢」の選択（先行拘束）が増加し，結果として遅延される大きな報酬を選ぶ反応が増えることが示された。すなわち，Xが大きくなるにつれて，衝動性への選好からセルフ・コントロールへの「選好の逆転（preference reversal）」がみられたのである。このことは，ハトもまた，条件の設定の仕方により，セルフ・コントロールを示すことができる可能性があることを意味している。このような選好の逆転の一般性は，その後の研究によりたびたび確認されている（Ainslie & Herrnstein, 1981; Beeby & White, 2013; Green & Estle, 2003; Green et al., 1981)。

　Rachlin & Green (1972) は，当初，選好の逆転を対応法則を使って説明することができると考えた。すなわち，強化量と強化の即時性の対応法則から，強化量と強化の即時性の異なる選択肢間の選択は次の式により表される。

$$\frac{R_1}{R_2} = k \left(\frac{A_1}{A_2}\right)^a \cdot \left(\frac{I_1}{I_2}\right)^b \quad [10]$$

　ここで，R_1とR_2は各選択肢への反応頻度を，A_1とA_2は各選択肢での強化量を，I_1とI_2は各選択肢における強化の即時性を表す。ここで，単純化のためにaとkの値が1であると仮定する。このとき，例えば，強化量の比が1：2，遅延時間が0秒間と4秒間とされた場合，相対反応頻度は，次の等式により表される。この等式は，遅延時間が0秒間である選択肢への強い選好を予測する。

$$\frac{R_1}{R_2} = \left(\frac{1}{2}\right) \cdot \left(\frac{(1/0)}{(1/4)}\right) \quad [11]$$

　一方，同じ強化量と遅延時間の設定において，X秒間先行する時点での選択は，遅延時間にTを加えた次の等式により表される。この等式は，Xの値が多くなるほど，遅延されない大きな報酬への選好が大きくなることを予測する。

$$\frac{R_1}{R_2} = \left(\frac{1}{2}\right) \cdot \left\{\frac{1/(0+X)}{1/(4+X)}\right\} \quad [12]$$

興味深いことに，RachlinとGreenの実験に参加した5羽のハトは，先行拘束を選ぶ（結果として遅延される大きな報酬を選ぶ）割合において，大きな個体差を示した。例えば，P51と名づけられたハトは，Xの値がある程度大きくなると，ほとんどの場合自己拘束の選択肢を選んだが，P62と名づけられたハトはXの値がかなり大きくなっても先行拘束を選ばず，結果として衝動的な選択を繰り返した。

このことは，報酬に先行する遅延時間により，未来の報酬の主観的な価値が低下する程度に個体差があることを意味している。すなわち，P51のハトにとって，大きな報酬の価値は遅延時間によりあまり低下しないために，このハトは遅延される大きな報酬を選ぶと考えられる。一方，P62のハトにとって，大きな報酬の価値は遅延時間により大きく低下するために，このハトは遅延される大きな報酬を選ばないと考えられる。

同様に，ヒトにおいても，目先の小さな報酬（例えば，目の前のご馳走をすべて食べてよいという報酬）と遠い将来の大きな報酬（例えば，将来にわたり健康を維持することにより安定した生活が得られるという報酬）の選択において，後者の価値が先行する遅延時間により大きく低下する被験者と，あまり低下しない被験者がいることが，セルフ・コントロールの個人差を生み出しているのかもしれない。このような考え方に基づいて，対応法則にたよらずに，遅延時間により報酬の価値が割り引かれる程度を記述するための関数を明らかにする試みが数多く行われた（Green & Myerson, 2004の評論を参照）。その結果，経済学でよく使われる指数関数割引モデル（Becker & Murphy, 1988; Frederick et al., 2002）よりも，動物を用いた選択行動研究から提案された双曲線関数割引モデル（Mazur, 1987）の方が，遅延時間による報酬の割引率をよりよく説明することが示された（Green & Estle, 2003; Forzano et al., 2014）。双曲線関数割引モデルによれば，遅延される報酬の現在の価値（V）は，以下の式により記述される。

$$V = \frac{A}{1+kD} \quad [13]$$

ここで，Vは遅延される報酬の現在の価値を，Aは報酬の量を，Dは遅延時間を表す。一方，kは各実験データから事後的に推定されるパラメータであり，割引率の個人差を表すとされる。図1-6に示すように，双曲線関数は報酬の価値が遅延時間の増大とともに急激に減少し，その後漸近値に近づくことを予想するので，図1-6のCの時点で選好の逆転が起こることをうまく記述できる。その後の研究から，このモデルは，多様な場面におけるヒトや動物の遅延割引をうまく記述することが示され，価値割引の研究が大きく発展することになった（第2章を参照）。

第1章　セルフ・コントロールについての行動分析学的研究

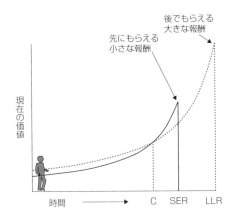

図1-6　双曲線割引モデルによる選好の逆転の説明
（Kirby & Herrnstein, 1995より改変）

横軸は時間の経過を，縦軸は主観的価値の大きさを表す。報酬の価値は，それに先行する遅延時間が大きくなるにつれて，双曲線関数に従って低下する。先にもらえる小さな報酬（small earlier reward: SER）と後でもらえる大きな報酬（larger later reward: LLR）の価値が，先行する遅延時間が大きくなるとともに減少し，Cの時点で選好の逆転が起こる。そのため，報酬までの遅延時間が十分に長いCの前の時間帯（図中の人物が立っている時点）ではLLRが選択されるが，報酬が眼前にせまったCの後の時間帯（図中のCとSERの間の時点）ではSERが選択されてしまう。

（6）正の2次性強化子によるセルフ・コントロールの増強

　Rachlin & Green（1972）により提案されたセルフ・コントロールのパラダイムは，ヒトにおけるセルフ・コントロール研究に適用され，ハトと同様の実験が数多く行われた。だが，それらの研究の結果は一貫したものではなく，報酬の質により異なる結果が報告されてきた。例えば，セッション中に消費される食物やビデオゲーム遊びのような1次性強化子を用いた場合，ヒトはしばしば衝動的な選択を示す（Forzano & Logue, 1992; Logue & King, 1991; Millar & Navarick, 1984）。また，嫌悪的なホワイトノイズが一定時間停止するというような，負の強化子を用いた場合にも，衝動性がみられることが多い（Navarick, 1982; Solnick et al., 1980）。一方，報酬としてお金に交換されるポイントを用いると，ほとんどの場合セルフ・コントロールがみられる（Flora & Pavlik, 1992; Logue et al., 1986）。だが，お金に交換されるポイントを用いた場合であっても，「得点が一定のスピードで減少し続ける場面で，ポイント減少が一定時間だけ停止する」という負の強化子を用いた場合には，やはり衝動性が出現してしまう（Takahashi & Fujihara, 1995）。

　これらの研究結果は，以下のように整理される（Takahashi & Fujihara, 1995）。

① 1次性強化子よりも，2次性強化子を用いた方が，セルフ・コントロールが出現しやすい。
② 負の強化子よりも，正の強化子を用いる方が，セルフ・コントロールが出現しやすい。

これらの知見は，ヒトのもつ「巨視的な最大化（molar maximization）」の能力とセルフ・コントロールの関係について考える上で興味深い。ヒトは，確かに，長期にわたる事象を統合し，最終的に得られる報酬の最大化（Logue et al., 1986）を実現する能力をもっている。だが，その実行においては，食物等の1次性の報酬から切り離された報酬（ポイントや数字など）を用いる方が有効であるかもしれない。この理由は，現時点では明らかではないが，例えば，選択を1次性の報酬から切り離すことで，被験者の冷静な判断が促進されるという可能性はある。また，お金や，後でお金と交換されるポイントは，実験中の遅延時間の効果を低減させる効果をもつのかもしれない。実際，ポイントを報酬とする実験では，実験終了時にお金に交換される時点，あるいは，そのお金を使って食べ物等の報酬を手に入れる時点を使って計測した遅延時間が，被験者にとっての実際の遅延時間であるかもしれない（Hyten et al., 1994）。

また，巨視的な最大化の実行にとって負の強化子の使用が不利であることは，これまでの様々な研究結果と一致する。一般に，負の強化子は様々な情動的反応を引き起こすことがしられている。実際，後の章で説明されるように，コルチゾール等の情動についての生理的な指標とセルフ・コントロール傾向の間には相関関係がみられることが報告されている。したがって，負の強化子は，巨視的最大化に必要な冷静な判断力を低下させることにより，セルフ・コントロールを低下させるのかもしれない。

（7）主観的な遅延時間の操作によるセルフ・コントロールの増強

セルフ・コントロールのパラダイムを用いてヒトの選択行動を分析したこれまでの研究は，ヒト物理的な遅延時間や報酬量よりも，被験者の感じる主観的な遅延時間や報酬量の方が，より大きな効果をもつことを示唆している。例えば，遅延されない小さな報酬（衝動性）と遅延される大きな報酬（セルフ・コントロール）の間の選択をさせる前に，遅延される大きな報酬に適用される遅延時間をあらかじめ被験者に体験させると，セルフ・コントロールが増加することが示されている（Eisenberger & Masterson, 1987）。これは，遅延時間をあらかじめ体験することで，被験者が主観的に感じる遅延時間の長さが短くなるためであると解釈することができる（Logue, 2000）。

興味深いことに，動物においても，遅延に慣れさせる試みが，Mazur & Logue (1978) により報告されている。彼らはハトに，遅延される小さな強化子と遅延される大きな強化子の間の選択において，後者の遅延される大きな強化子を選択する訓練

を十分に行わせた。その後，11,000試行以上かけて遅延される小さな強化子の遅延時間を少しずつ短くしてゆく方法（フェイディング法）を用いたところ，ハトに遅延される大きな強化子を選ばせることになんとか成功した。しかし，その効果はほとんど持続しなかった。このようなフェイディング法は，遅延時間の主観的な長さを短くする効果により，セルフ・コントロール反応を増加させると理解することもできる（Logue, 2000）。同様に，遅延中に寝てもらう（Mischel et al., 1972），あるいは，楽しいことを考えてもらう（Grosch & Neuringer, 1981）などのような操作もまた，セルフ・コントロールを増大させることが知られている。これとは反対に，子どもたちの1次性欲求を刺激し，特定の報酬を待っていることを意識させるような操作は，遅延される大きな報酬の選択率を減少させる。例えば，子どもたちに，報酬として与えられるプレッツェルの味やポリポリとした食感のことを考えるように教示すると，セルフ・コントロールはいとも簡単に減ってしまう（Mischel & Baker, 1975; Mischel et al., 1989）。これらの操作もまた，主観的な遅延時間を短くする効果をもっているのかもしれない。

（8）報酬結束によるセルフ・コントロールの増強

　私たちが衝動的な選択をしてしまう要因の1つは，長期的には遅延される大きな報酬を選択した方が有利であるにもかかわらず，目の前の選択肢だけを近視眼的にとらえて遅延されない小さな報酬を選んでしまうことにある。このような近視眼的な選択を回避するために，各選択肢の価値を費用対効果の視点からとらえる方法をあらかじめ被験者に教えると，セルフ・コントロールが増加する（Larrick et al., 1990）。おそらく，このような操作は遅延される報酬を繰り返し選ぶことにより得られる報酬の総和を被験者に認識させる効果をもつと考えられる。このことは，被験者の知的能力が高いほどセルフ・コントロールが増えるという研究結果（Funder & Block, 1989）とも関連しているかもしれない。さらに，子どもでは，年齢とともに，セルフ・コントロールが増加することが知られている。これも，年齢とともに対象について形式的に考える能力が発達し，各選択肢の費用対効果を抽象的にとらえることが可能となるためであると解釈することができる（Mischel et al., 1989）。

　このような考えに基づいて，Kirby & Guastello（2001）は，「遅延されない小さな報酬」と「遅延される大きな報酬」の間の選択が4回繰り返される実験場面において，被験者に現在の選択（1回目の選択）と未来の選択（2回目から4回目までの選択）を結びつける手続き（これを報酬結合［reward linking］，あるいは報酬結束［reward bundling］という）の効果を調べた。本実験に先行する予備実験において，被験者に遅延されない小さな報酬と遅延される大きな報酬の選択を行ってもらい，被験者が後者を選ぶと遅延される大きな報酬の遅延時間が少しずつ増加し，被験者が前者を選ぶと遅延される大きな報酬の遅延時間が少しずつ減少する調整法を用いて，2つの選択

肢間の選好が無差別となる遅延大報酬の遅延時間を被験者ごとに明らかにした。その結果を用いて，すべての被験者が遅延されない小さな報酬を必ず選ぶような選択肢の組み合わせ（例えば，ある被験者では「遅延されない7.9ドル」と「6日間遅延される8.8ドル」）のもとでの選択行動がベースラインとして用いられた。また，同様の調整法を用いて，両方の選択肢に加えたときに選好逆転を起こすことのできる最小の遅延時間の値があらかじめ明らかにされ，その値が現在の選択と未来の選択の間の間隔とされた。

現在の選択と未来の選択を結びつける方法として，自由連結（free linking），推奨連結（suggested linking），強制連結（imposed linking）という3つの手続きが用いられた。自由連結では，現在の選択と同じ選択が10日後，20日後，30日後，40日後に行われることが被験者に伝えられた。また，推奨連結では，現在の選択と同じ選択が10日後，20日後，30日後，40日後に行われることに加えて，現在の被験者の選択がその後の選択行動の徴候になることが被験者に伝えられた。一方，強制連結では，現在の選択肢が未来の選択を決めるという手続きが用いられた。すなわち，現在の選択において，「今日もらえる7.9ドル＋10日後にもらえる7.9ドル＋20日後にもらえる7.9ドル＋30日後にもらえる7.9ドル＋40日後にもらえる7.9ドル」と「6日後にもらえる8.8ドル＋16日後にもらえる8.8ドル＋26日後にもらえる8.8ドル＋36日後にもらえる8.8ドル＋46日後にもらえる8.8ドル」の2つ間の選択が行われた。

実験の結果，予備実験においてすべての被験者が遅延されない小さな報酬を選んでいたにもかかわらず，自由連結では約3割，推奨連結では約5割，強制連結では9割以上の被験者が遅延される大きな報酬を選択することが示された。これらの結果は，手続きの改良により，被験者が近視眼的な選択を回避し，長期的な視点に立ってより有利な選択肢を選択することを助ける介入方法が存在することを意味している。このような考え方に基づいて，Hursh et al. (2013) は，喫煙などの嗜癖を対象として，報酬結束という介入方法を提案している。例えば，喫煙と非喫煙の間の選択は毎日繰り返し行われることを考えれば，非喫煙者は喫煙と非喫煙がそれぞれ長期的にもたらす結果の価値を外的な手続きに頼らずに自分で結束しているが，喫煙者は日頃からそのような結束がほとんどできていないと考えられる。実際，Hofmeyr (2011) は，金銭報酬の選択場面において，非喫煙者が遅延大報酬を選ぶ確率は報酬連結の手続きに影響されないが，喫煙者が遅延大報酬を選ぶ確率は報酬連結の適用により敏感に変化することを例証している。したがって，報酬連結は，セルフ・コントロールを改善するための有望な介入方法であると思われる。

第1章　セルフ・コントロールについての行動分析学的研究

3節　今後の展開に向けて

　本章では，セルフ・コントロールの改善を目指した研究として，行動修正の手法を用いた研究の流れを紹介し，さらに，選択行動研究の手法を応用する最近の試みについて解説した。これらの中で，後者の選択行動研究の枠組みを用いてセルフ・コントロールの問題を取り扱う試みは以下の2つの重要なメリットをもっており，今後の展開が期待される。

　まず，選択行動研究の視点の導入により，セルフ・コントロールの問題をより包括的な視点からとらえ，これまでにない新たな介入方法を提案することが可能となる。その先駆的な例として，McDowell（1981）は，ストレス事態で家族への敵対的行動などの衝動性を示してしまう精神遅滞の男性の例を報告している。従来の行動修正研究では，敵対的行動を引き起こしている刺激を操作する（刺激制御），敵対的行動に伴う報酬を操作する（強化）などの手法が提案されてきた。だが，家族や保護司をハサミで脅かすほどの敵対的行動に伴う強化を操作することは実際には困難であることが多い。

　一方，選択行動の視点を導入すれば，前述の式〔4〕が示すように，ある行動の出現頻度を変化させるためには，その行動に伴う強化のみならず，それ以外の行動（他行動：other behavior）に伴う強化もまた操作すればよい。同様に，問題となってい

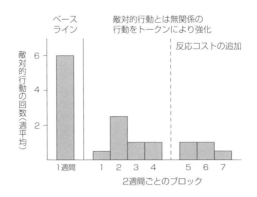

図1-7　他行動強化と反応コストの導入による敵対的行動の減少
（McDowell, 1988より改変）

精神遅滞のある男性の敵対的行動が，個人的衛生行動，仕事，教育的課題という敵対的行動とは無関係の行動をトークンで強化することにより，治療された。治療の8週目において，敵対的行動の頻度は約80%低下した。その後に追加された反応コスト法（ポイント減少法）は，敵対的行動をさらに低下させることはできなかった。

る敵対的行動を減少させるためには，敵対的行動に伴う強化とそれ以外の行動に伴う強化の両方を操作すればよい。そこで，McDowell は，敵対的行動に伴う強化を操作するのではなく，身繕いや読書などの行動に対する強化を増やすことにした。その結果，図 1-7 に示すように，敵対的行動は大きく減少した。この結果は，臨床場面において対応法則を活用することが有用であることを示唆している（McDowell, 1981, 1988）。

　さらに，選択行動の視点の導入は，セルフ・コントロールの問題を定量的に取り扱うための手法を提供するというメリットをもつ。従来の行動修正研究では，セルフ・コントロールの問題を定量的に取り扱う方法がほとんどみられなかった。だが，選択行動の研究により，セルフ・コントロールと衝動性という 2 つの選択肢のもたらす結果が定量的に記述し，操作することが可能にされた。それにより，臨床場面におけるセルフ・コントロールの問題を，一般化対応法則における強化の操作に対する行動変化の感度，すなわち，式〔5〕における a の値や，遅延される大きな報酬の価値割引の程度として，定量的に研究することが可能となった。実際，Kollins et al.（1997）は，並立スケジュールにおいて強化の強度を操作した場合の相対反応頻度の変化を ADHD（注意欠如・多動性障害）児と健常児で比較し，ADHD 児は健常児と比べて，式〔5〕における強化への感度（a の値）が低い可能性があることを示している。また，Murray & Kollins（2000）は，AHDH 児の算数問題の解答行動を VI スケジュールによりトークンで強化し，強化頻度を 4 通りに変化させた。その結果，ADHD の治療薬であるメチルフェニデートの投与により，ADHD 児の解答行動が式〔4〕に一致する程度がより大きくなることが例証された。さらに，最近，Wilson et al.（2011）は，遅延による報酬の価値割引の程度を ADHD 児と健常児で比較し，ADHD 児の方がより大きな割引率を示すこと，および，割引率は知能と共変することを報告している。

　以下の章で紹介されるように，ここで紹介した研究以外にも，選択行動の研究を臨床場面におけるセルフ・コントロールの諸問題に適用し，大きな成果を上げている研究は数多く存在する。それらの研究は，選択行動の枠組みが，標的行動の定量化に基づくより的確な診断と治療選択を可能にすることを示唆しており，今後の進展が期待されている。

第2章 価値割引過程からみた セルフ・コントロールと衝動性

　前章で紹介されたセルフ・コントロール選択は，価値割引（discounting）現象の一種である遅延割引（temporal discounting）の枠組みを用いて理解することができる。本章では，遅延割引に関する先行研究を紹介しつつ，遅延割引測定により，セルフ・コントロールの対概念である「衝動性」の程度を数量的に明らかにできることを示し，そのための具体的方法について解説する。

節 セルフ・コントロールと行動分析

　価値割引とは，様々な要因によって報酬の主観的価値が低下すること（Rachlin, 2006; 佐伯, 2011）である。価値割引の要因はいくつか提案されているが，セルフ・コントロール選択と密接に関係する割引要因は，報酬が得られるまでの遅延時間（delay）であり，遅延時間による価値割引を遅延割引とよぶ。遅延割引の例としては，「1か月後に手に入る1万円」よりも「今手に入る1万円」の方が好まれることが挙げられる。この場合，「1か月」という遅延時間によって，1万円の主観的価値が割り引かれたと考えるのである。したがって，セルフ・コントロール選択場面において衝動性が生じるのは，大報酬が得られるまでの遅延時間によって価値割引が生じ，大報酬の主観的価値が小報酬のそれよりも低くなったためと考えることができる。

　遅延割引研究では，遅延割引を記述するために，様々な割引関数（discount function）が提案されてきた（Green et al., 1994; Mazur, 1987; Rachlin et al., 1991）。割引関数を選択データに当てはめることによって，価値割引の程度を表す割引率（discount rate）が推定され，その結果得られた割引率は衝動性の程度の指標として解釈することができる。すなわち，個人の遅延割引を測定することにより，その人の衝動

性の程度を明らかにできるのである。

　本節の前半では，まず，心理学における標準的な遅延割引測定法を開発したRachlin et al.（1991）の研究を紹介する。次に，彼らが用いた測定方法を質問紙によって実現した「完全版遅延割引質問紙」を紹介する。さらに，この方法で得られたデータ点に対して，双曲線関数（hyperbolic function）を適用して割引率を推定する方法を紹介する。本節の後半では，「簡易版遅延割引質問紙」による遅延割引測定について紹介し，割引率と他の衝動性尺度との関係を調べることにより，割引率で表される衝動性の特徴について考察する。

1．完全版遅延割引質問紙による遅延割引測定

　行動分析学において，セルフ・コントロール選択は，ヒトや動物に複数の選択肢を呈示し，それらのうちの1つを選ばせて，選択結果を経験させる，ということを繰り返し行うことで測定される。2節で述べるように，遅延割引についても，このような実際の選択場面を用いた測定は可能である。しかしながら，ヒトを対象とした価値割引研究の大半は，手続きの簡便さから，仮想の選択場面における選択データに基づいて価値割引を測定している。ここでは，仮想の選択場面における遅延割引測定法として，Rachlin et al.（1991）に始まった，複数の主観的等価点を測定し，これに割引関数を当てはめて割引率を推定する方法を紹介する。

　Rachlin et al.（1991）は，大学生を対象に，「今もらえる1,000ドル」と書かれたカードと，「1年後にもらえる1,000ドル」と書かれたカードを示し，もらえるとしたらどちらを好むかを答えさせた。前者の即時報酬の報酬額は，30回の選択試行を通して，1,000ドルから1ドルまで低下した。一方，後者の遅延報酬の内容は，常に固定されていた。参加者は，最初の試行では即時報酬の示されたカードを選択するが，30試行のうちのいずれかの試行において，遅延報酬の示されたカードへと選択が切り替わり，その後は遅延報酬の示されたカードを選び続ける。この選択の切り替わり前後の即時報酬額の平均値が，「1年後にもらえる1,000ドル」と主観的に等価な即時報酬額（主観的等価点）と定義された。

　このような主観的等価点の測定を，「1年」以外の遅延時間についても実施し，遅延時間が長くなるにつれて，主観的等価点がどのように変化するかが調べられた。なお，半数の参加者については，即時報酬額は，上述のように，30試行を通して，1,000ドルから1ドルまで低下したが，残りの半数の参加者については，1ドルから1,000ドルまで上昇させることで，呈示順序の効果が相殺された。上昇系列の場合，選択は，30試行のうちのいずれかの試行において，遅延報酬から即時報酬へと切り替わることが期待された。

　実験の結果，主観的等価点は，遅延時間の延長に伴って低下した，すなわち，遅延

割引が生じた。さらに、この割引過程は、Mazur (1987) がハトの選択行動実験に基づいて導き出した、〔1〕式の双曲線関数によってうまく記述できることが示された。

$$V = \frac{A}{1 + kD} \qquad [1]$$

ただし、Vは遅延報酬量Aの主観的価値、Dは遅延時間、kは割引率を表す。割引率は、割引関数を適用した後に値が定まる経験定数であり、参加者によって異なる値をとりうる。双曲線関数から導き出される理論曲線を図2-1に示す。割引率の上昇に伴って、主観的価値が急速に割り引かれることがわかる。高い割引率をもつ人は、少しの遅延時間が生じただけでも報酬の主観的価値が大きく下がるため、割引率は衝動性の程度を表すとされている (Green & Myerson, 1993)。割引率は、喫煙 (Baker

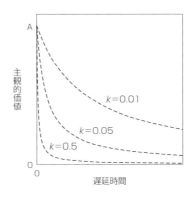

図2-1　双曲線関数の理論曲線

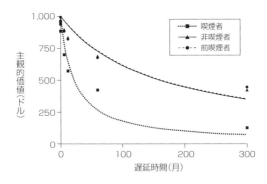

図2-2　喫煙者・非喫煙者・前喫煙者の遅延割引 (Bickel et al., 1999より一部改変)

	選択肢 A	選択肢 B
問題1.	A：今もらえる130,000円	B：1年後にもらえる130,000円
問題2.	A：今もらえる128,700円	B：1年後にもらえる130,000円
問題3.	A：今もらえる127,400円	B：1年後にもらえる130,000円
問題4.	A：今もらえる124,800円	B：1年後にもらえる130,000円
問題5.	A：今もらえる122,200円	B：1年後にもらえる130,000円
問題6.	A：今もらえる119,600円	B：1年後にもらえる130,000円
	⋮	⋮
問題26.	A：今もらえる　5,200円	B：1年後にもらえる130,000円
問題27.	A：今もらえる　2,600円	B：1年後にもらえる130,000円
問題28.	A：今もらえる　1,300円	B：1年後にもらえる130,000円
問題29.	A：今もらえる　　650円	B：1年後にもらえる130,000円
問題30.	A：今もらえる　　130円	B：1年後にもらえる130,000円

（遅延条件が1年で即時報酬額が下降系列の場合）

図2-3　完全版の遅延割引質問紙（佐伯・伊藤，2009）

et al., 2003; Bickel et al., 1999; Bickel et al., 2008），飲酒（Dom et al., 2006; Petry, 2001a; Vuchinich & Simpson, 1998），薬物摂取（Coffey et al., 2003; Kirby et al., 1999; Madden et al., 1997），ギャンブル（Dixon et al., 2003）など，一般に衝動的と判断される行動と関係することが示されている。図2-2は，Bickel et al.（1999）が報告した，喫煙者，非喫煙者，前喫煙者（以前喫煙していたが今は喫煙していない人）の遅延割引の様子を表している。喫煙者は，非喫煙者や前喫煙者に比べて遅延割引の程度の高いことがわかる。

　佐伯・伊藤（2009）は，Rachlin et al.（1991）の開発した遅延割引測定法を質問紙により実現し，119名の大学生を対象に実施した。彼らが用いた質問紙を図2-3に示す。「選択肢A」は，今もらえる金額を示しており，30問を通して130,000円から130円まで低下する。一方，「選択肢B」は，常に「1年後にもらえる130,000円」を示している。この場合，選択は，30問のうちのいずれかの問題において「選択肢A」から「選択肢B」に切り替わることが期待される。選択は，筆記用具で選択肢の一方に丸印をつけることにより行われた。Rachlin et al.（1991）と同様に，選択の切り替わり前後の即時報酬額の平均値を主観的価値とした。遅延条件として，1か月，6か月，1年，5年，10年，20年の6条件が設定された。このように，複数の主観的等価点を測定する質問紙を，ここでは「完全版遅延割引質問紙」とよぶ。

　佐伯・伊藤（2009）の結果を図2-4に示す。図2-4は，横軸に遅延時間，縦軸に主観的価値を示している。黒丸は主観的等価点の群中央値を示している。主観的等価点は，遅延時間の短い部分では急激に低下しており，遅延時間の長い部分では緩やか

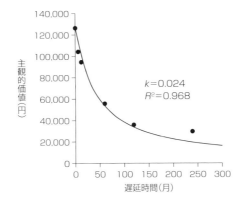

図2−4 完全版遅延割引質問紙を用いて測定された遅延時間の関数としての主観的等価点の変化（佐伯・伊藤, 2009）

に低下していることがわかる。また，図から，大学生にとって130,000円の主観的価値は，5年の遅延時間が介在すると，今もらえる60,000円を下回るほど割り引かれることがわかる。

2. 割引関数の当てはめ

前述の方法により得られた主観的等価点に割引関数を当てはめることにより，割引率を推定することができる。割引関数の当てはめは，非線形回帰が行える統計ソフト（例えば，SPSSなど）を用いて行う。図2−4の実線は，主観的等価点に対して，最もよく当てはまる双曲線関数を表している。当てはめの結果，割引率（k）の推定値は0.024であることがわかる。R^2は決定係数（coefficient of determination）とよばれ，関数がデータ点にどの程度うまく当てはまっているかを表す指標である。決定係数は0〜1.0の範囲を取り，1.0に近いほど当てはまりが良いことを表す。図2−4では，決定係数は0.968であり，全体として双曲線関数がデータによく当てはまっていることがわかる。本章の以降の部分では，「割引率」という場合，双曲線関数に基づいて推定される割引率を指すものとする。

一方，割引関数を適用せずに，価値割引の程度を算出する方法もある。Myerson et al.（2001）は，図2−5のように，横軸については遅延時間の最大値が1.0になるように，縦軸については遅延報酬量（A）が1.0になるように標準化し，主観的等価点と横軸との間で囲まれた曲線下面積（Area Under the Curve: AUC）を，価値割引の指標として提案している。主観的等価点から横軸に垂線をおろすことでいくつかの台形ができるが，この台形の面積を算出し合計することでAUCを算出できる。

第Ⅰ部　セルフ・コントロール研究の基礎

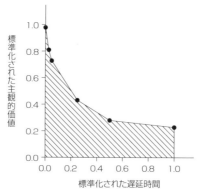

注）斜線で示された部分が AUC である。

図 2-5　曲線下面積（AUC）による遅延割引の程度の表現
(Myerson et al., 2001)

AUC は，0〜1.0の範囲の値をとり，価値割引の程度が激しい（主観的等価点が低い）ほど小さい値をとる。

　AUC を用いることの利点は，割引関数の当てはまりの良さを問題にせずにすむことの他，AUC が正規分布に近い分布を示すことから，検定力は高いがデータの分布に歪みのある場合には使用できない t 検定や分散分析などの統計的分析を使用できることである（Myerson et al., 2001）。一方，割引率は一般に分布が歪むため，そのままではこれらの統計的分析を使用できない。

3．簡易版遅延割引質問紙による遅延割引測定

　遅延割引研究の多くは，完全版遅延割引質問紙のように，複数の主観的等価点を測定して，割引関数を当てはめたり，AUC を算出することによって，遅延割引の程度を推定しているが，この方法では，問題の数が多くなり（佐伯・伊藤［2009］の場合，6条件ある遅延条件のそれぞれについて30問あるので，全部で180問），調査の実施や結果の分析において不便が生じる。そのため，少ない問題数で割引率の推定が可能な「簡易版遅延割引質問紙」が開発された。ここでは，最初に簡易版遅延割引質問紙を作成した Kirby & Maraković（1996）と，これに改良を加えた佐伯・伊藤（2002, 2008）の研究を紹介する。

　Kirby & Maraković（1996）は，「今日もらえる34ドル」と「43日後にもらえる35ドル」のように，報酬量や遅延時間が様々に異なる即時小報酬と遅延大報酬間の選択問題を21問作成し，大学生に回答を行わせた。問題の呈示は，報酬量や遅延時間の大

小に関係なく，無作為な順序にされた。この研究では，回答者のうちの1人が無作為に選択され，選択内容の1つが実現される実際報酬が用いられた。結果の分析では，各選択問題について，「その問題において選好が無差別（indifferent）である場合の割引率」を双曲線関数に基づいて算出し，問題を割引率の小さい順に並べ替えた場合に，どの問題で選択が切り替わっているのかを調べた。例えば，上述の選択問題の場合，選択肢間で選好が無差別であることは，選択肢間で主観的価値が等しいと仮定できるため，以下の〔2〕式が成り立つ。

$$V_i = V_d \qquad [2]$$

ただし，V_i は即時報酬の主観的価値を，V_d は遅延報酬の主観的価値を表す。これらの主観的価値が〔1〕式によって計算できると仮定し，各選択肢に示されている遅延時間と報酬量を代入すると，以下のように，割引率が算出できる。

$$\frac{34}{1+k\times 0} = \frac{35}{1+k\times 43} \qquad [3]$$
$$k = 0.0007$$

このような計算を他の選択問題についても実施し，問題を割引率の小さい順に並べ替えた場合に，どの問題で選択が切り替わっているのかを調べた。そして，選択の切り替わり前後の問題における割引率の幾何平均値（geometric mean）を，その回答者の割引率とした。

佐伯・伊藤（2002）は，Kirby & Maraković（1996）の方法に基づき，仮想の「今もらえる8万円」と「遅延後にもらえる13万円」の間の選択問題25問からなる遅延割引質問紙を作成した。ここでは，佐伯・伊藤（2002）を改訂した，佐伯・伊藤（2008）の簡易版遅延割引質問紙を紹介する（図2-6）。この質問紙では，遅延時間が30問を通して14日〜20年，またはこれとは逆の順序で変化した。Kirby & Maraković（1996）のように，無作為な順序で問題を呈示した場合，選択の切り替わり点が複数生じるケースが出てくるが，これは，このようなケースが出るのを防ぐための工夫である。割引率を算出する方法は，Kirby & Maraković（1996）と同様に，各問題について選択肢間で選好が無差別である場合の割引率を双曲線関数に基づいて算出し（図2-6の「k値」），選択の切り替わり前後の割引率の幾何平均値を求める方法を用いた。例えば，ある回答者が，問題3までは選択肢Bを選択し，問題4以降では選択肢Aを選択した場合，割引率は，1.042と0.938の幾何平均値の0.988となる（図2-6）。さらに，同じ回答者に，選択肢Bの遅延時間が下降系列で配置された質問紙にも回答をさせ，得られた2つの割引率の幾何平均値を，この回答者の割引率とした。

完全版を用いた場合と比較すると，簡易版遅延割引質問紙では，30問という少ない

問題数で割引率を推定できるという利点がある。また，完全版を用いた場合，割引関数の当てはまりの良くないデータについては，割引率の信頼性が低いと判断され，分析から除外される。全データの10〜20%はそのようなデータになることが多いが，簡易版では，主観的等価点を求めることができずに除外されるデータは，全データの5%未満である。このように，簡易版遅延割引質問紙には，完全版と比べて，削除しなければならないデータ数が少なくてすむという利点もある。

　佐伯・伊藤（2009）は，119名の大学生を対象に完全版と簡易版を実施し，割引率の間の相関関係を調べたところ，0.65（$p<0.05$）であった（図2-7）。この結果は，同様の調査を行ったEpstein et al.（2003）が報告した相関係数（$r=0.74〜0.80$）よりも低い値であるが，簡易版が完全版の代替として，ある程度利用可能であることを

	選択肢A	選択肢B	k値
問題1．	A：今もらえる8万円	B：14日後にもらえる13万円	1.339
問題2．	A：今もらえる8万円	B：16日後にもらえる13万円	1.172
問題3．	A：今もらえる8万円	B：18日後にもらえる13万円	1.042
問題4．	A：今もらえる8万円	B：20日後にもらえる13万円	0.938
問題5．	A：今もらえる8万円	B：21日後にもらえる13万円	0.893
問題6．	A：今もらえる8万円	B：25日後にもらえる13万円	0.750
⋮	⋮	⋮	⋮
問題29．	A：今もらえる8万円	B：10年後にもらえる13万円	0.0052
問題30．	A：今もらえる8万円	B：20年後にもらえる13万円	0.0026

問題3・4のk値の平均：0.988

注）「k値」の欄は，回答者には呈示しない。

図2-6　簡易版遅延割引質問紙（上昇系列）と割引率の算出法（佐伯・伊藤，2008）

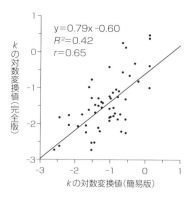

図2-7　完全版と簡易版の間における割引率の相関関係
　　　　（佐伯・伊藤，2009）

示している。

4．簡易版遅延割引質問紙の再検査信頼性

一般に，心理尺度の信頼性は，同じ回答者に対して同内容の尺度を用いた調査を2回実施し，結果の間の相関関係を調べることにより確かめることができる（村上，2006）。このような方法で確認される信頼性を再検査信頼性という。遅延割引に関する再検査信頼性は比較的高いことが報告されている（Kirby, 2009; Ohmura et al., 2006; Simpson & Vuchinich, 2000）。

Simpson & Vuchinich（2000）は，Rachlin et al.（1991）が開発した遅延割引測定法をコンピュータにより自動化している。この研究では，17名の大学生について遅延割引の再検査信頼性が検討された。2回の測定間隔は約1週間であった。その結果，割引率間の相関係数は，0.91ときわめて高かった。このような高い再検査信頼性が得られた原因として，測定間隔が1週間と短いことが考えられる。

Ohmura et al.（2006）は，22名の大学生を対象に，Rachlin et al.（1991）と同様の方法によって遅延割引を測定し，再検査信頼性を調べた。測定間隔は3か月に設定された。その結果，割引率間の相関係数は0.61となり，有意な相関が得られたが，Simpson & Vuchinich（2000）よりも低い値となった。

それでは，簡易版遅延割引質問紙では，どの程度の再検査信頼性が得られるのであろうか。佐伯・伊藤（2008）は，大学生を対象に，測定間隔を3か月または6か月に設定して，割引率間の相関を調べた。測定間隔が3か月であった場合（$n=92$，有効回答88名）と6か月であった場合（$n=141$，有効回答79名）の割引率の散布図を図2-8に示す。測定間隔が3か月の場合には，0.54という有意な正の相関が得

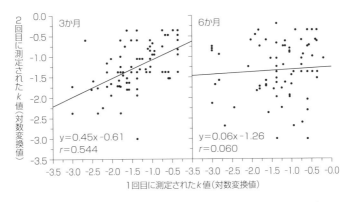

図2-8　簡易版遅延割引質問紙の再検査信頼性（佐伯・伊藤，2008）

られたのに対し，6か月の場合には，ほぼ無相関（0.06）であった。この結果は，簡易版遅延割引質問紙の測定内容が，必ずしも，パーソナリティ特性のような安定的な衝動性の程度を表しているわけではないことを示している。

　Kirby（2009）は，Kirby & Maraković（1996）と同様の簡易版遅延割引質問紙を用いて，測定間間隔を1年に設定し，再検査信頼性を調べた結果，0.71という高い相関係数を報告している。Kirby（2009）は，割引率が安定的なパーソナリティ特性としての衝動性の程度を表している一方で，報酬の種類や剥奪水準といった，状況要因によって影響を受ける可能性があると述べている。佐伯・伊藤（2008）では「仮想報酬」が用いられたが，Kirby（2009）では，調査後に，回答者の選んだ選択肢が無作為に選ばれて本物の金銭が与えられる「実際報酬」が用いられた。このような報酬の違いが異なる結果をもたらした可能性がある。

5．簡易版遅延割引質問紙の妥当性

　割引率が衝動性の程度を表しているならば，割引率と衝動性尺度やセルフ・コントロール尺度との間には，高い相関関係がみられるはずである。このような観点から遅延割引と衝動性尺度との関係を調べた研究は多数存在する。

　簡易版による遅延割引測定は例が多くないため，完全版も含めて紹介するが，割引率との間で有意な正の相関関係を示した衝動性尺度を報告した主な研究として，アイゼンク性格検査（Eysenck Personality Questionnaire）（Eysenck & Eysenck, 1978）を報告した研究（Madden et al., 1997），アイゼンク衝動性尺度（Eysenck Impulsivity Scale）（Eysenck et al. 1985）を報告した研究（Alessi & Petry, 2003; Petry, 2001a, 2001b, 2002），バラット衝動性尺度（Barratt Impulsiveness Scale: BIS）（Barratt, 1985; Patton et al. 1995）を報告した研究（de Wit et al., 2007; Heyman & Gibb, 2006）がある。

　一方，これらの衝動性尺度と割引率の間に相関関係を見出していない研究もある。アイゼンク衝動性尺度については，Coffey et al.（2003），Crean et al.（2000），Johnson et al.（2010），Richards et al.（1999），Vuchinich & Simpson（1998）が，バラット衝動性尺度については，Coffey et al.（2003），Dom et al.（2006），Dom et al.（2007），Johnson et al.（2010），Krishnan-Sarin et al.（2007）が，衝動性尺度得点と割引率の間に有意な相関関係がみられなかったことを報告している。

　衝動性尺度と割引率の間に関係がみられない理由として，衝動性は，複数の次元からなる行動特性であるため（Evenden, 1999），割引率が表す衝動性と心理尺度で測定される衝動性は内容が異なる可能性が考えられる。ここでは，簡易版遅延割引質問紙で測定される割引率と，衝動性に関する心理尺度の尺度得点との関係を示すことで，割引率が表す衝動性の特徴について考察する。

佐伯・伊藤（2008）は，研究1において，138名の大学生を対象に，「認知的熟慮性－衝動性尺度」（滝間・坂元，1991）と簡易版遅延割引質問紙を実施し，これらの間の相関関係を調べている。「認知的熟慮性－衝動性尺度」は，「何でもよく考えてみないと気がすまないほうだ」や，「計画を立てるよりも早く実行したいほうだ」等，思考や意思決定における熟慮性－衝動性を測定する10項目からなる自己評定尺度である。調査の結果，熟慮性－衝動性尺度得点と割引率の間には，有意な負の相関関係が得られた（$r = -0.253$, $p < 0.01$）。この結果は，熟慮性が高いほど割引率が低いことを示しており，割引率が衝動性の程度の指標として妥当であることの裏づけの1つとなる。

研究2では，116名の大学生を対象に，バラット衝動性尺度第11版（BIS-11; Patton et al., 1995）の邦訳版（Someya et al., 2001）と簡易版遅延割引質問との間の相関関係が検討された。BIS-11は，「注意的衝動性」「運動的衝動性」「無計画的衝動性」の3つの下位因子からなっており，「すぐに集中できる」（注意的衝動性の反転項目），「その場のはずみで行動する」（運動的衝動性），「将来よりも現在の方に関心がある」（無計画的衝動性）等の30項目からなる自己評定尺度である。これらの下位因子ごとに尺度得点を算出し，割引率との間の相関を調べた結果，相関係数は，注意的衝動性では0.03（ns），運動的衝動性では0.01（ns），無計画的衝動性では0.23（$p < 0.05$）となり，無計画的衝動性においてのみ，有意な正の相関が得られた。

また，佐伯・伊藤（2009）は，杉若（1995）が開発した「調整型－改良型セルフ・コントロール尺度」（Redressive-Reformative Self-control Scale: RRS）と簡易版遅延割引質問紙との関係を調べている。調整型セルフ・コントロールとは，「ストレス場面において発生する情動的・認知的反応の制御」を，改良型セルフ・コントロールとは，「習慣的な行動を新しくてより望ましい行動へと変容していくためのセルフ・コントロール」として定義されている（杉若，1995）。調整型セルフ・コントロール尺度は，「憂うつな時には，楽しいことを考えるようにしている」等の5項目からなり，改良型セルフ・コントロール尺度は，「ものごとに集中できない時には，集中する方法を見つけ出す」等の8項目からなる。改良型セルフ・コントロールの尺度得点が高い人は，低い人に比べて，遅延割引率の低いことが示されている（Sugiwaka & Okouchi, 2004）ことから，セルフ・コントロール尺度得点と割引率の間には，負の相関関係のみられることが期待される。佐伯・伊藤（2009）で収集された119名の大学生のデータを分析した結果，割引率と，調整型セルフ・コントロール尺度との相関は0.029，改良型セルフ・コントロール尺度との相関は0.032となり，いずれも無相関であった。その理由として，Sugiwaka & Okouchi（2004）では，実験室実験によって遅延割引が測定されたこと等，いくつかの手続き上の違いがあったことが考えられる。

これらの調査結果は，簡易版遅延割引質問紙で測定される割引率が，衝動性の中でも「無計画性」といった，比較的長い遅延時間を含む事象についての判断や意思決定

における衝動性を反映することを示唆しており，注意や運動に関する衝動性や，対処行動としてのセルフ・コントロールとは関係しないことを示している。割引率が計画性と関係することは，遅延割引質問紙に含まれる遅延時間が14日〜20年と，比較的長い値に設定されていることからも理解できる。

一方，衝動的行動と考えられる喫煙，飲酒，薬物摂取等の行動をとる人はそうでない人よりも，割引率が高いことを示した研究は多数存在する。これらの衝動的行動は，「すぐに得られる1本のタバコ」と「遅延後に得られる健康」という，セルフ・コントロール選択場面における選択行動として考えることができる。したがって，セルフ・コントロール選択場面における選択を質問項目として含んでいる質問紙であれば，割引率との相関がみられる可能性がある。このような観点から，佐伯（2009）は，私たちが日常的に経験すると考えられるセルフ・コントロール選択場面を用いて「セルフ・コントロール質問紙」を作成し，割引率との関係を検討した。

佐伯（2009）では，「テレビ問題」「ケーキ問題」「クレジットカード問題」「携帯電話問題」の4問からなる「セルフ・コントロール質問紙」が作成された。「テレビ問題」は，「明日の朝提出しなければならないレポートを書くか，テレビ中継の始まった大好きなスポーツ番組を見るか」の間の選択場面となっている。「ケーキ問題」は，「1か月後の結婚式で着る予定の礼服がきついためにダイエットをしているが，家族が買ってきたケーキを食べるか食べないか」の間の選択場面となっている。「クレジットカード問題」は，「デパートで見た1着しか残っていない高額の洋服が欲しいが，現金の持ち合わせがないため，クレジットカードで購入するかしないか」の間の

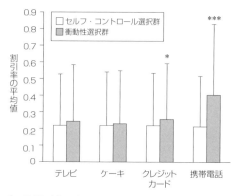

$^{*}p<0.05$，$^{***}p<0.005$

図2-9　セルフ・コントロール質問紙への回答と割引率の関係
（佐伯，2009）

選択場面となっている。「携帯電話問題」は，「新しい機種の携帯電話が気に入ったが，入ったばかりのアルバイト代で買い替えると生活費が足りなくなりそうという状況において，携帯電話を買うか買わないか」の間の選択場面となっている。922名の大学生を対象に，これらのセルフ・コントロール質問紙への回答と簡易版遅延割引質問紙から得られた割引率との関係が検討された。

セルフ・コントロール質問紙の各問題において，セルフ・コントロール選択を行った「セルフ・コントロール選択群」と衝動性選択を行った「衝動性選択群」の間で割引率を比較したところ，割引率の平均値はどの問題においても衝動性選択群の方が高かったが，「クレジットカード問題」と「携帯電話問題」においてのみ有意差が得られた（図2-9）。この結果は，割引率が金銭に関するセルフ・コントロール選択場面における選択行動と関係することを示している。

以上，簡易版遅延割引質問紙によって測定される割引率が，衝動性の程度の指標として妥当であるか否かについて，衝動性尺度やセルフ・コントロール尺度との間の相関関係を調べることにより検討を行った。その結果，割引率は，比較的長期の遅延を伴う計画性に関する衝動性を表すことと，セルフ・コントロール選択場面における衝動的選択の程度を表すことが明らかとなった。しかしながら，有意な相関がみられた場合においても，高い相関は得られていない。その原因として，遅延割引質問紙を用いて得られる割引率は，仮想の選択場面を用いて推定されたものであり，これが実際の選択行動と必ずしも対応しない可能性が挙げられる。次節では，この問題を解消した方法，すなわち，実験室において，実験参加者が選択した内容を実際に経験させる方法を用いて，遅延割引を測定した研究を紹介する。

実験的方法で測るセルフ・コントロールと衝動性

実験によってヒトの遅延割引を測定する方法は，これまでにいくつか提案されているが，その多くは心理物理学的測定法を応用したものである。心理物理学では，刺激の物理量と感覚量の間の関係を明らかにするために，実験参加者にとって2種類の刺激の間で感覚量が等しくなるように，一方の刺激量を変化させる方法が用いられる。刺激量を変化させる方法として，実験参加者が変化させる方法と，実験者が変化させる方法がある。前者の方法を調整法とよぶ。後者の場合には，変化のさせ方を一定の順序で行う極限法と，無作為な順序で行う恒常法がある。

前節で紹介した遅延割引質問紙では，即時報酬と遅延報酬という2つの選択肢の間で主観的価値が等価になるように，問題間で，即時報酬量や遅延時間を一定の順序に従って変化させるので，極限法を応用した測定法といえる。一方，実験的方法によっ

第Ⅰ部　セルフ・コントロール研究の基礎

て遅延割引を測定した研究では，実験参加者の選択に応じて選択肢の内容を変化させる調整法を応用したものが多い。ここでは，そのような研究の例として，Reynolds & Schiffbauer（2004）の調整量手続き（adjusting-amount procedure）と，Cherek & Lane（1999）の調整遅延手続き（adjusting-delay procedure）を紹介する。

1．調整量手続きによる遅延割引の測定

　Reynolds & Schiffbauer（2004）では，コンピュータ画面上に，「遅延後にもらえる0.3ドル」（標準選択肢）と，「すぐにもらえる0.15ドル」（調整選択肢）が表示され，実験参加者（大学生12名）はマウスでいずれかをクリックすることで選択を行った。標準選択肢が選択されると，遅延時間（0秒，15秒，30秒，60秒のいずれかであり，条件間で変化した）後に35％の確率で0.3ドルが「銀行」に加算された。一方，調整選択肢が選択されると，すぐに0.15ドルが「銀行」に加算された。調整選択肢で得られる金額は，前試行の選択によって変化した。前試行で標準選択肢が選択された場合には増加し，調整選択肢が選択された場合には減少した。増減の割合は，1試行目では0.15ドルの15％であったが，2試行目以降は，この割合が2％刻みで減少した（13％，11％，…）。このような選択試行を最低16試行実施し，その後は，最終6試行における各選択肢の選択回数が（同一3回ずつ）であれば選択が安定したとみなし，その遅延条件を終了した。各遅延条件の実施時間を同一とするために，条件間にブロック間間隔が挿入された。すべての遅延条件が終了した後に，実験参加者には「銀行」に貯められた金額が与えられた。各遅延条件における最終6試行の平均調整報酬額が，遅延される0.3ドルと等価な即時報酬量（主観的等価点）とされた。

　このような調整量手続きによって測定された主観的等価点は，遅延時間が長くなるに伴って低下し，双曲線関数によって記述できることが報告されている。また，ある禁煙プログラムを受ける青年を対象に，この方法を用いて遅延割引を測定した研究（Krishnan-Sarin et al., 2007）では，禁煙に失敗した青年は，成功した青年よりも，遅延割引の程度が有意に高いことが報告されている。一方，この方法で測定された遅延割引の程度とBIS得点の間の相関関係を調べた研究（Fields et al., 2009; Melanko et al., 2009; Peters et al., 2013）では，有意な相関関係が得られていない。

2．調整遅延手続きによる遅延割引の測定

　Cherek & Lane（1999）では，コンピュータ画面上に，「5秒後にもらえる5セント」（標準選択肢）と「15秒後にもらえる15セント」（調整選択肢）が表示され，実験参加者（女性の仮釈放者30名）は，キーボード上のキーを押すことで選択を行った。調整選択肢の遅延時間は，前試行の選択によって変化した。前試行で標準選択肢が選択された場合には2秒減少し，調整選択肢が選択された場合には2秒増加した。ただ

し最小値を7秒とした。このような選択試行が60試行からなる実験セッションを，各実験参加者について5～8セッション実施した。各実験セッション終了時の調整選択肢の遅延時間が，主観的等価点とされた。

実験参加者は，犯歴に基づいて「暴力群」と「非暴力群」に分けられたが，実験の結果，主観的等価点は，「暴力群」の方が有意に短いことが明らかになった。一般に，暴力行為は衝動的行動と考えられるが，この結果は，暴力群の方が，実験においても衝動的な選択を行ったことを示している。この研究では，BIS 尺度も実施されたが，衝動性選択数と BIS 尺度得点の間に有意な正の相関関係がみられた（$r<0.41$, $p<0.02$）。ただし，下位尺度ごとの相関係数については報告されていない。

以上，実験法によって，実際の選択場面における遅延割引を測定する方法を紹介した。ここで取り上げた研究では，遅延割引が，禁煙失敗や暴力行為といった衝動的行動と関係することを示す結果が得られており，遅延割引の測定方法として，選択肢の内容を実際に経験させる実験法が有効であることが明らかになった。

3節 おわりに

本章では，質問紙法と実験法によって，遅延割引を測定する方法について紹介した。いずれの測定法を用いた場合においても，遅延割引は，喫煙などの実際の衝動的行動と関係することや，割引率と既存の衝動性尺度との間には，有意な相関関係がみられる場合もあるが，常に有意な相関関係がみられるわけではないことが明らかになった。ここでは，遅延割引の枠組みを用いて，衝動性の程度を測定する試みについて，今後に残された課題と展望を述べたい。

まず，本章で示したように，遅延割引質問紙によって測定された割引率は，「無計画性」といった比較的長い遅延時間を含む事象についての意思決定における衝動性を反映することが示唆された。このことは，遅延割引質問紙で用いられる遅延時間が，月や年単位の比較的長い値であることに原因があると考えられる。したがって，逆に，短期的な遅延時間を含む状況での行動と関係する運動的衝動性を，遅延割引質問紙によって測定することは難しいかもしれない。

一方，実験法による遅延割引測定では，1分以内の比較的短い時間における実際の選択行動に基づいて遅延割引が測定されるため，測定結果に運動的衝動性が反映されている可能性がある。Reynolds & Schiffbauer（2004）による遅延割引測定法を用いた場合には，割引率と BIS 尺度得点の間に有意な相関関係がみられないことが報告されているが，Cherek & Lane（1999）の研究では，衝動性選択数と BIS 尺度得点の間に有意な正の相関関係が得られている。実験法で測定される遅延割引が，どのよ

うな種類の衝動性と関係するのかを明らかにすることは今後の課題である。

　次に，遅延割引測定に用いられる報酬の多くは金銭であるが，佐伯（2009）のセルフ・コントロール質問紙にあるように，日常場面で生じる衝動的行動の結果は，「ケーキ」や「テレビ番組」など，金銭以外の報酬であることが多い。そのような状況における衝動性の程度を測定するために，金銭報酬を用いることが有効であるかどうかを検討する必要がある。特に，食物などの1次性強化子を報酬として遅延割引を測定した場合，金銭（2次性強化子）を用いた場合よりも割引率が高くなることが明らかになっている（Odum & Rainaud, 2003）ことから，今後は，1次性強化子を報酬とした遅延割引測定法を開発する必要がある。さらに，1次性強化子を用いた場合，仮想報酬を用いた質問紙法による測定と，実際に報酬が呈示される実験法による測定では結果が異なる可能性があるため，これらの測定法の間でデータの比較を行う必要がある（第1章2節参照）。これらの課題を克服することにより，質問紙法と実験法を適切に使い分け，多様な衝動性を測定できるようになることが，今後期待される。

第3章 経済行動における
セルフ・コントロールと衝動性

　私たちの経済活動には当然のことながら金銭が深く関わっている。私たちは，労働をすることで金銭を稼ぎ，その金銭で生活に必要な物品を購入し，また将来のために貯金をし，老後のために年金を積み立てる。現在所有する金銭で足りない場合はローンを組むなど借金をすることもあるだろう。そして，これらの日常生活に多くみられる経済行動には，セルフ・コントロールの問題が深く関わっている。

　例えば，小さな頃に与えられたお小遣いをすぐに使ってしまい，次のお小遣いまで苦しい思いをした人はいないだろうか。成長するにつれ，お金の使い方を学び，お小遣いやアルバイトで稼いだお金を適切に消費・貯蓄できるようになってくる。しかし大人になっても給料をすぐに使ってしまう人もいれば，将来に備えて堅実に貯蓄をする人もいる。おそらくは，誰もが適切に金銭を管理したいと願っているだろう。しかしすべての人がそのようにできるわけではない。そのために人々の経済行動についてのセルフ・コントロールをいかに向上させるのかについての研究が必要とされるのである。

　本書の目次にもあるように，セルフ・コントロールを扱う研究領域は，心理学以外にも医学，教育学，経済学など多岐にわたる。中でも経済学では，時間割引との関わりの中でセルフ・コントロールが研究対象となってきた。近年では，心理学と経済学の学際的領域として発展した行動経済学（behavioral economics）や，その派生領域である行動ファイナンス（behavioral finances）においても，セルフ・コントロールは重要な研究テーマとして位置づけられている。

　本章では，まず，本章の議論と関係が深い行動経済学や，その中心的な理論であるプロスペクト（prospect）理論について簡単に概説する。次に，投資行動，貯蓄や借金などの金銭管理行動に関して，主に行動経済学や行動ファイナンスの領域で扱われてきたセルフ・コントロール研究を概観する。各節の末尾では，その節で議論された

内容をもとに，どのようにセルフ・コントロールを向上させるのかについての展望を考えてみたい。

行動経済学

　行動経済学とは，プロスペクト理論（Kahneman & Tversky, 1979）や心の会計（mental accounting）理論（Thaler, 1985, 1999）などを中心として展開された人間の非合理的な意思決定の様相を探求する学問領域を指す。これまでの経済学では，人間の経済行動は合理的な判断に基づいたものであるとされ，経済活動を担う人間像として合理的経済人（ホモ・エコノミクス）が想定されてきた。合理的経済人は，偏りのない情報を備え，自己の利益を最大限にするために合理的で一貫した行動をとることができるとされる。しかし，現実の人間は合理的経済人とは異なり，その時々の感情に左右されて非合理的な意思決定を行う不完全な人間である。このような人間像のギャップのため，従来の経済学では説明のできない変則事象（アノマリー）が多数報告されてきた。

　一方，行動経済学の理論は，より身近で現実味のある人間像を前提とし，直感的に理解可能な過程を理論に組み込むことに特徴がある。研究手法としては心理学で用いられてきた実験法や観察法を採用し，実験によって明らかにされた事実をもとに，従来の経済学では説明することが難しかったアノマリーの解明を目指す。

　このように行動経済学は，経済学や心理学など複数の学問分野にまたがって展開される学際的な性格をもっている。また行動経済学の派生領域として行動ファイナンスとよばれる領域があり，金融工学と連携しつつ，金融市場の動向や投資家の意思決定プロセスに関して，プロスペクト理論など行動経済学で明らかにされてきた知見をもとに解明が試みられている。他にも経済学のゲーム理論研究に実験的手法を積極的に取り入れた行動ゲーム（behavioral game）理論（Camerer, 2003; 川越, 2010）や，意思決定過程と脳機能の対応関係を研究する行動神経経済学（neuroeconomics）（第16, 17章参照）といった派生分野でも盛んに研究が行われている。

　なお行動経済学に関しては，わかりやすい日本語の概説書が多数出版されている（例えば，広田ら，2006；依田，2010；大垣・田中，2014；奥田，2008；坂上，2009；多田，2003；友野，2006）。また行動経済学の第一人者である，Kahneman（2011）や Thaler（2015）のわかりやすい概説書も翻訳されている。他にも，Belsky & Gilovich（2000）や池田（2012）は，本書のテーマとなっている投資行動や金銭管理行動をめぐる様々な非合理的意思決定について平易に解説し，また効果的な意思決定を行う際の様々なヒントが散りばめられた良書である。ぜひ一読を薦めたい。

以下では，行動経済学の中心理論でもあるプロスペクト理論について説明し，さらに行動経済学の成果をもとに Thaler と Sunstein が提案したリバタリアン・パターナリズム（libertarian paternalism）という考え方をもとにセルフ・コントロール研究との関わりを述べることとする。

1．プロスペクト理論

　行動経済学の中心理論でもあるプロスペクト理論とは，Kahneman & Tversky（1979）によって提唱された不確実状況下での人間の意思決定についての理論である。不確実状況下での意思決定理論は，それまでにも経済学の領域では von Neumann & Morgenstern（1944）によって期待効用（expected utility）理論が提唱されていたが，先にも述べたように理論の背景には合理的な人間像が想定されており，アレのパラドックス（Allais, 1953）といった反証事例もいくつか報告され，現実の人間の意思決定の諸相をとらえきれていないと批判されてきた。プロスペクト理論は，期待効用理論をベースに，価値関数（value function）と確率加重関数（probability weighting function）という現実的な過程を取り入れて改良したものであり，人間の非合理的な意思決定の過程が説明可能である。

　Kahneman と Tversky は，プロスペクト理論やヒューリスティックスとバイアス研究（Kahneman et al., 1982; Tversky & Kahneman, 1974）など数多くの研究によって，人間の非合理的な意思決定の諸側面を次々と明らかにした。これらの功績により，2002年に Kahneman はノーベル経済学賞を受賞している。

2．価値関数と損失回避性

　プロスペクト理論では，人間は価値関数と確率加重関数によって意思決定を行うと説明する。図3-1に人々の典型的な価値関数の形状が示されている。価値関数は，人々の判断の基準である参照点（reference point）を中心に，参照点の右側を利得（gain），左側を損失（loss）と定義する。価値関数には，以下の2つの特徴がある。

①**感応度逓減**　人間は参照点からの距離（富の変化）に基づいて選択肢の価値を評価するが，参照点から離れるほど価値の変化分が小さくなっていく。これは感応度逓減（diminishing sensitivity）とよばれ，例えば，1万円の利得が2万円になった場合と，100万円の利得が101万円になった場合では，100万円から101万円の場合の方が価値の増加は小さい。

　感応度逓減から導かれる性質として，価値関数の形状は，利得場面では上に向かって膨らんだ形状（凹関数），損失場面では下に向かって膨らんだ形状（凸関数）となる。これらの関数の形状は，意思決定者が，利得場面ではリスク回避（risk averse）を，損失場面ではリスク志向（risk prone）の選好を示すことを意味する。例えば，

第Ⅰ部　セルフ・コントロール研究の基礎

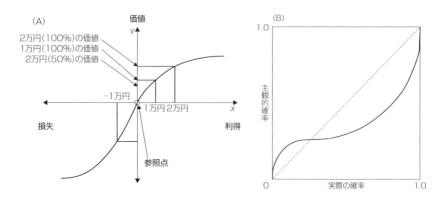

図3-1　プロスペクト理論における価値関数（A）と確率加重関数（B）

100％の確率で1万円を獲得できる場合と，50％の確率で2万円を獲得できる場合の価値を図3-1に示す。どちらの場合も期待値は1万円と変わらないが，50％の2万円の価値は，100％の2万円の半分となるため，100％の1万円の方が価値は高い。つまり50％の2万円というリスク選択肢は回避されることになる。

期待効用理論では，利得場面と損失場面で関数を使い分けることはない。この損失場面におけるリスク志向を明示したことがプロスペクト理論の大きな特徴である。

②**損失回避性**　価値関数の形状は，参照点を基準にして対称ではなく，損失場面で勾配は険しい。これは損失をそれと同じ規模の利得よりも重大に受け止めることを意味している。例えば，1万円の臨時収入を得たときの喜びと，1万円の財布を落としたときの悲しみでは，1万円を失った悲しみの方が大きいことを意味する（図3-1参照）。参照点の近傍における損失場面での価値減少の傾きは，利得場面の傾きの約2.25倍急であるとされている（Tversky & Kahneman, 1992）。このように人は損失を強く重みづけ，できるだけそれを避けようとする。このことは損失回避性（loss aversion）とよばれ，本章の様々な議論とも関連する重要な現象である。

確率加重関数は，客観確率に重みづけがなされたもので，意思決定時に，客観確率0〜0.4は過小評価され，0.4〜1は過大評価されて判断に用いられることを示している。価値関数の値と確率加重関数によって重みづけられた確率を掛けあわせて，プロスペクト理論の価値関数の値が計算される。Kahneman & Tversky（1979）により提唱されたプロスペクト理論は，その後，確率加重関数の修正や価値関数のパラメータ推計がなされ，累積（cumulative）プロスペクト理論として拡張されている（Tversky & Kahneman, 1992）。

3．リバタリアン・パターナリズム

　行動経済学は，Kahneman & Tversky（1979）のプロスペクト理論の提唱以降，現在に至るまで目覚しい発展を遂げてきた。プロスペクト理論をベースに，枠組み効果（Tversky & Kahneman, 1981），ヒューリスティックスとバイアス（Kahneman et al., 1982），心の会計（Thaler, 1985, 1999）など多様な研究テーマが生まれ，人間の非合理的な意思決定の諸相が明らかにされてきた。そして，これらの意思決定研究の成果をもとに，人々の厚生改善を目標としてThalerとSunsteinが提案したのが，リバタリアン・パターナリズムという考え方である（Sunstein & Thaler, 2003; Thaler & Sunstein, 2003）。この考え方は，セルフ・コントロールを向上させる技術とも深く関係するため，ここで取り上げる。

　リバタリアンとは，リバタリアニズムを主張する人たちを指す。リバタリアニズムでは，国家の個人への干渉は最小限に抑えられるべきであり，個人の自由意思や自由な経済活動が尊重されるべきであるとされる。一方，パターナリズムは，社会的強者が社会的弱者の利益になるように，本人の意思に関係なく（ときには意思に反して），介入を行うことを指す。経済学的には，個人の利益を保護するために，国家が経済への介入や干渉を行うことを意味する。

　これらの2つの考え方は，一見，相容れないように思えるが，Sunstein & Thaler（2003）は「リバタリアン・パターナリズムは矛盾語法ではない」と題した論文で，両者を統合した考え方を提示した。その基本骨子は，「選択の自由を保持しつつ，私的もしくは公的機関に権限を与えて厚生を向上する方向に人々を誘導するアプローチ」（p.42）という文に端的に表現されている。

　このリバタリアン・パターナリズムの思想は，Thaler & Sunstein（2008）の著書 *"Nudge"* （ナッジ）において，平易に解説されている（他にも，Thaler, 2015, 32章を参照）。タイトルであるNudgeとは，注意を引いたり合図をするために肘で人をそっと突くことを意味する。*"Nudge"* では，行動経済学や行動ファイナンスが明らかにしてきた人間の非合理的な意思決定についての研究成果をもとに，人々の選択をよりよい方向に誘導するための方法や政策の具体的な提案が数多くなされている。

　ナッジのわかりやすい例は，後に取り上げるオプトアウト方式（自動登録方式）の導入である。例えば，年金制度への加入は社会的に望ましいことであると考えられるが，加入することに意思表示が必要な場合は，加入率は低迷してしまう。この場合，加入の資格が発生した段階で自動的に加入となるように仕組みを変更することで，加入率の低下を防ぐことができる。加入者は，脱退の意思表示によっていつでも脱会できるようにしておけば，選択の自由は確保される。つまり初期状態を社会的に望ましいとされる設定にしておくことで，人々の厚生を実現できる。

　本書では私たちのセルフ・コントロールを高めるための様々な方策が紹介されてい

るが，このリバタリアン・パターナリズムという思想のもとで考案された数多くのナッジの技法は，私たちのセルフ・コントロールを高めるためにも役立つだろう。本書の各章で提案されるセルフ・コントロール改善の技法の多くは，個人がどのようにセルフ・コントロールを実現できるかという個人の視点に立ったものである。一方，本章で扱うナッジは，人々のセルフ・コントロールの実現をいかにサポートするかという人々の環境をマネジメントする立場（国家における政府，企業における雇用主，教育現場における教師など）からの提案であることに注意して欲しい。

2節 投資行動

2014年1月からNISA（少額投資非課税制度）が日本において開始された。NISAは，Nippon Individual Savings Accountの頭文字をとったもので，イギリス国民の約4割が利用しているISA（個人貯蓄口座）という非課税制度を参考に作られたものである。NISAは，個人の株式（equityもしくはstock）や投資信託への投資から生じる所得への課税を，一定の条件の下で非課税にする制度である。NISA導入によって，日本国民が保有する膨大な預貯金が，投資市場で活用され，市場や企業活動の活性化が期待できる。NISAをきっかけに投資を始める人も多く，実際にNISAで利用できる投資信託の純資産残高は過去最高額を更新し続けている。このように，これまでトレーダーなど一部の専門家に限られていた投資行動は，今や一般の個人にとっても身近なものとなってきている。

　この投資行動については，行動経済学の派生領域である行動ファイナンスにおいて特に研究対象とされ，投資家の示す様々な非合理的意思決定の様相が明らかにされている（角田，2004；真壁，2003; Montier, 2002; Shefrin, 2000；田渕，2005）。本節では，セルフ・コントロール研究と深く関連する投資行動の研究として，株式リスク・プレミアムのパズルとよばれる現象を取り上げる。よび方は，リスクを省略して，株式プレミアムのパズル（equity premium puzzle）ともよばれ，リスクある株式投資に対して期待される収益率が，理論的な予測を超えて高い現象をさす。このパズルがなぜ存在するのかについては，長年，研究者を悩ませてきたものであるが，Benartzi & Thaler (1995) は近視眼的損失回避性（myopic loss aversion）という概念によって説明を試みている。彼らの研究は，このパズルを語る上で非常に強い影響力をもち，数多くの研究が後に続くことになった。本節では，まず株式プレミアムのパズルという現象について説明し，次にBenartzi & Thalerの近視眼的損失回避性による説明を紹介する。最後に，近視眼的損失回避性を実験的に検討した一連の研究を紹介する。

1. 株式リスク・プレミアムのパズル

　投資家が、株式や債券（bond）に対して投資を行うのは、その収益（利回りやリターン）を期待するからである。株式への投資は、債券に比べ、リスクが存在する。なぜなら、株価は短期的には変動するため、大きな値上がりによる利益を期待できる一方で、値下がりによって損失を被る可能性もある。一方、国債などの債券は満期時には額面での償還が保証されているためリスクの少ない安全資産であるといえる。株式のもつこのようなリスクのため、投資家は高い収益を株式に期待する。どの程度の収益が見込めればリスクある株式に投資するのかというこの上乗せされた収益のことを株式リスク・プレミアムとよぶ。株式リスク・プレミアムは、正確には「株式の収益率と債券の収益率の差」で算出され、リスクのある投資の収益率と無リスクの投資の収益率の違いとして定義される。

　株式リスク・プレミアムは具体的にはどのように株価に反映されるのだろうか。具体的には、株式の本来の価値を反映した株価よりも、株価が低く設定されることでリスク・プレミアムは実現される。つまり収益が出やすくなるようにリスク・プレミアム分だけ株価は低く設定されることになる（田渕、2005）。

　いくつかの研究は、様々な期間における株式リスク・プレミアムを算出しており、株式リスク・プレミアムがおよそ5～7％程度であることを報告している。例えば、Mehra & Prescott（1985）によれば、1889～1978年の間で、債券の収益率が0.80％、株式の収益率が6.98％であり、株式リスク・プレミアムは6.18％であることを報告している。他にも、Benartzi & Thaler（1995）は、1926～1990年代のデータから、約6％の株式リスク・プレミアムを報告している。日本においてもほぼ同程度の株式リスク・プレミアムがみられることが報告されている（例えば、角田、2004；白須ら、2009）。

　短期的にみれば、株式の方が値動きは激しいため、そのリスクを高く見積もるのはおかしいことではない。しかし10～20年以上といった長期の株式保有を前提とすれば、株式の収益は債券よりも高くなることを示す多くのデータがある。例えば、Thaler & Sunstein（2008）は、1925～2005年までの80年間のデータでみれば、株式の収益が債券を上回っていることを示している。

　そう考えると数％という株式リスク・プレミアムは妥当な値なのだろうか。Mehra & Prescott（1985）は、これを検証し、株式の実際のリスクから株式リスク・プレミアムの値を理論的に導いてみると0.35％であり、数％という実際の値とは大きな乖離があることを指摘している。つまり投資家が株式投資に対して非合理的なまでに強いリスクを見積もっている（リスク回避的である）と想定しない限りは、数％という株式リスク・プレミアムの値は説明できない。これが株式リスク・プレミアムのパズルとよばれる理由である。

2．近視眼的損失回避性

　Benartzi & Thaler（1995）は行動経済学の立場から近視眼的損失回避性という概念を導入することによって，このパズルの説明を試みている。損失回避性とは前節で述べたように，価値関数の非対称的な形状から，同等の価値の増減であっても損失を強く受けとめる傾向を指す。そして近視眼的とは，人間は比較的短い視野で物事を判断する傾向があることを意味する。

　近視眼的損失回避性について，Benartzi & Thaler（1995）は，サミュエルソンの賭けという事例で説明を試みている。サミュエルソンとは，ノーベル経済学賞を受賞したこともあるアメリカの経済学者 P. Samuelson のことで，彼はある日，同僚に対して，コインを投げて表が出れば200ドルもらい，裏が出れば100ドルを支払うという賭けに参加するかどうかを尋ねた。そうすると同僚は，1回だけなら参加しないが100回繰り返せるなら参加してもよいと答えたという。Benartzi & Thaler（1995）は，Samuelson の同僚のこの回答は近視眼的損失回避性を示していると考えた。

　この賭けに参加した場合の期待値を計算すると，200ドル×0.5＋（－100ドル）×0.5＝50ドルであるから50ドルの利益を期待できる。しかし1回限りの賭けの場合は，賭けに負ける可能性は0.5であり，価値関数の損失回避性により100ドルの損失を強く受け止め，期待値が正であっても賭けへの参加をためらってしまう。一方，賭けを100回繰り返せるとなると，損失も利得も確率0.5で経験することが想定され，損失回避傾向が軽減される。しかしながらたった1回限りの賭けといえども，その賭けを長い人生の中で数多くある賭けの1回と考えることもできるはずである。多くの人がそう考えずに，50ドルの利益が期待できるこの賭けに参加しないのは，人々が近視眼的な視野で物事を見がちであることを意味している。

　近視眼的損失回避性を株価に当てはめて考えてみる。繰り返しになるが，株価は長期的にみれば債券以上の収益を実現するが，短期的には変動する。ここでは仮に短期的な期間で株価の上昇と下降が等しい割合で生じるとする。もし投資家が自分の所有する株式を短い期間で何度も見直したとしよう。通常，投資家はリスクを分散させるため，複数の銘柄を組み合わせて，株式を運用しているが，この株式銘柄の組み合わせを，株式ポートフォリオ（stock portfolio）とよぶ。株式ポートフォリオのうち，いくつかの株式は値下がりをしている可能性があり，損失を目にすることもあるだろう。一方，値上がりしている株式も当然ある。しかしながら，損失と利得の非対称性により損失の痛みを強く感じることになる。つまり投資家が近視眼的に何度も株式ポートフォリオを見直した結果，損失を目にする機会が高まり（同じだけ上昇も目にしているのだけれども），結果として損失回避傾向が高まって，株式に対して過度のリスク・プレミアムを要求するようになる。

　Benartzi & Thaler（1995）は，上記の説明を，1926～1990年における株式と債券

の収益率と，プロスペクト理論から導かれる人々の損失回避性の程度をもとに，コンピュータ・シミュレーションにより検証している。図3-2は，様々な評価期間における，プロスペクト理論により導かれた株式と債券の価値を算出したものである。図3-2から，短い評価期間においては，株式より債券において価値が高く，また評価期間が長くなると逆に，株式の価値の方が高くなっていくことがわかる。つまり短い評価期間においては，株価の上下動によって損失を目にする機会が増え，損失回避性により株式が嫌悪される。一方，評価期間が長くなると，株式の収益率はプラスに転じる可能性が高いため，株式への評価が高まる。そして，株式と債券の評価値が等しくなるのは，約12か月であることに注目して欲しい。株式は，数％のリスク・プレミアムを織り込むことで債券の評価と一致するが，この数％の株式リスク・プレミアムは，投資家が約1年の期間で自身の株式ポートフォリオを評価した場合に生じることを意味している。そして典型的な投資家が，約1年に1度，資産配分を見直すという仮定は特におかしいものではないとBenartzi & Thaler（1995）は述べている。なぜなら個人投資家は納税申告を年1回行うし，投資信託会社からの運用報告は年1回受け取るのが通常だからである。さらに，投資家が評価期間を1年よりも長くすれば，株式リスク・プレミアムは小さくなることが予想される。Benartzi & Thaler（1995）は，評価期間が1年の場合は，株式リスク・プレミアムは6.5％であるが，これが2年の場合は4.65％，5年の場合は3.0％と小さくなることを理論的に確かめている。このように株式リスク・プレミアムの高い値は，投資家が1年という短い視野で近視眼的に株式を評価した結果であり，投資家の行動が直近の事象に強く影響されているという点で，衝動的であることを意味している。

　Benartzi & Thaler（1995）の研究以降もいくつかの研究が，彼らのシミュレーション結果の妥当性について検討を加えている（Durand et al., 2004; 権田, 2009; Kliger

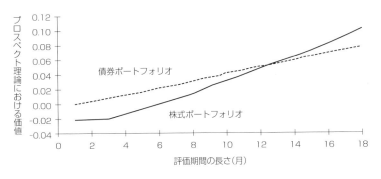

図3-2　名目収益で算出した場合の債券ポートフォリオと株式ポートフォリオの価値
　　　（Benartzi & Thaler, 1995より一部改変）

& Levit, 2009; Zeisberger et al., 2007)。例えば，Kliger & Levit（2009）は，実際の金融市場において近視眼的損失回避性の存在を確認している。彼らは，イスラエルのテルアビブ証券取引所において，毎日取引の対象となる株式と，週に1回取引が可能となる株式の平均収益を比較した（テルアビブ証券取引所は証券の流動性を高めるため，いくかの証券を日ごとの取引から週ごとの取引へと移行する）。近視眼的損失回避性が投資行動に影響するならば，週に1回だけ取引の対象となる株式は，毎日取引の対象となる株式に比べ，株価の下落を目にする機会が少なく（つまり損失回避性も弱く），リスク・プレミアムは低くつけられるはずである。つまり，もしある株式を日ごとの取引から週ごとの取引に移行した場合，その株式の期待収益は低くなることが予想される。彼らはこの予測を，証券取引所の実際のデータを用いて確認し，近視眼的損失回避性の存在を現実場面でも確認している。また権田（2009）は，日米の金融市場データをもとに近視眼的損失回避の日米比較を行っている。彼は，日本の金融市場においても投資家の近視眼的損失回避の傾向を確認できること，さらに日本の投資家はアメリカの投資家に比べて損失回避の程度は低いことを報告している。

3．近視眼的損失回避性の実験的研究

　Benartzi & Thaler（1995）のシミュレーション研究により導き出された近視眼的損失回避性は，Thaler et al.（1997）とGneezy & Potters（1997）により実験的にも確認されることとなった。Thaler et al.（1997）では，大学生に債券と株式に対する仮想的な投資を行ってもらい，投資の結果が頻繁に提示されるグループにおいて，リスクの少ない債券により多く投資することが示された。つまり，近視眼的に頻繁に投資の結果を確認することで，損失を目にする機会が増え，結果として損失回避傾向が働き，リスクの大きな株式への投資が減少したのである。

　一方，Gneezy & Potters（1997）は，くじへの投資を行う実験において，同様の傾向を確認している。Gneezy & Potters（1997）の手続きは，その後の近視眼的損失回避性を検討した実験研究でも繰り返し採用されているので，ここで詳しく取り上げる。彼らの実験では，くじが9試行行われ，参加者は各試行で200セント（セントはオランダの旧通貨単位で，100セントは1ギルダーで，1ギルダーは当時のレートで約0.6ドルに相当）与えられ，そのうちいくらを賭けるのかについて意思決定が求められた。このくじでは，確率1/3で投資した金額の2.5倍を得ることができ，確率2/3で投資金額のすべてを失うように設定されていた。参加者は2つのグループに分けられ，一方のグループでは，各試行で投資の意思決定を行い，各試行後にくじの結果を知らされた（結果のフィードバックが毎試行あるという点で高頻度グループとする）。もう一方のグループでは，3試行まとめて投資の意思決定を行い（投資額も3試行同じとされ試行ごとに変えることはできない），くじの結果も3試行分がまと

めて提示された(結果のフィードバックが3試行分という点で低頻度グループとする)。

結果として,高頻度グループの参加者は平均して与えられた金額の50.5%を,低頻度グループでは67.4%をこのくじに賭けた。近視眼的損失回避性の観点からこの結果を解釈すれば,高頻度グループは,試行ごとに結果のフィードバックを受けることで,近視眼的な視野で賭けへの投資を評価することになり,確率2/3で投資金額を失う損失への嫌悪性が高まり,賭けへの参加をためらったと解釈できる。一方,低頻度グループは,3試行まとめて結果のフィードバックがなされたため,損失を感じる機会が少なく,損失回避傾向はそれほど強く働かず,賭けにより積極的に投資したと考えられる。

その後,いくつかの研究が,Gneezy & Potters (1997) の手続きを踏襲して実験を行い,同様の傾向を確認している。具体的には,実験的に作り出した実際のマーケット環境での実験 (Gneezy et al., 2003),集団での投資の意思決定 (Sutter, 2007),シカゴ商品取引所に勤務する投資の専門家を対象とした実験 (Haight & List, 2005) において,Gneezy & Potters (1997) と同様の傾向を確認している。

また Gneezy & Potters (1997) の実験では,フィードバックの頻度以外にも,毎試行くじに参加できるかどうかというくじへの参加可能性もグループ間で異なっていることが指摘されている (Bellemare et al., 2005)。その後の研究では,このくじへの参加可能性が高いことも,損失回避傾向を強め,安全な投資を導くことが示されている (Fellner & Sutter, 2009; Hardin & Looney, 2012; Langer & Weber, 2008)。

このように,Thaler et al. (1997) および Gneezy & Potters (1997) に始まった近視眼的損失回避性の実験研究は,多様な展開をみせている。今後のさらなる研究の進展が期待される。

4. セルフ・コントロール改善への展望

本節の議論から示唆されるセルフ・コントロール改善の方法であるが,株式投資に関して,ひとたび投資対象を選定し,株式や投資信託に投資した後は,あまり頻繁に投資対象を見直す必要はないということである。何度も見直すことで,高いリスク・プレミアムが株式に発生すること自体,害はないが,別の弊害が生まれる可能性もある。例えば,Odean (1998) は,1987~1993年の1万件の取引記録を分析したところ,投資家は値下がりしている株式を長くもちすぎ,値上がりしている株式を早く売りすぎる傾向にあることを見出している。つまり頻繁に株価をチェックしたりすることで損失回避傾向が強まり,まだ利益の出る可能性の高い株式を早く売ってしまうことになりかねない。株式資産の確認や見直しは必要最低限度に留めておくことの必要性は,Belsky & Gilovich (2000) や Thaler & Sunstein (2008) の著書でも指摘されていることである。

また近視眼的視野で物事をみるという私たちの行動傾向も改善する余地はあるだろう。Ainslie（2001）は，個別に考えるのではなく，長期間にわたる選択をまとめて考えることの有効性を主張している。彼は，個別に選択をさせた場合は衝動性選択となるが，それらの選択をまとめて一連のものとして提示した場合は，セルフ・コントロール選択が選ばれることを指摘している。一連の選択のまとまりは，報酬結束（reward bundling）とよばれ，喫煙者（Hofmeyr et al., 2010）やラット（Stein et al., 2013）を対象とした研究において，その効果が確認されている。1限の授業に出席する学生の事例でいうなら，「今日は遅刻する」「今日は学校に行く」の選択であれば，双曲割引関数における直近の高い割引率（第2章および次節参照）によって前者が選ばれてしまうが，選択をまとめて考え，今日だけでなくこれからも「ずっと遅刻する」「ずっと学校に行く」と考え直した場合，後者が選ばれるようになるだろう。たった1回限りの選択であっても，近視眼的に考えるのではなく，選択のまとまりと考えて意思決定することで，セルフ・コントロールを向上させることができる。

3節　金銭管理行動1：消費・貯蓄・借金

　私たちが生きる上で金銭は非常に重要な意味をもつ。金銭の機能は，「価値の交換」「価値の尺度」「価値の蓄積」であると一般には言われている。働いて多くの金銭を得れば，多くの物品と「交換」が可能となり，豊かな暮らしができる。稼いだ金額（例えば，年収）は，その人物の価値の「尺度」として機能するだろうし，稼いだ金銭を「蓄積」して将来に備えることができる。これら金銭の機能によって，分業が可能となり，私たちは多種多様な経済活動を営むことができるようになった。

　このように私たちの生活に深く根ざす金銭を，どのように適切に管理するかは重要な人生の関心事である。本章の冒頭でも述べたように，手に入れた金銭をすぐに使ってしまう人もいれば，貯蓄に回すなど適切に管理できる人もいる。この両者の違いをもたらす要因として，本書のテーマであるセルフ・コントロールや価値割引が深く関わってくるのはいうまでもない。本節では，消費や貯蓄，借金といった金銭管理行動について，Laibsonと共同研究者たちによって精力的に進められてきたシミュレーション研究を中心に，人々の金銭管理行動の態様を明らかにしたい。なお，本節および次節で扱う金銭管理行動の様々なトピックと関連が深いレビューとして，DellaVigna（2009）やTanaka & Murooka（2012）がある。

1．経済学と心理学における遅延割引研究

　Laibsonらの研究を紹介する前に，経済学におけるセルフ・コントロールや遅延割

引研究と，心理学の研究では異なる点がいくつかあるので，それについて述べておきたい。

　第1～2章でも述べられたように，遅延割引を説明する代表的な関数として指数割引（exponential discounting）関数と双曲割引（hyperbolic discounting）関数があるが，経済学の研究では，伝統的には指数割引関数が採用されてきた。しかし近年の行動経済学の進展もあり双曲割引関数も研究仮説として想定されるようになっている。

　双曲割引関数の大きな特徴は，近い将来に関しては高い割引率で，遠い将来に関しては低い割引率で価値が割り引かれる点にある。異なった時点で異なった割引傾向がみられるため，時間非整合的（time inconsistency）であると表現される（一方，指数割引関数は，どの時点でも割引率は変わらないため，時間整合的［time consistency］であるとされる）。つまり双曲割引を示す消費者は，短期に関してはより衝動的で，長期に関しては自己制御的な，一見矛盾した行動傾向が共存する。池田（2012）は，双曲割引を示す消費者がもつこのような二面性を「明日を割り引く一方で，10年先を考える」と表現している。O'Donoghue & Rabin（1999）は，双曲割引関数における近い将来に対する高い割引率という特徴を，現在バイアス選好（present-biased preference）とよび，それ以降，この用語は経済学の文献でよく使用されている。

　経済学では，この双曲割引を示す消費者について，2つの類型を想定する。それは単純な（naivete）双曲割引者と洗練された（sophisticate）双曲割引者である。単純な双曲割引者は，将来の自分が現在の自分が立てた計画を実行すると信じて意思決定を行うが，実際の将来の自分は，選択の段階になるとその場の快楽に負けて（短期的な高い割引率によって），宿題や早起きなど面倒な作業を先送りしてしまう。一方，洗練された双曲割引者は，将来の自分は現在の自分が立てた計画通りには行動しないことを理解している。そのためコミットメント（commitment）といった手段を利用して，現在の自分が立てた計画からの逸脱に備える（経済学におけるコミットメントについての詳細なレビューは，Bryan et al., 2010を参照）。

　第1章の選好逆転（preference reversal）の議論に基づけば，単純な双曲割引者は，異時点間での選好に関して時間的非整合的で，選好逆転が生じることになる。一方，洗練された双曲割引者は時間的非整合的ではあるが，コミットメントの活用により選好逆転は生じないことになる。なお指数関数に従う消費者は，異時点間での選好に関して時間的整合的であるため選好逆転は生じない。

　こうして経済学のセルフ・コントロール研究では，指数割引に従う消費者と，単純および洗練された双曲割引者といった割引関数に関する類型を想定してシミュレーション分析を行い，実際の統計データとの比較検討を行う研究が多くみられる。一方，第2章でみたような心理学研究では，割引類型の優劣を比較することもあるが，基本的には1つの割引関数（通常は双曲割引）を用い，その割引率の高低と様々な実験変

数との関係を検討する。経済学の研究ではこの割引率を実験変数として取り上げることは比較的少ないので、その点にも注意が必要である。

2．Laibson らのシミュレーション研究

Laibson と共同研究者たちは、双曲割引がいかに私たちの金銭管理をめぐる行動に影響を与えるかについて、1990年代後半から、精力的に研究を行ってきた（例えば、Angeletos et al., 2001; Laibson, 1997; Laibson et al., 2003）。彼らはその一連の研究によって、従来の経済学では説明することの難しかった多くの現象の説明を試みている。彼らは、消費者の割引関数が双曲割引に従っていると想定することによって、以下の4つの仮説を導いている。

仮説①双曲割引に従う消費者は、コミットメントの手段として非流動的な形態で資産を保有する。
仮説②双曲割引に従う消費者は、急な支出に対応するために、クレジットカードでの借り入れを行う。
仮説③双曲割引に従う消費者は、所得の変動に応じて消費も変動するという所得と消費の共変動がみられる。
仮説④双曲割引に従う消費者は、退職後の消費が急落する。

これら4点について、個別にみていくことにする。

（1）資産の流動性

仮説①は、資産の流動性（liquidity）について述べたものである。資産の流動性とは、資産を現金に換える際の換金可能性の程度を表している。資産は様々な形態で保有可能であるが、現金は当然のことながら最も流動性が高い資産である。普通預金はその次に流動性が高い。一方、定期預金、年金、不動産、株式などは、簡単には現金化できず、現金化することで罰則が課される場合も多い。このような換金可能性の低い資産は非流動性資産（non-liquid asset）とよばれる。

アメリカの全資産のうち90％が非流動性資産で占められることが報告されており（例えば、Angeletos et al., 2001）、Laibson（1997）は、この高い非流動性資産の保有比率の要因を、非流動性資産がコミットメントの手段として活用された結果であると指摘している。流動的な資産を保有していれば、衝動的な現在の自分によって消費されてしまうので、資産を非流動的な形態で保有することによって、現在の自分が資産を使うことを避けることができる。

Laibson（1997）はさらに、双曲割引に従う消費者が非流動性資産を保有するメリットを、イソップ寓話（Perry, 1952）の「金の卵（golden eggs）を生むガチョウ」になぞらえて説明する。この寓話では、金の卵を生むガチョウを神より授かった男が

登場する。男は，少しずつ生まれる金の卵を待ちきれず，ガチョウの中身は金だと思いこんで，ガチョウを殺してしまう。しかしガチョウは肉でできており，すべてを失ってしまうという話である。この寓話から得られる教訓は，欲張って大きな利益を得ようとすると，利益を生み出す源までも失ってしまうということである。逆に言えば，利益を生み出す源を大事にすることによって，長期にわたって恩恵を享受できることも意味する。Laibson（1997）は，非流動性資産を所有する（ガチョウを育てる）ことのメリットとして，コミットメントの手段以外にも，長期保有によって大きな恩恵（金の卵）がもたらされる側面があることも挙げている。

（2）クレジットカードの負債

仮説②は，非流動性資産の存在と双曲割引関数の形状から導き出される。先にも述べたように双曲割引関数は，異時点での異なった割引傾向を示し，この二面的な特徴は，非流動性資産をもちながらクレジットカードによる負債を抱える矛盾した行動を説明可能である（クレジットカードによる負債とは，例えば，リボリング払いを指し，これは返済総額にかかわらず，毎月決められた一定額を返済してゆく方式であり，毎月の返済額を一定にできるが，返済が長期にわたり利息の負担も大きくなる）。つまり双曲割引を示す消費者は，コミットメントの手段として非流動性資産をもちながら，現在に対するより衝動的な傾向（現在バイアス選好）により，より手軽に借り入れができるクレジットカードを利用して負債を抱えてしまう。実際，双曲割引の傾向を示す消費者は，そうでない消費者に比べ，クレジットカード負債を多くもつことが報告されている（Meier & Sprenger, 2010）。これについて後の「3．借金行動と双極割引関数」で詳しく述べる。

（3）所得と消費の共変動と退職後の消費の下落

仮説③と④は，仮説①と②から容易に導出できる。これまで家計の消費行動については，定期的に得られる固定給与といった恒常所得によって決まるとする恒常所得（permanent income）仮説（Friedman, 1957）や，一生涯に得られる生涯所得によって決まるとするライフサイクル（life cycle）仮説（Modigliani & Brumberg, 1954）といった理論が提案されてきた。いずれの仮説も消費の平準化を目的とした貯蓄を想定し，所得が変動しても消費は平準化されることを予測する。例えば，不況によって消費者の所得が一時的に減少しても，消費者は貯蓄を取り崩すことで消費を一定に保つ。しかし現実には所得が増減すれば消費もそれに併せて増減することが観察されている（例えば，Hall & Mishkin, 1982; Shea, 1995）。

この所得と消費の共変動も双曲割引関数を想定することで説明可能である。双曲割引を示す消費者は，資産の多くを非流動的な形態で保有し流動資産が少ないため，所得が変動した場合に，消費を平準化させることができない。所得が少ない場合は消費を切り詰め（クレジットカードで借り入れもするが），所得が多い場合は，現在バイ

アス選好が働きより消費を増やすのである。

④の仮説についても同様に，流動資産がなく，また退職後は労働所得を見込めないので，所得と消費の共変動により，消費を急落させることになる。

（4）Angeletos et al.（2001）のシミュレーション研究

Laibsonと共同研究者は，一連の研究で，上記の仮説をシミュレーションによって検討している。ここでは，Angeletos et al.（2001）のシミュレーションの結果を紹介する。

彼らのシミュレーション研究では，各種統計資料から得られた所得，寿命，扶養家族数などのデータをもとに代表的な消費者のライフサイクルを描く。そして，双曲割引関数と指数割引関数に従う消費者を想定し，それら消費者の消費，貯蓄，資産運用を，シミュレーションにより算出し，現実の消費者行動のデータとを比較することで，両関数の妥当性を検討する。このシミュレーションでは双曲割引関数をもつ消費者として，洗練された消費者を想定している。

ここで注意して欲しいのは，Angeletos et al.（2001）をはじめ，Laibsonらが用いている双曲割引関数は，準双曲（quasi-hyperbolic）割引関数とよばれるもので，第2章で紹介されたものとは異なる。準双曲割引関数は，指数割引関数を基盤としながら，双曲割引関数のもつ近い将来の高い割引率を取り入れたものである（詳しくは，Laibson, 1997を参照）。基盤は指数関数であるが，Laibson（1997）は，双曲線関数との類似性を強調するためにこの名称にしたと述べている。

表3-1に，消費者が（準）双曲割引関数をもつ場合と指数割引関数をもつ場合のシミュレーション結果と，現実の統計データを示す。現実の統計データはアメリカの消費者金融調査のデータを用いている。いずれの数値も，双曲割引関数に従う消費者において，現実のデータにより近似していることが読み取れる。ただ仮説①の流動資産が全資産に占める割合は，双曲割引関数の方が現実のデータに近い数値となっているが，それでも大きく乖離している。Angeletos et al.（2001）は，乖離の原因として，非流動性資産の定義が，彼らのシミュレーションと消費者金融調査では異なっている可能性を指摘している。仮説③に関しては限界消費性向（marginal propensity to consume）を比較することにより検討している。限界消費性向とは，所得の増加分のうち，消費が増える割合をさし，消費の増加分を所得の増加分で割った比率で算出される。もし恒常所得仮説が予測するように，所得の増加が消費に影響を与えないなら理論値は0となる。しかし現実の限界消費性向は，0.19～0.33であり，双曲割引関数の方が指数割引関数よりも近似した数値を示す。なお仮説③に関しては，盛本（2009）が日本国内の調査データをもとに割引傾向と限界消費性向の関係を比較検討し，双曲割引に従う消費者において所得変化は消費量に大きな影響を与えることを確認している。

第3章 経済行動におけるセルフ・コントロールと衝動性

表3-1 指数割引モデルと双曲割引モデルのシミュレーション結果と消費者金融調査データ（Angeletos et al., 2001より作成）

	指数割引モデル	双曲割引モデル	消費者金融調査(SCF)
流動資産が全資産に占める割合	51%	41%	10%
消費者がクレジットカード負債を持つ割合	19%	51%	70%
クレジットカードの平均負債金額	900ドル	3,400ドル	5,000ドル
限界消費性向	0.03	0.166	0.19～0.33
退職時の消費の減少率	3%	14.5%	11.6%

3．借金行動と双曲割引関数

　借金行動に双曲割引関数が影響することは，前節のAngeletos et al.（2001）のシミュレーション研究以外にも実際の調査でも示されている。例えば，Meier & Sprenger（2010）は，リボルビング払いによるクレジットカード負債と双曲割引（現在バイアス選好）との関係を検討してる（ただし彼らの研究では，双曲割引傾向の有無のみが取り上げられており，単純・洗練といった双曲割引者のタイプは考慮されていない）。彼らは，参加者の時間割引を質問紙によって測定し，また信用調査会社のデータから参加者のクレジットカード負債を調べ，両者の関係を検討した。結果は，現在バイアス選好を示す参加者は，時間的に一貫した選好を示す参加者に比べ，クレジットカード負債を多くもち，また負債金額も高かった。

　他にも池田（2012）は，2010年に実施された日本人を対象にしたインターネットによるアンケート調査の結果をもとに，単純もしくは洗練された双曲割引者とそうでない人における借金行動を比較している。その調査では，短長期の時間割引率を調べる質問によって参加者の双曲割引の傾向が測定された。双曲割引の傾向を示した参加者は，さらに子どもの頃の宿題を計画通り行えたかそうでないかに回答させることで，洗練された双曲割引者か単純な双曲割引者かに分類された。図3-3に消費者の双曲割引の傾向と負債との関係が示されている。負債をもつ参加者の割合および負債をもつ参加者の負債金額は，単純な双曲割引者において最も高い。一方，洗練された双曲割引者と双曲割引傾向のない消費者では，違いはみられなかった。なお図3-3の負債とは住宅ローン以外の負債であり，クレジットカード負債に限定されないが，池田（2012）ではクレジットカード負債に限定した場合でも単純な双曲割引者で負債傾向が高いことが示されている。

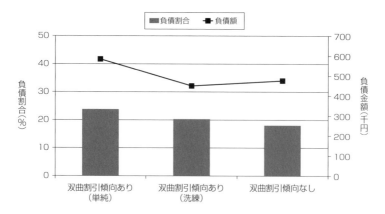

図3-3　双曲割引傾向と負債（池田, 2012より一部改変）

　以上の2つの研究は手続きや条件が異なるため，安易に結果を一般化することは難しいが，消費者が双曲割引の傾向をもつ場合，負債傾向が高まることは確かであり，Angeletos et al.（2001）のシミュレーション結果を支持しているといえる。

4．部分的に単純な双曲割引者

　上述したAngeletos et al.（2001）の研究では，洗練された双曲割引関数をもつ消費者を想定したシミュレーションによって，従来の経済学で説明できなかった多くの経済現象の説明が可能となった。しかしながら，経済活動を営む人々の多くが，洗練された双曲割引者であると考えるのは現実的には無理があるだろう。また双曲割引関数をもつ消費者も，洗練された人と単純な人の2分法でよいのかという問題もある。これらの類型は双曲割引関数から考えられる消費者像の極端なケースを表したものにすぎない。

　こうした点を踏まえ，O'Donoghue & Rabin（2001）は，部分的に単純な（partial naivete）消費者という中間的な双曲割引者を提案している。部分的に単純な双曲割引者は，将来のセルフ・コントロール問題（時間的に非整合的で選好逆転が生じること）に気づいているが，自分のセルフ・コントロールの能力を過大評価してしまう人と定義される。洗練された双曲割引者は，双曲割引によって自分が将来にセルフ・コントロールの問題に直面することに気づいているが，単純な双曲割引者は気づいていない。部分的に単純な消費者はこれら両者の特徴を兼ね備えている。

　部分的に単純な双曲割引者の存在を想定することで，人間の非合理的行動の多くが説明可能となる（Ariely & Wertenbroch, 2002; DellaVigna, 2009; DellaVigna & Malmendier, 2006）。例えば，DellaVigna & Malmendier（2006）は，スポーツジムにおける料金の支払いにおいて，部分的に単純な双曲割引者の存在を指摘している。彼らは，アメリカの3つのスポーツジムを対象に調査を行い，月極契約を選択した会員のうち，1回ごとの利用時払い方式で支払った方が結果的には料金が安かった人が多数いることを指摘している。彼らの分析では，月会費70ドル以上を支払った月極会員は，月当たり平均して4.4回しか通っておらず，1回当たり約17ドル支払っていた。しかし，10ドルの1回券を利用することも可能であり，結果的に月極会員の8割は，利用時払いの方が得であった。これらの月極会員は，1回ごとの支払いでは自分が怠けてしまうことを想定し，コミットメントの手段として月極契約にしたが，自分のセルフ・コントロールの程度を過大評価し，元を取るほどジム通いができなかったのであろう。月極契約をして損をした会員が存在することは，部分的に単純な双曲割引者を想定することで最も適切に説明できるとDellaVigna & Malmendier（2006）は指摘している。

では実際の消費者において，様々な割引関数の類型分布はどうなっているのだろうか。Wong（2008）は，巧妙な実験を行うことによって，これを分類している。彼は，シンガポール大学の学生を参加者として，中間テストの準備を始める日について，理想日，予想日，実際の開始日を尋ねた。理想日と予想日，および予想日と開始日の一致・不一致が，割引関数の類型分類において重要となる。理想日，予想日，開始日の一致・不一致と，割引関数の類型の関係を，表3-2に示す。

まず理想日と予想日の一致・不一致が意味することは，自らの時間的非整合性を理解して，理想日からの遅れを予測できているかどうかである。指数割引者は常に割引率は一定であるため理想日と予想日は一致する。また単純な双曲割引者は，自らの時間的非整合性を理解していないため，楽観的に一致すると考える。一方，部分的に単純と洗練された双曲割引者は，自らの時間的非整合性を理解しているので不一致となる。次に，予想日と開始日の一致・不一致が意味することは，予想していた日よりも遅れて開始し，予期しない遅れがあったかどうかである。指数割引者は先ほどと同じく一致し，洗練された双曲割引者もセルフ・コントロールできるので一致する。一方，

表3-2　割引関数の4類型における理想日・予想日・開始日の一致・不一致（Wong, 2008より作成）

	理想日と予想日	予想日と開始日
指数割引者	一致	一致
単純な双曲割引者	一致	不一致
部分的に単純な双曲割引者	不一致	不一致
洗練された双曲割引者	不一致	一致

セルフ・コントロールの問題を抱える単純と部分的に単純な双曲割引者は不一致となる。

　結果として，大学生の割引関数の類型分布は，指数割引者が全体の6.3％，単純な双曲割引者が22.0％，部分的に単純な双曲割引者が59.3％，洗練された双曲割引者が12.4％であった（調査は2つの学期を通じて行われたため，2つの学期の平均値を用いた）。単純と洗練を問わず双曲割引関数を示す消費者が全体の約94％を占めており，双曲割引関数を想定することの妥当性が改めて示されたといえる。また部分的に単純な双曲割引者が全体の約60％もいるという結果は驚きである。双曲割引関数をもつ消費者像として，やはり単純と洗練の2分法では現実の態様をとらえきれていないことは明らかである。今後は，部分的に単純な双曲割引者を取り入れたさらなる研究や，他の双曲割引をもつ消費者像を模索する試みが期待される。

　またWong（2008）が用いた消費者が従う割引関数の分類法が妥当なものであるかについても議論の余地があるだろう。今後，双曲割引関数に関する実験研究を進める上では，様々な双曲割引の類型を操作的にどのように定義するのかについての研究者間でのガイドラインの策定も必要であると考えられる。

5．セルフ・コントロール改善への展望

　本節の研究から考えられるセルフ・コントロール向上の方策は，まず自分のもつ割引関数の類型についてしっかりとした理解をもつ必要があるということである。先にも述べたように双曲割引の類型（単純・部分的に単純・洗練）をどのように定義するかについては，今後検討の余地があるが，現時点ではWong（2008）の方法が参考になるし，他にも池田（2012）は，子どものころに宿題を計画よりも後回しにする傾向があった人を単純な双曲割引者，そうでなかった人を洗練された双曲割引者と定義している。そして単純と洗練を問わず双曲割引者であれば，クレジットカードの負債には気をつけるべきである。

　クレジットカードが，面倒な決済を簡素化して，経済活動を円滑にし，私たちの生活を便利にしてきたことは否定できない事実である。しかしクレジットカードによって，手持ちの現金がなくても将来の資金を担保に物品を購入できてしまう。非流動性資産をコミットメントの手段として活用していた洗練された双曲割引者にとって，クレジットカードは衝動性を助長するツールとなる。そのためクレジットカードの使用に対する様々なコミットメントを考える必要がある。そもそもクレジットカードをもたないことが最も効果的なコミットメントであるかもしれない。クレジットカードをもったとしても，支払い方法は，リボ払いにせず翌月一括払いにすることや利用限度額を低く設定しておくことも一案であろう。しかしThaler & Sunstein（2008）は，利用限度額自体が，そこまで利用してもよいという手がかりとして働いてしまう危険

性を指摘している。

4節 金銭管理行動2：退職後に備えた貯蓄（年金）

前節では，双曲割引関数に従う消費者が非流動性資産をコミットメントの手段として用いることで貯蓄を行うことが明らかにされた。この貯蓄という行動は，現在得た収入を将来のために取り置きすることであり，現在の消費を重視する双曲割引者にとっては，貯蓄の先送りの誘惑に常にさらされることとなる。

貯蓄の問題は退職後に特に顕著になる。退職後に安定した生活を営むためには，十分な資金の積み立てが必要なことは言うまでもない。しかし自分で計画的に退職後の積み立てができる人は少ない。そのために年金制度（pension system）が存在し，人々は老後のための資金を給料から天引きをして貯蓄する。しかしながら，魅力的な年金制度が存在していても，それに加入して，それなりに多くの金額を拠出しなければ意味がない。このように年金制度の活用に関しても，行動経済学的な視点からのセルフ・コントロールの知見が大いに活用できる分野であり，実際に様々な研究がなされている。例えば，Mitchell & Utkus (2004b) の編書は，行動経済学や行動ファイナンスの観点から年金プランに関連するセルフ・コントロール研究をまとめているし，Benartzi & Thaler (2007) は，退職後の貯蓄行動に関する行動経済学研究をレビューしている。

以下では，アメリカの代表的な企業年金制度である401 (k) プランをめぐってなされた研究をもとに，加入率や拠出率を増加させる様々な方策をみていく。なお日本では，アメリカの401 (k) プランを参考にした確定拠出年金（通称，日本版401 (k) プラン）が2001年に導入されているが，掛金の拠出をアメリカでは従業員が行うが，日本では企業が行うなど異なる点も多いので注意が必要である。以下ではアメリカの401 (k) プランに絞って話を進めていく。

1. 401 (k) プラン

アメリカの年金制度は，公的年金と私的年金から構成されている。公的年金の給付水準は低く，それだけでは老後の生活を賄うには足りないため，私的年金の活用は必須である。私的年金はさらに，個人年金と企業年金に分類されるが，この企業年金制度の1つで，1981年に誕生した401 (k) プランがアメリカにおいて大きな注目を浴びている。

401 (k) プランとは，アメリカの内国歳入法の401条 (k) 項の要件を満たした確定拠出型（defined contribution）企業年金を指す。確定拠出年金とは，主に従業員が，

現役時代に掛金（積立金）を確定して拠出し，その資金を従業員の判断で運用していく制度を指す。毎月積み立てる掛金は確定しているが，将来の受給額は，運用の結果によって変動する。

　401（k）プランでは，企業が株式や投資信託など運用商品を提供し，従業員がそれらに拠出し運用を行う。401（k）プランに加入することで従業員は様々なメリットを享受できる。まず拠出金とその運用益は，退職して資金が受給されるまでの間，課税が猶予されるという税制上の優遇措置がある。長期保有が前提となるので株式への比重を高くした適切な資産ポートフォリオを構成すれば，高い収益率が期待できる。さらに401（k）プランを魅力的にしているのが，従業員の拠出額に対して企業が上乗せできるマッチング拠出である（日本の確定拠出年金は，企業が掛金を拠出するが，2012年より従業員もマッチング拠出できるようになった）。上乗せ分は，従業員の拠出額の50％や100％であることが多い。従業員の拠出限度額は決められているが，従業員が拠出額を増やすほど全体の拠出額が増えるので，拠出をする動機づけが高まる。

　このように401（k）プランに加入し適切に拠出していけば，老後の備えは盤石となることが期待できる。しかしながら，401（k）プランに関しては，その加入率の低さや，加入後の拠出率の低さが問題点として指摘されている。これらの問題に対して行動経済学の立場からどのような改善策が提案されているのかをみていく。

2．加入率を増加させる方法

　401（k）プランに関しては，その加入率の低さがたびたび指摘されてきた（例えば，Iyengar, 2010; Mitchell & Utkus, 2004a; Thaler & Sunstein, 2008; 臼杵，2007; WorldatWork and the American Benefits Institute, 2013）。例えば，WorldatWork and the American Benefits Institute（2013）の調査によれば，後述するオプトアウト方式を採用していない151企業のうち，従業員の80％以上が401（k）プランに加入していると回答した企業の割合は約4割にすぎず，6割以上の企業は401（k）プランの加入率が80％未満であった。このような低い加入率の大きな原因と考えられてきたのが，加入時に意思表示が必要であることである。これに加え，加入時には拠出率やどのプランを選ぶのかを決定する必要もある。これら煩雑な手続きが加入率の低さを招いたと考えられる。こうした問題を克服するためにいくつかの方策が考案されている。

（1）オプトイン方式とオプトアウト方式

　加入率の低さを克服するための方法として，デフォルト（default）の設定を変更する方法がある。デフォルトとは，初期状態の設定のことで，積極的な意思表示をしない場合に選択したとみなされる状態のことを指す。401（k）プランに関して，未加入がデフォルトであるならば，加入することがデフォルトとなるように制度を変更すれば，人々は自動的に加入することになる。ここで，未加入がデフォルトで加入時

に意思表示が必要な場合をオプトイン（opt in）方式とよぶ（オプトは，選ぶことを意味し，オプトインで，入ることを選ぶ，つまり，加入することを意味する）。一方，加入することがデフォルトで脱退には意思表示が必要な場合をオプトアウト（opt out）方式とよぶ（オプトアウトで，出ることを選ぶ，つまり，脱退することを意味する）。オプトアウト方式は，自動登録制（automatic enrollment）ともよばれる。オプトアウト方式のもとで，もし脱退したい場合は，意思表示をすれば脱退できるので，選択の自由は保証されている。その意味でこの方式は，リバタリアン・パターナリズムの考え方が反映されている。

　401（k）プランにおけるオプトアウト方式の効果は，Madrian & Shea（2001）により示されている。彼らは，アメリカの大企業において401（k）プランへの加入に関するオプトイン方式とオプトアウト方式の効果を検証したところ，オプトアウト方式の導入が劇的な加入率の増加をもたらすことを明らかにしている。その企業において，オプトアウト方式導入前に採用された従業員の加入率が37％であったのに対し，導入後に採用された従業員の加入率は86％と大幅に増加した。Choi, Laibson & Madrian（2004）やChoi, Laibson, Madrian & Metrick（2004）は，調査対象となる企業を増やして分析を行い，同様の傾向を確認している。彼らはさらに，オプトアウト方式導入後数年間の追跡調査も併せて行い，プランからの脱退率が低いことも報告している。

　このようにオプトアウト方式は，加入率を高めるだけでなく，脱退率も低いことが利点として挙げられる。脱退率を低くできる要因としては，現状維持（status quo）バイアス（Samuelson & Zeckhauser, 1988）が加入者には働いているとされる。現状維持バイアスとは，現在の状態からの変化を回避する傾向を指し，このバイアスにも，先に述べた価値関数の損失回避性が深く関係している。現状からの変化は，良くもなれば悪くもなり，両方の可能性がある。ここに損失を強く重みづける損失回避性が加わると，現状を維持しようとする傾向が強くなるのである。したがってオプトアウト方式によって加入した後は，加入者は，現状維持バイアスによって，その状態を維持する傾向にある。通常，現状維持バイアスは，好ましくない状態が維持される事例で作用することが多いが，このオプトアウト方式に関してはその逆で，惰性によって人々の選択を良い状態に留めるように作用する。

　オプトアウト方式はすでに多くの国の企業年金制度に導入されている（Thaler & Sunstein, 2008）。また年金制度以外にも様々な領域で活用されており，特に公共政策への活用によって効果を上げている。例えば，池田（2012）や岩本（2009）では，後発医薬品（ジェネリック医薬品）の普及を進める上でオプトアウト方式が実績を上げていることを指摘している。他にも，中川・齊藤（2012）では，マンション建て替え時の耐震強度の選択において，耐震強度の高い仕様をデフォルトとすることで耐震性

に優れたマンションへの建て替えを促進できることを明らかにしている。

またCarroll et al. (2009) は，オプトイン方式を用いた場合でも，手続きを簡素化した迅速登録（quick enrolment）方式によって加入率が増加することを示している。彼らは，葉書やウェブサイトを利用し，資産配分や拠出率があらかじめ選択されていて，あとは加入への同意欄にチェックするだけで済むようにした場合，加入率が15％増加することを見出した。日本においては，転職後に，確定拠出年金の積立金を放置する「401（k）難民」の急増が社会問題となっている（毎日新聞，2014年9月7日，東京朝刊）。原因として積立金移行時の金融機関の選定など手続の煩雑さが指摘されており，迅速登録方式はこの問題解決のヒントとなるかもしれない。

（2）能動的選択

年金制度の加入に関するオプトアウト方式には利点は多いものの，問題点があることも指摘されている（Carroll et al., 2009; Keller et al., 2011）。特に，オプトアウト方式は，意思決定者の消極的な選択をもとにした決定であるため，決定後の積極的な関わりが低下し拠出率も伸び悩むことや，選択結果への満足感も少ないことが指摘されている。また常に万人にとって最適な初期状態があるわけではなく，人によって最適である設定が異なる場合には，オプトアウト方式は適切ではない。

代替案として明示的な意思決定を要請する能動的決定（active decision）もしくは能動的選択（active choice）が提案されている（Carroll et al., 2009）。401（k）プランを例にとれば，「401（k）プランへの登録を希望する」と「401（k）プランへの登録を希望しません」について選択をさせる。この方式では意思決定者は選択対象について強制的に考えることになり意思決定後の動機づけや関わりの低下を回避できるなど，オプトアウト方式の問題点を克服することができる。

Carroll et al. (2009) は，ある企業の従業員に関するデータをもとに，401（k）プランへの加入・非加入における，オプトイン方式と能動的選択の効果を比較した。能動的選択において，従業員は，自分たちの選択を示した用紙を雇用から30日以内に返却することが求められた。結果として，その企業で能動的選択が実施されていた場合，従業員の加入率は69％であったが，オプトイン方式が実施されていた場合の加入率は41％であり，能動的選択における高い加入率が確認された。

他にもKeller et al. (2011) は，能動的選択を改変した，拡張能動的選択（enhanced active choice）を提案している。これは，望ましくない選択肢の損失を目立たせることによって，望ましい選択肢を際立たせる方法である。先ほどの401（k）プランの例でいうなら，「401（k）プランへの登録を希望し，雇用者拠出金の活用を希望します」と「401（k）プランへの登録を希望せず，雇用者拠出金の活用を希望しません」と雇用者拠出金についての文言が追加される。彼らは，4つの実験を通じ，拡張能動的選択が，これまでに紹介したいずれの方法（オプトイン方式，オプトアウ

ト方式，能動的選択）よりも効果が高いことを示している。しかしながら，解約率によって意思決定後の関わりを比較したところ，拡張能動的選択において特に低いわけではなく，今後この点の再検討が必要とされた。

（3）選択肢の数

401（k）プランの加入に関しては，加入者が選択できる投資ファンドの数も大きく影響することが Iyengar et al.（2004）により指摘されている。選択肢が多い場合に意思決定者が選択忌避を示すことは，食材（ジャムやチョコレート）の種類の数を操作した Iyengar & Lepper（2000）により明らかにされている。例えば，スーパーにおけるジャムの試食において，6種類と24種類のジャムを選択肢として用意した場合，6種類のジャムから選択した場合の方が，その後の購入率は高い。Iyengar et al.（2004）は，同様のことが401（k）プランの選択においても生じており，401（k）プラン加入時に選択できるファンド数が増えるに連れて，加入率が減少することを示している。例えば，選択可能なファンド数が4つの401（k）プランの場合，加入率は75％であるが，ファンド数が59個のプランの場合，加入率が約60％強と低迷する。雇用主や経営者の立場にある場合，選択肢として401（k）プランにおけるファンド数を多くすることは逆効果であることに注意すべきである。

3．拠出率を増加させる方法

401（k）プランに関するもう1つの問題点として，掛け金の給与に占める割合である拠出率の低さが挙げられる。加入当初の拠出率は，通常は給与の2～3％と低く設定されており，加入者は現状維持バイアスによりデフォルトの拠出率をそのまま変更しない傾向にある。また拠出率を上げることは，現在の給与のうち消費可能な所得の減少を意味し，価値関数の損失回避性が働けば，拠出率を上げることはさらに難しくなる。上述したオプトアウト方式は，加入率を増加させ，現状維持バイアスによってそれを継続させるものの，同様に現状維持バイアスによって拠出率も初期状態のまま留まってしまうのである。オプトアウト方式の効果を検討した前述の Madrian & Shea（2001）でも，加入者は初期の拠出率や投資ファンドを見直す傾向がほとんどみられないことが報告されている。

一方，能動的選択は加入率だけでなく，拠出率も増加させることができる。Carroll et al.（2009）は，オプトイン方式では達成までに30か月必要であった5％の拠出率が，能動的選択ではたった3か月で達成できたことを報告している。

能動的選択以外にも拠出率を上げる方法として有名なのが，Thaler & Benartzi（2004）が提案した SMartT プランである。SMartT プランとは，「Save More Tomorrow」の頭文字をもとに名づけられたもので，「明日はもっと多くの貯蓄を」という意味である。SMartT プランの特徴は，給与が昇給した場合に，事前に決めてお

いた拠出率の引き上げが行われるという点である。見かけ上の所得が減少しないので，加入者は損失を意識せず，損失回避性の弊害を被らない。拠出率の引き上げは加入者が自由に停止することができるが，通常は現状維持バイアスにより継続され，拠出率は昇給のたびに上がっていく。彼らは，1998年にアメリカの製造業を営む中小企業でこのプランを実施した。従業員は金融コンサルタントとの面談が要請され，それに応諾した2つのグループが比較の対象となった。一方のグループは，コンサルタントが拠出率を5％上げるように助言し，それを受け入れた。もう一方のグループは，拠出率を5％上げるというコンサルタントの助言を拒否したが，代替案として提示された昇給ごとに拠出率を上げるプラン（SMarTプラン）に同意した。昇給（賃上げ率）はおよそ3.5％であったため，拠出率は損失を意識させないように3％に設定された。結果として，前者のグループの従業員の拠出率は，3年間で4.4％から8.8％へと増加した。しかしその後数年間の平均拠出率には変化はなかった。一方，後者のSMarTプランを受け入れたグループの従業員に関しては，3年半の間に4回昇給があり，導入時に平均3.5％だった拠出率が，最終的には13.6％に増加した。

以上の通り，SMartTプランの効果はかなり高いと考えられる。Thaler & Sunstein（2008）はオプトアウト方式とSMartTプランを組み合わせることで，加入率と拠出率の両方の増加を実現できると提案している。Aon Hewitt（2011）による調査報告によれば，2011年の時点でアメリカでは，401（k）を含む確定拠出年金を提供している事業主のうち，56％がオプトアウト方式で従業員を加入させ，また51％が拠出率が自動的に引き上げられるSMartTプランに類似したプランを提供している（Benartzi & Thaler, 2013も参照）。

4．セルフ・コントロール改善への展望

本節で提案された方法は，リバタリアン・パターナリズムの節で述べたように，制度を設計する側からのセルフ・コントロール向上を導く試みであるといえる。雇用主や教育者の立場になった場合に，従業員や学生の厚生を高めるために，本節で紹介された様々な技法が役立つであろう。ただし，本節で紹介された技法は，常に消費者の厚生を高めるために使用されるわけではなく，企業の利潤追求といった営利目的で利用されていることも忘れないで欲しい。デフォルトに関しては，企業が利益を上げやすいように設定されていることが多い。例えば，クレジットカードの支払い方法に関して，申し込み時の初期設定がリボルビング払いになっているカードもあるので確認が必要である。他にもインターネット回線や携帯電話業者の契約において，デフォルトで多くの（おそらくは不必要な）有料サービスを設定しておき，契約後に消費者が手続きを経なければ解約できないことが多々ある。契約者はオプトイン方式なら契約しない有料サービスにお金を払う可能性がある。これに現状維持バイアスが加わるこ

とで消費者はさらに不必要なお金を払い続ける。このようなオプトアウト方式や現状維持バイアスを利用した企業の利潤追求のメカニズムを理解しておくことで，不必要な消費に多少なりとも抵抗することができるだろう。

第4章 心理検査で測るセルフ・コントロール

1節 セルフ・コントロールの個人差評価

　教育，医療，矯正分野をはじめとする応用実践場面，あるいは条件を統制した実験場面や調査研究のいずれにおいても，セルフ・コントロールの方法やその程度には相当な個人差のあることが示されてきた（Baumeister et al., 1994; Carver, 2005; Jostmann & Koole, 2010）。そのような個人差を的確にとらえ，評価することができれば，セルフ・コントロール研究における行動査定の信頼性と妥当性はいっそう高まり，対象者の状態に即したテーラーメイドで効果的な介入プログラムの立案が可能になるだろう。

　これまでに示されてきたセルフ・コントロールの個人差評価には，大きく分けて3つの方法がある。1つは，現実場面での行動観察による方法である。この方法では，日常場面における衝動性の抑制や行動計画の遂行度など特定のセルフ・コントロール行動に焦点を絞り，観察場面と期間を定めた上で標的行動をカウントしていく。これは，最も具体的な，いわば生の行動を評価できる方法だが，観察者としてのスキルの獲得や実施に要する時間の長さなどコストの高さに問題が残る。

　2つめが，アナログ課題を用いた実験的手法である。ここでいうアナログ（analogue）とは，実際のセルフ・コントロール行動と等価とみなしうる行動が観察される場面設定を指している。例えば，冷水に手を浸していられる時間を測定する「コールドプレッサーテスト」や，回答者に複数の酷似図形から標準図形と同一の図形をできるだけ早く正確に選択させて時間はかかるが誤りの少ない熟慮型の反応を行う傾向を調べる「同画探索テスト（Matching Familiar Figures Test: MFFテスト）」（Kagan et al., 1964），あるいは，すぐに得られる小さな報酬と後に得られる（すなわち遅延

を伴う）より大きな報酬のいずれかを選択させる「満足遅延課題」，さらには，他章に詳しい「価値割引実験」におけるパフォーマンスなどがセルフ・コントロールの指標になる。これらの方法では，評価対象のセルフ・コントロールを明確に定義し，それに対応したアナログ課題を設定できるかがポイントになる。満足遅延課題を用いたMischel らの一連の研究（例えば，Mischel, 2014; Mischel et al., 1988; Mischel et al., 2011）は，妥当性の高いアナログ課題によって測定されたパフォーマンスが予測力の高い指標になりうることを示した代表例だといえる。

　そして，3つめが質問紙を用いた方法である。すなわち，評価の対象とするセルフ・コントロール行動を具体的に記述した項目を準備し，それらの内容の当てはまり具合を頻度や強度という視点で評定していく方法である。測定の基盤となる質問項目の選定や信頼性と妥当性の確立には入念な検討を要するが，質問紙法の最大の利点は，実施が容易で時間が節約できることにある。また，行動観察やアナログ課題とは異なり，評価対象にするセルフ・コントロール場面が限定されず，より広範囲に設定できる。

　精度において同水準の測定結果を得られるならば，対象者に与える負担は軽く，評価者にとっても実施が容易で低コストな方法を選択するのが望ましいのはいうまでもない。このような評価対象者に与える負担と測定のコストに関わる視点は，医学や心理学など人を対象とする領域では，なおさら重視されるものである。そこで，本章では，心理検査の中でも質問紙法が有する利点に注目し，セルフ・コントロールを測定・評価するために開発された尺度を紹介していく。

　本章で取り上げる尺度の一覧を表4-1に示した。これら9尺度は，日常的に観察されるセルフ・コントロール行動を包括的にとらえ，その個人差を比較的安定した行動傾向として評価できるものである。また，必要最低限の信頼性と妥当性の検証がなされていることを条件に選定されている。

　セルフ・コントロールを測定する尺度には，これらの他にも特定の領域に焦点を絞った質問紙が存在する。例えば，「うつ」に関わるセルフ・コントロールに注目したSelf-Control Questionnaire（Rehm et al., 1979），食行動を中心とする健康関連行動を評価するSelf-Control Questionnaire（Brandon et al., 1990），セルフ・コントロールとは逆の概念として定義される衝動性の強さを測るBarratt Impulsiveness Scale（Patton et al., 1995），勉学習慣を測定するSelf-Regulation Strategy Inventory（Cleary, 2006）などである。これらの尺度は，査定対象の焦点化が重視される場面で有用であり，行動観察など他の方法を併用することでさらなる信頼性の向上が見込まれよう。

　上述のような特定領域に焦点化された尺度の存在を踏まえた上で，本章において特に包括的な評価尺度を取り上げたのは，なんといっても，そのように広範で総合的な

表4-1 セルフ・コントロール尺度

尺度の名称	開発者と発表年	評定形式	項目数と評定法	因子数と名称	信頼性係数	妥当性検討の材料
子どもを対象にしたセルフ・コントロール尺度						
Self-Control Rating Scale	Kendall & Wilcox (1979)	他者評定	33項目, 7件法	1因子(認知・行動的SC)	α=0.98 r=0.84(3週~4週間隔)	MFFテスト, ポーテス迷路検査, 満足遅延課題, 行動観察
Teacher's Self-Control Rating Scale	Humphrey (1982)	他者評定	15項目, 5件法	2因子(認知的でSC, 行動的でSC)	r=0.88~0.94	読書時間の行動観察, 知能検査, 心理社会的な適応度
Children's Perceived Self-Control Rating Scale		自己評定	9項目, 2件法	3因子(対人関係場面でのSC, 自己完結的なSC, 自己評価)	r=0.56~0.63(2週半~3週間隔)	
Child Self-Control Rating Scale	Rohrbeck et al. (1991)	自己評定	33項目, 4件法	N/A	α=0.90 r=0.8(6週~8週間隔)	Self-Control Rating Scale, 子ども用I-E尺度
成人を対象にしたセルフ・コントロール尺度						
Self-Control Schedule	Rosenbaum (1980)	自己評定	36項目, 6件法	N/A	α=0.78~0.84 r=0.86(4週間隔)	I-E尺度, Irrational Beliefs Test, MMPI, 16PF, ロールドアプレッサーテスト
Redressive-Reformative Self-Control Rating Scale	杉若 (1995)	自己評定	20項目, 6件法	3因子(改良型SC, 調整型SC, 外的要因による行動のコントロール)	α=0.84~0.96	半構造化面接, 一般性セルフ・エフィカシー尺度
Total Self-Control Scale	Tangney et al. (2004)	自己評定	36項目, 5件法	5因子(自制力, 健康的な習慣, 熟慮的傾向, 職業倫理に関わる範囲, 信頼性)	α=0.89 r=0.89(3週間隔)	学業平均値(GPA), 衝動性指標(食行動, アルコール依存), 心理的諸問題, 対人関係, 道徳感情, パーソナリティ指標(勤勉性, 完ぺき主義)
Brief Self-Control Scale		自己評定	13項目, 5件法	2因子(抑制力, 衝動性)	α=0.83~0.85 r=0.87(3週間隔)	
Self-Control and Self-Management Scale	Mezo (2009)	自己評定	16項目, 6件法	3因子(セルフ・モニタリング, 自己評価, 自己強化)	α=0.83~0.85 r=0.62~0.75(2週間隔)	自己強化の頻度, 自己効力感, 他のSC尺度(Self-Control Scheduleなど), 心理的諸症状(不安やうつ), 不合理な信念

注)表中の"SC"はセルフ・コントロールの略

個人差評価を可能にする点こそが，他の方法にない質問紙法の特長だからである。対象者の生活場面を広くとらえる包括的な査定は，治療や教育的介入の効果の拡がり，すなわち般化の程度を調べるのに有効なだけでなく，介入プログラムの立案に役立つ情報を提供してくれることがある。つまり，介入を意図した査定で注目される行動の過剰や欠如とともに，個人が有する行動の資源，すなわち介入のプロセスで活用できそうな対象者の行動レパートリーへの気づきを高めてくれるのである。

以下では，子どもと成人を対象にしたセルフ・コントロール尺度を順に紹介していく。

2節 子どもを対象にしたセルフ・コントロール尺度

1. Self-Control Rating Scale

Kendall & Wilcox (1979) による Self-Control Rating Scale (SCRS) は，日常場面で観察される子どものセルフ・コントロール行動を広範囲に評価することを目指して開発された他者評定形式の質問紙である。後に発表された子ども対象のセルフ・コントロール尺度の多くは，SCRS を基盤にして作成されたといって過言ではない。

Kendall & Wilcox (1979) は，教室場面における子どもの迷惑行動（例えば，不要な離席，授業中のおしゃべり，クラスメイトへの乱暴など）に対する行動原理を適用した介入プログラムの有効性を示した上で，その般化の度合いを効率的かつ簡便に測定できる尺度を目指して SCRS を作成した。全33項目のうち13項目は，衝動性の強さを記述した内容であり（例えば，「他人の持ち物を横取りしますか？」），10項目はセルフ・コントロールの遂行を記述した内容（例えば，「ものごとを最後までやり遂げますか？」），残りの10項目は，衝動性の強さとセルフ・コントロールの遂行を比較する項目（例えば，「友だちとの会話の中で不適切な割り込みをしますか，それとも適切なタイミングがくるまで待っていますか？」）で構成されている。各項目について，親あるいは担任教師が「1（セルフ・コントロールがよくできている）」から「7（非常に衝動的である）の範囲で，「4」を平均的な子どもとして評定し，全33項目の合計得点を算出する。

標準化手続きの対象になったのは，小学校3年生から6年生の計110名であった。尺度の内的一貫性を示す Cronbach の α 係数は0.98と高く，再テスト法により3週から4週間隔で実施した2回の測定結果の相関係数は0.84で高い信頼性を示した。尺度の妥当性を検討するために測定された他の指標（MFF テスト〔先の1節アナログ課題として解説〕，ポーテウス迷路検査〔迷路の抜け道を発見する非言語性検査〕，満足遅延課題〔すぐにもらえる鉛筆1本と翌日まで待てばもらえるフェルトペン1本の選

択〕，教室場面における迷惑行為をターゲットにした行動観察）との比較では，満足遅延課題を除くすべての測度との間に有意な正の相関が確認された（MFFテスト $r=0.28$，迷路課題 $r=0.35$，行動観察 $r=0.28$，満足遅延課題 $r=-0.05$）。なお，男女の比較では，学年によらず男児の方が女児よりもセルフ・コントロール得点が低かった（$p<0.001$）。

後続の研究では，担任教師と両親の評定には有意な相関があること（$r=0.66$）(Kendall & Braswell, 1982)，認知行動療法の枠組みで実施されたセルフ・コントロール訓練プログラムによる行動変容の結果を反映すること（Kendall & Wilcox, 1980; Kendall & Zupan, 1981），心理的な問題を抱える子どもはそうでない子どもよりも低得点であること（Robin et al., 1984）が明らかにされている。教室場面における他者評定で用いるには項目数が多い点や項目内容の重なりに問題が残るとの指摘もあるが（Humphrey, 1982），数多くの関連研究で利用されてきた尺度であり，子どものセルフ・コントロールを評価する代表的な質問紙だといえる。

2．Teacher's Self-Control Rating Scale と Children's Perceived Self-Control Scale

Teacher's Self-Control Rating Scale（TSCRS）と Children's Perceived Self-Control Scale（CPSCS）は，先に紹介したKendall & Wilcox（1979）のSCRSをもとに作成された尺度である。教室場面で利用しやすい尺度の開発を目指したHumphrey（1982）は，まず項目内容の吟味と選択から始めた。担任教師による他者評定用のTSCRSでは，先に開発されたSCRSに含まれる33項目の内容の重なりを確認した上で，教室場面におけるセルフ・コントロールを測定する際の中核となる10項目を選定し，表現を整えている。また，回答のしやすさにも配慮して，評定法をSCRSの7件法から5件法に変更した。新たに加えられた5項目のうち4項目は，「結果を予測して行動しますか？」など，セルフ・コントロールにおける認知過程の重要性を強調したモデル（Kanfer & Karoly, 1972）を反映する内容である。

もう一方のCPSCSは，子ども自身が自分のセルフ・コントロールを自己評定するための尺度である。自分のことを高く評価している子どもは，事がうまく運んで成功すると自分自身を讃えるのに対し，自分のことを低く評価している子どもは，失敗場面で自分自身を罰する傾向が強いという研究結果（Ames, 1978）や，我慢できるという自信を強く示した子どもは，欲しいものが目の前にあっても約束の時が来るまで手を出さずにいられたという報告（Fry, 1977）が示唆するように，子ども自身の自己評価は実際のパフォーマンスと強く結びついている。Humphrey（1982）は，このような視点を重視して，子どもを対象にした自己評価尺度の必要性を主張した。

標準化データを収集するために選定された11項目は，教師用のTSCRSと対応する

よう表現が整えられている。例えば，TSCRSの「急いで片づけようとするあまり，不注意なミスを犯す」という項目は，CPSCSの「急ぎすぎて失敗します」という項目に対応している。また，子どもが自己評価しやすいように，評定形式はYES-NOの2件法を採用している。

小学校4年生と5年生の計763名を対象に実施した調査結果は，以下の通りであった。

① 因子分析により，教師用のTSCRSでは「認知的で自己完結的なセルフ・コントロール」（例えば，「時間のかかる面白みのない課題であっても，やり遂げるまで取り組むことができる」）と「行動的で対人関係に関わるセルフ・コントロール」（例えば，「話す順番を待てない」「他の人の邪魔をする」〔いずれも反転項目〕）という比較的安定した2因子が得られた。
② 子ども用のCPSCSでは項目数の少なさにもかかわらず，「対人関係場面でのセルフ・コントロール」（例えば，「先生が忙しくしているときは，友だちに聞いてみる」），「自己完結的なセルフ・コントロール」（例えば，「自分が欲しいものを待つのは難しい」〔反転項目〕），「自己評価」（例えば，「誰かに言われなくても，自分が悪いことをしているときには分かっている」），「行動の結果に続く思考」（例えば，「何かをした後に，次に何が起きるかを言うのは難しい」〔反転項目〕）という4つの因子が抽出された。
③ 2週半～3週間隔で実施された再テスト法では，CPSCSの1因子（行動の結果に続く思考）を除くすべての因子で有意な相関が認められた（$r=0.56$～0.94）。このため，「行動の結果に続く思考」因子への寄与率が高かった2項目は削除され，最終的にCPSCSは9項目3因子構造の尺度になった。
④ TSCRSとCPSCSともに，男子よりも女子の得点が高かった。
⑤ 2つの尺度の相関は低かった（$r=0.07$～0.24）。
⑥ TSCRSにおいてのみ，行動観察の結果との間に中程度の有意な相関があった（$r=0.24$～0.39）。知能検査と学力検査，心理社会的な適応度の指標を外的基準とした場合にも，TSCRSは54指標中48指標で有意な相関（$r=0.29$～0.84）を示したが，CPSCSでは72指標中8指標でしか有意な相関（$r=0.39$～0.45）を得られなかった。

なお，上記①と⑥のTSCRSに関する結果は，Work et al.（1987）においても再現されている。

以上より，教師による他者評定尺度であるTSCRSの信頼性と妥当性は支持されたものの，子どもの自己評定によるCPSCSは，項目の選定や回答法などに検討を要する点が残される結果になった。

3. Child Self-Control Rating Scale

　Rohrbeck et al.（1991）もまた，子どもに自己評定させることの重要性を説き，Child Self-Control Rating Scale（CSCRS）を作成している。親には親の主観によるバイアスがかかる可能性があり，また，担任教師による評定には，ある特定の構造化された状況（例えば，算数の授業中など）や，教師と児童という特異な関係性が反映されるかもしれない。子ども自身による報告ならば，場面を限定することなく，セルフ・コントロールに関わる随伴性を広範囲にとらえることができると考えたのである。また，自己評定によって子どもが自らの問題に気づき，治療に対する動機づけを高めることができると期待されたのである。

　CSCRS は，Kendall et al.（1979）による他者評定用の SCRS と同時に実施する自己評定尺度として開発された。全33項目の質問文は，SCRS の項目内容を子どもが理解可能な表現に整えたものである。また，Humphrey（1982）による自己評定用の CPSCS が回答結果の安定性に欠けるという報告（Reynolds & Stark, 1986）を受けて，CSCRS では 2 段階に分けた評定方法を採用している。図 4－1 に示すように，子どもは，まず自分が左右どちらに表現されたタイプの子どもであるかを選択し，次にその程度を評定する。この評定結果は 4 件法として扱われる。

　小学校 3 年生と 5 年生の計103名を対象にした調査結果によると，Cronbach の α 係数は0.90，6 週間から 8 週間の間隔で実施された再テスト法の相関係数は0.84であり，項目分析の結果とともに CSCRS の信頼性を支持するものであった。妥当性を検証するために，担任教師が評定した SCRS との相関係数を求めたところ，その値は -0.22 であった。この相関係数の低さについては，どちらか一方の評定が信頼性に劣ることを示すというよりは，むしろ，異なる評定法を用いた情報収集の重要性を示唆する結果だとの考察がなされている。例えば，親や教師の思い込みによる影響はないか，また，評価対象になった子ども自身のセルフ・コントロールとも強く関係する自己評価能力はどの程度であるかを検討することにより，双方の評定の不一致を生む要因を明らかにしていくプロセスが重要だということである。この視点は，それぞれの尺度の

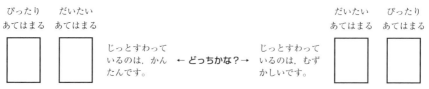

注）原文では，「ぴったりあてはまる」が「really true for me」，「だいたいあてはまる」は「sort of true for me」になっている。また，中央の矢印と「どっちかな？」の部分は「but」で表現されている。

図 4－1　Child Self-Control Rating Scale の項目例（Rohrbeck et al., 1991より作成）

第4章 心理検査で測るセルフ・コントロール

3節 成人を対象にしたセルフ・コントロール尺度

1. Self-Control Schedule

成人のセルフ・コントロールを評価する質問紙として最初に報告されたのは，Rosenbaum（1980）の Self-Control Schedule（SCS）である。SCSは，次のような仮説に基づいて開発された。つまり，セルフ・コントロールは，遂行中の行動を妨害する何らかの内的事象，例えば，不安や痛み，否定的な考えなどをきっかけに開始され，その弊害を減じるために実行されるというものである。例えば，試験を受けている最中に発生した不安の初期兆候は，「深呼吸」をして"リラックスしよう"と自己教示する」セルフ・コントロール反応を行う手がかりとなり，その結果として，不安感は低下し，目の前の試験に取り組み続けることができると考えられるのである。このように，SCSは，行動のスムースな実行が停滞あるいは妨害された状況を乗り切るためにセルフ・コントロールを試みる傾向を測定するために開発された尺度である。

全36項目は，

①情動的・身体的な反応を制御するための認知と自己陳述（self-statements）の使用（12項目）（例えば，「退屈な仕事をするときは，多少なりとも楽しい部分や仕事の後に得られる報酬について考える」）
②問題解決方略の適用（11項目）（例えば，「難しい問題にぶつかったときは，系統立った方法で解決に向けて取り組む」）
③満足遅延（4項目）（例えば，「まず，すべき仕事をやり遂げ，その後に自分の好きなことに取りかかることを好む」）
④自己効力感（9項目）（例えば，「悪い習慣から抜け出すには外部からの手助けが必要である」〔反転項目〕）

を示す内容で構成されている。項目生成にあたっては，2名の行動療法家に内容の妥当性検証を依頼し，さらに，大学生152名を対象にした予備調査で項目分析を実施している。各項目に対する評定は，「全くあてはまらない（−3）」から「まさにあてはまる（＋3）」の範囲で行うが，中央値になる「0」は設定されていない6件法である。得点可能範囲は−108〜＋108である。

6つの標本グループ計739名を対象に，信頼性の検討と標準化データの収集が行われた。標本グループの内訳は，国籍（イスラエル，アメリカ合衆国）や専攻（工業系，心理系，その他）の異なる大学生5グループ計634名（平均年齢22.2歳）と一般成人

105名（平均年齢50.5歳）の全6グループである。大学生の1グループ（$n=82$）を対象に4週間隔で実施した再テスト法の相関係数は0.86，残りの5グループのデータをもとに算出したKuder-Richardsonの第20公式によるα係数は0.78～0.84の範囲にあった。続く研究では，11週間隔で実施した再テスト法の相関係数が0.77（Leon & Rosenthal, 1984），Cronbachのα係数は0.82（Redden et al., 1983）という結果が報告されている。これらの値は，いずれもSCSの信頼性を支持する結果だといえるだろう。標準化データとしては，大学生で構成された標本グループの平均得点が＋23.1～＋27.5，標準偏差は20.6～25.1の範囲であった。一般成人の平均得点は＋31.3，標準偏差は23.2だった。すべての標本で認められた標準偏差の大きさは，SCSによって測定されるセルフ・コントロールには相当な個人差があることを示している。なお，いずれの標本グループにおいても有意な男女差は報告されていない。

併存的妥当性の検討では，大学生の標本グループを対象に，行動と強化の随伴性を自分自身がどれほどコントロールできていると感じているかを測定するI-E尺度（Rotter, 1966）と，物事のとらえ方の偏りや思い込みの強さとしてとらえられる不合理な信念の程度を測定するIrrational Beliefs Test（IBT）（Jones, 1968）を併行検査として実施している。I-E尺度との相関係数は－0.40であり，SCSの得点が高い者ほど強化随伴性に関するコントロール感が強かった。IBTとは，SCSの得点が高いほど不合理な信念は少ないという関係が見出されている（$r=-0.48～-0.19$）。新たな参加者（$n=80$）を募集して行ったコールドプレッサーテストでは，冷水刺激に対する感受性には差がないものの，SCSの高得点者は低得点者よりも痛みへの対処可能感と実際の耐性時間が有意に長かった。続く研究においても，SCSの高得点者はストレス事態に効果的に対処し，より課題志向的な問題解決方略を用いることが明らかになっている（例えば，Katz & Singh, 1986; Leon & Rosenthal, 1984; Rosenbaum & Ben-Ari, 1985; Rosenbaum & Ben-Ari, 1986）。これらの結果は，いずれもSCSの妥当性を支持するものである。

なお，SCSではセルフ・コントロールを一元的にとらえ，尺度の合計得点を指標に個人差を評価しているが，後続の研究では，SCSによって測定されるセルフ・コントロールは複数の種類に分けられるため，合計得点だけを指標にしていることには問題が残るとの指摘がなされている（Gruber & Wildman, 1987; Rude, 1989）。SCSの開発者であるRosenbaum自身も，後にセルフ・コントロールを2つのタイプに分けてとらえることの有用性に言及しているものの（Rosenbaum, 1989），尺度の改訂には至らなかった。このセルフ・コントロールの二元性については，次項で解説する。

2．Redressive-Reformative Self-Control Scale

先に紹介したSCSによる研究成果を踏まえて，Rosenbaum（1989）は，セルフ・

コントロールを調整型(redressive)と改良型(reformative)という2つのタイプに分けて考えることを提唱した。調整型セルフ・コントロールとは,「ストレス場面において発生する情動的・認知的反応の制御」を指している。ストレッサーによって妨害された機能の回復を目指して実行されるセルフ・コントロールであり,ストレス対処方略として紹介されてきた内容と共通する点が多い。不安場面での気そらし(distraction)や自己教示などがこれに含まれている。一方,改良型セルフ・コントロールは,「習慣的な行動を新しくてより望ましい行動へと変容していくためのセルフ・コントロール」と定義される。禁煙やダイエットなど満足遅延を伴う行動のプロセスがその代表例であり,将来の結果を予測して,当座はより困難な状況を選択するという形で遂行される。調整型セルフ・コントロールでは,不快な気分からの回復といった比較的即時の強化フィードバックを得られるのに対し,改良型セルフ・コントロールでは,本人にとって望ましい結果が得られるまでに一定の期間を要するという分類も可能である。

セルフ・コントロールを2つのタイプに分けてとらえるという考えは,Kanfer & Schefft (1988) や Nerenz & Leventhal (1983) でも示されている。前者の研究が示した corrective self-regulation と後者の研究のいう emotional control は,上述の調整型セルフ・コントロールに,また,前者が示した anticipatory self-regulation と後者による danger control は,改良型セルフ・コントロールにそれぞれ対応している。しかしながら,残念なことに,彼らの主張はいずれも仮説に止まっており,実証的なデータは示されていなかった。

このような状況を受けて開発されたのが,Redressive-Reformative Self-Control Scale (RRS) (杉若,1995) である。尺度を構成する項目は,Rosenbaum (1980) のSCSをベースに,ストレス・マネジメントやセルフ・コントロールに関連する文献を参考にして選定された。各項目に対する評定は,SCSと同様の6件法が採用されている。

大学生と専門学校生計529名から得たデータをもとに,因子分析を行ったところ,3つの因子が抽出された。第1因子には,改良型セルフ・コントロールのためのスキルと考えられる問題解決方略や報酬の遅延に関する項目が含まれていたため「改良型セルフ・コントロール」として8項目を決定した。第2因子に含まれる7項目は,他者依存の傾向や自発的な行動に対する消極性を示す内容であったため,「外的要因による行動のコントロール」とした。第3因子に負荷の高い5項目は,情動的なストレス反応を除去してその場を乗り切ろうとする内容であったため「調整型セルフ・コントロール」とされた。異なる標本グループ($n=579$)を対象にした場合にも,同一の因子構造が確認されている (Sugiwaka & Agari, 1995)。RRSでは,これら3因子を下位尺度として扱う。3つの下位尺度はいずれも正規分布を示し(コルモゴロフ・

スミルノフの法による $D=0.04\sim0.08$，いずれも $p<0.01$)．また，得点に有意な性差はなかった（$t(527)=0.22\sim0.78$，いずれも $n.s.$)．

項目の弁別力を確かめるために行った上位下位分析では，各尺度すべての項目において上位群と下位群に有意な得点差があった。Cronbach の α 係数は $0.84\sim0.96$ の範囲にあり，内的整合性の高さを示している。これらの結果は，3つの下位尺度計20項目で構成された RRS の信頼性を支持するものである。

妥当性は，下位尺度ごとに検討されている。まず，セルフ・コントロールに関わる新たな概念として抽出された「外的要因による行動のコントロール」には，「すぐに片づけてしまえることでも，気乗りしないことは先に延ばしがちである」や「自分を悩ませる不愉快な思いに打ち勝てないのはいつものことである」といった項目が含まれていた。セルフ・コントロールに対する自己効力感（self-efficacy）(Bandura, 1977) の低さとの関係が示唆される項目群であったため，併行して実施された一般性セルフ・エフィカシー尺度（坂野・東條，1986）との相関を調べたところ，-0.57 ($p<0.01$) という高い値が得られている。

一方，先行研究を参考に命名された「調整型セルフ・コントロール」と「改良型セルフ・コントロール」の各下位尺度については，半構造化面接を用いた妥当性の検討が行われている。2つの下位尺度得点の高低の組み合わせによって分類された4群計51名を対象にセルフ・コントロールに関するより具体的な情報を得るための面接を実施し，その中からランダムに抽出された12名分の面接結果を第三者評定によって再分類したのである。RRS に基づく分類結果と5名の評定者らによる分類の一致度は83〜100％の範囲にあり，4群のそれぞれに属する対象者にはいずれも群に特異的なセルフ・コントロールの行動傾向のあることが示された。

RRS によって測定される2つのセルフ・コントロールは，調整型セルフ・コントロールの得点がストレス場面における認知や感情の制御（杉若，2000; 2001），価値割引（平岡・樺澤，2013），留学生の異文化適応度（植松，2004）と関連すること，改良型セルフ・コントロールの得点は試験対策やダイエットへの取り組み方（杉若，2003; 2005)，および，価値割引（Sugiwaka & Okouchi, 2004）に影響することが示されている。これらの結果は，セルフ・コントロールを多元的に評価することの妥当性を支持するものだといえよう。

3．Self-Control Scale と Brief Self-Control Scale

Tangney et al.（2004）は，環境に適応した健康で幸せな生活を営むにはセルフ・コントロールの力が不可欠だと主張した。それゆえ，セルフ・コントロール能力は，何らかの問題に直面したときに限らず，常に個人の生活全般に影響するいわばパーソナリティ特性のようなものであり，これを測定するには従来よりもさらに汎用性の高

い尺度開発が必要だと考えた。

　データ収集は，アメリカ東海岸にある大規模州立大学の学生計606名を対象にした2つの研究で実施された。Tangney et al.（2004）は，まず，研究1（$n=351$）において36項目の Total Self-Control Scale（TSCS）を作成している。予備項目として準備された93項目は，Baumeister et al.（1994）がとりまとめたセルフ・コントロールの適用と失敗に関する文献を参考に，思考の制御，情動のコントロール，衝動性の抑制，（行動的）パフォーマンスの制御，生活習慣の変容といった領域で構成されていた。項目への回答は，「全くあてはまらない（1）」から「まさにあてはまる（5）」の5件法で求められ，その結果をもとに合計得点との相関が低い項目と意味的に類似している項目，さらに男女差が顕著な項目が削除されている。探索的な因子分析によって，5因子（「自制力（self-discipline）」「熟慮的な（衝動的ではない）傾向」「健康的な習慣の範囲」「職業倫理に関わる自己制御」「信頼性」と命名されている）を抽出しているが，統計値を含む詳細が公刊されておらず，続く研究においても指標として用いているのは合計得点のみである。

　上記の研究1とこれに続く研究2（$n=255$）のデータをもとに，合計得点との相関を再検討して作成されたのが13項目からなる短縮版の Brief Self-Control Scale（BSCS）である。TSCSとBSCSの相関係数は，研究1で0.93，研究2で0.92と非常に高かった。BSCSには，「誘惑に抗するのは得意だ」「私は長期目標に向かって効果的に取り組むことができる」「自分にとって良くないことでも，楽しければしてしまう（反転項目）」などが含まれており，内容的にもTSCSの縮刷版になっている。

　内的一貫性を示すα係数は，TSCSで研究1と研究2ともに0.89，BSCSでは研究1で0.83，研究2で0.85という高い値が示された。研究2において，およそ3週間隔で実施された再検査法による相関係数は，TSCSで0.89，BSCSで0.87であった。これらの値はすべて，両尺度の信頼性を支持するものだといえよう。

　調査対象者らの生活全般における適応度を推測する指標として，以下の6つが採用された。

①学業上の取り組みの良好性を示す指標として，各科目の成績から算出された学業平均値GPA（Grade Point Average）
②大学生における衝動性制御の指標として，食行動問題とアルコール依存の程度
③セルフ・コントロールとの双方向的な関係が想定される心理的諸問題（不安，うつ，強迫症状，身体的な訴えなど）の有無
④家族を含む対人関係の有り様
⑤向社会的な行動と結びつく道徳感情（恥，罪悪感，寛容など）
⑥パーソナリティ指標として，セルフ・コントロールとの関係が推測される勤勉性

（conscientiousness）と完璧主義の程度

　相関分析の結果，TSCSとBSCSの得点の高さは，総じて，上記①から⑥の指標における良好で適応的な方向性と関係が強かった。この結果は，同時に測定された社会的望ましさに対する反応バイアスの得点を統制した後でも維持されていた。また，パーソナリティ指標においては，完璧主義（$r = 0.01 \sim 0.23$）よりも勤勉性（$r = 0.39 \sim 0.54$）との間でより強い正の相関を有していた。以上より，TSCSとBSCSによって測定されるセルフ・コントロールの程度は，過度な自己制御による強迫的で不適応な状態を指す「過剰なコントロール（overcontrol）」とは結びついていないことが示された。

　項目数が少なくて使いやすいことや，複数の研究データ（Carver et al., 2010; Gailliot et al., 2006; Schmeichel & Zell, 2007）によって信頼性と妥当性の高さが示されたことにより，60を超える後続の研究で主に使用されてきたのは短縮版のBSCSである（Maloney et al., 2012）。なお，Tangney et al.（2004）が詳細に示さなかった因子構造については，続く研究においてBSCSで「抑制力（restraint）」（例えば，「誘惑に抗するのは得意だ」）と「衝動性（impulsivity）」（例えば，「自分にとって悪いことでも，楽しければやってしまう」）の2因子が見出されている（Maloney et al., 2012; Frise & Hofmann, 2009; Fulford et al., 2008）。

4．Self-Control and Self-Management Scale

　Mezo（2009）は，セルフ・コントロールに取り組む際の認知的なプロセスを重視する，いわゆる認知行動論的なセルフ・コントロールに含まれる「セルフ・モニタリング（自己監視）」「自己評価」「自己強化（あるいは自己罰）」という3つの要素に焦点を絞り，これらを包括的かつ独立的に評価するためにSelf-Control and Self-Management Scale（SCMS）を作成した。この研究では，先に発表されていた成人を対象とする関連4尺度（Self-Control Questionnaire [Rehm et al., 1981]; Frequency of Self-Reinforcement Questionnaire [Heiby, 1982]; Cognitive Self-Management Test [Rude, 1986]; Lifestyle Approaches Inventory [Williams et al., 1992]）の比較検討（Mezo & Heiby, 2004）を経て，多様であった背景理論の統一を図り，Kanfer（1970）やBandura（1991）に代表されるセルフ・コントロールモデルに対応した尺度が開発されたのである。

　尺度構成にあたっては，まず，関連文献の徹底的な見直しを行った後に，上記の3つの要素をそれぞれ独立的に評価し得る新たな項目群を生成した。また，これに加えて，既存の関連尺度から本尺度の構成概念に一致する項目を直接あるいは表現を修正した後に採用した。項目の内容的妥当性は，認知行動論に基づくセルフ・コントロー

ルの専門家3名によって検証された。これら専門家のコメントをもとに項目の加除と表現の修正を行った結果，予備項目として145項目が整えられた。このうち，50項目は「セルフ・モニタリング」，54項目は「自己評価」，41項目は「自己強化（あるいは自己罰）」を測定する内容であり，各項目について「全くあてはまらない（0）」から「まさにあてはまる（5）」の範囲で評定を求める6件法が採用された。

データ収集は，多人種からなる大学生計302名（うち，女性236名）を対象に実施された。得られたデータをもとに，セルフ・コントロールの3つの要素が識別されていること，また，それぞれの要素を測定する項目群の等質性が高いことを条件に因子分析を繰り返したところ，3つの下位尺度計16項目からなるSCMSが作成された。

下位尺度は，「セルフ・モニタリング」を測定する6項目（例えば，課題に取り組んでいる最中のマインドフルな気づきを表す「目標に向けて取り組んでいるときは，自分のしていることを十分に認識している」），「自己評価」を測定する5項目（例えば，価値ある目標に到達するための困難な基準設定を表す「自分にとって重要な目標を設定した時は，たいていそれを達成できない」〔反転項目〕），および「自己強化」を測定する5項目（例えば，自分へのポジティブな言葉かけによる潜在的な自己強化を表す「多少ものごとを進展させられたときには，自分自身をほめる」）で構成されている。

SCMSの総得点と下位尺度得点はいずれも，平均値が得点可能範囲の中央値をやや上回るものであり，さらに，調査対象者の得点範囲は尺度の得点可能範囲と完全一致あるいはほぼ一致するものであった。これらの結果は，各得点の分布の正規性を示唆するものだといえる。内的一貫性を示すα係数は0.74〜0.81の範囲にあり，また，2週間隔で実施された再検査法（$n=212$）による相関係数は0.62〜0.75の範囲ですべて有意なものであった。SCMSの信頼性は支持されたといえる。

各種併行検査との相関分析によって検証された構成概念妥当性については，セルフ・コントロールを包括的にとらえる総得点において良好な結果が報告されている。例えば，SCMSの総得点は，自己強化の頻度や自己効力感の程度を測定する尺度の得点と中程度から強度の有意な相関を示し（$r=0.45$〜0.65），同じく認知行動論的な枠組みで開発されたセルフ・コントロール尺度（例えば，SCS）とは中程度の有意な相関を示した（$r=0.41$〜0.55）。さらに，うつや不安などの心理的諸問題を測定する尺度の得点とは，予測された方向へ弱いあるいは中程度の有意な相関を示し（$r=-0.33$〜-0.24，あるいは$r=0.24$〜0.44），SCMSとは異なる構成概念を測定する社会的望ましさに対する反応バイアスや不合理な信念の程度を測定する尺度とは有意な相関がなかった。ただし，セルフ・コントロールの3つの要素を独立的に評価する下位尺度では，上記ほど一貫した結果は得られていない。

「自己評価」を測定する5項目がすべて反転項目になっている点や，尺度開発当初

の構成概念には含まれていた「自己罰」に関する項目がデータ分析の過程で除外され，行動の帰結に関する内容が「自己強化」のみになっている点など，さらなる検討を要する問題は残されているものの，項目の生成が丁寧に行われており，また，SCMSの3因子構造と総得点を指標にした構成概念妥当性は，後続の研究でも再現されていることから（Mezo & Short, 2012），今後の改訂が待たれる尺度である。

4節 おわりに：測定精度を高める工夫

　本章では，子どもあるいは成人のセルフ・コントロールを広範囲に測定し，その個人差を比較的安定した行動傾向として評価できる尺度を紹介した。ここで取り上げた尺度は，必要最低限の信頼性と妥当性を検証していることを条件に選定されたものである。その特長により，介入プログラムの般化の程度を把握したり，一人ひとりの行動傾向をとらえて個人間で比較する際には特に有用なものと考えられる。だが，一方で，そのような標準化に準ずる手続きを経た尺度には，個別事例における状態の変化をとらえる感度には乏しいという短所が想定される。ターゲットを絞った介入による変化の測定が求められる実践場面では，この点に留意し，対象者の問題に合わせたオリジナルな尺度の併用や他の査定法との組み合わせなど，指標の相補性に配慮した選択と組み合わせが肝要である。

　およそ20年前にセルフ・コントロール尺度について調べた際には，信頼性と妥当性の検証を経た尺度の報告がきわめて少なく，また，その測定対象の多くが子どものセルフ・コントロールであった（杉若，1996）。しかし，近年では，むしろ成人を対象にした尺度が多く発表されているようである。この傾向は，セルフ・コントロール研究の対象が，子ども中心から成人へと拡がりをみせている現状と連動したものであろう。

　そのようなセルフ・コントロール研究の展開により，今後も多様な視点をもつ評価尺度の開発が期待される。そして，尺度開発のプロセスでは，当然のことながら工夫ある信頼性と妥当性の検証とこれに基づく測定精度の向上が望まれる。中でも，今回紹介した成人対象の全尺度で採用されていた自己評定法を採用する際に問題となるのが，「社会的望ましさに対する反応バイアス」，つまり，自身の「ありのまま」よりは，むしろ社会的に望ましいとされる方向に回答してしまう傾向による影響だろう。先に紹介した Tangney et al. (2004) や Mezo (2009) の尺度では，この点を考慮して，開発された尺度への回答とこの反応バイアスの関連を検証し，妥当性判断の指標にしていた。これに対して，例えば，比較的近年に発表された Habitual Self-Control Questionnaire (Schroder et al., 2013) は，「自らの行動をコントロールするという意

図を明確にもち，実際に行動化できている程度」を測定するという他の尺度にはないユニークな視点をもつ尺度だが，そのユニークさゆえか，大半の項目に上記の反応バイアスが予測される表現が含まれていた。調査対象にも偏りがあったため，今回のリストには含められなかったが，工夫ある測定法の確立が待たれる尺度としてここで触れておく。

　自己評定による質問紙法を検討する際には避けて通れぬ反応バイアスへの対応であるが，一方で，これに関わる検討は，測定精度の向上につながる新たな視点を提供してくれるだろう。例えば，これまでは子ども対象のセルフ・コントロール尺度で採用されていた他者評定を成人対象の研究にも取り入れて，自己評定との一致度や乖離度と上記反応バイアスとの関係を検証するというような試みは，新たな研究の展開を生むかもしれない。

第Ⅱ部 教育分野への応用

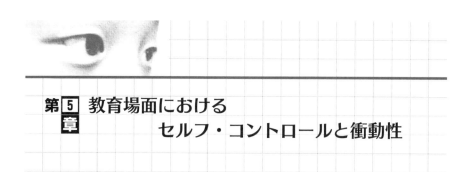

第5章 教育場面における
セルフ・コントロールと衝動性

> 知的行為の過程は，本質的に様々な二者択一の中からの選択の過程であり，知性は，主として，選択に関わる事柄である
> (Mead, 1934)

　私たちは，しばしばデパートのオモチャ売り場で泣き叫んでいる子どもを見かけることがある。子どもは，目の前のオモチャを親に買ってもらおうと駄々をこねているのである。親は，子どもの誕生日にもっといいオモチャを買ってあげるからと言って，子どもに我慢させようとしている。「駄々をこねる」とは，この例のように，親の温情に満ちた提案を拒否する我がままな行動を表す言葉である。言い換えれば，衝動的行動のことである。子どもは，このような場面で，なぜ我慢できない（衝動的行動をとってしまう）のであろうか。これがこの章で取り上げる問題である。衝動的行動の対極は，セルフ・コントロール（自己制御）である。このため，言い換えると，どうしたら子どもは我慢できる（セルフ・コントロールできる）ようになるのだろうかという問題といってもよい。

　この問題は，これまで社会学や心理学において，「社会化」という言葉で述べられてきたことと関係する。社会化とは，子どもから大人になる過程，すなわち，家庭や学校という環境の中で，親や教師，友だちなどの他者との相互作用を通して，社会の規範や価値，知識，行動様式など（Meadは，これを「一般化された他者」とよんだ）を獲得し，「個」を確立する過程である。その1つの側面が我慢できること，つまりセルフ・コントロールができるようになることなのである（Mischel et al., 1989; Mead, 1934）。

　本章では，教育場面のセルフ・コントロールと衝動性の問題を意思決定問題としてとらえる立場から，最初に，小学校で行ったセルフ・コントロールのミニ授業に関連するエピソードを通して，もう1つ別の接近法である「意志力（精神論）」による説

明を批判的に紹介していく。続いて、選択行動の原理である対応法則がどのように子どものセルフ・コントロールの問題へ適用できるかという点を中心に、子どものセルフ・コントロール確立のための方策、セルフ・コントロールの背後に想定される価値割引過程の問題を概観し、最後に、セルフ・コントロール研究の今後の展望について論じてみたい。

1節 意思決定問題としてのセルフ・コントロールと衝動性

　以前ある公立小学校と連携して「小学生研究プロジェクト」という基礎研究と実践研究を行ったことがある。このプロジェクトの目的の1つは、小学生のセルフ・コントロール／衝動性を定量的に測定することを通して、子どもたちのセルフ・コントロールの確立に役立てることであった（空間ら、2009）。このため、セルフ・コントロールに関するミニ授業を担任教員と生徒に対して行った（第7章2節参照）。小学校は、まさに社会化を促す場（学校教育法第18条小学校教育の目標）であり、我慢（セルフ・コントロール）できることは、具体的教育目標の1つであろう。このためであろうか、小学校の廊下には、相田みつをの詩「待つ」が飾られていた。これは、「待ってもむだなことがある　待ってもだめなこともある　待ってもむなしきことばかり　それでもわたしはじっと待つ」という内容であり、要は、「何も良いことはないけど待つ」という、ひたすら忍耐を詠ったものである。学校は、子どもたちに待つことの重要性を教えるために、この詩を飾っていたのであろう。このような掲示物は、心理学的観点からすると、タバコを吸わない方がよいことを表す標語「健康のため吸いすぎに注意しましょう」と同様な行動の手がかり（弁別）刺激である。しかし、何もないのに待つことができるのだろうか。はたして、後述するようなミニ授業を行った翌週、廊下に飾られていた詩は撤去されていた。教員達が「セルフ・コントロール」を正しく理解した結果であろう。

　ミニ授業では、「セルフ・コントロール」は、これまでの各章で述べられたように、目先の小さな報酬よりも将来の大きな報酬を選ぶこととして説明された。先に述べた例では、目の前のオモチャが小さな報酬、親が提案した誕生日プレゼントが将来の大きな報酬を表している。このセルフ・コントロールの定義には、目先−将来という「時間」と報酬の大−小という「量」が関係している。このように、セルフ・コントロール／衝動性を報酬が得られる「時間」と報酬の「量」からなる選択肢間の選択（意思決定）問題としてとらえることができる。そうであれば、セルフ・コントロールは、選択行動の原理である対応法則（第1章参照）により説明できることになる。このようにセルフ・コントロールをとらえる見方に対し、「何にも良いことはないけ

ど待つ」とは，一種の「精神論」といえるであろう。

満足の遅延（delay of gratification）手続き（第6章参照）を用いて子どものセルフ・コントロールを研究してきた Mischel, W. らは，この手続きのもとでみられる子どものセルフ・コントロールを説明するため，ホット・クールシステム（a hot/cool system）と名づけられた「意志力（willpower）」の理論を提案している（Metcalfe & Mischel, 1999）。満足の遅延手続きとは，第6章で詳しく取り上げられるが，子どもに，例えば，「実験者が戻るまで待つことができれば，好きなお菓子2個をもらえる。しかしベルを押すと実験者はすぐに戻るが，この場合には，好きなお菓子1個しかもらえない」という課題を呈示する手続きのことである。この課題は，言い換えれば，遅延大報酬と即時小報酬の間の選択問題である。ベルを押すまでの待ち時間の長短がセルフ・コントロール／衝動性の程度を表しているとみなすのである。

こうした満足の遅延課題における子どものセルフ・コントロール／衝動性を，皮膚の内側に想定された内的過程としての感情的・刺激反射的な性質を特徴とする「ホットシステム」と，認知的・自己制御的な性質を特徴とする「クールシステム」との相互作用により説明しようと試みたのである。つまり，前者は衝動的な働き，後者はセルフ・コントロールの働きであり，意志力とは，こうした2つのシステムの均衡として理解されるという。この理論は，セルフ・コントロールのみならず，広範囲の行動に適用できる可能性や，ニューラル・ネットワークモデルとの関係，生理学的基礎との対応づけの可能性など，今後の研究可能性という点では興味深いが，しかし一方で，この理論が定性的理論であり，数量的予測や記述ができないこと，彼らもこの理論が「お話し（metaphor）」であると述べているように，実証性に乏しいものであること，Freud の精神分析理論（Freud, 1959）における「イド」と「エゴ」の間の葛藤（相互作用）の焼き直しともとれることなどの問題があることも事実であろう。また，こうした「お話し」が子どものセルフ・コントロール／衝動性の理解やセルフ・コントロールの確立（そのための訓練方法の開発など）に役立つのかという疑念もあろう。実際，この「意志力」の理論は，セルフ・コントロールできないこと（衝動的なこと）を，後付けで「意志力が弱い」という別の表現で言い換えているにすぎないともいえるであろう。さらに，より基本的な科学とは何かという議論（伊藤, 2013）に立ち返ってみても，「科学とは，原因と結果との関数関係の記述である」とする科学観（Mach, 1918）からは，こうした「お話し」は不用とみなされるのである。

2節 教育場面における対応法則

ここでは，教育場面における対応法則について考えてみよう。特に，二者択一の選

択場面のセルフ・コントロールに関する対応法則は，以下の〔1〕式のようになる（第1章参照）。

$$\frac{R_1}{R_2} = k \left(\frac{A_1}{A_2}\right)^{S_a} \left(\frac{D_2}{D_1}\right)^{S_d} \qquad [1]$$

ただし，Rは選択反応，Aは報酬量，Dは遅延時間をそれぞれ表す。またS_aは報酬量に対する感度，S_dは遅延時間に対する感度，kは2つの選択肢への偏向（バイアス）を表す。1と2は2つの選択肢を表す。遅延時間は，短い方が好まれるので，即時性$I=1/D$として，遅延時間の逆数を用いる。遅延時間が短いとIの値は大きくなり，逆に遅延時間が長いとIの値は小さくなる。これを〔1〕式の遅延時間の項に入れ，式を整理するとD_2/D_1となる。

この式は，選択反応の配分比が，右辺の報酬量比と遅延時間比の積により決まることを表している。今，$k=S_a=S_d=1.0$とおき，選択反応比を各選択肢のもつ相対的「価値」を表すものとすると，各選択肢の価値は，$R_1=A_1/D_1$，$R_2=A_2/D_2$で表される（伊藤，2005,2009）。言い換えれば，各選択肢は，遅延時間当たりの報酬量（A/D）により価値を表していることになる。これを，「報酬密度（reinforcement density）」（単位時間当たりの報酬量）という。対応法則は，このような選択肢に設定された遅延時間と報酬量だけを考慮していることになるが，選択手続きには，遅延時間以外にも，選択に要する時間や報酬を受容するための時間，2つの選択肢における遅延時間の長短を調整するためのタイムアウト（強化スケジュールの中断操作）などの時間も含まれる。このような時間も考慮すると，各選択肢の価値は，全体的時間当たりの報酬量（A/T）で表される。こうした時間を考慮したものを全体的報酬密度（overall reinforcement density: ORD），従来の遅延時間だけを考慮したものを局所的報酬密度（local reinforcement density: LRD）として区別することができる（Ito & Nakamura, 1998）。前者は，日常場面の損得勘定としてみると，例えば，時給を計算する際に，労働時間以外の休憩時間や通勤時間まで含める場合であり，後者は，時給を労働時間のみで計算する場合に相当するといえるであろう。

こうした2つの観点から考えると，局所的報酬密度からは，衝動的選択をしているようにみえる場合でも，全体的報酬密度からは，セルフ・コントロールとみなせる場合があり，単純に即時小報酬選択を「衝動性」とみなすことには問題がある（Flora & Pavlik, 1992; Ito & Nakamura, 1998）。

報酬量と遅延時間が異なる選択場面（セルフ・コントロール選択場面）に直面した子どもたちは，どのような選択をするのであろうか。このような選択場面で適切な選択が行われるためには，報酬量や遅延時間の違いがわかること（弁別可能性），報酬量のみ異なる場合には，報酬量の多い方，遅延時間のみ異なる場合には，遅延時間の

短い方が選ばれること(合理性)などが前提になる。

　このような前提のもと,子どもは,①いつ頃から報酬量や遅延時間の違いが区別できるようになるのか,②報酬量と遅延時間では,どちらが先に区別できるようになるのか,③いつ頃から報酬密度という形で,報酬量と遅延時間の両方を考慮できるようになるのか,④報酬量と遅延時間は,どのように関連づけられるのか,さらに,⑤2つの報酬密度のいずれが子どもの選択を適切に説明できるのかなど,子どもの発達段階との関係から検討すべき課題が明らかになってくる(Ito et al., 2009; Sonuga-Barke et al., 1989a, 1989b)。

　多肢選択場面へ適用するため,対応法則を書き直すと,以下の〔2〕式になる(伊藤,2005, 2009)。

$$R = \frac{kr}{r + r_e} \quad \quad 〔2〕$$

ただし,R はある行動,r はその行動に従事することから得られる報酬,r_e は,その行動以外の行動に従事することから得られる報酬,k は可能な最大行動数を表す。

　〔2〕式は,ある行動の生起は,その行動に従事することから得られる報酬だけではなく,他の行動に従事したときに得られる報酬によっても影響を受けることを表している。このように,〔2〕式は,二者択一場面の行動を扱った〔1〕式と同様に,行動の生起が他の行動との関係により決まること,つまり,行動の相対性を示している。また,この式は,教育場面における介入の方法(Alberto & Troutman, 1986)について興味深い予測を導出することができる。教室の中で,R が望ましくない行動の場合,その行動を減らすには,r を減らせばよいが,これとは別に,この行動と直接関係のない他の行動の報酬 r_e を増やせばよいことをも予測するのである。後者の介入法は,他行動強化法(differential reinforcement of other behavior: DRO)とよばれる(Miltenberger, 2001; 山口・伊藤,2001)。

　例えば,指しゃぶりが問題行動の場合には,指しゃぶりに直接介入するのではなく,クレヨンを使って絵をかくこと(お絵かき行動)をほめたり(言語的強化子呈示),絵をかくごとにポイントを付与(条件性強化子呈示)し,一定のポイントが貯まれば,好きなものと交換ができるようにするのである(随伴性設定)。お絵かき行動が強められるとともに,指しゃぶりは減少すると予測される。この方法は,後述するセルフ・コントロール確立のための手続きとして用いることができる。

第5章　教育場面におけるセルフ・コントロールと衝動性

3節　子どものセルフ・コントロールの実験的検討

　ここで先に述べた，報酬量，遅延時間，報酬密度に関する研究課題に立ち戻ってみよう。このような課題を検討したIto et al. (2009) の研究を取り上げ，実験的方法を用いて，これらの課題へどのように接近できるのかをみてみよう。

　彼らは，大学生を対象としたIto & Nakamura (1998) の実験と同様の手続きを用いて，就学前児（5歳児と6歳児）のセルフ・コントロールを検討した。最初に，実験参加者ごとに報酬量と遅延時間への感度を測定し，これらのデータをもとに，セルフ・コントロール選択場面における選択が，先に述べた2つの報酬密度（局所的報酬密度と全体的報酬密度）の観点からの予測と一致するか否かを調べたのである。

　装置は，タッチパネル付き14インチカラーモニターと報酬（トークン強化子）呈示のためのスライドと受け皿からなる（図5-1）。これらは，衝立の前に置かれ，衝立の背後にいる実験者がトークンを開口部から受け皿へ滑り落とした。選択手続きとして，並立連鎖スケジュールによる同時選択法（伊藤，2005）を用い，2つの選択肢はカラーモニター上に呈示される白円で表示した。トークンは，実験セッション終了後に，好きなキャラクターシールと交換できた。

　並立連鎖スケジュールによる同時選択手続きは，選択期と結果受容期からなる（図5-2）。選択期には，2つの独立した変動間隔（VI) 10秒スケジュールが用いられ，いずれかの結果受容期への移行が決められた。結果受容期では，固定間隔（FT）x秒スケジュールにより設定された遅延時間後に5秒間の報酬摂取期に移行した。ここで，カウンターにあらかじめ決められた数（トークンの枚数）が加算され，実験者は，その数のトークンを開口部から1枚ずつ受け皿へ滑り落とした。短い遅延時間側では，

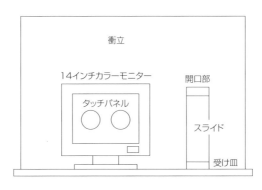

図5-1　タッチパネル付きカラーモニターとトークン呈示装置（Ito et al., 2009）

第Ⅱ部　教育分野への応用

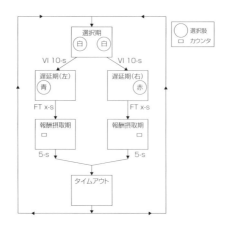

図5-2　並立連鎖スケジュールによる同時選択手続き
(Ito et al., 2009)

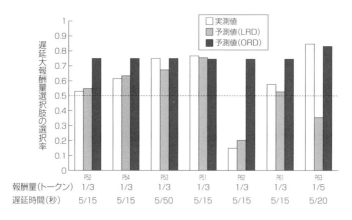

図5-3　4名の5歳児(P51〜P54)と3名の6歳児(P61〜P63)における実験参加者ごとの報酬量と遅延時間の組み合わせ，2つの報酬密度からの予測選択率と実測選択率（Ito et al., 2009)

タイムアウトが挿入され，その後に選択期へ戻った（タイムアウトは，どちらの選択肢を選んでも，選択期へ戻る時間を等しくさせるための手続きである）。

　遅延時間4条件と報酬量条件4条件を実施した後，これらの結果をもとに，実験参加者ごとに局所的報酬密度と全体的報酬密度からの予測が異なるように遅延時間と報酬量を組み合わせたセルフ・コントロール選択場面を設けた。

その結果,個体データの分析から,5歳児（4名）では,報酬量への感度が遅延時間の感度より高く,6歳児（4名）では,逆に,遅延時間の感度が報酬量への感度より高いことが見出された。このことは,最初に報酬量の違いに敏感になることを示唆していよう。

図5-3は,実験参加者ごとの報酬量と遅延時間の組み合わせ,2つの報酬密度から予測された選択率と実際に得られた選択率を表している。図から明らかなように,実際の選択率は,5歳児では,4名中3名は,局所的報酬密度の予測に一致し,6歳児では,3名中2名で,逆に,全体的報酬密度の予測（遅延大報酬への選好）に一致することが示された。このことは,5歳から6歳の段階で,全体的報酬密度に敏感になることを示唆している。

この研究は,実験の内容がかなり複雑であり,実験実施に長時間を要すること（このため6歳児の1名は所定のセッションを終了できなかった）など,今後,実験手続きのいくつかの側面については再検討する必要があると思われるが,先に挙げた子どもを対象としたセルフ・コントロールの研究課題への1つの接近法を示したものといえるであろう。

4節 子どものセルフ・コントロール確立のための具体的方策

子どものセルフ・コントロールを確立するための具体的方策が選択行動研究からいくつか導き出されている。衝動的行動を行った子どもに向かって,親が「意志が弱い」と言っても何の解決にもならない。これは,衝動的行動を別の言葉「意志が弱い」で言い換えているだけだからである。

まず第1に,セルフ・コントロールの弁別刺激（discriminative stimulus: S^D）を明瞭にすることである。これは,望ましい行動を生じやすくするための1つの方法であり,一般に,先行子操作（antecedent control procedures）とよばれる（Miltenberger, 2001）。これには,弁別刺激の呈示以外に,報酬の効果を高めるための動因（drive）操作や,望ましい行動を起きやすくしたり,望ましくない行動を起きにくくする反応努力（response effort）の操作などが含まれる。弁別刺激とは,標語「健康のため吸いすぎに注意しましょう」や,『論語』の「己の欲せざるところ,他に施すことなかれ」などの格言や黄金律（行動のルール）などがこれにあたる。これらは,どのような行動を行えば良い結果が得られるか（あるいは悪い結果を招かないか）を示す行動の手がかりとしての働き（機能）をもっていると考えられる。先に述べたように,相田みつをの詩も,内容は適切ではなかったが,このような弁別刺激である。これらが弁別刺激として働くためには,次に述べる強化随伴性の設定が適切に行われ

第Ⅱ部 教育分野への応用

る必要がある（Forzano et al., 2003）。

第2は，セルフ・コントロールのための強化随伴性（contingencies of reinforcement）を設定することである。これは，一般に，反応形成（shaping）ともよばれるが，その1つの手続きが遅延時間を少しずつ延ばしていくフェイディング法（fading method）である。子どもは，いきなり長い遅延時間を待てないので，遅延時間を少しずつ延ばすことにより長い遅延時間を待てるように学習させる手続きである。この方法は，発達障害児のセルフ・コントロール訓練によく用いられている（Miltenberger, 2001; 嶋崎，1997）。

例えば，Schweitzer & Sulzer-Azaroff（1988）は，多動児（3～5歳）6名を対象に，遅延時間を徐々に延ばす訓練の効果を調べている。実験は，訓練前測定（ベースライン），訓練，訓練後測定の3期からなり，訓練の効果を訓練前測定と訓練後測定の差として評価できるように計画された。実験装置として，子どもたちが興味をもつようなパネルが用意された（図5-4）。

訓練前後の測定では，遅延大報酬量選択肢の遅延時間を変化させ，即時小報酬選択肢と等価となる遅延時間（無差別点）が求められた。訓練では，大報酬量選択肢の遅延時間が0秒から5秒単位で徐々に長くされた。この結果，訓練前測定では，遅延時間（無差別点）は，1.7秒から51.7秒の範囲であったものが訓練後には，37.5秒から90秒の範囲まで増加したのである。

こうした方法で長い遅延時間を経験させることの有効性は，遅延時間中に色の見本

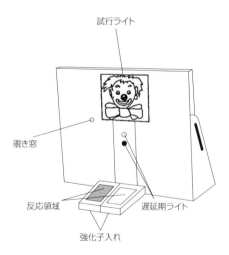

図5-4　実験に用いられたパネル（Schweitzer & Sulzer-Azaroff, 1988）

合わせ課題を行わせる方法を用いた，自閉症スペクトラム障害児（5～7歳の3名）を対象とした研究（Dixon & Cummings, 2001）や注意欠如・多動性障害児（ADHD; 3～5歳の3名）を対象とした研究（Binder et al., 2000）でも認められている。また，これらの方法をさらに改良した，課題数を徐々に増やす手続きや課題数の増加とともに報酬量を増やす手続きも自閉症スペクトラム障害児を対象に検討されている（空間・伊藤・佐伯・嶋崎，2010）。

第3は，自ら衝動的行動ができないようにすることである。これは自己拘束（commitment）とよばれる（第1章参照）。この方法は，古くはギリシャ神話の「オディセウスの航海」の中で語られる挿話（セイレーンの挿話）に登場するものである。オディセウスは，航海の途中でセイレーンの妙なる歌声の誘惑に打ち勝つために，船員達に耳栓（船員達にも歌声が聞こえないようにすることと，誘惑に負けたオディセウスが発する命令も聞こえないようにという2つの意味がある）をさせ，自分自身を舟のマストに縛りつけさせたのである。こうすることで，無事に航海を終えることができた（この例では，オディセウスは，セイレーンの妙なる歌声を堪能することができたので，一石二鳥とでもいうべきであろうか）。

日常場面では，お小遣いを貯金箱に入れること，ゲームショップやオモチャ屋のある道を避けて通ることなどが自己拘束の例である。こうした自己拘束を可能にする訓練方法は，次に述べる「セルフ・コントロールの構造教育」と関連させることが有効であると考えられる（伊藤，2005）が，未だ確立していない。第1章で紹介されたハトの自己拘束の実験（Rachlin & Green, 1972）と類似した手続きを用いて，子ども（9歳と10歳の2名）の自己拘束を検討したBurns & Powers（1975）の実験では，自己拘束は生起しないという結果が示されているので，子どもを対象とした組織的な検討が今後の課題であろう。

第4は，先に述べたミニ授業で行ったように，セルフ・コントロール選択場面の構造を教えること（セルフ・コントロールの構造教育）である（伊藤，2005）。これにより，短期的視点（局所的見方）と長期的視点（全体的見方）の違いを理解させることになる。セルフ・コントロールと衝動性の帰結を知ることは，子どものセルフ・コントロールの確立に役立つものと考えられる（空間ら，2009）。

5節　子どものセルフ・コントロールの背後にある価値割引過程

第2章で述べられたように，セルフ・コントロール選択場面に直面した成人が示す選択は，報酬の遅延割引過程から説明することができる。一方，子どもを対象とした価値割引研究は，質問紙を用いた研究（Reed & Martens, 2011; 佐伯ら，2004; 空間ら，

2010a）も，実験手続きを用いた研究（空間ら，2007）も少数であるため，成人を対象とした研究から明らかになった諸事実（双曲線関数的割引過程，報酬量効果など）が子どもについても確認されるか否かは，必ずしも明らかではない。実際には，双曲線関数的割引過程を前提として割引率を求めることが行われているが，子どものデータについても，割引関数の型を実証的に検討する必要があろう。また，遅延割引率をセルフ・コントロール（衝動性）の測度として用いることの妥当性や信頼性などの検討も望まれる（第6章参照）。

ここでは，子どもの遅延割引率の妥当性に関する研究事例として，中学生，高校生，大学生の遅延価値割引を比較した佐伯ら（2004）の研究と遅延割引率と教室での行動との関係を検討した Reed & Martins（2011）の研究を紹介しよう。

佐伯ら（2004）は，中学生，高校生，大学生を対象に，割引質問紙を用いて遅延割引率を求めたところ，中学から大学の範囲（年齢12〜20歳）では，年齢が上がるにつれて，遅延割引率の値が小さくなること（遅延割引率は，おおよそ0.45から0.18へ低下）を見出した（第7章参照）。この事実は，成人になる過程でセルフ・コントロールが獲得されるとする発達的観点とも整合的であることから，遅延割引率がセルフ・コントロールの程度を表す測度として妥当であることの傍証になると考えられる。

また，Reed & Martens（2011）は，小学6年生を対象に，ボード上に呈示された即時小報酬と遅延大報酬（いずれも仮想報酬）のいずれかを選ぶ手続きにより遅延割引率を求めた（1週間の間隔をおいて2度測定したので，割引率の信頼性も検討された）。ここでは，調整量手続き（第2章参照）が用いられ，1日から4年の範囲にわたる8条件の遅延時間後の100ドルと等価になる即時報酬金額（主観的等価点）が測定された。続いて，教室において，席に座って行う作業を，個体内比較法に基づいて，ベースライン，即時報酬条件，24時間遅延報酬条件の順番で測定した。報酬は，事前にクラスごとに調べておいた好まれる文房具（ペン，鉛筆，消しゴムなど）であった。実験セッション中は，トークンを用いて報酬呈示の替わりとした（即時報酬条件では，実験セッション終了時に報酬が与えられた）。その結果，遅延割引率の信頼性はかなり高いこと（1日遅延条件を除くと，順位相関係数（r_s）は0.81以上）や，遅延割引率の高い子どもは，遅延報酬条件の作業が低下することが明らかとなった。つまり，遅延割引率が教室における作業を予測できることが示されたのである。しかし，遅延時間8条件の等価点の単調関係（順序性）がみられない場合が半数以上（56％）あったことは，今後に問題を残している。

価値割引の要因として，時間要因だけではなく，報酬が得られる確からしさ（不確実性）という確率要因や，他者と共有する報酬という社会要因が知られている（Rachlin, 1993）。確率割引は，リスク指向やリスク嫌悪を表すもの（Green & Myerson, 2004），社会割引は，利己性や利他性を表すもの（Ito, Saeki, & Green, 2011）と考え

られているが,これらの割引過程が相互にどのような関係をもっているのかは,セルフ・コントロールと衝動性の理解にとっても興味深い問題である。これまでの成人を対象とした研究から,いずれの割引過程も双曲線関数的割引過程であることが確認されている。しかし,時間(遅延)割引と確率割引または社会割引については,報酬量効果(第2章参照)の現れ方に相違があり,セルフ・コントロールとリスク嫌悪あるいは利他性とを単純に対応させることはできない(Green & Myerson, 2004; Jones & Rachlin, 2009)。ただし,Rachlin & Jones(2008)は,遅延割引率と社会割引率との間に,低いとはいえ,有意な相関関係を見出しており,セルフ・コントロール/衝動性と利他性/利己性との間に何らかの関係を想定することはできよう。現在のところ,子どもを対象として,これらの割引過程の関係を検討した研究は,子どもの社会割引を検討した空間らの先駆的研究(空間ら,2010b, 2011, 2013; 第5章参照)を除けば,皆無なので,今後の研究が望まれる。

6節 今後の展望:セルフ・コントロールと個人内ジレンマ

セルフ・コントロールの問題は,先に述べたように,現在と将来,今日と明日という時間軸上の異なる時点における選択問題である。このような選択は,異時点間選択(intertemporal choice)とよばれ,異なる時点における遅延時間などのコスト要因と報酬などの便益要因とのトレード・オフ(trade-off)の問題としてとらえることができる。トレード・オフとは,一方を追求すれば,他方を失うという両立しがたい状況を指すが,セルフ・コントロール選択問題は,大きな報酬を選ぶと遅延時間というコストがかかり,遅延時間というコストを小さくしようとすると大きな報酬を失うというトレード・オフの構造になっているのである。

ここには,現在と将来の自己との間のジレンマ(個人内ジレンマ)が含まれているといえる。一般に,ジレンマというと利害の対立する個人間に想定される社会的ジレンマ(個人間ジレンマ)を指すが,個人内ジレンマも個人間ジレンマも類似した構造のジレンマであることが指摘されている(Rachlin, 1993)。

一般に,社会的ジレンマは,ゲーム理論(game theory)により分析することができるが,ゲーム理論では,合理的意思決定主体(合理性)が,お互いに相手の選択により得られる利得(報酬)が変化する場面(相互依存的選択状況)において,どう選択すべきか(規範性)を論じている(Poundstone, 1992)。ゲーム理論は,2つの選択肢(協調と裏切り)と2人のプレイヤー(n人のプレイヤーへ拡張可能)からなる単純化した選択場面を扱い,お互いの選択結果を2×2の利得表(pay-off matrix)により記述する枠組みである。こうした利得表により定義されるゲーム構造の中で,

ある特定のゲーム構造をもつものは,「囚人のジレンマゲーム(prisoner's dilemma game)」とよばれている。

ここでは,社会的ジレンマ,特に,囚人のジレンマゲームの構造をもつ「ゴミ捨て問題」を例に説明しよう(Rachlin, 1993)。今,自己と他者の間で,路上に「ゴミを捨てる(裏切り)」または「捨てない(協調)」の2つの選択肢があるとしよう。Aがゴミを捨てない選択をしたとき,他者も捨てなければ,道路はきれいなままなので,+10の利得があるとする。しかし,ゴミを捨てないと家の中にゴミがたまるので,Aにとって-2の利得となる。これらの差し引きから,結果としてAの利得は,+8となる。Aにとって,最も利得が多くなるのは,自分はゴミを捨て(裏切り),他者はゴミを捨てない(協調)場合である。このように,この利得表では,常に裏切り(選択)への誘惑があるといえる。こうしたゴミ捨て問題の利得表は,以下の利得表で示すことができる(表5-1)。

同様に,個人の喫煙問題(セルフ・コントロールの問題)を考えてみよう。この場合には,自己の現在と他の時点の間の選択問題となる。Aが現時点でタバコを吸わない選択をしたとき,他の時点でも吸わなければ,健康な状態を維持できるので+10

表5-1　ゴミ捨て問題の利得表(Rachlin, 1993)

実験参加者A

他者		ゴミ捨てない	ゴミ捨てる	
	ゴミ捨てない	+8	+12	きれいな道路:+10 汚い道路:-10
	ゴミ捨てる	-12	-8	ゴミ捨てる:+2 ゴミ捨てない:-2

社会的ジレンマ

表5-2　喫煙問題の利得表(Rachlin, 1993)

実験参加者A(現在)

実験参加者A(他の時点)		タバコ吸わない	タバコ吸う	
	タバコ吸わない	+8	+12	健康であること:+10 不健康であること:-10
	タバコ吸う	-12	-8	いまタバコを吸う:+2 いまタバコを吸わない:-2

個体内ジレンマ(セルフコントロール)

の利得があるとする。しかし、タバコを吸わないと損失（小さな快楽が得られない）なので、Aにとって－2の利得になる。これらの差し引きから、Aの利得は＋8となる。先の例と同様に、Aにとって、最も利得が多くなるのは、現時点ではタバコを吸い、他の時点では吸わないことである。ここでも、常に現時点でタバコを吸うこと（裏切り）への誘惑がある。こうした禁煙問題の利得表を表5-2に示す。

　以上の例から、ゴミ捨て問題（個人間ジレンマ）も禁煙問題（個人内ジレンマ）も、同じような利得表で表現できることがわかる。このように、個人間ジレンマでは、常に「裏切り」（自己の利益追求）への誘惑があるように、個人内ジレンマでも「衝動性」（目先の小さな利益追求）への誘惑がある。どちらのジレンマも、個人的利益や目先の利益への誘惑をいかに弱めるかという点が問題解決の鍵といえるであろう。

　このような分析が妥当であるなら、セルフ・コントロールと利他性、衝動性と利己性は、対応する概念として位置づけられ、セルフ・コントロールを1つのジレンマ問題としてとらえる新たな研究方向を拓くものとなろう。実際、Harris & Madden（2002）は、大学生を対象に、囚人のジレンマゲームにおける「裏切り」選択と遅延割引率で測られる「衝動性」の間に正の相関を見出している。また、Yi et al.（2005）も、同様な結果を得ており、先に述べたRachlin & Jones（2008）の価値割引研究や、囚人のジレンマゲームにおける協力行動と社会割引の関係を検討したLocey et al.（2013）の最近の研究とともに、こうした新たな研究枠組みの可能性を示す研究として注目される。今後は、子どもについても、新たな研究枠組みの可能性を検討する必要があろう。

第6章 幼児期，児童期，青年期のセルフ・コントロールと衝動性

1節 実験的方法で測る幼児期のセルフ・コントロールと衝動性

1．満足の遅延パラダイム

　子どもがセルフ・コントロールを獲得することは，社会化の過程において重要な側面の1つである（例えば，Mischel et al., 1989）。Mischel, W. は，満足の遅延（delay of gratification）パラダイムを用いて，幼児のセルフ・コントロールに関する数多くの実験を行った（例えば，Mischel et al., 1972）。マシュマロテスト（marshmallow test）ともよばれるこの実験（図6-1参照）では，実験者は子どもにまず，マシュマロとプレッツェルのお菓子のうち，どちらがより好ましいかを尋ねる。次に実験者は退室するが，その際に，「実験者が帰ってくるまで待つことができればより好ましいお菓子が得られること，途中で呼び鈴を鳴らして実験者を呼び戻せば，より好まし

図6-1　マシュマロテスト（Mischel et al., 2007）
より好ましいお菓子を得るために待つ子どもの様子

くないお菓子が得られること」を子どもに伝える。このような選択場面において，より好ましい報酬を得るという満足を長く待てる子どもは，セルフ・コントロールを示したとされる。一方，すぐに呼び鈴を鳴らして待ち時間を中断させる子どもは，衝動性を示したとされる。実験者の退室後から呼び鈴が鳴らされるまでの時間（満足の遅延時間）を測定し，これを子どものセルフ・コントロールの程度を表す指標とする。

　Miller et al. (1978) は，Mischel et al. (1972) と同様の手続きを用いて，5歳児と8歳児を対象に満足の遅延時間を測定した。その結果，8歳児の満足の遅延時間（平均11分25秒）は5歳児（平均6分25秒）より有意に長かった。この事実は，セルフ・コントロールは年齢が上がるにつれて高まることの根拠として，その後の多くの研究で引用されている（例えば，Metcalfe & Mischel, 1999）。さらに，ミッシェルらは複数の追跡研究により，幼児期に測られた満足の遅延時間が，青年期における社会適応の程度を予測できることを示した（Mischel et al., 1988; Funder et al., 1983; Shoda et al., 1990）。幼児期において満足の遅延時間が長かった子どもは，青年期になると，より社会的で認知的能力が高いと評価され，実際に，満足の遅延時間が短かった子どもに比べて学力も高かった。このような傾向は，子どもたちが30代になった時に行われた追跡調査でも確認されている（Ayduk et al., 2000）。

2．選択行動パラダイム

　選択行動パラダイムによるセルフ・コントロールの発達的研究は，1970年代以降，動物を対象に行われているオペラント条件づけを用いた選択行動研究（例えば，Rachlin & Green, 1972）から発展した（第1章参照）。このパラダイムでは，一定の遅延時間の後に呈示される大報酬（遅延大報酬）と，即時に呈示される小報酬（即時小報酬）の2つの選択肢が同時に呈示され，子どもはどちらか一方を選択する。このような選択試行を複数回繰り返した上で，遅延大報酬が選択された反応数を全体の反応数で除し，遅延大報酬選択率を算出する。遅延大報酬選択率が0.5より高い場合は，セルフ・コントロールを示したとされ，遅延大報酬選択率が0.5より低い場合は，衝動性を示したとされる（例えば，Logue, 1988; Rachlin & Green, 1972）。

　Logue, A. W. は，動物や成人を対象とした選択行動の実験の枠組みを，子ども（3歳児および4歳児）を対象とした研究に適用した（Logue & Chavarro, 1992）。実験には，図6-2のような子ども向けに工夫された装置が用いられた。報酬としてステッカーが用いられ，一方の選択肢は30秒後に3枚のステッカーが呈示される遅延大報酬，もう一方の選択肢は即時に1枚のステッカーが呈示される即時小報酬であった。参加児全体の遅延大報酬選択率の平均値は，0.5より有意に低かったことから，3歳児および4歳児は衝動性を示すことが明らかになった。その後，Logue et al. (1996) は，Logue & Chavarro (1992) と同様の装置を用い，チョコレート（M & M）およ

第Ⅱ部　教育分野への応用

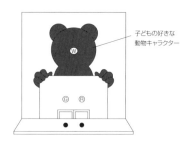

図6-2　選択行動の実験装置（Logue & Chavarro, 1992）

Wは白色，Gは緑色，Rは赤色のライトを表す。緑色と赤色のライトの下部にある2つの四角形は，報酬が呈示される引き出しを表し，それらの下部にある2つの黒丸は，選択の反応ボタンを表す。

びレーズンを報酬として，3歳児，5歳児，および7歳児を対象にセルフ・コントロールの発達的変化について検討した。5歳児の遅延大報酬選択率は3歳児より有意に高かったことから，5歳児は3歳児に比べ，よりセルフ・コントロールを示すことが明らかになった。このように，選択行動パラダイムでは，遅延大報酬選択率を子どものセルフ・コントロールの程度を表す指標とするのである。

　Sonuga-Barke, E. J. S. は選択行動パラダイムを用いて，幼児から児童を対象とした実験結果をもとに，セルフ・コントロールの発達の2段階説を提唱した（Sonuga-Barke et al., 1989）。第1段階（4～9歳の範囲）は，遅延時間の長さにかかわらず，年齢が上がるにつれて大報酬への選好が増加する時期である。第2段階（9～12歳の範囲）は，特に遅延時間が長い場合には，年齢が上がるにつれて大報酬への選好が低下する時期である。子どもはまず第1段階において，遅延大報酬を待つことを学習し，次に第2段階において，どんな場合において待つことが有利となるかを学習する。つまり，セルフ・コントロールの発達には，単に報酬の量を考慮して大報酬を待つことができるようになる時期と，報酬の量と遅延時間の両方，つまり単位時間当たりの報酬量（報酬密度）を考慮できるようになる時期があると考えられている。

3．調整量手続きを用いて測る幼児の遅延割引

　満足の遅延パラダイムと選択行動パラダイムとでは，手続き上いくつかの相違点があるものの，実験的方法を用いて子どものセルフ・コントロールを測定する点では共通している。Forzano, L. B. らは，34名の4歳児を対象に，満足の遅延パラダイムを用いた実験と，選択行動パラダイムの用いた実験の両方を経験させ，それぞれの実験で得られた満足の遅延時間と遅延大報酬選択率の関連を検討した（Forzano et al., 2011）。満足の遅延パラダイムでは，実験者が帰ってくるまで待つことができれば3

個のチョコレートが与えられ，途中で呼び鈴を鳴らせば1個のチョコレートが与えられた。選択行動パラダイムでは，図6-2の装置により，一方の選択肢は30秒後に3個のチョコレートが呈示され，もう一方では即時に1個のチョコレートが呈示された。この結果，満足の遅延時間と遅延大報酬選択率との間に，正の相関がみられた。

　選択行動パラダイムでは，1990年代以降，遅延による報酬の価値割引（遅延割引）の発達的変化について実証的な研究が活発になり，子ども（12歳児）は成人より高い遅延割引率を示すことが明らかにされた（例えば，Green et al., 1994）。その後，子どもの年齢に応じた実験的方法も提案され，発達障害児を含めた幅広い年齢の子どもを対象に，遅延割引に関する研究が進められている（例えば，Scheres et al., 2006; 空間ら，2007）。遅延割引を測定する手続きは，主観的等価点（第2章参照）を求めるという点で，満足の遅延パラダイムの方法と共通する。満足の遅延パラダイムにおいて，子どもが呼び鈴を鳴らすまでの時間は，より好ましい報酬のための主観的な待ち時間である。言い換えれば，子どもにとって満足の遅延時間は，即時に呈示される，より好ましくない報酬（即時小報酬）と，主観的に等価な，遅延後に呈示される，より好ましい報酬（遅延大報酬）の遅延時間を意味する。遅延割引の発達的変化の視点から幼児のセルフ・コントロールと衝動性をとらえることで，これまでに別々のパラダイムで進められてきた研究の知見を，統合的に扱えるようになることが期待される。

　例えば，空間ら（2007）は，4歳児および6歳児を対象として，アニメキャラクター画像を報酬とした実験を行った。参加児は，タッチモニターに映された2つのおもちゃ箱間の選択を20試行行った。報酬量は，呈示されるアニメキャラクターの画像枚数で定義された。図6-3に示されたように，一方のおもちゃ箱は，選択すると10秒の遅延後に12枚のアニメキャラクター画像が呈示される遅延大報酬（標準選択肢）であった。もう一方のおもちゃ箱は，選択すると1秒の遅延後にX枚のアニメキャラクター画像が呈示される即時小報酬（調整選択肢）であった。調整選択肢の報酬量（X）は1枚から開始し，調整量手続き（第2章参照）により試行ごとに以下のように変化した。調整選択肢の報酬量は，前試行で標準選択肢が選択された場合は1枚増加し，前試行で調整選択肢が選択された場合は1枚減少した。このような選択を20試行終了した時点でのXの値を，10秒後に呈示される12枚と主観的に等価な1秒後の報酬量（主観的等価点）とした。この結果，6歳児の主観的等価点は4歳児より有意に高かった。このことは，6歳児の方が4歳児よりセルフ・コントロールを示したことを表しており，先述したLogue et al.（1996）や，Sonuga-Barke et al.（1989）の研究結果と一致する。この実験手続きは，発達障害児を対象としたセルフ・コントロール訓練として応用されている（第7章参照）。

第Ⅱ部　教育分野への応用

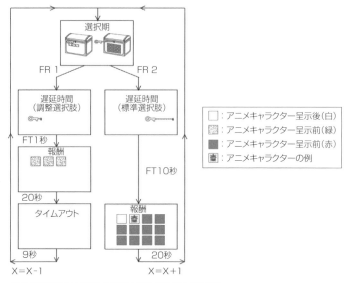

調整選択肢（即時小報酬）の報酬量(X)が3つの場合を表す。

図6-3　幼児の遅延割引実験の模式図（空間ら，2007）

質問紙で測る児童期のセルフ・コントロールと衝動性

1．児童用遅延割引質問紙の開発

　遅延割引の測定法としては，空間ら（2007）のように実際に報酬が呈示される実験的方法と，仮想報酬の選択肢が書かれた質問紙を用いる質問紙法とに分けられる（第2章参照）。動物を対象とした場合は実験的方法を用いる必要があるが，ヒト（成人）を対象とした研究では質問紙法を用いた研究（例えば，Kirby & Marakovic, 1996）も多い。成人を対象とした研究で用いられた質問紙を，子ども（13歳児）に適用した研究はあるものの（Duckworth & Seligman, 2005），特に，言葉能力が未発達な段階の子どもに対して，文字のみで選択肢の内容が示される質問紙法の適用は困難である。ただし，児童期の子どもに対しては，年齢に応じた選択肢の内容を設定し，質問紙の形式を工夫することで，質問紙法による遅延割引の測定も可能である。

　空間（2011）は，新たに児童用遅延割引質問紙を開発し，これを用いて6〜12歳までの遅延割引の発達的変化を明らかにした。成人を対象とした Kirby & Marakovic (1996) で用いられた質問紙は，1頁にすべての質問項目（21項目）が呈示されてい

第6章　幼児期，児童期，青年期のセルフ・コントロールと衝動性

表6-1　児童用遅延割引質問紙の質問項目（4年生を対象とした場合）（空間，2011）

① いますぐにもらえる200えん	または	いますぐにもらえる500えん
② いますぐにもらえる200えん	または	このじゅぎょうがおわったあとにもらえる500えん
③ いますぐにもらえる200えん	または	〜じかんめがおわったあとにもらえる500えん
④ いますぐにもらえる200えん	または	〜じかんめがおわったあとにもらえる500えん
⑤ いますぐにもらえる200えん	または	きょうのかえりのかいにもらえる500えん
⑥ いますぐにもらえる200えん	または	あしたのあさのかいにもらえる500えん
⑦ いますぐにもらえる200えん	または	あさってのあさのかいにもらえる500えん
⑧ いますぐにもらえる200えん	または	つぎの〜ようびにもらえる500えん
⑨ いますぐにもらえる200えん	または	3がっきのおわりのひにもらえる500えん
⑩ いますぐにもらえる200えん	または	5ねんせいのはじめのひにもらえる500えん
⑪ いますぐにもらえる200えん	または	6ねんせいのはじめのひにもらえる500えん

たのに対し，児童用遅延割引質問紙は，1頁に1項目のみが呈示され，それを11項目分（11枚）重ねて作られた冊子式であった。子どもが扱いやすいように，質問紙の大きさは，成人を対象とした研究で通常に用いられる大きさの半分（148 mm×210mm）とした。選択肢として用いられる報酬量および遅延時間についても，子どもの年齢を考慮して以下のように設定した。Kirby & Marakovic（1996）では，例えば，「今日もらえる69ドル」（即時小報酬）対「91日後にもらえる85ドル」（遅延大報酬）であったのに対し，児童用遅延割引質問紙では，「今すぐにもらえる200円」（即時小報酬）と「〜にもらえる500円」（遅延大報酬）のように，より少ない報酬量に設定した。また，遅延大報酬の遅延時間は，子どもの学校生活における時間の表し方を考慮して「このじゅぎょうがおわったあと」（30分後）から「〜ねんせいのはじめのひ」（14か月後）のように表現した（表6-1参照）。調査は，参加児が通う小学校の各教室においてクラス単位で一斉に実施した。

参加児の選択に基づき，〔1〕式の双曲線関数（第2章参照）を適用して遅延割引率を算出した結果，年齢が上がるにつれて，遅延割引率が低下することが明らかになった（図6-4）。このことは，6〜12歳の時期において，年齢が上がるにつれ衝動性は低下する（セルフ・コントロールは高まる）ことを表している。このことから，新たに開発した児童用遅延割引質問紙は，児童期におけるセルフ・コントロールの発達的変化を検討する方法として，適用可能であることが示された。

$$V = \frac{A}{1 + kD} \quad \quad [1]$$

ただし，Vは割引後の価値，Aは報酬量，Dは遅延時間，kは割引率を表す。

今後は，児童用遅延割引質問紙を用いることで，児童期のセルフ・コントロールに

第Ⅱ部　教育分野への応用

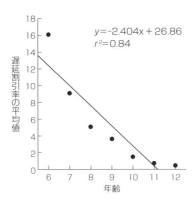

図6-4　各年齢群の遅延割引率の平均値（空間ら，2010a）

影響を与える要因について，様々な側面から明らかにされるだろう。問題行動を示す児童に対し，その適切な指導方法を知るためには，この児童のセルフ・コントロールの程度を把握する必要がある。児童用遅延割引質問紙を用いることで，児童のセルフ・コントロールの程度を，報酬量と遅延時間という観点から客観的に明らかにすることができる。児童のセルフ・コントロールの程度を把握し，具体的な行動の観察によって得られる情報を併せてみることで，個別に，適切な指導方法を知ることができるのである。

2．日常場面のセルフ・コントロールと遅延割引との関連

セルフ・コントロールの指標としての遅延割引率の妥当性については，すでに成人を対象とした様々な研究で明らかにされている（第2章参照）。子どもを対象とした研究では，日常場面におけるセルフ・コントロール選択場面が描かれた4コマ漫画形式の質問紙（空間ら，2012）と児童用遅延割引質問紙（空間，2011）を用いることで，その妥当性について検討されている。

児童の日常場面におけるセルフ・コントロールについて尋ねるため，質問紙には，即時小報酬と遅延大報酬間の選択場面が4コマ漫画形式で呈示された（図6-5参照）。即時小報酬は「今すぐに，欲しいおもちゃを1つ買ってもらう」であり，遅延大報酬は「夏休み（約6か月後）まで待って，欲しいおもちゃを2つ買ってもらう」であった。この質問紙において，即時小報酬を選択した参加児と遅延大報酬を選択した参加児の遅延割引率を比較したところ，即時小報酬を選択した参加児の遅延割引率は，遅延大報酬を選択した参加児より有意に高かった。このことは，児童用遅延割引質問紙を用いて測定された遅延割引率は，児童の日常場面におけるセルフ・コントロールを

第6章　幼児期，児童期，青年期のセルフ・コントロールと衝動性

図6-5　児童の日常場面におけるセルフ・コントロール選択（空間ら，2012）

反映する指標として妥当であることを示唆している。このことは，他の日常場面を設定した研究においても支持されている（第7章参照）。

3．他者との共有による報酬の価値割引（社会割引）の発達的研究

　報酬の主観的な価値は，報酬を得るまでの遅延時間という要因だけでなく，他者と共有することでも割り引かれ，遅延割引と同様に，以下の双曲線関数によって記述されることが指摘されている（Jones & Rachlin, 2006）。他者との共有による報酬の価

値割引は，社会割引（social discounting）とよばれ，この場合の割引率は，利己性（selfishness）の指標とされている。

$$v = \frac{V}{1 + sN} \qquad [2]$$

ただし，v は割引後の価値，V は報酬量，N は共有する他者との社会的距離，または，共有人数，s は社会割引率を表す。

　空間ら（2010b）は，児童用遅延割引質問紙をもとに児童用社会割引質問紙を開発し，これを用いて，他者との共有による報酬の価値割引の発達的変化について検討した。質問紙には，「1人で食べる小さいケーキ」（独占小報酬）と「X人で食べる大きいケーキ」（共有大報酬）の2つの選択肢が書かれ，参加児はいずれかの選択肢に丸を記入した。共有大報酬の報酬量（ケーキの大きさ）は独占小報酬の6倍とし，共有人数（X）は1から18の8条件を設けた。参加児の選択に基づき，〔2〕式の双曲線関数を適用して社会割引率（s）を算出したところ，年齢が上がるにつれて，社会割引率が低下することが明らかになった。このことは，6〜12歳の時期において，年齢が上がるにつれ利己性は低下する（利他性は高まる）ことを表している。このような結果は，空間（2011）で示された遅延割引率の発達的変化と一致する。

　児童用社会割引質問紙は，児童期の子どもの社会割引の発達的変化を検討する方法として，適用可能であることが示唆された。今後は，社会割引率の発達的変化を，利他性および利己性の発達的変化として扱うことの妥当性についても検討する必要がある（第5章参照）。遅延割引や社会割引を含む，社会性の発達に関する複数の視点と，それらの関連性について明らかにすることは，セルフ・コントロールの教育（第7章参照）について考える上で重要である。例えば，児童の社会割引率は，社会的スキル（特に，向社会的スキル，および，引っ込み思案行動）と関連があることが確認されている（空間ら，2013）。児童期の遅延割引および社会割引の発達的変化について詳細に検討することは，児童期のセルフ・コントロールの発達とその教育との関係を明らかにすることにつながるのである。

3節　児童用遅延割引質問紙の信頼性と妥当性

1. 児童における遅延割引の信頼性の検討

　一般に心理検査，特に尺度は，信頼性と妥当性を備えていなくてはならない。その点は遅延割引質問紙についても当てはまるであろう。遅延割引質問紙については，妥当性は検討されてきたが，信頼性についてはあまり議論されなかったように思われる。

現行の多くの心理尺度は多数の質問項目からなっており，それに基づいて，折半法や，アルファ係数などによる内的一貫性によって比較的容易に信頼性を検討できる。一方，遅延割引質問紙は基本的に1個のテストから構成されているので，再検査信頼性が適当であろう。

児童用遅延割引質問紙（空間，2011）の信頼性については，再検査法によって検討されている。平岡（2010）は，10歳および11歳の児童を対象とし，3か月以上の間隔をおいて3回，児童遅延割引質問紙を用いて遅延割引率を測定した。その結果，測定時期による遅延割引率の有意な差はみられなかった。また，各測定時期の間における遅延割引率の相関係数を算出したところ，すべての係数において有意な相関がみられた。

一般に，再検査信頼性はできるだけ長い間隔をおいてデータ間の相関を求めるべきであるとされるが（塩見ら，1991），多くの尺度構成において再検査信頼性を求める場合は数週間から1，2か月をおいている（例えば，山本，2001）。平岡（2010）では，1回目と2回目の測定の間隔は7か月であり，2回目と3回目の測定の間隔は3か月であった。このように，それぞれ3か月以上の間隔をおいたにもかかわらず，かなり高く有意な相関が得られたことは，児童用遅延割引質問紙の再検査信頼性が高いことを示している。

2．児童のパーソナリティ特性と遅延割引との関連

遅延割引の妥当性を確認するために，パーソナリティ特性の1つとしての衝動性を始め，既存の他の尺度との関連性が検討されてきた（第2章参照）。例えば，平岡（2009）は，10〜12歳児を対象として，児童用遅延割引質問紙で測定された遅延割引率とY-G性格検査の下位尺度との相関を検討した。その結果，Y-G性格検査の下位尺度のうち，「抑うつ性」「気分の変化」「劣等感」「神経質」，および，「攻撃的」など，情緒不安定を示す下位項目と遅延割引率の間にわずかな相関がみられた。Y-G性格検査の中では，「活動性」や「のんきさ」の下位尺度は衝動性に関連するものであると解説されている（辻岡，1979）。しかし，これらの尺度得点との相関は低く，有意でもなかった。

Y-G性格検査における「活動性」や「のんきさ」は，行動的衝動性ともいうことができ，「よく考えずに行動してしまう」という性質を示すと考えられるが，遅延割引率の意味する衝動性は，そのような意味での衝動性とは違うものかもしれない。このことはもう1つの妥当性検証の可能性を示唆する。衝動性の概念として，行動の抑制と即時および遅延報酬の価値判断という2つの独立した下位概念が含まれることが示唆されている（池上，2014; 村井，2014）。ここで，前者は上述の「のんきさ」に関連する概念であり，後者は価値割引であるという仮説が考えられる。もしそうであれ

表 6-2　遅延割引率と学力およびその周辺要因との相関（平岡，2010）

	相関係数	p
算数テスト	-0.475	<0.05
学習持続性欠如	0.370	0.06
自己調整学習方略	-0.065	$n.s.$
算数自己効力感	-0.350	$=0.08$
学習時の不安	0.500	<0.01
テスト不安	0.349	$=0.08$

ば，遅延割引率と Y-G 性格検査における「のんきさ」の間に関連がなく，一方で，日常場面におけるセルフ・コントロールとの間に関連がある（空間ら，2012）という事実は，遅延割引率の構成概念妥当性の検証は，報酬の価値判断について行われるべきであることが示唆される。

3．児童の学業成績・学習意欲と遅延割引との関連

　子どもの遅延割引の妥当性を検討する場合には，衝動性に関連する既存の尺度との関連だけでなく，より一般的な教育に関連した様々な要因との関連を探ることが重要である。すでに，満足の遅延パラダイムによる研究では，子どものセルフ・コントロールと学習成績との関係が指摘されている（例えば，Mischel et al., 1988）。遅延割引と学業成績との関連については，平岡（2010）において児童用遅延割引質問紙で測定された遅延割引率と学校で実施された算数テストの結果との関連が検討されている。また，学習意欲や学習時の不安感など，学業成績にまつわる様々な要因との関連も検討されている。

　表 6-2 は，小学校高学年の児童（10～12歳）の遅延割引率と，算数テスト，学習意欲（特に，学習持続性欠如），自己調整学習方略，自己効力感（特に，算数自己効力感），学習時の不安，および，テスト不安との関連を表したものである（平岡，2010）。遅延割引率と算数テストの成績との間に，有意で中程度の負の相関が確認された。この結果は，セルフ・コントロールを示す子どもほど，学業成績が良いことを示唆する。このようなセルフ・コントロールと学力との関連は，満足の遅延パラダイムで明らかにされた事実と一致する。その他の要因については，セルフ・コントロールを示す子どもほど，学習持続性や自己効力感が高いことが示唆されたものの，自己調整学習方略との関連はみられなかった。一方，遅延割引率と学習時の不安との間に有意な正の相関が確認された。この結果は，セルフ・コントロールを示す子どもほど，学習時の不安は低いことを示唆する。セルフ・コントロールと不安との関連については，次項でも取り上げる。

　遅延割引と学業成績との関係については，これまでも負の関連性が見出されてきた

が，それは青年期の生徒や学生についてのものであった（Freeney & O'Connell, 2010; Kirby et al., 2005）。高学年のみを対象としたものではあるものの，小学生についてもそのような事実が確認されたことは有意義である。Kirby et al.（2005）は，自らの結果が衝動性の割引モデルの外的妥当性を向上させると述べているが，そのような解釈に従えば，児童の学習成績・学習意欲と遅延割引との関連を明らかにすることは，遅延割引の妥当性検証に貢献していると考えられよう。

4．児童の不安感と遅延割引との関連

先述したように，児童の遅延割引は，パーソナリティ特性の中でも不安や情緒不安定など，学校場面での不適応状態を示すと思われる変数とより強く関連していた（平岡，2009）。また，学習時の不安，あるいは，テスト不安と関連する可能性も示唆された。とりわけ不安については，児童期の子どもにおいて，抑うつと並んで注目されている（石川，2010）。児童の不安感と遅延割引との関連について検討することは，児童期における様々な不適応状態を理解する上で重要である。

平岡（2009）は，学習時に限定しない児童の不安感と遅延割引との関連について詳細に検討するため，小学校高学年の児童（10～12歳）を対象に，児童の不安を測定するための尺度（曽我，1993）を用いて特性不安と状態不安を測定し，遅延割引率との相関を検討した。その結果，特性不安と状態不安のいずれも，遅延割引との間に有意な正の相関が確認された。また，特性不安よりも状態不安の方が，遅延割引との関連が強い可能性も示唆された。このことは，セルフ・コントロールを示す子どもほど，全般的な不安感は低いこと，また特に，特性不安よりも状態不安の方が，セルフ・コントロールとより密接に関連する可能性を表している。

不安の問題を遅延割引と関連させて考えたとき，それは将来に対する不安ではないかという可能性が浮かび上がってくる。将来に対する漠然とした不安を覚えていれば，将来の（遅延された）報酬の価値が低くなってしまうであろう。その分，即時の小さな報酬の選択が増え，衝動性が強くなると考えられるのである。このことは小学生の精神的健康に対し，新たな視点を与える可能性がある。このように遅延割引と不安との関連は興味深く，様々な問題を含んでいると考えられる。

4節 質問紙で測る青年期のセルフ・コントロールと衝動性

1．青年期における遅延割引の発達的変化

青年期のセルフ・コントロールと衝動性については，これまでに様々な要因との関連が検討されている。例えば，衝動性を示す生徒は，より問題行動を示しやすく，学

業成績は低く，自尊感情（self-esteem）も低いことが明らかにされている（Wulfert et al., 2002）。児童期と同様に，青年期についても，遅延割引の発達的変化として，セルフ・コントロールと衝動性の問題を扱うことは重要である。

Green et al.（1994）は，青年期のセルフ・コントロールの発達について，遅延割引の発達的変化として扱えることを示した。彼らは，12歳児と大学生（平均20.3歳）各12名を対象に，実験的手法を用いて遅延割引率を測定し，12歳児の割引率は大学生より高いことを明らかにした。このことは，12歳から20歳にかけて衝動性は低下する（セルフ・コントロールは高まる）ことを示唆している。青年期における遅延割引の発達的変化は，その後の他の実験的手法を用いた研究でも明らかにされているが（例えば，Olson et al., 2007; Scheres et al., 2006），簡易版遅延割引質問紙（第2章参照）が開発されたことで，幅広い年齢の多数の参加者を対象とした組織的な研究が可能になった。

佐伯ら（2004）は質問紙法を用いることで，中学生，高校生，および大学生（12～20歳）にかけての発達的変化について詳細に検討した。質問紙には，「今もらえる8万円」（即時小報酬）と「X後にもらえる13万円」（遅延大報酬）間の二者択一の選択問題が25項目書かれ，参加者はいずれかの選択肢に丸を記入した。遅延大報酬の遅延時間（X）は2週間から50年の範囲で項目ごとに変化した。児童用遅延割引質問紙を用いた場合と同様に，参加者の選択に基づき，〔1〕式の双曲線関数（第2章参照）を適用して遅延割引率を算出した結果，年齢が上がるにつれて，遅延割引率が低下することが明らかになった（図6-6）。このことは，12～20歳の時期において，年齢が上がるにつれ衝動性は低下する（セルフ・コントロールは高まる）ことを表している。

ただし，青年期の遅延割引の発達的変化の過程は，年齢によって異なる可能性が考えられる。例えば，図6-6では，12～14歳の間で遅延割引率が大きく低下した後，14歳以降は，年齢による変動が小さくなる傾向がみられる。また，セルフ・コントロールの性差については14歳前後で小さくなる可能性が指摘されている（Wulfert et al., 2002）。青年期の遅延割引の発達的変化と，これに影響を与える要因について，今後さらに検討する必要がある。そのような試みは，青年期にみられる様々な問題行動や不適応の解決に向かう有効な方法を示すことにつながるだろう。

2．青年期における社会割引と確率割引

遅延割引と同様に，質問紙法を用いることで，青年期における社会割引や確率割引についても検討されている（佐伯ら，2004）。いずれも遅延割引質問紙と同様の形式であるが，社会割引では報酬を共有する人数，確率割引では報酬を得られる確率が，それぞれ割引要因とされる。遅延割引の発達的変化について明らかにする上で，遅延時間以外の要因による報酬の価値割引の発達的変化についても検討し，それらの関係

第6章 幼児期,児童期,青年期のセルフ・コントロールと衝動性

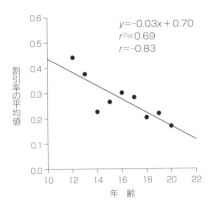

図6-6 各年齢群の遅延割引率の平均値（佐伯ら,2004より改変）

を明らかにすることは重要である。

　佐伯ら（2004）の研究では,社会割引質問紙に「1人でもらえる1万円」（独占小報酬）と「X人でもらえる13万円」（共有大報酬）間の二者択一の選択問題が25項目書かれ,参加者にはいずれかの選択肢に丸を記入することが求められた。共有大報酬の共有人数（X）は1から25人の範囲で項目ごとに変化した。共有大報酬を共有する集団として,①家族,②面識のない人の2条件を設定した結果,家族と共有する場合の社会割引率は,面識のない人と共有する場合より低いことが明らかになった。このことは,家族と報酬を共有する場合は,面識のない人と共有する場合より,利己性が低くなる（利他性は高くなる）ことを表している。ただし,児童期にみられたような年齢による社会割引率の低下はみられなかった。一方,確率割引質問紙は,「必ずもらえる6万円」（確実小報酬）と「X％の確率でもらえる13万円」（不確実大報酬）間の二者択一の選択問題であり,不確実大報酬の確率（X）は90％から18％の範囲で項目ごとに変化した。この結果,遅延割引率と同様に,年齢が上がるにつれて確率割引率が低下すること,すなわち,リスク指向性が高くなることが明らかになった。

　今後,青年期を対象として,報酬の価値割引という統一の現象を軸に,時間,社会,および,確率という異なる要因の影響について検討することは重要である。これまでの研究成果を踏まえ,青年期のセルフ・コントロールと衝動性の問題について,複数の視点から理解することができる。例えば,幼児期におけるセルフ・コントロールの程度は,青年期の対人関係における拒否感受性（Rejection Sensitivity: RS）（拒否をすぐに知覚して敵対的な行動をとる性質のこと）の表れ方に影響することが指摘されている（Ayduk et al., 2000）。また,幼児期にセルフ・コントロールを示さず,青年期において拒否感受性が高い人は,攻撃行動や薬物乱用が多く,学校を中退しやすい

などの傾向が示されている（Ayduk et al., 2000）。今後は，このような日常場面における行動と，遅延，社会，および，確率の3つの割引要因と関連について，さらに多くのことが明らかにされるだろう。このことは，薬物依存者を対象とした遅延割引研究（例えば，Madden et al., 1997）を，より臨床的な研究へと発展させることにも貢献するだろう。

第7章 セルフ・コントロールの教育の実践

1節 発達障害児を対象としたセルフ・コントロール訓練

1．発達障害児の衝動性とセルフ・コントロール

　発達障害児における衝動性（impulsiveness）の問題は，臨床場面で主訴として挙げられることが多く，衝動性を抑え，セルフ・コントロール（self-control）を獲得させることは，発達障害児に対する支援目標の１つである。特に，注意欠如・多動性障害（Attention-Deficit/Hyperactivity Disorder）の子ども（以下，ADHD児）や，自閉症スペクトラム障害（Autism Spectrum Disorder）の子ども（以下，ASD児）が示す衝動性は，家族がその対応に苦慮していることが多い。例えば，「聞き分けがない」「自分の思い通りにならないとパニックを起こす」などの問題は，衝動性とセルフ・コントロールの枠組みでとらえることができる。具体的な例として，「行きたい場所に出かける前，少し待たせるだけでパニックを起こす」という問題は，すぐに行きたいという衝動を抑えることができないためと解釈できる。つまり，現在の行動を，先送りされた強化事象によってコントロールすることが困難な状態となっているのである。

　このような事例は，基礎研究において，即時に得られる報酬と，一定の遅延時間の後に得られる報酬間の選択行動として扱われている（第１章参照）。オペラント条件づけの手法を用いた選択行動研究では，即時に得られる小さな報酬（即時小報酬）と，一定の遅延時間の後に得られる大きな報酬（遅延大報酬）間の選択場面において，前者を選択することを衝動性，後者を選択することをセルフ・コントロールと定義している（例えば，Logue, 1988; Rachlin & Green, 1972）。これまでに，子どもを対象とした数多くの研究が行なわれ（例えば，Darcheville et al., 1992; Ito et al., 2009），3

〜4歳の子どもは即時小報酬を選択し（Logue & Chavarro, 1992），年齢が上がるにつれ，遅延大報酬を選択することが明らかにされている（Logue et al., 1996; Sonuga-Barke et al., 1989a, 1989b）。また，発達障害児は，健常児と比較して，即時小報酬をより多く選択することが確認されている（Hoerger & Mace, 2006; Schweitzer & Sulzer-Azaroff, 1995, 1988; Sonuga-Barke et al., 1992）。このことから，選択行動としてのセルフ・コントロールの枠組みは，次に紹介するようなセルフ・コントロールを獲得させる訓練として応用されている（例えば，Dixon & Cummings, 2001; Dixon et al., 1998; Schweitzer & Sulzer-Azaroff, 1988; 嶋崎，1997）。

2．セルフ・コントロールを獲得させる訓練

　セルフ・コントロール選択の枠組みにおいて，遅延大報酬の遅延時間は，ある程度嫌悪的なものと考えられている。このため，訓練では，遅延時間の嫌悪性を低くするような手続きが用いられる。例えば，Dixon & Cummings（2001）は，5〜7歳の3名のASD児を対象に，遅延大報酬の遅延時間中に課題を呈示し，その遅延時間を延ばす漸進的遅延強化スケジュール（progressive-delay schedule of reinforcement）を用いて訓練を行った。報酬として，参加児の好みに応じたお菓子や遊びが採用され，遅延大報酬の遅延期では，カードを使った色の見本合わせ（matching-to-sample）課題が呈示された。訓練には，即時小報酬，遅延大報酬（遅延期の課題あり），遅延大報酬（遅延期の課題なし）の3つの選択肢が用いられた。遅延大報酬の遅延時間は，各参加児のベースライン（9〜13秒）から漸進的に延ばされ，ベースラインの12倍に到達した時点で訓練は終了された。その結果，すべての参加児が高い割合（90〜98％の範囲）で，遅延期に課題のある遅延大強化子を選択した。このことから，課題遂行を必要とする漸進的遅延強化スケジュールは，ASD児のセルフ・コントロール訓練として有効であることが明らかになった。同様の結果は，ADHD児や精神障害者を対象とした研究でも確認されている（Binder et al., 2000; Dixon et al., 1998）。

　Dixon & Cummings（2001）の訓練で用いられたような遅延大報酬の遅延時間を少しずつ延ばす手続きは，遅延時間の嫌悪性を低くし，選択と報酬との間をつなぐ機能を果たすと考えられる。同様の機能を果たす別の方法として，遅延時間中に呈示される課題数そのものを増加する手続きが考えられる。また，Dixon & Cummings（2001）では，遅延時間が延ばされてもその後に呈示される報酬量は一定であった。だが，遅延時間（または課題数）の増加に応じて報酬量も増加することは，より長い遅延時間を経験させるために有効な手続きであると考えられる。

3．調整法を用いたASD児のセルフ・コントロール訓練

　Dixon & Cummings（2001）は，選好の程度を表す指標として，各選択肢への反応

数を全体の反応数で除した選択率（第6章参照）を用いた。選択率はセッション全体での選好の程度を明らかにすることができるが，セッション内での試行ごとの選択の変化を明らかにすることはできない。試行ごとの選択の変化を明らかにする方法として，心理物理学的測定法の一種である調整法（例えば，Sonuga-Barke et al., 1989b; 空間ら，2007）を用いて，2つの選択肢の価値が等しくなる主観的等価点（indifference point）を求めることが考えられる。

空間ら（2010）は，4歳および5歳の3名の自閉症児を対象に，主観的等価点を求める方法を用いてセルフ・コントロール訓練を試みた。訓練には，幼児の遅延割引を測定するために開発された実験手続き（第6章参照）を応用し，即時に呈示される小報酬（即時小報酬）と，形の見本合わせ課題を遂行した後に呈示される大報酬（遅延大報酬）間の選択場面を用いた。報酬は，参加児の好みに応じた電車等の画像（例えば，Darcheville et al., 1992; 空間ら，2007）とした。参加児は，タッチモニターに映された電車の画像（即時小報酬）と見本合わせ課題を表す画像（遅延大報酬）間の選択を行った（図7-1参照）。参加児が電車の画像を選択した場合，即時にチャイム音と同時に1枚の電車の画像が呈示された。一方，見本合わせ課題を表す画像を選択した場合，「同じのどれ」という音声と同時に1枚の見本刺激（図7-1の例では三角形）と3枚の比較刺激（丸，三角形，四角形）が呈示された。いずれかの比較刺激を選択すると課題は終了し，チャイム音と同時に5枚の電車の画像が呈示された。

訓練開始時の課題数は1であったが，その後は，2試行連続して遅延大報酬が選択されることで1課題増加した。例えば，参加児が，第1試行で遅延大報酬を選択した場合，1課題を終了すれば5枚の電車の画像を見ることができたが，第2試行で再び遅延大報酬を選択した場合には，1課題を終了した後にもう1課題呈示され，それを終了すれば5枚の電車の画像を見ることができた。このような選択を20試行実施した時点での課題数を，即時小報酬と主観的に等価な大報酬を得るまでの課題数（主観的等価点）とした。遅延大報酬の報酬量は，報酬量一定条件ではセッションを通して5枚であったのに対し，報酬量増加条件では課題数の増加に応じて1枚ずつ増加した。

一事例の実験デザインであるABA実験計画（Barlow & Hersen, 1984）に基づき，報酬量増加の効果を個体内で査定した結果，参加児の課題数（主観的等価点）は，いずれのセッションにおいても試行の経過につれて増加した。このことは，試行の経過につれて，より長い遅延時間を経験したことを示している。課題数は，ベースラインである強化量一定条件では5であったのに対し，報酬量増加条件では12へ増加し，再びベースラインへ戻すと7まで減少した。遅延大報酬を得るまでに課される課題数の増加に応じて報酬量を増加させる手続きは，参加児により長い遅延時間を経験させるために有効であることが明らかになった。

第Ⅱ部　教育分野への応用

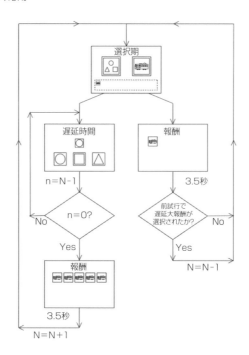

図7-1　ASD児のセルフ・コントロール訓練の模式図（空間ら，2010）
1試行の流れを表す。選択期の右側の選択肢は即時小報酬，左側の選択肢は遅延大報酬である。選択期下部の報酬の累積数は1枚の場合を表す。遅延大報酬の遅延期の課題は，形の見本合わせ課題であり，報酬量は5枚の場合を表す。Nは参加児がその試行で遂行する課題数を表し，訓練開始時のNの値は1である。遅延期の課題は，Nの値が満たされるまで繰り返される。遅延大報酬のN＝N＋1は，次試行で1課題増加することを表す。即時小報酬のN＝N－1は，遅延大報酬を選択したことにより増加した課題数を元の値に戻すことを表す。ただし，Nの下限は1である。

4．発達障害児の特性に応じた訓練と日常場面への般化

　発達障害児が衝動性を示し，セルフ・コントロールの獲得が困難な背景として，日常場面において，遅延大報酬の選択を経験していない可能性が考えられる。大報酬を得るまでの遅延時間が嫌悪的であるため，遅延時間から逃避し，結果的に別の即時報酬を経験していると考えられる。例えば，前述の「行きたい場所に出かける前に，少し待たせるだけでパニックを起こす」という発達障害児の例は，その家族からは「少し待てば行きたい場所に行けたのに，パニックを起こしたために行けなかった」と表現される。しかし，本人にとっては，「少し待つ」ことと「行きたい場所に出かけること（家を出発すること）」とがつながっていない可能性がある。すぐに行きたいと

第7章　セルフ・コントロールの教育の実践

いう衝動を，遅延（少し待つ）後の報酬（行きたい場所に出かけること）よってコントロールすることができず，その遅延時間の嫌悪性は高まり，パニックを起こしていると考えられる。パニックを起こせば，家族は対応せざるを得なくなる。しかし，このような対応は，本人にとって即時報酬として機能するのである。

　衝動性を示す発達障害児に対し，日常場面において，遅延大報酬を選択させ，長い遅延時間を経験させることは困難である。空間ら（2010）で用いられたような訓練として統制された選択場面において，嫌悪性を低くした上で長い遅延時間を経験し，遅延時間の長さに応じた報酬を得ることは，日常場面でのセルフ・コントロール選択につながることが期待される。特に，主観的等価点を求める手続きを用いた訓練では，セッション内における選択の変化の過程を，試行ごとに明らかにすることができる。選択パターンの変化をセッション内の範囲で明らかにすることは，訓練の効果を個別に評価するために有用である。例えば，これらの結果をもとに，訓練開始時の課題数や，強制選択試行を挿入する基準を個別に設定し，遅延時間の嫌悪性を調整することができる。効果的に訓練を継続するためには，発達障害児の個別の特性に応じて，遅延時間の嫌悪性を調整しながら進めることが重要である。

　近年，発達障害児の中でも，とりわけASD児への治療教育的アプローチに関するエビデンス研究が活発に進められ，この結果，応用行動分析（Applied Behavior Analysis: ABA）に基づく療育は最も効果的なアプローチであることが明らかにされた（例えば，井上，2009）。応用行動分析に基づくASD児の療育は，言語や社会的相互作用など，広範囲に及ぶ標的行動の獲得を目的として，統一的な手続きが用いられることが特徴である（例えば，山本・澁谷，2009）。基本的には，ASD児が標的行動を自発しやすいように先行刺激を整えた上で，自発された行動を強化する手続きを繰り返すが，標的行動の難度を上げる際に，強化子（報酬）を呈示する基準を変更することがある（例えば，空間，2013）。このような療育にセルフ・コントロール訓練を並行させることは，日常場面におけるセルフ・コントロール選択へと般化させるために有効であろう。具体的には，療育の手続きの中で遅延大報酬を選択させ，遅延時間の長さに応じた報酬量を呈示するような工夫などが考えられるが，実践と基礎研究の両面において今後さらなる検討が期待される。

2節　セルフ・コントロールに関する心理教育授業

1．セルフ・コントロールを確立するには

　セルフ・コントロールの未獲得は，集団場面での不適応にもつながることから，近年，学校教育の現場における個別の介入や，心理教育等の予防的介入の必要性が高

まっている。子どもにセルフ・コントロールを確立させるためには，欲求不満耐性を経験させることが重要であること，また，親や教師には，子どもにこのような経験をさせる態度が必要であることが指摘されている（例えば，石田，1995）。しかし，具体的にどのような経験を，どのように経験させるかについては，学校現場，あるいは，親や教師に委ねられていることも多い。

　伊藤（2005）は，選択行動としてのセルフ・コントロールの基礎研究の知見から，セルフ・コントロールを確立するための方法として，①「弁別刺激を明確にする」②「強化随伴性を設定する」③「全体的見方の教育」の3点を挙げている。まず，①「弁別刺激を明確にする」および②「強化随伴性を設定する」に基づくと，教師は，子どもが遅延大報酬を選択するための弁別刺激を明確にした上で，子どもが遅延大報酬を選択した場合には，遅延時間の後に大報酬を与えるという強化随伴性を設定することが重要であるといえる。しかし，一斉指導場面において，ある子どもが即時小報酬を選択したい欲求を抑えていたとしても，教師が，その子どもに対して常に，遅延後大報酬を与えることは困難である。例えば，大報酬を与えるまでの遅延時間が長すぎることや，即時小報酬と遅延大報酬の報酬量の差が十分でないことも考えられる。このような場合，子どもが即時小報酬を選択したい欲求を抑えて欲求不満耐性を経験しても，その経験は強化されない。子どものセルフ・コントロールの確立には，単に子どもに欲求不満耐性を経験させるだけでなく，その際の周囲の対応が重要である。例えば，欲求不満耐性の経験がその子どもにとっての遅延大報酬として機能するように，親や教師が，承認や賞賛等の社会的報酬を与えることは，有効な方法の1つであろう。そのような経験はやがて，社会的報酬を与えられない他の場面においても，子どもが自発的に遅延大報酬を選択することにつながるだろう。

　また，③「全体的見方の教育」とは，局所-全体，目先-将来，短期-長期という見方を対比的に考察することの重要性を，子どもたちに理解させることである。これについては，以下で取り上げるような心理教育授業など，すでに学校現場において様々な形で実践されている。

2．社会的スキル訓練を用いたセルフ・コントロールの教育

　近年，学校現場において，子どもの社会的スキルの不足が指摘され，学校不適応への予防的介入として，社会的スキル訓練（Social Skills Training: SST）が活発に行われている（例えば，安達，2013；金山ら，2000；藤枝・相川，2001）。その対象は，発達障害児に対して個別に行われるものから，発達障害児を含む学級全体，および，学校全体で取り組む研究もある。社会的スキル訓練で取り上げられる標的スキルは，セルフ・コントロールに関連するものが多く，学校場面におけるセルフ・コントロールの教育に，社会的スキル訓練を組み合わせることは有効な方法の1つと考えられる。

空間ら（2009）は，小学校において，特別支援学級に在籍する発達障害児も含めた全学年の児童を対象に，吉田・井上（2008）を参考に開発したカードゲームを用いて，クラス単位で SST を実施した。SST はセルフ・コントロールに関する心理教育授業（1回45分の授業を2回実施）の一環として行われ，基本的な手続きに従い，①言語的教示，②モデリング，③行動リハーサル，④フィードバックと強化，⑤自然場面での指導の5つの要素から構成された。

　第1回の授業では，セルフ・コントロールに関する心理教育授業を行い，これを言語的教示とした。心理教育授業は，選択行動としてのセルフ・コントロールの枠組み（例えば，Logue, 1988）に基づき，児童が日常している我慢について振り返ることと，我慢の良い点と悪い点，および，上手に我慢をする方法について理解することを目的とした。この心理教育授業の内容は，伊藤（2005）が挙げた「全体的見方の教育」に相当する。例えば，「友人と遊んでいる時に何か我慢をすると，一時的には不快な気持ちになるものの，結果的には楽しく遊べた」という例は，目先−将来，短期−長期という見方を対比的に示す例として考えられる。また，このような個人の経験を，集団としてみた場合は，「集団で楽しい時間を過ごす時には，誰かの我慢が隠されているかもしれない」と表現できる。このように，児童の経験している複数の日常例を示しながら，局所−全体という見方を対比的に考察した。

　第2回の授業では，我慢の実践練習を目的とし，カードゲームを用いて，モデリング，行動リハーサル，フィードバックと強化を行った。標的スキルには，第1回の授業で取り上げた，上手に我慢をする方法を実践するスキルとして，①自己強化，②感情理解，③自己主張，④謝罪，⑤社会的問題解決，⑥気持ちのコントロール，の6つの標的スキルを設定した（図7−2参照）。日常場面での般化を促すため，日常場面で人がそれぞれのスキルを用いた際の対応を含め，それぞれの標的スキルが連鎖するよう場面を設定した。第2回の授業終了以降，担任教師は自然場面において，SST で取り上げられたスキルを，個別あるいはクラス全体に実践させた。

　小学生用社会的スキル尺度（嶋田，1998）を用いて，介入前後の児童の社会的スキルを比較したところ，向社会的スキルは，介入前より介入後の方が高くなり，引っ込み思案行動，および，攻撃行動は，介入前より介入後の方が低くなった。特に，事前の評価において社会的スキルが不足していると考えられた児童については，介入前後の社会的スキル尺度得点に大きな差がみられた。これらの結果から，SST を用いたセルフ・コントロールの心理教育授業は，児童全体，および，特に社会的スキルが不足している児童の社会的スキルを向上させたと考えられる。このような心理教育授業を行うことは，担任教師が，その後の学級指導の中で，児童がセルフ・コントロールを示すように弁別刺激を明確にし，強化随伴性を設定することの良いきっかけとなるだろう。今後は，このような授業の効果を，個体内のセルフ・コントロールの程度の

第Ⅱ部　教育分野への応用

図7-2　標的スキルが示されたカードの例（空間ら，2009）

カードゲームは4名から7名のグループで行われた。参加児は順番にカードを引き，そのカードの標的スキルの行動リハーサルを行った。場面設定と参加児間の相互交流のために，隣に座っている別の参加児を「おてつだいさん」役とした。例えば，「自己主張」のカードでは，右側に座っている別の参加児が「どうしたの？」と声をかけた後に，「自己主張」の行動リハーサルを行った。なお，ここでの「謝罪」は，友人に「自己主張」された場面への対応として位置づけられている。

変化と関連づけて明らかにする必要がある。セルフ・コントロールの教育の効果を，個体内の遅延割引の変化として査定する新たな研究は，すでに始められている。これについては，次節で取り上げる。

3節　教師によるセルフ・コントロールの教育と児童の遅延割引の変化

1．教育効果の査定における遅延割引の適用

　遅延割引研究の教育への応用の試みは緒についたばかりであり（高橋，2009），この領域の研究には，遅延割引と教育に関する変数の単純な関連性をみたものが多い。例えば，遅延割引率と教育程度や大学生の学業成績（GPA）との間に負の相関があることが報告されている（Reimers et al., 2009; Kirby et al., 2005）。これらの研究は個人間の分析といえるであろう。一方，遅延割引の程度を個人内変数として扱う，すなわち，個体に何らかの変化をもたらし，これによる遅延割引の変化を調べるという研究もある。一例として，教育に関するものではないが，Dixon et al.（2006）が挙げられる。彼らは，病的ギャンブラーと判定された実験参加者に対し，実際に場外馬

券場にいる時と，喫茶店などの一般的な場所にいる時の両方で仮想的金銭報酬を用いた遅延割引実験を行った。結果は予想された通り，馬券売り場での遅延割引率の方が高かった。この研究は，遅延割引率が状況の変化という個人内変数に敏感であり，個人内の何らかの変化を検知できることを示している。

　Bickel et al. (2011) は，ワーキングメモリの成績と遅延割引の間に関連性があることに着目し，薬物乱用で治療中の成人を対象に，ワーキングメモリ訓練を行うことによって遅延割引の程度が低下するかどうかを調べた。その結果，実際にワーキングメモリを使用する必要があり，報酬が成績に従って与えられる実験群では訓練によって有意に遅延割引率が低下した。一方，正解が教えられるのでワーキングメモリを使用しなくてもよく，報酬が成績と関係なく実験群と同様に与えられる統制（ヨークト）群では，遅延割引率は逆に上昇したのであった。また，子どもを対象とした研究としては，自閉症児のセルフ・コントロール訓練の前後に，遅延割引の基礎データとなる遅延大報酬と即時小報酬の等価点を測定し，それらを比較することで，訓練の効果を等価点の変化として示している（空間ら，2008）。以上のことから，遅延割引は，訓練の効果や状況の変化などの個体内で変化する条件に敏感であり，これらの変化をとらえうる変数であるといえる。遅延割引の個人内変化は，次項で取り上げるような，集団を対象とするセルフ・コントロールの教育の効果を査定する際にも有用であろう。

２．教師によるセルフ・コントロールの教育

　第2節で紹介したような社会的スキル訓練や心理教育授業は，学校現場で実施されているものの，その多くは心理学の専門家が主体となって実施されている。学校不適応の予防的介入として教室内で行われる心理教育授業は，近年，小学校への配置が広がりつつあるスクールカウンセラーの役割の1つとしても期待され（空間，2013），同時に，教員とスクールカウンセラーとの連携の重要性も指摘されている（空間，2014）。ただし，スクールカウンセラーの配置状況が不十分な現状をみると，教師が主体となって心理教育授業を実施し，スクールカウンセラーを含む心理学の専門家と連携することが，今後さらに求められるであろう。

　担任教師が主体となってセルフ・コントロールに関する授業を実施し，その効果を，児童の遅延割引の変化としてとらえようとする研究は，すでに試みられている（平岡，2011）。セルフ・コントロールに関する授業は，小学校6年生1学級（37名）の児童に対して実施された。担任教師は，特別活動の時間に，選択行動としてのセルフ・コントロールの枠組み（例えば，Louge, 1988）に基づいて，以下のような授業を展開した。導入部では，校内マラソン校庭300周を達成した児童を紹介し，展開部として，長期間継続することによって得られるものは何かを児童に考えさせた。これは，遅延

表7-1 セルフ・コントロール質問の例（平岡，2011）

問題1
　きょう学校でたくさん宿題が出ました。あしたまでにやらなくてはいけませんが，大好きなアニメの映画がテレビではじまりました。アニメ映画は長いので，見てしまうと宿題がおわりません。
　このようなときあなたはどうしますか。どちらかいっぽうをえらんで，（　　）に○を付けてください。
　　　　　　　（　　）アニメ映画を見るのをあきらめて，宿題をはじめる。
　　　　　　　（　　）宿題はあとでやることにして，アニメ映画を見る。

後に得られる大報酬としてのセルフ・コントロールの意義を，児童にとって身近な体験と結びつけるためである。その後，教師自らの大学受験の時の体験を紹介した上で，継続して努力することの意義を班ごとに考えさせた。

　このような授業が実施される1週間前，授業が行われた6年生の児童，および，同校5年生（42名）の児童を対象に，児童用遅延割引質問紙（空間，2011）と，新たに開発したセルフ・コントロール質問紙を用いた調査が実施された（第1回目）。セルフ・コントロール質問紙では，空間ら（2012）と類似した日常生活における4場面のセルフ・コントロール選択場面が文章で呈示された（表7-1参照）。授業実施日の翌日（第2回目），および，1か月後（第3回目）にも同様の調査が実施された。5年生の児童には，教師によるセルフ・コントロールに関する授業が実施されない点を除き，6年生と同じ手続きが与えられた。このため，5年生は統制群とし，6年生は実験群とする。

　図7-3は，児童用遅延割引質問紙によって測定された遅延割引率の各群の平均値を，3回の調査間で比較したものである。実験群においては，第1回目から第2回目

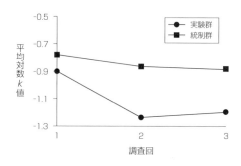

図7-3　各群の割引率の推移（平岡，2011）

にかけて有意に低下し，第3回目ではそれを維持していた。一方，授業が実施されなかった統制群では，そのような変化はみられなかった。これらのことから，教師が実施したセルフ・コントロールに関する授業は，児童の遅延割引を低下させる効果があったと考えられる。

　次にセルフ・コントロール質問紙で呈示された日常生活におけるセルフ・コントロール選択場面（4場面）のうち，児童がセルフ・コントロールを示した回数を調べた。その結果，実験群は特に1回目から2回目にかけて大きく上昇していたが，統制群の変化は小さかった。検定の結果，実験群において1回目と3回目の間に有意差がみられたが，統制群では有意差はみられなかった。セルフ・コントロールに関する授業が，児童のセルフ・コントロールを高める効果があったことは，児童の遅延割引の変化としてだけでなく，日常生活におけるセルフ・コントロールの変化としても確認されたのである。今後は，児童の自己評価による質問紙だけでなく，教師による評価や，観察による児童の具体的な行動の変化についても検討する必要がある。

3．今後の学校教育における遅延割引研究の貢献

　以上に述べたように，遅延割引は，訓練および授業の効果や状況の変化などの個人内で変化する条件に敏感であり，これらの変化をとらえうる変数であることが明らかになった。これに基づき今後の研究の方向性としては，第一に，遅延割引の個人内変化を他の様々な教育的介入について確認することが考えられる。さらに第二の方向性として，そのような教育的介入の効果を多くの従属変数によって総合的に検証する際に，遅延割引率は，それらの1つとして加えることができるであろう。

　セルフ・コントロールは教育において重要な概念であり，これによって教育の様々な側面が分析され（Logue, 1995），実践にも適用されてきた（中野，2010）。先述したように，セルフ・コントロールを確立するためには，①弁別刺激の明確化，②強化随伴性の設定，③全体的見方の教育の3つが重要である（伊藤，2005）。前項で取り上げた担任教師による授業は，これらのうち特に②と③が関連すると思われる。ここで注目したいのは，②については，通常学級における一斉指導場面においては，遅延大報酬を与えるという随伴性を常に設定することが難しいにもかかわらず，セルフ・コントロールの促進がみられたのはなぜであろうかという疑問である。1つの可能性として，この授業では児童たちが長時間努力した経験を思い出させて，自分の問題として考えさせていた。このことが遅延大報酬をよりリアルなものとしてとらえることを可能にしたかもしれない。このような場合，強化随伴性に関する言語的教示によってセルフ・コントロール行動を促進するという意味で，ルール支配行動（杉山ら，1998）の機能が関与しているのではないだろうか。このように，セルフ・コントロール理論はこの種の授業を改善していくときに立つべき視点を示唆してくれるように思

われる。道徳の特別教科化が答申された今，そのような視点に立った授業の試行と改善が望まれよう。

　＊授業担当など多大なる協力を得た現青森県西北教育事務所　木村道浩氏をはじめ調査実施校の教員の方々に謝意を表します。

第8章 大学生における勉強行動と遅延価値割引

1節 遅延価値割引と勉強場面での行動の理論的関係

1. 遅延価値割引とセルフ・コントロール行動

　報酬の受け取りに遅延が伴うことで，人はその報酬の価値を割り引くことが知られており，この現象が遅延価値割引とよばれる（総説として，佐伯・高橋，2009）。例えば，「今すぐにもらえる1万円」と「1年後にもらえる1万円」の選択を求められた場合，通常は前者が選ばれるが，これは同じ1万円という報酬であっても，後者はその受取りに1年間という遅延が伴うため，1万円の報酬の価値が減少しているためだと説明される。

　このような遅延価値割引が，セルフ・コントロール場面において重要な要素の1つであると考えられる。セルフ・コントロールを必要とする場面の多くでは，今すぐ手に入る小さな報酬（即時小報酬）と将来手に入る大きな報酬（遅延大報酬）の選択が含まれていると考えることができるからである。例えば，健康のために禁煙をしようとする人は，今，タバコを吸うことを我慢する必要がある。本来，禁煙により手に入る健康は，タバコを吸うことよりも報酬の価値が高いが，健康はタバコを我慢すれば即座に手に入るものではない。一方，タバコは今すぐに吸うことができる。つまり，この場面では，今すぐに手に入るタバコという小さな報酬と，将来に手に入る健康という大きな報酬の選択が行われていると考えられる。このような考え方に基づいて，即時小報酬を選ぶことを衝動的行動，遅延大報酬を選ぶことをセルフ・コントロール行動と操作的に定義されてきた（第1章参照）。

　遅延価値割引の個人差は，様々なセルフ・コントロール場面での行動の違いと関係していると考えることができる（第2章参照）。つまり，価値割引が緩やかな人ほど，

即時小報酬よりも遅延大報酬を選択する傾向があるため，セルフ・コントロールに成功しやすいと考えられ，反対に価値割引が急激な人ほど，セルフ・コントロールに失敗しやすいと考えられる。例えば，アルコールやタバコなどの薬物の摂取行動やギャンブル行動はセルフ・コントロールと密接な関連をもつ行動であるが，これらと遅延価値割引との関係を示す研究が多数報告されている（第14章参照）。

2．遅延価値割引の程度と勉強場面での行動の理論的関係

　即時小報酬と遅延大報酬間の選択を含むと考えられるセルフ・コントロール場面の例として，他にも教育場面が考えられる（Critchfield & Kollins, 2001）。例えば，試験勉強をする場面について考えてみよう。試験勉強は，一般に，報酬が与えられるまでの遅延が存在すると考えられる。本人にとって楽しみのない勉強（例えば，英単語の暗記）を，試験で良い成績を得るためにしている場面を例として解説する。試験の1週間前に英単語の暗記をしたとして，その報酬は暗記をした直後に与えられるのではない。1週間後の英語の試験で実際によく答えることができ，さらにその後で成績が発表される時に良い成績であるということで，報酬が得られるのである。「試験でよく答えることができること」と「良い成績を得られること」はともに試験勉強に対する報酬となると考えられるが，どちらも試験勉強をしたその場で即時に与えられる報酬ではない。一方，試験勉強をする場面には多くの誘惑があり，それらはたいていの場合，遅延のない即時小報酬である。例えば，試験1週間前に英単語を勉強する代わりにテレビのスイッチを入れれば，その場ですぐに番組を見ることができる。つまり，この場面は，即時小報酬としての「勉強以外の（例えば，TV を見る）行動により得られる報酬」と遅延大報酬としての「後のテストでよく答えることができること」や「後に発表される良い成績」との選択場面と考えることができる。したがって，遅延価値割引の激しい人は遅延大報酬の「成績」よりも即時小報酬の「勉強以外の（TV を見る）行動による報酬」を選択する結果，勉強時間が短くなり，学校での成績が低くなると考えられる。

3．試験勉強場面での選好の逆転

　遅延価値割引が試験勉強場面に関係することが，興味深い問題を生じさせていると考えられる。それは選好の逆転（Green et al., 1981）とよばれる現象である（第1章参照）。以下のような先生と生徒の会話を例に考えてみることにする。

　　先生：金曜のテストはちゃんと勉強したのか。
　　生徒：実は木曜の夜にテレビを見てしまって…。
　　先生：「ちゃんと勉強する」と月曜日に約束しただろう。嘘だったのか。

生徒：いや，本当に，勉強しようと思っていたのですけど…。
先生：テレビとテストどっちが大事だと思っているのだ。
生徒：…テストです。
先生：ではなぜ勉強しない。本当はテレビの方が大事なのだろう。
生徒：…（釈然とせず黙ってしまう）

　金曜日にテストがあった。先生は，ある生徒のことを気にかけていて，月曜日にその生徒と話をし，生徒は金曜日のテストに向けて勉強すると約束していた。しかし，実際には試験勉強をせずにテレビを見てしまい，結果としてテストで悪い点数をとってしまった。そのことで先生は生徒を叱った。
　なぜ生徒が釈然としない思いを抱くかがわかるだろうか。先生の言っていることは，一見，何の間違いもなさそうである。しかし，叱られた生徒は納得できない感じを抱く。その釈然としない思いは，実は，会話の中にあるいくつかの「くいちがい」によって生み出されている。その「くいちがい」の鍵となるのが遅延価値割引なのである。
　図8-1の左側を見て欲しい。これは，試験の4日前の月曜日から試験の当日（金曜日）までの時間の経過と報酬の価値の推移を表した理論的な図である。この図により，先生と生徒の会話の「くいちがい」を説明する。
　図8-1の横軸は時間の経過を，縦軸は報酬の価値を表している。ここで取り上げているのは「テスト当日によく答えること」という報酬（テストの価値）と「木曜日の晩にテレビを見ることと」という報酬（テレビの価値）の2つである。テストの価

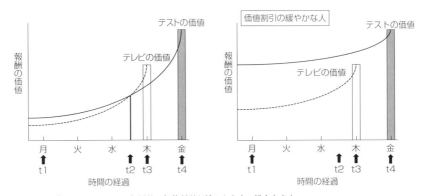

右の図は，左の図の人と比べて相対的に価値割引が緩やかな人の場合を表す。

図8-1　テストの価値とテレビの価値の推移

値の推移は実線で，テレビの価値の推移は点線で表してある。まず，テストとテレビは，それらが手に入る当日（テストでは金曜日（t4），テレビでは木曜日（t3））のバーの高さを比べると，テストの価値の方が高い。つまり，報酬を手に入れるまでに遅延がなく，したがって遅延価値割引が生じていない状態での本来の価値は，テストの方がテレビよりも高いのである。一方，月曜日の時点（t1）では，テストもテレビも，それが手に入る当日よりも価値が低い。これは遅延価値割引である。

　ここで重要なのが，価値の推移の曲線の形状である。時間の経過と価値の推移は比例関係にはなく（推移を表す数式については第2章を参照），報酬の価値の推移は報酬から遠い時点では緩やかであり，報酬に近づけば近づくほど急激になるのである。例えば，テストの価値の曲線についていえば，月曜から火曜にかけての1日の経過では価値の上昇はほとんどみられない。しかし，火曜から水曜日の1日の経過では価値がある程度上昇している。そして，価値の上昇は徐々に急激になり，木曜から金曜日の1日の経過では，非常に急激に価値が上昇している。

　時間の経過に伴い価値がこのように上昇することで，価値の逆転が生じる。つまり，月曜や火曜にはテストの価値の方がテレビの価値を上回っているが，図8-1のt2以降ではテレビの価値の方が高くなるのである。この価値の逆転は，テレビ視聴という報酬が手に入るのは木曜日の夜なので，水曜日から木曜日にかけてテレビの価値が急上昇するのに対し，テストの価値は水曜日から木曜日にかけてではまだそれ程上昇しないために生じるのである。その結果，木曜の夜には試験勉強よりもテレビを見ることを選択してしまうのである。

　図8-1は，先生と生徒の会話の「くいちがい」を説明することができる。生徒は先生に「テレビとテストどっちが大事だと思っているのだ」と聞かれた時に「…テストです」と答えている。それに対して先生は「じゃあ何で勉強しないのだ」と責めているが，生徒にとってテレビとテストでは本当にテストの方の価値が高いのである。言い換えれば，先生が問題にしているのは木曜の時点での価値，生徒が答えるのは遅延がない場合の本来の価値であるという「くいちがい」から，生徒の釈然としない感じは生まれているのである。

節 遅延価値割引と学業成績に関係があるのか？

1．遅延価値割引の程度の個人差と勉強行動の理論的関係

　次に，価値割引の個人差と勉強行動の関係を説明する。図8-1の右は先ほど説明した生徒よりも価値割引が緩やかである生徒を表している。右側の生徒の価値割引が緩いことは，価値の曲線がなだらかなことで表されている。さて，この学生は試験の

前夜にテレビを見るだろうか，それとも勉強するだろうか．
　上述したように図8-1では，試験の本来の価値（灰色の棒の高さ）に比べて，テレビの本来の価値（白色の棒の高さ）はかなり低くなっている．また，左の生徒と右の生徒で，灰色の棒の高さが等しいことは試験本来の価値が2名の間で等しいことを，白色の棒の高さが等しいことはテレビ本来の価値が2名の間で等しいことを表している．しかし，テレビは試験より1日前に放送される．そのため，上述したように，左側の生徒の場合，木曜日には試験の価値が大きく割り引かれてしまい，テレビの価値の方が高くなってしまう．一方，右側の生徒の場合，試験の価値が木曜日でも大きくは低下していないため，テレビの価値を上回っている．このように，遅延価値割引が緩やかな人は，テレビなどの即時小報酬の誘惑に打ち勝って，試験勉強をするという遅延大報酬側を選ぶ行動を多く行うと理論的に考えられるのである．したがって，遅延価値割引の緩やかな人は学業成績が良くなることが理論的に予測される．以下，本節では，まず実証的データが多く集まっている遅延価値割引と学業成績の関係を解説する．続く第3節では遅延価値割引と勉強行動の関係を解説する．

2．遅延価値割引の程度の個人差と勉強行動の実際の関係

　ここでは実際に遅延価値割引の個人差と学業成績の関係を検討した代表的な研究をいくつか紹介する．本当に，遅延価値割引が緩やかな人ほど，学業成績は良いのだろうか．
　Kirby et al.（2005）は，アメリカの2つの大学の学生を対象に，遅延価値割引の程度と大学における学業成績（GPA）との相関を検討している．彼らは遅延価値割引の程度を，双曲線関数（第2章参照）の k 値で表している．この k 値は値が大きいほど割引が激しいことをあらわす．分析の結果，図8-2に示すように，k 値とGPAの間には有意な負の相関が認められた．つまり，k 値が大きい学生ほど（言い換えれば割引が激しい学生ほど），GPAの値が低くなる（つまり成績が悪くなる）傾向が確認された．反対にいえば，k 値が小さく割引が緩やかな学生ほど，成績が良い傾向があったのである．この結果は，図8-1の左側のような割引の激しい学生より，右側のような割引の緩やかな学生の方が成績が良いことを意味し，理論的な予測と一致するものである．
　遅延価値割引と学業成績との関係は，大学生以外においても示されている．例えば，アイルランドの平均年齢約15歳の生徒を対象とした研究（Freeney & O'Connell, 2010）では，1,000人を超える比較的大きなサンプルを対象に，遅延価値割引の他に生徒の経済的状況と認知的能力も測定し，これらの変数が学業成績とどのように関係するかが検討された．なお，認知的能力は，10個の問題（知識を問う問題が5問，数値を復唱する問題が4問，英単語のスペルを問う問題が1問）の合計点として測定さ

れた。その結果，遅延価値割引と学業成績の相関はやはり有意であり，遅延割引の程度が緩やかなほど成績が良い関係がみられた。この方向性は Kirby et al.（2005）でみられたアメリカの大学生の傾向と一致している。さらに興味深いのは，多変量解析により，遅延価値割引に加えて生徒の経済的状況と認知的能力の影響を総合的に分析した結果で，これら3つの要因はいずれも有意に学業成績に寄与していた（図8-3）。学業成績が生徒の経済的状況（例えば，White, 1982）や認知的能力（例えば，Neisser et al., 1996）から影響を受けることは以前から知られていたが，Freeney & O'Connell（2010）は，それらの影響を統計的に取り除いた後でも遅延価値割引が学業成績と関係することを示したのである。

　学業成績そのものではないが，教育水準と遅延価値割引の相関関係を示した研究は多数あり，一般に教育水準が高いほど遅延価値割引が緩やかな傾向が示されている。代表的な例として，イギリスで実施された42,000人もの大規模なサンプルを対象とするデータを紹介する（Reimers et al., 2009）。その研究では，即時小報酬（3日後にもらえる45ポンド［約8,300円］）と遅延大報酬（3か月後にもらえる70ポンド［約12,900円］）の選択を1問だけ回答してもらい，教育水準との関係を検討している。そ

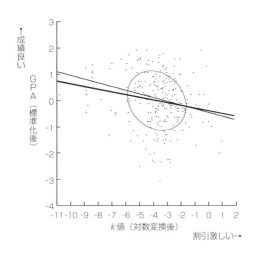

図8-2　遅延価値割引の程度と大学の成績（GPA）の相関
（Kirby et al., 2005より一部改変）

横軸は遅延価値割引の程度を表す k 値の対数変換値であり，右にいくほど割引が激しいことを表す。縦軸はGPAの値を標準化したもので，上にいくほど成績が良いことを表す。2本の回帰直線のうち，太線は，すべての学生に対して回帰直線を引いた場合を表す。細線は，極端な値の学生の影響を排除するために，k 値とGPAが共に標準的な範囲（楕円形の内側）の学生に対して回帰直線を引いた場合を表す。

の結果，図8-4に示すように，教育水準が高くなるほど，即時小報酬を選択する参加者の割合が減り，遅延大報酬を選択する参加者の割合が増加していた。教育水準が高いほど遅延価値割引が緩やかであるという傾向は，他の研究でも示されている（例えば，Boyle et al., 2013）。また，Yamane et al.（2013）は日本人を対象とした研究で同じ傾向を見出している（ただし，統計的に有意な関係は40歳代の男性および50歳代の女性に限定される）。これらの結果は，遅延価値割引が緩やかなほど学業成績が良くなり，その結果として教育水準が高くなったと解釈できるかもしれない。

このように，学生・生徒の遅延価値割引の程度とその個人の学業成績は理論的な予測と一致した方向で関係するという証拠が得られている。しかし，第1節で述べたように，遅延価値割引の程度と直接関係することが想定されているのは，即時小報酬を選択するか遅延大報酬を選択するかという「行動」である。勉強するという行動の結果として得られる成績や単位などの報酬は，たいていの場合，勉強行動のかなり後に与えられる。したがって，この場面では，そのような大報酬を得るための勉強行動が選択されるか否かが遅延価値割引と関係することが想定されているのである。この立場からは，遅延価値割引と学業成績の相関は，遅延価値割引の程度が勉強行動の差異を生み，勉強行動の差異が学業成績に影響するという間接的な関係からみられたととらえることができる。したがって，遅延価値割引と学業成績の関係だけでなく，遅延価値割引の程度が勉強行動の差異と関連しているかどうかを調べることが重要になる。

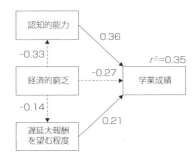

図8-3　遅延価値割引，認知的能力，経済的状況と学業成績の関係
（Freeney & O'Connell, 2010より改変）

ここで測定された経済的状況は，経済的窮乏である。また，遅延価値割引は，遅延大報酬の受け取りを望む程度を測定したものである。図の実線の矢印は正の影響を，破線の矢印は負の影響を表す。また，矢印の横の数値は，その数値が1に近いほど正の影響が強く，−1に近いほど負の影響が強いことを表す。したがって，この図は，経済的窮乏が弱いほど，認知能力は高く，また遅延大報酬を望む程度が高いことを示している。さらに，認知的能力が高いほど，経済的窮乏が弱いほど，遅延大報酬を望む程度が高いほど，学業成績が良いことがわかる。

第Ⅱ部　教育分野への応用

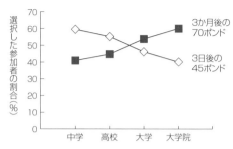

イギリスでの secondary と sixth form をそれぞれ，中学，高校と表記した。

図8-4　遅延価値割引と教育水準の関係（Reimers et al., 2009より作成）

節　遅延価値割引と勉強行動には関係があるのか？

　この節では，遅延価値割引の程度と勉強行動の関係を検討した研究をいくつか紹介する。

1．遅延価値割引と勉強行動との相関研究

　井田（2005）は，高校生の男女を参加者として，遅延価値割引の個人差と，英語の勉強行動，勉強への意識との関係性について研究を行った。各参加者の遅延価値割引の程度は，双曲線関数（第2章参照）の k 値を算出することで示された。また，勉強行動は主に英語の試験に関する行動を質問紙で測定した。

　質問紙は，試験前日の勉強行動や計画的な勉強行動，勉強に対する意識などを測定するものだった。また，英語の試験での得点を，5段階（100～91点，90～71点，といった5段階）で自己申告させた。理論的には，k 値が大きい（遅延価値割引が激しい）ほど，勉強行動の得点が小さくなる（勉強行動を行わない）ことが予測される。しかし，実際にはどの勉強行動でも，勉強に対する意識でも，そのような関係性は見出されなかった。さらに，自己申告による英語の試験の得点と k 値との相関も示されなかった。

　このように，井田（2005）は，遅延価値割引の個人差は，成績とも，勉強行動とも相関がないことを示した。しかし，井田（2005）は，参加者全体の k 値の中央となる値から2つに分類した分析も行っている。中央となる値より大きい k 値の参加者を遅延価値割引の激しい衝動群，より小さい k 値の参加者を遅延価値割引の緩やかな自己制御群とし，それら2群の質問紙の回答の違いを分析した。その結果，「試験前日に

より勉強がはかどった」という項目にのみ有意な差がみられ，衝動群が自己制御群より高い値を示していた。

このように，遅延価値割引の個人差は，唯一，試験前日の勉強行動に影響を及ぼしそうである。しかし，この研究のみで，遅延価値割引の程度と勉強行動との関係性を結論づけることは早計だろう。その理由として，例えば，井田（2005）は，英語の成績がすでに出た段階ですべての質問紙に回答させていた。つまり，参加者は，試験の後に自身の勉強行動を思い出したのである。後から思い出すより，その日ごとに行った勉強行動を記録するほうが，より正確な回答が得られるだろうことは想像に難くない。

2．遅延価値割引と試験やレポートに向けた毎日の勉強行動を検討した研究

井田（2005）を受け，吉田・青山（2006）は，実験的に設定された漢字テストを行うまでの勉強行動，青山・高木（2010）では，大学のレポート課題提出までの勉強行動を測定し，それらと遅延価値割引の個人差との関係性を検討している。2つの研究の共通点は，テストやレポート提出の1，2週間前から，毎日の勉強行動を参加者に記録させたことである。では，テストに向けた毎日の勉強行動は，遅延価値割引の個人差によって，どのように変化するのだろうか。

（1）実験的に設定された漢字テスト場面での研究

吉田・青山（2006）は，大学生男女を参加者として，漢字テストに向けた漢字ドリルの学習行動と遅延価値割引との関係性を検討した。この漢字テストは，研究のために実験者が用意したもので，大学の成績等には関係がないものであった。実験室に訪れた参加者は，最初に遅延価値割引を測定され，1週間後に，同じ実験室で行う漢字テストに向け，毎日漢字ドリルを勉強するように依頼された。漢字ドリルには，毎日練習する際，その実施日，開始時間，終了時間を記入する欄があり，それによって，勉強量が測定された。練習する漢字は，大学生でも覚えるのが難しいものだった。テストの結果は採点され，成績優秀者に図書券などの報酬を支払った。

各参加者の遅延価値割引の程度は曲線下面積（AUC；詳細は第2章）を算出して求めた。AUCは，小さいほど遅延価値割引が激しく，大きいほど遅延価値割引が緩やかであることを意味する。結果，遅延価値割引と実験室で行った漢字テストとの成績の間に，有意な相関は示されなかった。また，練習個数，練習時間の両方とも，遅延価値割引と有意な相関は示されなかった。つまり，井田（2005）の結果が再現されたといえる。

毎日の勉強行動の結果を示すため，実験参加者を AUC の大きさに従い3等分し，割引大群，割引中群，割引小群とした。そして，この3群の漢字の練習時間，練習個数が，試験1週間前からどのように推移したかを図8-5に示した。

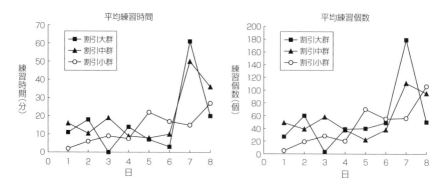

図8-5　参加者の遅延価値割引の程度による1日ごとの平均練習時間および平均練習個数の推移
（吉田・青山, 2006）

　図8-5で，横軸は日を示しているが，8日目が試験当日である。平均練習時間（図8-5の左図）を見てみよう。3群とも試験が近づくに従い練習時間が徐々に増加していることがわかる。では，最も群間の違いが明確なのは何日目であろうか。それは，試験前日の7日目である。遅延価値割引のより激しい割引大群が，最も練習時間が長く，それに次いで中群の練習時間が長い。それらに比べると割引小群の練習時間はずっと短いことがわかる。
　結果として，遅延価値割引がより激しいと，テスト前日により長い時間練習する「一夜漬け」のような勉強方法をとっていることがわかる。この傾向は，漢字の平均練習個数を示した図8-5の右図でも同様だった。また，井田（2005）で，遅延価値割引の激しい衝動群が，緩やかな自己制御群と比較して「試験前日により勉強がはかどった」と回答していたこととも一致する。このように，遅延価値割引の個人差は，テストに向けた勉強行動の中でも，特に前日の一夜漬け的な勉強量の増加をもたらすと考えられる。では，大学の成績とは関係のない，記憶する勉強である漢字テストではなく，成績に関係する講義でのレポート作成等では，遅延価値割引の個人差と勉強行動に関係性はあるのだろうか。

（2）大学講義でのレポート提出に向けた勉強行動の研究

　青山・高木（2010）は，現実の大学講義でのレポート提出に向けての勉強行動について検討した。この研究では，大学1，2年生の男女を参加者として，心理学の実験演習科目のレポート作成に向けての勉強行動を検討した。実験演習科目のレポート作成に費やした時間は，実験参加者に学習記録表を記入してもらうことで測定した。学習記録表は，日付と学習の開始時刻，終了時刻を1日ごとに記録するものだった。記録の期間は，提出日当日とその前2週間の計15日間だった。

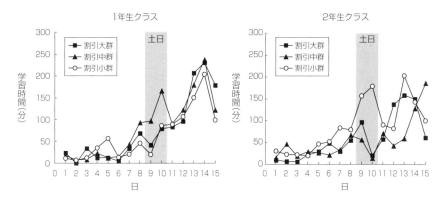

図8-6 1年生クラスと2年生クラスの毎日の学習時間の推移（青山・高木, 2010）

　1年生では遅延価値割引のAUCと学習時間との間に相関は認められなかった。その一方，2年生では，AUCが大きくなる（価値割引が緩やかである）ほど学習時間が長いという正の相関が示された。この2年生の結果は，価値割引が緩やかな人ほど即時小報酬の誘惑に打ち勝ち，勉強行動という遅延大報酬を選択する，という理論的な予測に一致する。

　次に，学年ごとに，遅延価値割引のAUCを3分割し，毎日の学習行動の推移を検討した。図8-6は，レポート提出に向けた大学1，2年生の毎日の学習行動の推移を，2週間前から示したものである。結果は，遅延価値割引が激しい学生が一夜漬け的な勉強量の増加を示した吉田・青山（2006）とは異なっていた。1年生では，割引の激しい割引大群，割引の緩やかな割引小群，その中間にあたる割引中群とも，レポート提出前日に向けて徐々に学習時間が増加し，3群間の増加の仕方に違いがなかった。

　その一方，2年生では，1年生と同様にレポート提出が近づくにつれ，3群の学習時間は増加していくが，割引の緩やかな割引小群で，他の2群と比較して9，10日目に学習時間が増加したことが示された。この日は，レポート提出の前の週の土曜日と日曜日にあたる。つまり，遅延価値割引の緩やかな学生は，レポートを提出する前の週の土曜，日曜日にも，勉強行動に対する遅延大報酬（成績）の価値が，割引中，小群と比較して高いため，勉強に時間を割いたと考えられる。その一方で，割引の比較的激しい学生は，遅延大報酬の価値が週末において低いため，勉強行動が少なかったと考えることができる。

　大学1年生と2年生で遅延価値割引と毎日の学習時間が異なることの原因は，青山・高木（2010）では明らかとならない。例えば，2年生では同じような心理学の実

習レポートを何度か経験しているため，作成に余裕があり，結果として遅延価値割引の影響が表れやすいが，1年生では，経験不足のため全学生の勉強行動に余裕がなく，遅延価値割引の影響が出にくかったことが考えられる。

3．研究知見からの暫定的な結論

ここまでみてきたように，遅延価値割引が緩やかであるほど勉強行動が増加するという，理論的な予測と一致した結果は，実習科目でのレポート作成に向けた勉強行動で，2年生クラスのみで得られた（青山・高木，2010）。その他のデータでは，そのような有意な相関は示されていない。研究が少ないため，一概に結論できないが，遅延価値割引と勉強行動の相関関係は，限定された場面でのみ示されると考えられる。

テストやレポート作成に向けた毎日の勉強行動の測定では，一貫して，価値割引の程度にかかわらず，試験やレポート提出に向けて勉強時間が増加していくことが示された。理論的には，「テスト当日に良い答案を書くこと」という報酬の価値はテストが近づくにつれて大きくなるため，それを反映して勉強時間が徐々に増加していくと考えられるだろう。

毎日の勉強行動の推移を，遅延価値割引の個人差によって群分けした場合，その推移の仕方は研究により様々である。しかし，それらの研究の結果は，遅延価値割引の程度が毎日の勉強行動に影響を与える可能性を示唆する。大学生の成績に関係のない漢字テスト場面では，遅延価値割引が激しい学生がテスト前日に一夜漬け的な勉強量の増加を示した（吉田・青山，2006）。また，青山・高木（2010）の2年生クラスでは，レポート提出に向けた毎日の勉強時間において，前週の土日（図8-6右図の9，10日目）の勉強時間の増加が顕著であった。今後の研究では，何に向けて勉強するのか，どのような勉強方法なのか，勉強する課題の経験の有無，などをより詳細に検討していくことで，遅延価値割引の個人差による課題に向けた勉強行動のパターンを蓄積していく必要があるだろう。

4節　勉強行動への介入

遅延価値割引が緩やかなほど勉強行動が増加する，という理論的予測と一致した結果は，青山・高木（2010）の2年生クラスでのみ示された。そしてその結果は，レポート提出に向けた毎日の勉強行動において，前週の土日（図8-6右図の9，10日目）の勉強時間の増加に表れていた。では，このような状況で，価値割引の激しい人はどうすれば前週の土日に勉強時間を増やせるだろうか？

青山・高木（2010）からは，価値割引の激しい人はレポートの提出という大報酬に

遅延があるために，毎日の勉強行動の際，その価値が即時小報酬を下回り，勉強ができないと考えることができる。したがって，毎日の勉強行動を増加させるためには，遅延大報酬までの遅延をできるだけ短くすることが有効であろう。本説では，最初に，遅延大報酬が与えられるまでの遅延期間に介入したデータを紹介する。さらに遅延期間のみでなく，遅延大報酬自体の提示の仕方を合わせた介入も考えられる。具体的には，長い期間の後に提示される遅延大報酬を分割して短い期間ごとに提示する手法について紹介する。

1．遅延大報酬までの遅延を短くする介入
（1）遅延を短くする介入

遅延大報酬の遅延期間を短くする介入が遅延価値割引の激しい人に有効な例として，Reed & Martens（2011）が挙げられる。彼らは，小学6年生の児童が受ける数学クラスで，遅延大報酬の遅延時間を操作する介入が，児童の授業中の受講態度に及ぼす影響を検討した。介入計画は，課題に取り組む行動に対して，①報酬を与えないベースライン条件，②短い遅延期間で報酬を与える即時報酬条件，③長い遅延期間で報酬を与える遅延報酬条件に分かれていた。報酬は，ペンや消しゴムであった。授業中の課題に取り組む行動に対して報酬があるかどうかは，トークン（マグネット）をボードに貼り付けることで児童に示した。②では，トークン量に応じた報酬が即日交換可能で，③では，翌日に交換可能とすることで，報酬の遅延時間に違いを設けた。また，遅延価値割引の個人差は，架空の金銭報酬を選択させる手法（50ドルの即時小報酬と，遅延を伴う100ドルの大報酬との選択場面）で，介入前に測定されていた。

図8-7に，結果の典型的な例として示された児童2名のデータを示す。図8-7左の価値割引が緩やかな児童は，ベースラインに比べ即時報酬条件で課題に取り組む行動が増加し，それは遅延報酬条件でも維持されている。その一方，図8-7右の価値割引の激しい児童は，ベースラインから即時報酬条件で増加した課題に取り組む行動が，遅延報酬条件で大きく減少していることがわかる。さらに，全児童を対象としても，即時報酬条件から遅延報酬条件にかけてどれくらい課題に取り組む行動が減るかということと，遅延価値割引の激しさに正の相関が示された。つまり，事前に測定された遅延価値割引の激しい子どもほど，トークンがペンや消しゴムと交換されるのが遅れる条件で，授業中の課題に取り組む行動が低下した。この結果に基づくと，価値割引の激しい子どもには，報酬までの遅延を短くすることが有効と考えられる。大学生の勉強行動に置き換えると，小テストなどの成績をフィードバックする際，価値割引の激しい人には遅延期間をなるべく置かず（例えば，即日）に示すことで，価値割引の激しい人でも勉強行動が増加する可能性がある。

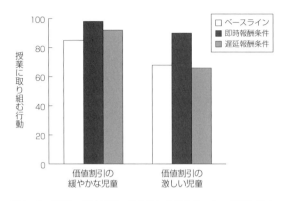

図8-7 児童の価値割引の個人差による条件ごとの授業に取り組む行動(Reed & Martens, 2011より改変)

(2) 遅延を最初は短く,徐々に長くする例

(1)の手法は有効であろうが,常に即時的に報酬を与えることは,教育場面では難しい場合が多い。どのようにして,報酬が遅延された場合でも,遅延大報酬側の選択行動を維持することができるのだろうか。報酬までの遅延時間を徐々に変化させていくことで,セルフ・コントロールが維持されることが,従来からハトなどの動物を対象とした実験でよく知られている(Mazur & Louge, 1978)。ここでは,発達的な障害をもつ,大人3名を参加者とした介入研究(Dixon et al., 1998)を紹介する。この研究では,3名の参加者に,訓練の最初では,大報酬も少報酬も即時的に与えていた。その後,大報酬の遅延を徐々に長くしていった。このような手続きを行った場合,大報酬までの遅延が延びても,すべての参加者が遅延大報酬を選択することが示された。例えば,ある参加者に,最初に,今すぐ1つのクロスワードパズルを行うか,施設での25分の活動後に3つのクロスワードパズルを行うかの選択を行わせた。その結果,常に参加者は活動せずに1つのクロスワードパズルを選択した。つまり,この参加者は遅延大報酬を選択することができなかった。そこで,遅延時間を徐々に長くする訓練を実施した。訓練では最初に,ベースラインとして今すぐの1つクロスワードパズルを行うか,全く活動せずに今すぐ3つのクロスワードパズルを行うかの選択をさせた。その場合,参加者は3つのクロスワードパズルを選択した。その後,3つのクロスワードパズルという大報酬を受け取るために行う活動の時間を徐々に増やしていくと,それでも参加者は大報酬側を選択し続けることができた。最終的に,その参加者は25分の活動を行うことができるようになった。同様の結果は,注意欠如・多動性障害の児童への介入(Neef et al., 2001)で示されている。

大学の学習場面に置き換えると,結果をフィードバックする際,価値割引の激しい

人には，最初の数週間はその場でフィードバックする。その次の数週間では，1時間後にフィードバックする。その後，徐々に遅延を長くしていったとしても，学生の勉強行動は維持されると考えられる。毎回，即座にフィードバックすることが困難な場合は，短い遅延からはじめそれを徐々に延ばしていくことも有効であろう。

2．遅延大報酬の分割提示

次に，単に遅延時間を変化させるだけでなく，遅延大報酬も合わせて変化させることも介入として考えられる。例えば，岡本・伊藤・佐伯（2006）は，仮想の金銭報酬による即時小報酬と遅延大報酬の選択場面を設定し，遅延大報酬を分割することの効果を検討した。そこでは，5,400円の遅延大報酬を16秒の遅延で一括提示した場合よりも，8秒の遅延で2,700円に2分割して提示した場合，分割提示した場合の方が，遅延大報酬の主観的価値が高まることを示した。では，遅延大報酬の分割提示は，実際の学生の勉強行動を増やすだろうか？

Ariely & Wertenbroch（2002）は，大学生に，長い文章から文法やスペルの間違いを探し，その結果を提出する課題を行わせた。間違いを見つけた数によって報酬が与えられるが，提出が締め切り日より遅れると1日ごとに報酬が1ドル割引かれた。彼らは21日の間に3つの間違い探し課題の提出を学生に求めた。その際，学生を2つの群に配分し，それぞれに締め切りに関して異なる指示を出した。1つめの群（中間締め切りなし群）では，21日目に3つの課題をすべて提出するよう指示した。2つめの群（強制締め切り群）では，7日ごとに1つの間違い探し課題を提出するよう指示した。つまり，中間締め切りなし群は，21日目にまとまった大報酬があり，強制締め切り群は，それを分割した条件であると考えられる。

結果として，中間締め切りなし群は，強制締め切り群より間違いを見つけることができなかった（図8-8（1））。さらに，締め切り遅れ日数は，中間締め切りなし群より強制締め切り群の方が少なかった（図8-8（2））。したがって，得られた報酬量も，中間締め切りなし群より強制締め切り群の方が多かった。（図8-8（3））。

Ariely & Wertenbroch（2002）の結果は，中間締め切りなし群では，3つの課題を最後にまとめて行おうとする先延ばし行動が生じ，結局，締め切りに間に合わない参加者が多いことを示唆する。そのような状況では，一つひとつの精度や，課題に割く時間が低くなり，成績の低下をもたらす。実際に，参加者の実験後の自己報告では，3つの課題それぞれに対して学生が割いた時間は，中間締め切りなし群（69.9分）の方が，強制締め切り群（84分）より短かった（図8-8（4））。

彼らの結果は，良い成績をとるという遅延大報酬のために，最後にまとめて課題を遂行するという方略よりも，課題の提出日をずらすことで小目標に分割するという方略の方が有効であることを意味している。この結果は，遅延価値割引の観点から以下

のように説明できるだろう。図8-9（1）は，2つの課題を最後にまとめて出す場面であり，図8-9（2）は半分の期間で1つを提出し，残り半分の期間でもう1つを提出するといった目標を分割する場面を想定している。図8-9（1）を見てみよう。レポート提出までにテレビなどの誘惑が2つある（aとb）。どちらも小さな誘惑だが，aはレポートの提出という遅延大報酬よりずいぶん前にあるため，aが手に入る時点では遅延大報酬より価値が高くなる。このような場面で，遅延大報酬を2つの小目標に分割したものが図8-9（2）である。1つめの分割目標を遅延の中間あたりにおいた場合，誘惑aよりも分割目標の価値が上回っていることが見て取れる。また，誘惑bの価値も2つめの分割目標が上回る。したがって，それぞれの場面で小さな誘惑である即時小報酬に打ち勝って，勉強行動という遅延大報酬を選択することが可能となるのである。このような目標の分割は，価値割引の激しい人に有効であると考えられる。なぜなら，図8-9（3）のように価値割引の緩やかな人は，そもそも目標を分割しなくともa地点で遅延大報酬を選択すると考えられるからである。

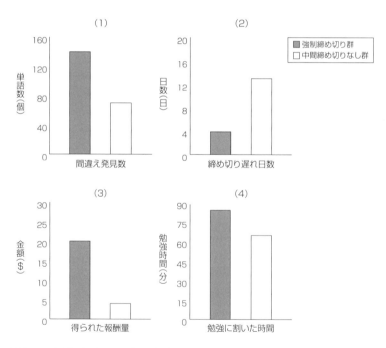

図8-8　各群における，間違え発見数，締め切り遅れ日数，得られた報酬量の平均値
（Ariely & Wertenbroch, 2002より改変）

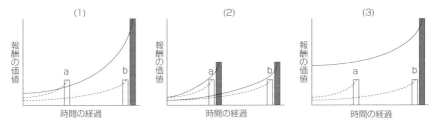

(1)は，2つの課題を最後にまとめて出す場面であり，(2)は半分の期間で1つを提出し，残り半分の期間でもう1つを提出するといった目標を分割する場面を想定している。価値割引の激しい人の場合，(2)で目標を分割した際に，即時小報酬aでなく，分割された遅延大報酬を選択することがわかる。ただし，(3)のように価値割引の緩やかな人は，そもそも遅延大報酬の価値がa地点で高いために，遅延大報酬を分割せずとも遅延大報酬を選択すると考えられる。

図8-9 遅延大報酬の分割と即時小報酬との関係性

3．まとめ

　大学生の勉強行動を増やすためには，割引の個人差に応じて遅延大報酬をどの地点にどのように置くかの処遇を決めることが有効である。遅延価値割引の緩やかな人は，遅延期間を最初から長くとっても勉強行動はみられる。しかし，激しい人はそのようにはいかない。そのような人のために3つの手法が有効であろう。第1に，遅延大報酬までの遅延を短くすることである。Reed & Martens（2011）では，大報酬までの遅延が長いと，価値割引の激しい人は行動を維持しにくいことが示された。ただし，対象者が小学生であるため，大学生の勉強行動でも今後検討していく必要がある。第2に，遅延期間を短くした上で，徐々に長くしていくことである。本章では，Dixon et al.（1998）を紹介したが，この研究の対象者は障害をもつ者であり，価値割引の個人差は検討していない。今後は，大学生の勉強行動と価値割引の個人差を踏まえた研究を行い，同様の結果が得られるかを検討する必要がある。

　第3に，遅延大報酬を分割して提示する介入が挙げられる。Ariely & Wertenbroch（2002）は，大学生の勉強行動でレポート課題を分割することが，勉強時間，成績を向上させることを示した。だたし，価値割引の個人差については検討していないため，今後の研究が必要だろう。このように，大学生の勉強行動を増やす3つの介入法の有効性をさらに高めるデータをそれぞれに補強していくことで，将来，計画的に勉強に取り組むための方向性や，計画性のない勉強行動を修正する手法が確立されることが期待される。

第Ⅲ部 医療分野への応用

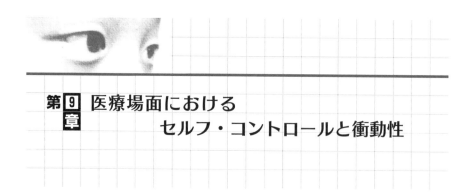

第9章 医療場面における セルフ・コントロールと衝動性

　人は誰もがいつまでも健康でありたいと望む。しかし，一方で喫煙や過度の飲酒が健康に影響を及ぼすことを認識しているにもかかわらずいったん習慣化した行動をやめることは容易ではない。なぜだろうか。本章は，健康に関連した人間の行動を理解するために，セルフ・コントロール（自己制御）の概念が医療にどのように関連するのかについて広域的に論じる。具体的には，最初に患者を取り巻く医療の歴史的変遷を概観し，その変遷とセルフ・コントロールの関係について述べる。次に，現代医療が抱える問題について医療財政問題を含めて論じた上で，その状況におけるセルフ・コントロールの必要性について紹介する。さらに，2つの医療モデルを紹介し，これらのモデルの患者概念におけるセルフ・コントロールの意味について述べる。後半には，健康問題に関連するセルフ・コントロールについて述べ，健康問題に取り組むいくつかの手法を紹介した上で慢性疾患患者を対象にしたセルフ・コントロールに関連した研究を紹介する。最後には，医療場面におけるセルフ・コントロール確立のために必要な学問体系として「医療行動分析学」の構築実現を見据えた将来的展望について論じることとする。

1節　患者概念の変遷とセルフ・コントロール

　医療は，これまで時代の社会情勢に影響されその歴史は変遷し，それとともに患者の概念も変遷してきた。つまり，患者は医療と関わる点において社会情勢に大きく影響されてきたといえる。セルフ・コントロールの視点から医療をとらえると，医療の主体が誰にあるのかという議論を避けることはできず，患者のセルフ・コントロールをヘルスシステムの中でいかに導き出すことができるかについて検討することが重要

といえる。

　医療の歴史的変遷を概観すると，ヒポクラテス★1以前の古代ギリシャにおける医療は，経験主義と魔術を混合させたようなものであり，科学的医療とよぶに相応しいものではなかった（梶田，2003）。この時代の医療は，医術とよばれるように経験的な施術を施し，患者の訴えや反応によりその効果を判定していた。つまり，患者が呈する症状に対して，それを緩和するための施術が提供されており，患者の望みを叶える形態のものであったといえる。そこから中世へと移行すると，医療は聖職者の支配下になりサイエンスの暗黒時代とよばれる時代が流れる。この間医学の科学的な進歩は停滞し，医者には治療を施す前に患者に魂について考えさせ懺悔させるという宗教的義務が課せられ，これが13世紀頃まで継続する（梶田，2003；宮本ら，2004; Parker, 2013）。この時代に恐れられた病気として知られているものにハンセン病★2があり，ハンセン病患者は罪人同様の残酷な処遇を受け社会的制裁を受けた最初の患者といわれている（宮本ら，2004）。また，精神病患者も同様の扱いを受け，精神疾患症状を呈する患者は悪魔と契約して社会に害悪をもたらすと疑われ，つるし首や火あぶりの刑に処されたという歴史がある（宮本ら，2004）。このような状況下では医療の中に患者のセルフ・コントロールという概念は存在しないといってもよいであろう。

　19世紀の宗教改革以降になるとヨーロッパ社会の非宗教化が進み，医療もその社会的影響を受けることになる。この時期は近代医学の基盤が形成された時期ともいわれており，医療技術が進歩し病気の原因を判別し，それに対する診断と治療が施されるようになる。医療がこのような科学的発展を遂げる過渡期においては，パターナリズム（paternalism）★3が強調され，医療者の関心の対象は科学的知識に傾く傾向があった（宮本ら，2004）。しかしその後，患者という立場は診断や治療を受ける客体という立場から徐々に1人の主体として認識され，患者の主体化が形成され始める（宮本ら，2004）。

　現代医療においては，それを引き継ぐように診断治療の科学的発展を遂げるが，その診断と治療の複雑化および高度化と医療技術支配の増大が懸念され，医療における患者の主体性を再考する議論が盛んになる（藤田，2001；宮本ら，2004）。医療における患者の主体性とは，患者を医療というフィールドにおいて保護観察の状態におかれた人間と位置づける概念の中での当事者性と解釈できる（藤田，2001）。このよう

★1　医学を魔術や宗教と異なる学問として確立した西洋医学の父とよばれている（Parker, 2013）。
★2　抗酸菌属の桿菌であるらい菌による慢性感染病であり，幼少期の長期曝露が原因と考えられており，皮膚症状や神経障害を呈する。
★3　父親的温情主義や家父長的態度と訳されるが，医療においては意思決定モデルの1つとして知られ，患者に選択する機会を与えず，医師が意思決定することを意味する（中山・岩本，2013）。

に解釈すると，患者は医療上の決定行為を行うことを許されている医師によって患者と分類されることを意味する。そして，患者は生活上の決定権の自由を医療者によって剥奪される傾向が強かったが，社会的正当性を考慮すると患者本人の生活に関する権利は剥奪できないという風潮が高まってくる。このことは，患者を医療と関わる一側面からみた存在ではなく，患者が有する主体的生活の側面からみた人間としての当事者であるという概念が強調されていることを示している（藤田，2001）。

このような状況を鑑みると，医療者側にこのような患者概念教育が十分に提供されているのか危惧されるところである。例えば，医療者が患者と生活の関係，そして医療と社会の関係について十分な見識を有していないことが現代医療における問題点であると指摘される（藤田，2001；宮本ら，2004）。さらに課題を有するのは医療者側だけでなく，患者側においても患者としての社会的義務をどこまで果たせるのか，患者が自身の健康問題に関連する行動のセルフ・コントロールをどこまで遂行できるのかが問題となる。

このように，患者という立場はその時代の社会情勢によって翻弄させられてきた。だが，今後，患者を疾病を有する生活の当事者として扱い，患者の主体性を強化する仕組みをつくることが重要になることは間違いない。そのためには，医療において患者のセルフ・コントロールを導き出し，それを支援できるシステムを構築することが社会的にも求められる。

2節 現代医療が抱える問題に対するセルフ・コントロールの必要性

本邦における医療は，これまで我が国が経験したことのない課題に直面している。我が国は，1970年に高齢化社会，1994年に高齢社会，そして2007年に超高齢社会★4を迎えた（内閣府，2014）。図9-1に示すように，我が国のみならず世界規模で高齢化率が上昇しているが，我が国は世界に類のないほどの高齢化率を示しており，その速度が速いことでも注目されている。さらに出生率の低下による少子化も影響し，人口全体の少子高齢化率の上昇は本邦の重要な社会問題である。1994年の高齢社会を目前に控えた1980年後半から1990年前半は社会保障をめぐる議論が新聞紙面を飾るようになり，この当時の社会保障をめぐる議論は高齢者に関連する内容が先行する印象が強い。さらに図9-2に示すように，我が国は団塊の世代がすべて75歳となる2025年には，75歳以上の人口が約800万人に達すると予測されており，これは全人口の18％

★4　世界保健機構（WHO）および国連の定義によると，総人口に対する65歳以上の人口が占める割合（高齢化率）が7％を超えた場合「高齢化社会」，14％を超えた場合「高齢社会」，21％を超えた場合「超高齢社会」とよぶ。

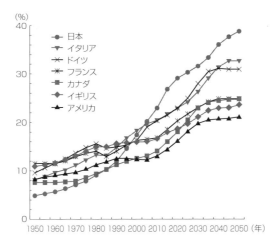

注）日本は，2010年までは総務省「国勢調査」，2015年以降は国立社会保障・人口問題研究所「日本の将来推計人口（平成24年1月推計）」の出生中位・死亡中位仮定による推計結果

図9-1　世界の高齢化率の推移（United Nations, 2012）

を占めると予測され，「2025年問題」とよばれている。我が国は2050年まで高齢化率の首位を維持することが推計されており，これは私たちが経験したことのない社会を迎えていることを意味している。

　この状況に対して我が国の医療政策は大きく舵を切った。これまで高度急性期医療に対して医療資源を集中投入することを優先していた。だが今後は，可能な限り住み慣れた地域で生活を継続できることを念頭に置き，医療と介護が連携する包括的な支援サービスを提供できる体制を整備することになり，医療は病院完結型ではなく地域完結型へと転換する。これは地域包括ケアシステムとよばれている（厚生労働省，2013a）。このシステムを支える方策として自助・互助・共助・公助の4つの方法が挙げられている。これは，費用をどこが（もしくは誰が）負担するのかということを意味していると同時に，自らの行動を地域とともに変化させる意味も包含する。つまり，この中の自助とは，自分のことは可能な限り自分ですること，さらに自らが積極的に住民と連携し合う自発的な取り組みを推奨するものである。これは，自らの健康に関わる問題を自助努力で管理することが明文化されたものであり，医療や福祉の専門家任せにするのではなく，自身の自律的行動を見直す意識を啓発するものである。つまり，時代背景に対応する要請を受ける形で，患者のセルフ・コントロールを導き出す医療体制の整備が求められている時代といえる。

第Ⅲ部　医療分野への応用

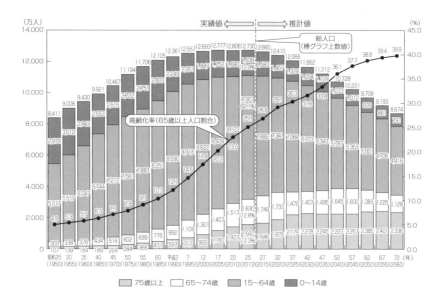

図9-2　日本の人口推計と高齢化率の推移（内閣府，2014）

注）2010年までは総務省「国勢調査」，2013年は総務省「人口推計」（平成25年10月1日現在），2015年以降は国立社会保障・人口問題研究所「日本の将来推計人口（平成24年1月推計）」の出生中位・死亡中位仮定による推計結果

　医療に関わる取り組みは，財政上の問題とも深く関連する。図9-3に示すように厚生労働省の報告によると2012（平成24）年度の国民医療費は39兆2,117億円であり，前年度に比べて6,267億円（1.6％）増と報告されている（厚生労働省，2013b）。ここでいう国民医療費とは，医療機関等における保険診療の対象となる傷病の治療に要した費用を指しており，診療種類別でいうと医科診療医療費，歯科診療医療費，薬局調剤医療費，入院時食事・生活医療費，訪問看護医療費などを含むものであり，これらすべての種類の医療費が前年度に比べて増加している。人口1人当たりの医療費は30万7,500円であり，当然ではあるが，これも前年度に比べて1.9％増加している。この医療費の財源は38.6％が公費であり，48.8％が保険料を占めており，公費の内訳は，国庫が25.8％であり，地方が12.8％，保険料の内訳は，事業主が20.3％，被保険者は23.5％と報告されており，これらはすべて前年に比べて増加している。このように国民医療費は増加の一途をたどっており，今後も増加することが予想される。我が国の国民皆保険制度は，社会保障制度の根幹をなすものであり，長期的に継続できる医療・福祉社会を構築することは重要な社会的課題である。

　加えて，我が国の債務残高は非常に大きく，早急に財政再建が必要な状況であるこ

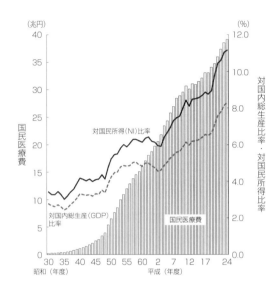

図9-3　国民医療費・対国内総生産および対国民所得比率の年次推移
（厚生労働省，2013b）

とは周知の事実であろう。2013年の日本医療政策機構による全国の男女1,650名を対象にした世論調査によると，本人の努力で予防可能な生活習慣病の医療費に関しては，自己負担額の増加に6割以上が「賛成」もしくは「どちらかといえば賛成」と回答している。一方，保健医療財政に負担がかかる高額な先端医療の費用に関する自己負担増加に対しては，7割以上が「反対」「どちらかといえば反対」と回答している（日本医療政策機構，2013）。生活習慣病は，患者自身の健康管理行動で予防可能か否かの判断についてのエビデンスを集約してコンセンサスを得る必要があるが，生活習慣病と高度先端医療に対して相反する国民意識があることは興味深いところである。将来，自らの医療を選択する際に自身の健康管理行動が問われる時代になってくることは間違いないであろう。

3節　医療モデルからみたセルフ・コントロール

　先述した通り，我が国の医療財政はすでに逼迫した状況であり，この状況は医療体制に影響するものである。限られた財源の中で患者の健康回復・増進，さらに予防という観点から医療の体制整備を考えることは重要であり，それが医療の将来的持続性

を可能にすることにつながるといえる。

　ここで我が国の医療は，国際的に比較すると非常に特殊な背景を有していることを紹介する。表9-1に示すようにOrganization for Economic Cooperation and Development（OECD：経済協力開発機構）Health Statistics 2015によると日本の平均在院日数は30.6日と顕著に長く，これはアメリカ，スウェーデン，オーストラリアの約5倍，フランスの約3倍に相当する。さらに人口1,000人当たりの病床数は，アメリカ，スウェーデン，オーストラリアの約4.5倍，フランスの約2倍である。しかし一方，人口1,000人当たりの臨床医師数および看護師数は，アメリカ，スウェーデン，オーストラリア，フランスとほぼ同数である。つまりこれは病床数当たりに換算すると4.5分の1や2分の1の医療者数で医療を提供していることを意味する。当然，医療は医師と看護師だけではなく，他のコメディカルスタッフとともに提供するものであるが，何れにしても十分な医療者が配置されていないことを示唆しており，我が国の医療はマンパワー不足が根底にあることが理解できる。今後，この背景が急激に変わる可能性は低いことを前提に考えると，我が国の医療はこれからも継続できるのであろうか。

　そこで重要になるのが医療におけるセルフ・コントロールの概念である。実際，セルフ・コントロールは，表9-2に示すように，医療モデルの中の患者に求められる概念として位置づけることができる。これまで病気は医療機関で医療の専門家が治すという概念があった。つまり医療を利用する側である患者は専門家に治してもらうという受動的行動に徹する傾向がみられ，その方が良い患者であるという認識が医療者にも患者にも少なからずあった。これは，医療者決定型医療が優先される傾向があったことを意味する。表9-2に示すように，医療者決定型医療では基準が外れるものが治療範囲であり，疾病の治療や延命が治療の到達目標とされ，教育は医学診断学や治療技術の習得に重きを置いたものであった。医療倫理に関連する医療情報においては，秘密主義が強調され，さらに家族等の意向を尊重し患者本人には異なる病名を告げる偽装告知も行われる（Stewart, 1995；宗像，2007；宮坂ら，2008）。意思決定モ

表9-1　医療体制の国際比較（OECD, 2015）

国　名	平均在院日数	病床数 （人口1000人当たり）	臨床医師数 （人口1000人当たり）	臨床看護師数 （人口1000人当たり）
日本	30.6	13.3	2.4†	11.1†
アメリカ	6.1‡	2.9†	2.7	11.1
スウェーデン	5.8†	2.6	4.2†	11.7†
オーストラリア	5.6†	3.8†	3.6	12.8
フランス	10.1†	6.3	3.3	9.4

注）無印：2013年のデータ，†：2012年のデータ，‡：2011年のデータを示す。

デルの観点から見ると，患者に意思決定する機会を与えず，医師が意思決定を主導するパターナリズムモデルが強調され，その背景には患者が有する医療に関連する知識は浅薄であるとみなされていることが影響している（中山・岩本，2013）。

一方，患者参加型医療は，患者の生活の質（Quality of Life: QOL）に支障をきたしたものが治療範囲となり，QOLの維持・向上を目指した健康状態と生活の再獲得を治療の到達目標とする。医療における教育は医学診断学や治療技術の習得のみならず患者学を学習する必要性を強調する（Stewart, 1995；宗像，2007；宮坂ら，2008）。意思決定モデルの観点からみると患者と医療者が話し合い，ともに意思決定するシェアードディシジョンモデルや患者が主体的に意思決定を行うインフォームドディシジョンモデルが強調される（中山・岩本，2013）。

先述したように医療を取り巻く社会的情勢からみると，医療者決定型医療ではなく，患者参加型医療を推奨する必要があるが，そもそも患者参加型医療と医療者決定型医療は対立するモデルではなく，医療者に依存する患者を否定するようにとらえるものではないことを念押しておく。人にとって自分自身の健康問題に関する意思決定は，本来たいへん難しい選択を要するものであり，医療の専門家に委ねることで満足する患者が少なくないことも事実である（Groopman & Hartzband, 2012）。ただし，患者が望む医療，そして納得する医療を受けるためには，2つの医療モデルがあることを知っておくことが重要であり，それによって患者自身に求められる概念が異なってく

表9-2　医療モデルの比較（宗像，2007より改変）

	医療者決定型医療	患者参加型医療
治療選択の主体	医療者	患者
治療範囲	基準から外れるもの	QOLに支障をきたすもの
医療到達目標	疾病の治癒 延命	健康・生活の再獲得 QOLの維持・向上
教育的重要性	医学診断学 治療技術の習得	医学診断学 治療技術の習得 患者学
医療倫理	秘密主義 偽装告知	情報開示
意思決定モデル	パターナリズムモデル	シェアードディシジョンモデル インフォームドディシジョンモデル
患者の捉え方	浅薄な医療知識	経験者として専門家
患者に求められる概念	コンプライアンス アドヒアランス	セルフ・コントロール

るということを理解すべきである。

　医療者決定型医療において患者に求められる概念としてコンプライアンス（compliance）という概念がある。コンプライアンスとは，一般的な英語辞書によると（要求・命令などに）従うことと訳されている（小西・南出，2003）。医療においては医師の権威に従うことと認識されており（Kyngaes et al., 2000; Polikandrioti & Ntokow, 2011），この背景はパターナリズムモデルによるものである。コンプライアンスと類似する概念にアドヒアランス（adherence）という概念がある。アドヒアランスはコンプライアンスよりも患者の同意の必要性を強調するものであり厳密には異なる概念であり，コンプライアンスよりも患者の主体性が考慮されている概念である（Bissonnette, 2008; Alikari et al., 2014）。コンプライアンスは，受動的に指示に従うことと解釈されている批判に対して，世界保健機関（World Health Organization: WHO）がコンプライアンスという概念ではなく，医療者から提案された治療やケアを患者本人が同意して受け入れるアドヒアランスという概念を推奨したことが大きく影響し（WHO, 2003），医療においては，コンプライアンスよりもアドヒアランスを推奨する傾向を示した。

　しかし，患者参加型医療では，アドヒアランスの概念よりもさらに患者の主体性を引き上げる概念に注目する。患者は医療者の指示に対して受動的に従う者ととらえるのではなく，症状を経験している専門家ととらえる。つまり，患者に対してはコンプライアンスやアドヒアランスという概念ではなく，セルフ・コントロールの概念が重要となる。患者参加型医療は患者の健康回復と疾病予防を促進するものであり，患者は健康を回復するために，または疾病を予防するために，その具体的方法を習得する学習者であるととらえ，その学習を支援する方法を医療者が学ぶ必要があるととらえる（Stewart, 1995；宮本ら，2004；広井，2006；宗像，2007；森，2013）。

　ここで患者参加型医療を実践している施設を紹介する。それは筆者が以前訪れた精神科の病院である。病院に到着次第カンファレンスに参加し，外来等の施設内見学を一通り終えたのち病棟に案内された。ここで私たちを待っていてくれたのは患者であった。首から名札を下げており，その患者は「ようこそいらっしゃいました。私は患者の〇〇と申します。この病棟は私が案内します」と言った。私は一瞬言葉を失ったが，患者の優しい笑顔に出迎えられて胸が熱くなるのを感じた。仕事上病院を訪問する機会はよくあるが，患者が施設内を案内してくれたのは初めてであった。その患者は，日中多くの患者が過ごすデイルームを紹介してくれ，その後自身の病室に案内してくれた。そこは4人部屋であったが，患者のベッド周囲には患者自身の私物が広がり，日常生活を送る光景があった。患者は1日をどのように過ごしているのか説明してくれ，主治医はほぼ毎日同時刻に病室を訪れ，頭上にあるタッチパネル式の電子カルテにその場で記録すると教えてくれた。その記録は患者自身も閲覧できるシステ

ムになっている。患者が説明する病院は，職員が説明する病院よりも患者が送る生活が手に取るようにわかり，患者視点の医療が伝わってくることに気がついた。

　その患者が案内してくれた病棟を出ると次は患者の行動制限を検討するミーティングに参加した。そのミーティングは，医師，看護師，ソーシャルワーカー等の医療者とその病棟の全患者が参加し，1つの輪に設置された椅子に着席して開始された。進行役を医師が担う。行動範囲には「拘束」「隔離」「病棟内のみ」「病院内のみ」「内回り（近所の中学校付近まで）」「外回り（中学校よりも遠いコンビニや郵便局まで）」「市街地」と7段階に分かれており，さらにその行動条件として「単独」「許可された患者同伴」「スタッフ同伴」の3段階に分かれている。ミーティングが始まるとすぐにある患者A氏が挙手した。自身の行動制限は「病棟内のみ単独」であるが，「病院内スタッフ同伴」に拡大して欲しいという意向を申し出た。すると進行役の医師が，「Aさんはこう言っていますが，みなさんどう思いますか」と全員に問いかけた。すると，同室患者が「Aさんは夜もあまり眠れていないし，あまり焦らずもう少しゆっくり行動拡大する方がいいのではないか」という意見を述べた。しかし，別の患者から「外にも出たいだろうし，以前に比べると落ち着いてきたからスタッフ同伴ならば病院内に拡大してもよいのではないかと」という意見が出て別の数名の患者がそれを支持した。その意見を受けて，進行役が「それでいいですか」と参加者全員に再確認する。その場の大多数の承認が得られれば，その患者の行動制限拡大の依頼は主治医に報告され，最終的な行動制限拡大の判断は主治医に委ねられることになる。

　この時点でこれが患者主役の医療実践であり，患者参加型医療であると明確に理解できた。患者が自身の意向を表明し，その議論に他の患者も参加する。自身の医療やケアの選択に対する意思決定に参加する機会を患者に与え，本人参加型で検討される。さらに，患者自身の医療に対する参加という意味だけでなく，医療施設の中での入院患者としての役割を遂行するために同じ病棟内や同室患者の医療に対しても参加していることに気がついた。このミーティング終了後，進行役を務めた医師は，病棟内でともに生活を送っている患者の方が医療者よりも対象となる患者状況を把握していることが多々あると教えてくれた。つまり各自が有する情報の偏りをうまく利用していることにも気づいた。患者にレッテルを貼るのではなく，それぞれの患者の病状や治療内容を把握した上で議論してもらっていると教えてくれた。これが患者参加型医療の一例である。

　この病院のホームページには，患者の権利として以下の9項目が挙げられている。

①個人として，その人格を尊重される権利
②自分の受けている治療について知る権利
③状態に応じた適切な治療及び対応を受ける権利

④治療計画過程で自分の意見表明や自己決定できる援助を受ける権利
⑤公平で差別されない医療及び対応を受ける権利
⑥通信・面会の権利
⑦退院請求及び処遇改善を申し立てる権利
⑧開放的，明るい，清潔，落ち着ける環境で治療を受ける権利
⑨最小の制限のもとで治療を受ける権利

これらすべてとは言わないが，わずか1日の訪問でこれらの権利が行動化され実践されていることを理解することができた。

我が国の医療における患者参加は様々な領域において進んできている。それは，健康に関連する意思決定を支援するサイト[★5]や，患者団体等の情報を提供するサイト[★6]，診療ガイドラインを医療者向けのみならず，患者や住民向けに解説するサイト[★7]から提供されている情報により知ることができる。また，患者が選ぶ良い病院として複数の著書は出版されており，また治療成績に基づく疾患別や手術執刀数別に名医とよばれる医師を紹介する著書は複数存在する。個別の医療機関をインターネット等で検索する場合は，詳細な概念の違いをあまり気にせず「患者参加」「患者参加型医療」「患者中心」「患者意思決定支援」「自己決定支援」等の検索語を活用されることをお薦めする。

セルフ・コントロールの視点から現代医療が有する課題を考えると，これからの医療は「医療者が」治す医療もしくは「患者は」治してもらう医療ではなく，どのように医療と向き合うかについて医療者と患者双方が考え，ともに行動することが必要になる（飛田，2016a）。そのためには，患者の健康に関する管理行動について患者を中心とした議論が不可欠であり，医療者はその管理行動をいかに望ましい方向へと導くかが課題となる。またそれは患者が安心して安全な医療を受けることにもつながることを意味している（飛田，2016b）。先述した通り医療費は限りあるものであり，それはすでに逼迫している。そして，これは医療に莫大な資源を投入できない状況を意味しているのである。医療者には，患者の自律的行動を強化するための支援を提供し，積極的な医療参加を促す方策を構築することが求められ，医療資源という枠組みの中の概念に患者自身も含まれてくることを意味する。つまり，患者の選択的意思決定支援とその行動支援の構築こそ現代医療に求められるものである。拡大解釈すれば，患者の参加だけでなく，住民の参加，地域の参加，自治体の参加，そしてこれらをつなぐ輪が必要になり，社会全体にこのような仕組みをつくる必要がある。患者が参加す

★5　ヘルスリテラシー　健康を決める力　http://www.healthliteracy.jp/
★6　日本患者会情報センター　http://www.kanjyakai.net/
★7　Minds ガイドラインセンター　http://minds.jcqhc.or.jp/n/top.php

第9章　医療場面におけるセルフ・コントロールと衝動性

る医療は，まさにセルフ・コントロール型医療ともよぶことができるのである。

4節 健康問題におけるセルフ・コントロールと衝動性

　患者はどのようなきっかけで自身の健康の維持増進のために行動するのだろうか。Suchman（1967）は予防的保健活動の理論を提唱し，個人の行動は望ましい場面や環境が設定されれば，その行動が受け入れられる見込みが高くなると述べている。これは，心理学の立場からみると，行動分析学の考え方に近く，健康増進のための行動を自己管理するには，セルフ・コントロールの手続きを活用することにとって環境を設定することができると解釈される。

　健康問題に焦点を当てたセルフ・コントロールに関する研究は，数多く報告されている。Rachlin et al.（1991）は，遅延報酬は即時報酬に比べてその価値が割り引かれ，それは遅延時間に影響されることを双曲線モデルで説明できることを報告した。人が食べたい，飲みたいという欲求は生理的欲求とよばれ，その欲求を満たそうとする行動は，個人の衝動性と関連する。

　健康のように人にとって最も重要であるといっても過言ではないほど価値あるものが，遅延されると即時報酬よりも選択されないのはなぜだろうか。それは，健康という概念は，それが疾病等で障害されて初めてその重要性が認識されることが多く，健康が普遍である状態ではその事象の重要性は認識しにくいものだからである。食べたいものを食べ，飲みたいものを飲んでいれば，欲求は当然満たされるが，疾病や障害により食べたいものを食べられず，飲みたいものを飲めない状況が生じると，食べたいものを食べていた普遍的事象の重要性を認識することになる。患者にとっての将来の健康は遅延された報酬にあたり，今すぐ目の前のケーキを食べることは即時報酬ととらえられる。つまり，将来の健康が本人にとって大報酬であり，目の前のケーキが小報酬であるとき，遅延された大報酬の価値は遅延時間の増加に伴い減少する，つまり報酬の価値が割引かれることを意味している。

　双曲線関数的割引モデルに基づきこの価値が割り引かれた程度を表す割引率は，数値が高いほど衝動性が高いことを意味しており，仮想の金銭や薬物を用いた質問紙調査によるとアルコールやニコチンを多量に摂取する人の割引率は高値を示すことが報告されている（Vuchinich & Simpson, 1998; Bickel et al., 1999）。さらに，これらは概念的に説明されているだけではなく，数量的に実証されており，この概念的説明は医療に活用できるものである。具体的には，双曲線関数的割引モデルにおける個人の衝動性は価値の割引率として定量的に測定することが可能である。そのことを踏まえて，医療においては2点のことに貢献できると考える。1つめは，個人の衝動性を測

定することによって将来の行動の予測が可能になる点，もう1つは個人の衝動性が測定できることによって個人の衝動性に応じた個別の介入が可能になる点である。例えば，衝動性の低い人には，言語教示のみで望ましい行動が生起するかもしれないが，衝動性の高い人には，言語教示のみでは不十分かもしれない。多くの場面における介入サンプルとしては，『ケースで学ぶ行動分析学による問題解決』（日本行動分析学会，2015）を参考にされることをお薦めする。

5節 健康問題へのアプローチ

セルフ・コントロール型医療を確立するためには，患者の自律的行動の強化が必要となる。ここでは，健康問題を取り扱う具体的なアプローチをいくつか紹介する。

Rosenstock（1966）や Becker & Maimart（1975）などにより紹介された保健信念モデル・健康信念モデル（health belief model）がある。これは，健康に良いとされる行動をとるようになるために2つの条件が設定され，これらを満たすことで健康に取り組む行動をとる可能性が高くなると解釈するものである。1つの条件とは，病気や合併症になる可能性が高いと感じる危機感であり，もう1つの条件は，行動をとることのプラス面がマイナス面よりも大きいと感じることである。つまり，患者本人が病気や行動についてのメリットをどのように感じているかが重要である。

さらに，Banduraによって紹介された自己効力感（Self-efficacy）モデルは，ある行動をうまくやることができるという自信があるときに，その行動をとる可能性が高まるという考え方に基づいており，社会的認知理論の背景を有する（Bandura, 1977）。患者が健康のために良いとされる行動をできるという自信をもつためには，4つの要因が影響するといわれており，それらは①これまでに同じか似たような行動でうまくいった経験をする（成功体験），②自身と同じような境遇の他者がうまくやるのを見る（代理的経験），③客観的判断ができる他者から，あなたならばできるといわれる（言語的説得），④身体的もしくは精神的に変化が起きる（生理的・情動的変化）である。この4つの要因を経験すると健康に良いとされる行動ができる自信感につながるとされる。これらの中でも①から③は特に学習理論に基づく考えと解釈でき，個人の学習の重要性を強調するものである。

これらは，健康問題に対するアプローチとして知られているものであるが，行動の原因を皮膚の内側にある内的要因に求めた上でその事象を説明するための説明理論ととらえることができる。このように事象に対して概念ラベルを貼ることは事象を理解するために役立つかもしれないが，仮に事象を理論的に説明できたとしても，それを解決へと導く介入方法が提供できなければ問題自体は変わらないという限界を有して

いることを意味する。

またさらに重要なことは，介入の効果を評価できる指標の存在であり，その評価は数量的に評価できる方が望ましい。行動分析学的介入は人の行動の原因を個人がもつ能力や性格など皮膚の下に存在する何かに求めるのではなく，人の行動は環境の関数であるという立場に立脚しており，先述した介入方法とその数量的評価指標を有するという点で他とは異なる優れた手法である。

例えば，健康の維持増進のための行動を自己管理するために，セルフ・コントロールできることを目指した強化随伴性（contingencies of reinforcement）の手続きを活用することができる。Skinner（1953）は，自己管理は制御行動（controlling behavior）と被制御行動（controlled behavior）で成り立つと述べ，Miltenberger（2001）は，制御行動の先行事象や結果事象を操作することよって被制御行動（標的行動）を起きやすくする手続きを活用することを紹介している。

ここで，慢性血液透析患者を対象にした運動の研究について紹介する。血液透析とは腎不全に対して提供される治療法の１つであり，現在我が国の慢性血液透析患者は約32万人存在する（日本透析医学会，2015）。慢性血液透析療法のように長期的な治療を要する患者にとって，健康に関連する自己管理行動が重要であることはいうまでもない。

飛田ら（2010）は，患者が日常生活を営む上で必要である生活体力を維持・増進させるために運動の重要性に着目し，その運動の継続を目指した介入方法として行動分析学的介入を採用した。具体的には，被制御行動つまり標的行動（target behavior）を上肢・下肢・体幹の運動７種類を８回する行う運動とし，これを１セットとした。さらに，この運動は透析治療中に行う運動（図９-４参照）とした。このように医療現場において患者を対象に介入研究を実施する場合，所属する教育機関における倫理審査を受審することは当然必要であるが，実施する医療機関の倫理審査も受審し，承認が得られた後に研究を開始することが必要である。研究対象となる患者には文書にて研究の目的・方法・リスク等を説明し，書面にて同意を得ることが必要である。当該研究もその然るべき手続きを踏んで実施した。

介入方法には目標設定，自己監視，言語的賞賛，シールの貼付を採用した。これら４つについて紹介すると，目標設定とは，この運動にはトレーニング用のラバーチューブを用いており５段階の強度が設定でき，患者は自身で異なる種類のラバーチューブを試してみて，自身で実施できる強度を選択することにした。さらに，運動回数も自己設定することとしたため，運動強度と運動回数について目標設定することを採用した。

次に，自己監視であるが，自身の運動の継続を可視化できるように，運動手帳を提供し，運動１セットごとに１マスを塗りつぶすように指導した。実際に患者が記入し

第Ⅲ部 医療分野への応用

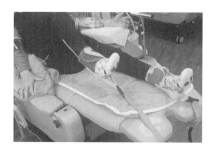

図9-4 血液透析治療中の運動風景

た運動手帳の中の運動経過表が図9-5である。マスは下方から上方に向かって塗りつぶすように指導し，塗りつぶされたマスが積み重なっていくことを視覚的に協調するようにした。

　さらに，言語的賞賛とシールの貼付であるが，図9-5の運動経過表①の数か所にシールが確認できるであろう。これは，運動目標を達成した場合には透析室スタッフが言語的に賞賛し，運動経過表にシールを貼付したものである。シールは老若男女に対応できるように10種類以上のシールを準備し，患者が自ら好みのものを選択できるようにした。さらにクリスマスやお正月にはサンタクロースや門松のシールを準備した。研究チームの中では当初平均年齢65歳を超える患者に対してシールとは幼稚ではではないかという意見が出たが，実際に行ってみると，老若男女問わず，患者がシールを楽しそうに選ぶ光景は良い意味で予想を覆した。さらに図9-5の運動経過表②は，行った運動の項目のみを塗りつぶし，身体症状の変化等は備考欄に記録しているものである。備考欄への記入は教示していないため，自身の運動の記録として自主的に取り組んだものであり，まさにセルフ・モニタリングといえる。

　このような行動分析学的介入によって，介入群の運動継続率は非介入群に比べ顕著に高率を示すことを報告している（飛田ら，2008；飛田ら，2009; Tobita et al., 2009）。患者にとって日常的な運動は重要であり，その重要性を患者本人も十分理解しているが，難しいのはその継続である。患者でなくても，健康のため，美容のため，ダイエットのためなど，目的は様々であっても運動に取り組んで断念した経験のある人は多いであろう。患者も同じである。

　このような行動分析学的介入によって，運動を長期的に継続することを支援することが可能になる。その介入の場合，運動を継続することが重要であるが，それを医療者主導型で運動を継続させるのではなく，患者自身のセルフ・コンロトール型の管理方法で運動の継続を導く介入が重要である。

　さらに，行動契約（behavioral contract）の技法も活用できる。行動を自身でマネ

第9章 医療場面におけるセルフ・コントロールと衝動性

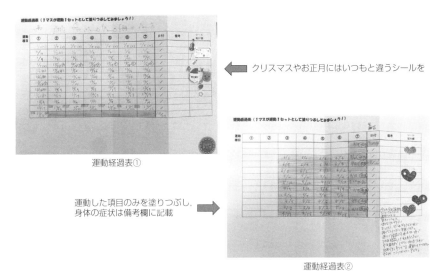

図9-5 患者によって書かれた運動経過表

ジメントするために何をいつまでにどうするかということを他者との契約という形で結ぶ約束のことである。今回の運動を例に挙げると、その運動回数や運動強度の数値目標を設定し、それらの数値について医療者と契約を交わす（契約内容は書面に明記）方法も活用できる。これは運動に限らず、患者として遵守すべき行動や食事や飲水管理等に活用することができる（飛田, 2015）。

6節 医療行動分析学構築の必要性

　行動分析学は、医療分野においてその活用価値が再認識され始めている。筆者は2013年に現在在籍する教育機関の大学院修士課程において「医療行動分析学特論」という講義を開講した。行動分析学は動物実験による知見を集積する「基礎」の領域と人に介入し効果を検証する「応用」の領域に大別される。本章で先述した通り、医療は全般における体制の変革時期であり、管理体制および教育体制を再構築する時期であり、行動分析学的マネジメントの活用の場は広い。

　患者のセルフ・コントロールを導くために、行動分析学に基軸を据えた介入実験による知見の活用の場は広く、対象は患者のみならず医療者を対象にした検証も可能である。指導しても守らない患者や、教育しても育たない若手医師や若手看護師の行動

の原因を個人がもつ性格や能力など，その行動する主体の内的要因に求めるのではなく，行動の関数となる環境（変数）との関係性に着目し，その環境の操作によってコントロールできる手法を提案することにより，問題解決型思考が広まってゆくことを期待する。

第10章 糖尿病とセルフ・コントロール

1節 糖尿病への罹患しやすさを規定する諸要因

1. はじめに

　糖尿病とは，インスリンの分泌不足や作用不全による糖，タンパク，脂質の代謝異常が続く病気である。糖尿病の中で，遺伝的要因やウィルスにより膵臓のインスリン分泌細胞の破壊が起こり，若年からの発病が多くみられるタイプは，1型糖尿病とよばれている。一方，食事や運動などの環境因子が積み重なることにより主に中高年以降に発病するタイプは，2型糖尿病とよばれている。一般的に，糖尿病患者のおよそ5～10％が1型であり，残る90～95％が2型であるとされている（Smeltzer & Bare, 2000）。

　糖尿病患者の数は，多くの国でパンデミック（汎流行）とよばれるほど急速に広まっている。WHO（2014）によれば，世界ですでに3億4700百万人が糖尿病に罹患しているとされる。これは，世界の18歳以上の人口のおよそ9％に相当する。

　我が国においても糖尿病の患者数は増加傾向にあり，2013年の国民健康・栄養調査報告（厚生労働省，2013）によれば，糖尿病が強く疑われる人と糖尿病の可能性を否定できない人を合わせると，なんと男性の25.9％，女性の18.5％にのぼるという推計が示されている。さらに，この調査では，糖尿病の重大な危険因子の1つである肥満者（BMIが25以上）が15歳以上の人口に占める割合が，男性の27.8％，女性の19.7％に達すると推計されている。

　このような患者数増加の原因としては，世界規模での「コカコーラ文化化（coca-

★1　アメリカ的な商業化，および，アメリカ的な文化化の影響をコカコーラ文化化という。

colonization）」★1が指摘されている（Hjelm et al., 2003）。すなわち，都市化と産業化，高齢化，不健康でストレスの多い生活スタイル，高カロリー食物の過剰摂取などの要因である（Al-Khawaldeh et al., 2012; Hjelm et al., 2003）。実際，生活習慣に由来する2型糖尿病の予防や治療では，食事や運動の自己管理が重要なポイントであることが例証されている（例えば，Wing et al., 2001の評論を参照）。本章では，糖尿病の自己管理を規定する心理社会的な要因，および，自己管理を改善するための心理行動的な介入法について概観し，さらに，糖尿病の自己管理を規定する心理社会的要因の因果構造についての最近の研究成果を紹介する。

2．糖尿病の自己管理を規定する心理社会的な諸要因

糖尿病患者には，食事管理，運動管理，薬物管理（血糖降下剤の服薬，インスリン注射など），血糖自己測定，ストレス管理，水分管理，清潔・創傷予防など，様々な自己管理が求められる（中野ら，2003; 吉田ら，2002）。これらの自己管理を実行する程度には大きな個人差があり，その成否が患者のQOL★2に影響を与えることから，自己管理の個人差に影響する心理社会的な要因を明らかにするための研究が数多く行われてきた（表10-1）。

（1）教育レベル

患者が糖尿病に対する理解を深め，自らの病気に対する態度を変えるためには，患者がある程度の教育的な背景をもっている必要がある。したがって，患者の教育レベルが自己管理に影響を及ぼすことは十分に予想される。実際，アメリカのアフリカ系アメリカ人，ヒスパニック，および，白人の2型糖尿病の患者を対象とした研究から，教育レベルが高いほど血糖コントロールが良い（糖とヘモグロビンが結合したグリコヘモグロビンの1つであり，過去1～2か月の血糖値の指標とされるHbA1cの値が低い）ことが示されている（Boltri et al., 2005）。同様に，アメリカのヒスパニックの2型糖尿病患者の研究では，教育レベルが低いほど，HbA1c値の検査を受けないことが示されている（Mainous et al., 2007）。さらに，アメリカのデトロイトの病院で行われた1型と2型の糖尿病患者を対象とする研究でも，1型糖尿病患者では教育レベルが高いほど血糖値のコントロールが安定していること（Peyrot et al., 1999）が示されている。これらの結果は，教育レベルに応じて適切な介入法を使い分ける必要があることを示唆している。

★2　糖尿病のためのQOL測定尺度としては，Audit of Diabetes-Dependent Quality of Life（Bradley et al., 1999），Diabetes Health Profile（Meadows et al., 1996, 2000），Diabetes-Specific Quality of Life Scale（Bott et al., 1998），Diabetes-39（Boyer & Earp, 1997），Questionnaire on Stress in Diabetic Patients-Revised（Herschbach et al., 1997）が，信頼性と妥当性が高い（Garratt et al., 2002）。

表10-1　自己管理行動を規定する心理社会的要因

心理社会的要因	内容	文献
教育レベル	教育レベルが高いほど自己管理レベルが高い	Boltri et al., 2005; Mainous et al., 2007; Peyrot et al., 1999
経済的レベル	経済レベルが高いほど自己管理レベルが高い	Boltri et al., 2005; Mainous et al., 2007; Rabi et al., 2007; Tao, 2006
社会的サポート	社会的サポートレベルが高いほど自己管理レベルが高い	Albright et al., 2001; Choi, 2009; Ford et al., 1998; Garay-Sevilla et al., 1995; Glasgow & Toobert, 1988; Khattab et al., 2010; Ruggiero et al., 1990; Treif et al., 2001; Wilson et al., 1986; 桑木・簱持，2012
精神衛生	精神衛生がよいほど自己管理レベルが高い	Aikens & Mayers, 1997; Daniele et al., 2013; Hannon et al., 2013; Khattab et al., 2010; Lane et al., 2000; Nichols et al., 2000; Peyrot et al., 1999; Turan et al., 2001
自己効力感	自己効力感が高いほど自己管理レベルが高い	Al-Khawaldeh et al., 2012; Anderson et al., 1995, 2000; McCaul et al., 1987; Kingery, 1988; Hurley, 1990；Hurley & Shea, 1992; 池田ら，2000, 2004; Kara et al., 2006; Kavanagh et al., 1993; Kingery, 1988; Nelson et al., 2007; McDowell et al., 2005; Skelly et al., 1995; Uzoma & Feldman, 1989; Van der Bijl et al., 1999; Williams et al., 1998; Wu et al., 2011; 服部ら，1999; 桑木・簱持，2012; 布佐ら，2002; 鈴木，2013; 冨樫ら，2004; 安酸，1997a, 1997b; 安酸ら，1998

（2）経済的レベル

　糖尿病はカロリーの摂りすぎや運動不足に起因することから，直感的には，患者の経済的レベルが高いほど自己管理が悪くなるように思われる。だが，実際にはまったく逆であることが例証されてきた。例えば，カナダの糖尿病教育センターにおける4,000人以上の患者を対象とする大規模調査では，年収が高いほど，BMIが低く，血液中の中性脂肪が低く，善玉コレスレロールが高く，かつ，病院に紹介されたときの年齢が高いことが明らかにされている（Rabi et al., 2007）。さらに，同じ研究から，年収が低いグループでは血糖値降下剤などの薬物投与を受けている確率が高く，年収が高いグループでは食事療法のみを受けている確率が高いことも示されている（Rabi et al., 2007）。要約すると，年収が低いほど，高齢で受診し，糖尿病が重症で動脈硬化の傾向が高く，かつ，薬物治療を受けている傾向が高いのである。年収が低いほど高価な薬物治療を受けているということから，低年収における糖尿病の重症化は不十分な治療が原因ではなく，低年収がもたらす生活スタイルが関与していることが示唆される（Rabi et al., 2007）。

同様に,アフリカ系アメリカ人の糖尿病患者では年収が低いほど血糖値が高いことを示すデータ (Boltri et al., 2005) や,ヒスパニックの患者では年収が低いほど血糖値の検査を行わないという報告 (Mainous et al., 2007) もある。さらに,健康保険に加入しているほど,患者が血糖値のモニターを行う確率が高く (Mainous et al., 2007),治療の指示を守る確率が高く,合併症になりにくいことも示されている (Tao, 2006)。したがって,2型糖尿病については,経済的に恵まれた人よりも,むしろ,年収が低い人ほど罹患しやすく,かつ,悪化させやすいと結論づけられる。

(3) 社会的サポートと精神衛生

社会的サポートとは,個人に対する他者からの作用(支援や援助など)のことであり,心理学では,情動的サポート (emotional support),情報的サポート (informational support),道具的サポート (instrumental support) に分類されている (House & Kahn, 1981)。社会的サポートの概念を健康行動に適用した場合,情動的サポートとは愛情とケア,自尊心と価値,励まし,同情の表示を,情報的サポートとは事実,アドバイス,評価のフィードバックの提供を,道具的サポートとは行動的あるいは物質的な支援を意味するとされている (Thoits, 2011)。

これまでの研究から,家族や友人などからの社会的サポートが多いほど,糖尿病患者が食事療法,運動療法,血糖値の自己測定などの自己管理行動を行う確率が高いこと (Albright et al., 2001; Garay-Sevilla et al., 1995; Glasgow & Toobert, 1988; 桑木・簱持, 2012; Ruggiero et al., 1990; Wilson et al., 1986) や,社会的サポートが多いほど患者の血糖コントロールが良いことが報告されている (Choi, 2009; Ford et al., 1998; Khattab et al., 2010)。これらの結果は,家族や友人がいれば,食事療法や運動療法についての支援(道具的サポート)や,糖尿病についての情報(情報的サポート)が得られやすいことを示唆している。

しかし,ただ単に家族がいればよい,というわけではないようである。例えば,家族が適切に機能していない場合には,道具的サポートや情報的サポートはおろか,疾患への理解や励ましという情緒的サポートさえも得ることはできないであろう。実際,糖尿病に理解ある家族の割合が低いほど外食が多く食事療法の遵守が悪いことを示すデータや (Albright et al., 2001),結婚への適応度が低いほど血糖コントロールが悪いことも示すデータもある (Trief et al., 2001)。したがって,社会的サポートは,自己管理行動の改善により血糖コントロールに直接的に寄与するのみならず,見守りや励ましによる患者の精神衛生の改善を通して血糖コントロールに間接的に関係する可能性もある。

これに関連して,患者の精神衛生が悪いほど血糖値のコントロールが悪くなることを示した結果も数多く報告されている。例えば,日常生活において結婚・死別・妊娠・解雇などの困難な出来事がある患者ほど血糖コントロールが悪い (Aikens &

Mayers, 1997)。さらに，糖尿病に対してネガティブな態度や感情をもっているほど血糖値のコントロールが悪いことを示した研究や（Khattab et al., 2010; Nichols al., 2000），神経症傾向・不安・うつ・敏感性が高いほど血糖値のコントロールが悪く，愛他傾向が高いほど血糖値のコントロールが良いことを示した研究もある（Lane et al., 2000）。加えて，患者のうつ傾向が高いほど自己管理行動が低く（Daniele et al., 2013），血糖値のコントロールが悪い（Hannon et al., 2013）。反対に，ストレスに対して実用的なコーピング・スタイルを示す患者ほど，自己管理行動を行う確率が高く，血糖値の制御が良い（Peyrot et al., 1999; Turan et al., 2002）。これらの知見は，日々困難と向き合う患者に対する情緒的サポートの重要性の傍証となっている。

（4）自己効力感

患者の自己効力感が様々な自己管理に影響を及ぼすことを示す研究は多い。例えば，アルコール依存（Rist & Watzi, 1983），ニコチン依存（Boudreaux et al., 2003; King et al., 1996; Prapavessis et al., 2007; Strecher et al., 1986），マリファナ依存（Stephens et al., 1995），乳癌自己検査（Gonzales, 1990），性感染症予防（Hale & Trumbetta, 1996; DiIorio et al., 2000），てんかん（DiIorio et al., 1992），喘息（Gecht et al., 1996），前立腺癌（Boehm et al., 1995），慢性腰痛（Lin et al., 1996）などの分野において，自己効力感が高いほど自己管理が形成・維持されやすいことが明らかにされてきた（Anderson et al., 2000; Kara et al., 2006を参照）。

ここでいう自己効力感とは，「あることを達成する自らの能力についての信念」のことである（Bandura, 1977）。Bandura自身も述べているように，自己効力感の信念システムは包括的な心理傾向ではく，個々の機能についての自己信念の個人ごとに差別化された集合であると考えられる（Bandura, 2006）。このような考え方に基づいて，様々な分野における自己効力感を測定する尺度が開発されてきた。

糖尿病については，当初，Banduraの開発した恐怖症についての自己効力感尺度を改変し，糖尿病患者における食事療法，運動療法，および，血糖値検査についての自己効力感を測定する心理検査が開発され，実際の自己管理行動をよく予測することが例証された（McCaul et al., 1987; Kingery, 1988）。その後，Hurley（1990）がインスリン使用中の患者に特化した自己効力感尺度を作成し，さらに，Van der Bijl et al. (1999) が「糖尿病自己管理の自己効力感尺度（Diabetes Management Self-Efficacy Scale: DMSES）」を作成した。最近では，自己決定理論に基づいて自律的な自己管理の自己効力感を測定する「糖尿病管理の能力感尺度（Perceived Competence for Diabetes Scale: PCDS）」（Nelson et al., 2007; Williams et al., 1998）や，より高次の自己効力感を測定するための「糖尿病エンパワーメント尺度（Diabetes Empowerment Scale: DES）」（Anderson et al., 1995; 2000）の開発も行われている。これらの中で，特に，DMSESについては比較的多くの研究が行われ，高い妥当性，信頼性，

および，内的整合性をもつこと（McDowell et al., 2005; Van der Bijl et al., 1999; Wu et al., 2011），および，DMSESは，食事管理の自己効力感，運動管理の自己効力感，血糖値検査の自己効力感，フットケアの自己効力感，治療の自己効力の下位カテゴリーに分類されることが示されてきた（Kara et al., 2006; Van der Bijl et al., 1999; Wu et al., 2011）。

　これらの自己効力感尺度を用いた横断的研究は，糖尿病患者の自己効力感と自己管理行動の間には相関があること（Al-Khawaldeh et al., 2012; Hurley & Shea, 1992; Kingery, 1989; Uzoma & Feldman, 1989; Wu et al., 2011），自己効力感の高低が将来の自己管理行動を予測すること（Kavanagh et al., 1993; Nelson et al., 2007; Skelly et al., 1995），自己効力感が高いほど血糖コントロールが良いこと（Anderson et al., 1995; Williams et al., 1998）を明らかにしてきた。

　日本でも，安酸（1997a）による「糖尿病の食事自己管理についての自己効力感尺度（Diabetes Mellitus Dietary Self Efficacy Scale: DMDSES）」，池田ら（2000）による「糖尿病患者のためのセルフ・エフィカシー尺度」，金ら（1996）による「健康行動に対するセルフ・エフィカシー（Self-Efficacy on Health Behavior: SE-HB）の尺度」などが開発され，海外の研究と同様に，自己効力感が高いほど食事や運動についての自己管理行動が維持される（冨樫ら，2004; 服部ら，1999; 桑木・籏持，2012），自己効力感が高いほどHbA1c値が低いこと（池田ら，2000; 2004: 布佐ら，2002; 安酸，1997b），自己効力感が高いほどBMIが低いこと（鈴木，2013）などの成果が報告されている。これらの結果は，自己効力感を高めるための操作（達成，モデリング，言語的説得，生理的状態）を取り入れた介入が糖尿病の自己管理の改善に有用であることを示唆している（冨樫ら，2004; 安酸ら，1998）。

2節　糖尿病患者への心理行動的な介入

　糖尿病患者の自己管理行動を改善するために，これまでに様々な心理行動的介入法が開発されてきた。以下では，それらの方法を教育的介入，行動的介入，認知的介入に分けて紹介する（表10-2を参照）。

1．教育的介入
（1）教育法
　糖尿病の自己管理についての教育（Diabetes Self-Management Education: DSME）が，患者の自己管理を高める効果をもつことは，これまでに数多くの研究で例証されてきた（Anderson et al., 1995; Norris et al., 2001; Rickheim et al., 2002; 荒川・上遠野，

表10-2 自己管理行動を改善する介入

種類	方法	効果	文献
教育的介入	教育法	教育は自己管理レベルを高める	Anderson et al., 1995; Lorig et al., 2001; Norris et al., 2001; Rickheim et al., 2002; Rygg et al., 2012; 荒川・上遠野, 2006; 板垣・川島, 2001; 八嶌ら, 1996; 藤沼ら, 1998; 野並ら, 2001
	エンパワーメント法	エンパワーメントは自己管理レベルを高める	Funnel et al., 2009; Haas et al., 2013; Tang et al., 2006
行動的介入	刺激制御法	刺激制御は自己管理レベルを高める	Cheadle et al., 1995; Dalton & Kitzmann, 2011; Lansky & Vance, 1983; Wing et al., 2001
	自己監視法	自己監視は自己管理レベルを高める	Bean et al., 2008; Burke, Styn et al., 2009; Burke, Swigart et al., 2009; Burke, Styn et al., 2009; Burke et al., 2011; Carels et al., 2004; Carver, 2004; Dalton & Kitzmann, 2012; de Ridder & de Wit, 2006; Germann et al., 2007; McKee & Ntoumanis, 2014; Peason, 2012; Wadden, 1993; Wadden et al., 2004, 2007
	強化法	強化は自己管理レベルを高める	Dalton & Kitzmann, 2011; Gutin et al., 1999; Renjilian et al., 2001; Rotatori & Fox, 1980; Wadden et al., 2004
認知的介入	認知的再体制化法	認知的再体制化は自己管理レベルを高める	Bean et al., 2008; Brownell, 2000; Cooper & Fairburn, 2001; Foster et al., 2001; Nauta et al., 2000; Martyn-Nemeth et al., 2009; McKee & Ntoumanis, 2014; Miller & Rollnick, 2002
	目標設定法	目標設定は自己管理レベルを高める	Latner et al., 2000; Pearson, 2012; Wadden, 1993

2006; 板垣・川島, 2001; 八嶌ら, 1996; 藤沼ら, 1998; 野並ら, 2001)。これらの研究において用いられる基本的な教育方法は，糖尿病や自己管理の技能についての知識伝授を主な目的とする伝達形式の講義であり，いくつかの研究でその有用性が例証されている。例えば，Rickheim et al.（2002）は，糖尿病や自己管理の技能についての個別教育や集団教育が患者の知識や生活の質等を高め，結果としてBMIやHbA1cの制御を改善することを示している。さらに，Rygg et al.（2012）は，入門的な授業と質問，相互作用的な学習と技能訓練，および，患者が経験を話し互いに質問しあうグループ活動を15時間にわたり実施したところ，比較的重症の患者において，血糖コントロール，知識，技能，および，自己管理の確信度が改善したことを報告している。

また，前述の自己効力感についての研究成果に基づいて，患者の自己効力感を高める教育方法の開発も試みられている。自己効力感についての一般的な理論では，自己効力感を高めるために，自己の成功経験，他者の成功をみる代理的経験，言語的説得，

および，生理的情動的状態の管理が重要であることが示唆されている（Bandura, 1977, 2006）。このような考え方に基づいて，Lorig et al.（2001）は，糖尿病教育において，自己管理の諸技能の学習とフィードバック，他者の自己管理行動のモデリング，グループサポートにより社会的説得，不安やうつなどに対処する技能などを教えることにより，患者の血糖値の改善がみられたことを報告している。同様に，板垣・川島（2001）もまた自己効力感を高める教育介入がHbA1c値を改善することを報告している。

（2）エンパワーメント法

最近では，自己効力感を高めるという考え方をさらに進めて，「患者が目標と計画を立てて治療を行う主体であり，糖尿病教育は，患者にインフォームド・チョイスを可能にするための手助けを行うことである」と主張する，いわゆる，エンパワーメントの考え方が重要視されるようになってきた。糖尿病教育にエンパワーメントの概念を導入することにより，自己管理は個人に帰属することが強調され，患者の自主的な動機づけを高め，患者自らが実験することが重要視されるようになる。このような考え方に基づいて，例えば，Funnell et al.（2007）は，行動変容を実現するために，①問題を調査する（自己管理で難しいことは何か），②問題についての感情と意味を明確化する（その問題をどうとらえるか），③計画を策定する（目的，方法，コスト，重要性などを決める），④実行を誓約する（何から初めるか，いつ何を行うか，何ができるか），⑤経験し，計画を評価する（どのように行ったか，何を学んだか，問題は何か，次はどこを変えるか）という5つのステップを設定して，教育内容を決定する方法を提案した。さらに，集団的な目標設定，動機づけ面接，認知行動療法，問題解決療法などのエンパワーメントを促進する手法の有効性もまた例証されつつある（Funnell et al., 2009; Tang et al., 2006）。それに伴って，糖尿病自己管理教育のアメリカ規格も次つぎに改変され，今日では，エンパワーメント法を積極的に取り入れた教育方法を推奨するようになってきている（Haas et al., 2013）。

2．行動的介入

肥満と運動についての生活習慣は糖尿病の有効な予防と治療において主要な役割を果たす（Wing et al., 2001）ことから，オペラント型の行動的介入を肥満や運動についての自己管理行動に応用する試みが盛んに行われ，これまでに大きな成果を上げてきた（Wadden et al., 2004; 2007）。それらの行動的な手法は，例えば，LEARNプログラム（Lifestyle, Exercise, Attitude, Relationships, Nutritionの頭文字をとった名前）のような行動パッケージ（behavioral package）として確立されるまでに至っている（Brownell, 2000; Foster et al., 2005）。以下では，行動的介入の各手法を紹介する。

（1）刺激制御法

　糖尿病や肥満についての自己管理の研究は，望ましい行動や望ましくない行動と結びついている様々な外的および内的な事象を操作する刺激制御法（stimulus control）が，過食行動の抑制においても有効であることを示してきた（Dalton & Kitzmann, 2011）。具体的には，例えば，食事療法については，決められた時間に決められた場所でのみ食べる，近所のファストフード店で済ますのではなく，食材の豊富な市場へ出かける習慣を身につける等の工夫が，減量につながることが例証されている（Dalton & Kitzmann, 2011; Lansky & Vance, 1983）。興味深いことに，地域の食料品店において低脂肪乳や低脂肪肉の売り場面積がその地域における脂肪摂取量と相関することが示されている（Cheadle et al., 1995）。したがって，より効果的な刺激制御を実現するためには，患者を取り巻く環境設計自体を国家や自治体レベルで改善してゆくことも必要であろう（Wing et al., 2001）。

（2）自己監視法

　標的となっている自己管理を記録する自己監視法（self-monitoring）も食事や運動の自己管理の変容に効果的である（Dalton & Kitzmann, 2011; de Ridder & de Wit, 2006; Pearson, 2012）。実際，患者に，食事療法，運動療法，体重測定についての自己記録をつけてもらうと，自己管理が大きく改善することが例証されている（Burke et al., 2011; Germann et al., 2007; McKee & Ntoumanis, 2014; Pearson, 2012; Wadden et al., 2004, 2007）。自己監視から得られたデータは，定期的に開かれるグループ・ミーティングにおいて適切な自己管理を社会的に強化するための手がかりとして使用され，より成果を上げている（Bean et al., 2008; Wadden, 1993; Wadden et al., 2004; 2007）。したがって，自己監視は，問題に注意を向けさせる，問題についての教育を促進する，問題解決の目標を設定するなどの効果をもたらすことが示唆される（Bean et al., 2008; Carver, 2004; Pearson, 2012）。

　興味深いことに，自己監視は，様々な方法論的および心理社会的な要因により影響されるようである（Burke, Styn et al., 2009; Burke, Swigart et al., 2009; Burke et al., 2011; Carels et al., 2004）。例えば，紙ベースの自己管理とPDAなどの電子的な日誌ベースの自己監視を比較した場合，後者の電子的な手法の方がより効果的であるとされている（Burke, Styn et al., 2009）。また，重要な他者からの社会的サポートがあると，自己監視が成功する確率が高い（Burke, Swigart et al., 2009）。さらに，女性と比べて，男性の方が自己監視に熱心であるというデータもある（Carels et al., 2004）。したがって，より効果的な自己監視の方法を開発するためには，これらの要因の効果を系統的に解明し，応用してゆく必要があるだろう（Burke et al., 2011）。

（3）強化法

　適切な自己管理に対して報酬などを与える強化法は，個人に適用しても効果的であ

る（Dalton & Kitzmann, 2011）。例えば，減量中の患者が運動プログラムに参加すると毎回1ドルのお金をもらえる（Gutin et al., 1999），一定の減量に成功した子どもに子どもが望む行動（父親とボーリングにいく等）の許可を与える（Rotatori & Fox, 1980）等の手法は，自己管理行動の形成と維持に効果的である。

　強化に代表される一連の糖尿病の自己管理に対する行動修正学の適用は，アメリカ糖尿病予防プログラム（Diabetes Prevention Program: DPP）の重要な構成要素となっている。今後は，より適切な介入法の開発を目指して，電話やインターネットによる介入の効果（Wadden et al., 2004）や，あるいは，グループ活動における社会的強化の効果（Renjilian et al., 2001）など，具体的な介入法がもつ行動改善の効果やその持続性を検討していく必要があろう。

3．認知的介入

　患者の自己管理行動の改善に加えて，患者の認知を改善することは，自己管理行動の長期的な改善に有効であることが示唆されてきた。認知の改善の基本は，先に述べた教育による有用な知識の習得である。例えば，肥満の治療は，基本的な栄養学の知識のみならず，コーピング（ストレスに対する適切な対処行動）についての指示的な教育（例えば，仕事でのストレスを過食ではなくスポーツで発散する等）や，行動を方向づける上で有効な面接もまた，望ましい行動を増やす上で有効である（Bean et al., 2008; Martyn-Nemeth et al., 2009）。以下では，これらの認知的介入について紹介する。

（1）認知的再体制化法

　最近では，自己管理の形成と維持のために，認知的行動療法の手法を用いて患者の認知的再体制化（cognitive restructuring）を行うことが，自己管理の長期的な維持を図る上で重要視されるようになってきた（Brownell, 2000; Cooper & Fairburn, 2001; Foster et al., 2001）。実際，認知的な歪みや不合理な信念（「肥満はすべて先天的なものだ」「食卓に出されたものはすべて食べなければならない」等）を改善することは，行動的介入の長期的効果を高めることが示されている（Cooper & Fairburn, 2001; Nauta et al., 2000）。加えて，最近の動機づけ面接（motivational interviewing）において強調されている「両価性の解決」や「動機づけの強化」（Miller & Rollnick, 2002）もまた，きわめて有効な認知的行動介入であると期待されている（Bean et al., 2008）。ここでいう両価性とは，例えば，「減量はしたいけれど，自分は減量できないに違いない」などのジレンマのことである。ジレンマがあるうちは，自己管理の改善は望めない。そこで，患者の動機づけに焦点を当てた面接により，その解決を図ることが自己管理行動につながると考えられるのである。

第10章　糖尿病とセルフ・コントロール

（2）目標設定法

認知的介入の文脈においては，目標設定（goal setting）もまた重要な手法としてクローズアップされている（Pearson, 2012）。例えば，「ある日時までに一定の体重を減らす」，あるいは，「毎日一定量の運動を行う」等の目標を設定することがその例である。患者が目標を設定すると，患者が行うべき環境や行動の改善が明確化される。したがって，目標設定は，これまでに述べた刺激制御，自己監視，強化などの行動的介入や，認知行動療法，動機づけ面接などによる認知的再体制化を促進する可能性がある。加えて，目標設定は，行動を方向づけるための認知的および情動的な反応を能動的に制御するという意味をもつので，患者同士が行動改善のための経験や知識を提供しあう自助グループによる介入においても重要視されている（Latner et al., 2000）。

認知的再体制化や目標設定などの認知的介入は，前述の行動的介入との併用により，患者の自己効力感や動機づけを高め，自己管理の改善と長期的な維持にとって有用であることが証明されつつある（Dalton & Kitzmann, 2011; McKee & Ntoumanis, 2014; Pearson, 2012; Wadden, 1993）。

3節 自己管理の心理構造

これまでに紹介したように，自己管理は教育レベル，経済的レベル，社会的サポート，精神衛生，自己効力感などの様々な心理社会的な要因により規定されることが明らかにされている（Gonder-Frederick, 2002）。また，教育的・行動的・認知的介入などの心理行動的介入が自己管理行動と血糖値コントロールの改善に効果的であることを示す知見が広まるにつれて，糖尿病ケアにおける心理学の役割が次第に強調されるようになってきている。アメリカでは，アメリカ国立衛生研究所（NIH）による大規模な糖尿病治験（Diabetes Control and Complications Trial）の成果（Diabetes Prevention Program Research Group, 1999）が報告されて以来，心理行動的介入の効果が広く認識されるようになり，今日では，糖尿病ケアの研究者と心理学者が協力して糖尿病の自己管理に取り組むことが一般化している（Gonder-Frederick, 2002）。

糖尿病ケアにおける心理学の役割が増大するにつれて，糖尿病に関与する個人的・社会的・環境的要因の複合的な影響を解明することが心理学に求められるようになってきている。これに呼応して，2000年頃から，このような複合的な影響を解析するために，心理学分野でよく用いられる構造方程式モデリング（Structural Equation Modeling: SEM）の手法が導入されるようになってきた。以下では，糖尿病に影響する諸要因に SEM を適用し，その因果構造を明らかにする研究の一部を紹介する。

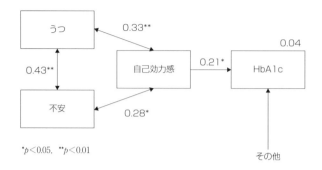

図10-1 うつ,不安,自己効力感,および,HbA1cについてのパス図
(池田ら,2004より改変)

1. うつと自己管理

　先にも述べたように,日常生活で困難な出来事がある患者ほど血糖値の制御が悪いこと (Aikens & Mayes, 1999),うつ傾向が高いほど自己管理行動が低く (Daniele et al., 2013),血糖値のコントロールが悪いこと (Hannon et al., 2013) が示唆されている。ストレスやうつが血糖値を悪化させるプロセスとしては,うつ状態や抗うつ剤の服用により内分泌学的な変化が起こり,そのことが直接的に血糖値を変化させている可能性が考えられる。また,うつに罹患したことにより健康行動や自己管理行動が低下し,そのことが血糖値のコントロールに間接的に影響している可能性もある。例えば,池田ら (2004) は,113名の2型糖尿病の患者に,不安・うつ,自己効力感,および,血糖値 (HbA1c) の調査を行い,得られた結果に SEM を適用した。その結果,不安やうつは自己効力感に影響し,自己効力感が血糖値に影響するが,不安やうつは血糖値と直接相関しないことが示された (図10-1)。これらの結果は,患者の自己効力感を高める介入の重要性を示唆している。また,Chiu et al. (2010) は,1998年に998名の2型糖尿病の患者を対象に,ベースラインとなる健康行動とうつ傾向を測定し,その2年後と5年後に同じ患者の血糖値を測定した。それらのデータに SEM の手法を適用した結果,ベースライン時にうつ傾向と健康行動の間に高い相関があり,ベースライン時の健康行動が2年後の健康行動と5年後の血糖値のコントロールに影響すること,ベースライン時のうつ傾向が2年後の健康行動や5年後の血糖値のコントロールに直接影響することを示した。したがって,うつと血糖値のコントロールの間には,健康行動を介在した影響に加えて,血糖値のコントロールに内分泌学的に影響する可能性があることが示唆された。
　さらに,Li et al. (2013) は,207名のアジア系島民の2型糖尿病患者を対象に健康行動,うつ,糖尿病の QOL,BMI,血糖値などの調査を行い,得られた結果に SEM

を適用した。その結果，食事・運動・フットケアはBMIやHbA1cなどの糖尿病の健康指標と正の相関があるが，逆にうつはそれらの指標と負の相関があることを示した。このことから，食事や運動への介入に加えて，うつを緩和するための介入もまた重要であることが示唆された。これらの知見は，SEMを用いた解析が糖尿病に対する介入法の妥当性を明らかにする可能性があることを示唆している。

2．自己効力感と社会的サポート

　本章の1節で述べたように，教育レベル，経済的レベル，社会的サポート，精神衛生，自己効力感，コーピング・スタイルなどの心理社会的要因が糖尿病に関係することが示されてきた。また，教育的・行動的・認知的介入が糖尿病の治療や予防に有用であることも例証されてきている。これらの知見を基盤として，2000年代頃から，より有効な介入を実現するために，糖尿病に影響する心理社会的要因の因果モデルの研究が盛んになってきた（Gao et al., 2013; Nakahara et al., 2006; Maddigan et al., 2005; Osborn et al., 2010）。

　例えば，社会的サポートが自己効力感に影響することから，社会的サポートが不足していることが自己効力感の低下を招き，その結果として血糖値のコントロールが改善しないというモデルが考えられる。また，別の仮説として，日常的な負荷（ストレス）やコーピング・スタイルが自己効力感や糖尿病管理へのアドヒアランスに影響し，その結果として自己管理行動の不足が起こるというモデルもあり得るだろう。このような推論に基づいて，Nakahara et al. (2006) は，2型糖尿病の患者250名に対して，社会的サポート，日常的負荷（ストレス），情動焦点型コーピング，糖尿病関連の心理的苦痛，自己効力感，自己管理へのアドヒアランス，および，6か月後と12か月後の血糖値のコントロール（HbA1cの値）を調査し，SEMを用いて因果モデルを構築した。その結果，自己効力感のみが糖尿病管理へのアドヒアランスに直接的に影響し，糖尿病管理へのアドヒアランスが血糖値のコントロールに直接影響すること，および，社会的サポート，糖尿病関連の心理的苦痛，毎日の負荷が自己効力感を介して糖尿病管理へのアドヒアランスと血糖値のコントロールに間接的に影響することを明らかにした。これらの結果は，教育的・行動的・認知的介入においては，患者の自己効力感を高めることがより有効であることを示唆している。

　さらに，Osborn et al. (2010) は，プエルトリコの118名の2型糖尿病患者の食事療法と運動療法について，関連する情報（知識）を覚えている程度，動機づけの程度，自己管理技能の程度，自己管理行動の程度を測定し，SEMを用いて情報・動機づけ・行動技能モデル（information-motivation-behavioral skills model）（Fisher & Fisher, 1992）に基づくモデルを検討した。その結果，食事療法については，情報と動機づけが自己管理行動の技能に影響し，自己管理行動の技能が自己管理行動に影響

し，自己管理行動が血糖値のコントロールに影響するというモデルを提案している。また，Maddigan et al.（2005）は，372名の2型糖尿病患者において，患者とケア提供者の関係，糖尿病管理態度（自己効力感，信念，および，糖尿病に対する態度），食事療法へのアドヒアランス，運動療法へのアドヒアランス，健康関連のQOLを調べ，SEMにより因果モデルを構築した。その結果，患者とケア提供者の関係が良いことが食事療法へのアドヒアランス，運動療法へのアドヒアランス，および，糖尿病管理態度にそれぞれ直接的に影響することが示された。加えて，糖尿病管理態度は運動療法へのアドヒアランスに直接影響し，運動療法へのアドヒアランスはBMIに直接影響するが，食事療法へのアドヒアランスはBMIに影響しないことなども示された。これらの結果から，適切な介入の実施にとって，患者とケア提供者の関係と運動療法へのアドヒアランスが特に重要であることが示唆された。今後，これらの因果モデル研究は，個々の患者の心理構造に対応した，よりきめ細かな介入方法の開発に大きく寄与してゆくことが期待される。

第11章 肥満とセルフ・コントロール

　肥満が伝染病のように世界中に広まっているという意味で，肥満の蔓延（obesity epidemic）という言葉が，広く使用されるようになってきている。アメリカの大手コンサルティング会社マッキンゼー・アンド・カンパニーの調査組織が発表した報告書（McKinsey Global Institute, 2014）によれば，世界人口の約3割は過体重（overweight）か肥満であるとされている。肥満の蔓延は，アメリカにおいて特に顕著であり，成人アメリカ人のほぼ10人に6人は過体重か肥満であるといわれている（Hedley et al., 2004）。Walpole et al.（2012）によれば，世界中の人々の体重のうち，肥満による過剰な部分は350万トンと推定されるが，そのうちの34％をアメリカ人の体重が占める（アメリカ人は世界人口の6％を占めるにすぎないのに）。日本においても肥満は問題になりつつあり，肥満と関連する生活習慣病の1つである糖尿病の発症率は，2011年は世界第6位，2015年は世界9位であり，糖尿病大国に名を連ねている（International Diabetes Federation, 2015）。

　このように肥満の蔓延への対策は世界的な課題であるといえる。そしてこの肥満に影響を与える最も大きな要因は，食行動にあることに疑いはない。Wansink & Sobal（2007）によれば，私たちは1日に200回以上も食に関する意思決定をしているという。そして近年の農業に関する技術革新や流通システムの整備は，私たちにより低価格で大量の食材を提供可能にした。世界は飽食の時代に突入したといえる。しかし好きなだけ思うように食べていては，人々は肥え太ってしまう。

　このため肥満予防に関連した健康的な食行動をめぐる研究も盛んであり，予防医学，公衆衛生，心理学，教育学など様々な研究領域で研究が進められ，膨大な成果が蓄積されている。特に，健康的な食品としての果物と野菜をいかに人々に摂取させるのかについて焦点を当てた研究が多数行われている（レビューとして，Ammerman et al., 2002; Knai et al., 2006; Pomerleau et al., 2005; Thomson & Ravia, 2011）。本書の

第Ⅲ部　医療分野への応用

　第2章で取り上げられた遅延による価値割引に関しても，肥満との関係が検討されており，割引傾向の強い人ほど肥満傾向にあることが繰り返し示されている（Bickel et al., 2014; Fields et al., 2011, 2013; 池田, 2012; Komlos et al., 2004; Richards & Hamilton, 2012; Smith et al., 2005; Weller et al., 2008; Zhang & Rashad, 2008; 例外として，Borghans & Golsteyn, 2006を参照）。

　本書のテーマであるセルフ・コントロールに関しては，第3章で紹介された行動経済学の領域において，双曲割引や現状維持バイアス，損失回避性を活用した食行動をめぐる研究がある。研究事例の蓄積も進み，近年に入り立て続けにレビュー（Just & Payne, 2009; Liu et al., 2014; Skov et al., 2013）や評論（Lusk, 2014; Skipper, 2012）が書かれるようになってきている。

　他にも，外的な環境要因が食行動にもたらす影響について検討した研究も数多く行われている。身近な例では，包装食品の栄養成分表示やチェーンレストランなどでのメニューにおけるカロリー表示に効果があるのかなどをめぐって数多くの研究が行われている。これら外的な環境要因を適切に操作することで食事量を制御できるのであれば，外的な環境要因についての研究はセルフ・コントロールを増進させる技法とも密接に関連するだろう。

　このように健康増進のための食行動をめぐる研究は多岐にわたる。本章では，上述したもののうちセルフ・コントロール研究と密接に関連するものとして，最初にカロリー表示の効果を取り上げる。次に行動経済学の知見を活用した研究を，最後に外的な環境的要因が食事量に及ぼす効果を検討した研究について概説し，健康的な食行動に関するセルフ・コントロールを増加させる方法について考えてみたい。

1節　カロリー表示の効果

　アメリカでは，近年問題になっている肥満対策の一環として，アメリカ食品医薬品局（FDA）により食品のカロリー表示（図11-1参照）を義務づける最終案が，2014年12月25日に発表された。これまでもカロリー表示を義務づける法案はニューヨーク市（2008年）やワシントン州キング郡（2009年）を筆頭にいくつかの州において導入されてきたが，今回の最終案は，その動きをアメリカ全土に拡大するものである。最終案では，20以上の店舗を展開するレストランや，映画館，コンビニエンスストアで提供される調理済み食品にカロリーを表示しなければならないとされている。

　この法案を実施する目的としては，適正な情報を提供することで消費者のより適切な食選択を援助することと，また外食産業に対してより健康的な商品開発を促すことにある。全米を挙げて実施されるカロリー表示であるが，はたして消費者の食選択に

第11章　肥満とセルフ・コントロール

図11-1　カロリー表示例

効果があるのだろうか。カロリー表示の効果についてこれまで膨大な研究が積み重ねられているが，一貫した傾向はみられていない（レビューとして，Fernandes et al., 2016; Harnack & French, 2008; Swartz et al., 2011）。

　初期の研究の多くは実験的方法を用いて，この効果を検討している。具体的には，カロリー情報を明記したメニューを提示する実験群と，カロリー情報のないメニューを提示する統制群間での食選択の違いを検討する。実験的研究の結果は交錯しており，カロリー表示をした場合に摂取カロリーが減少したことを報告する研究（例えば，Roberto et al., 2010）もあれば，両群で違いはないとする研究（例えば，Harnack et al., 2008）もある。

　実験的方法以外にも，カロリー表示を義務づける法が施行される前後の顧客のレシートや売上記録データを比較する準実験的研究も行われているが，やはり異なった結果がみられている。カロリー表示に効果があることを示した研究として，例えば，Bollinger et al.（2011）は，ニューヨーク市での法施行の前後1年以上にわたって，コーヒーチェーン店でデータを比較し，食べ物に関しては平均摂取カロリーが法施行後に6％減少していることを報告した（他にも，Bruemmer et al., 2012を参照）。一方，準実験的研究においても，カロリー表示の効果がないことを示した研究もあり，Cantor et al.（2015）やDumanovsky et al.（2011），Elbel et al.（2009）は，ニューヨーク市において法施行前後で平均摂取カロリーを比較したところ，いずれも法施行後の平均摂取カロリーの減少は確認できなかった（他にも，Finkelstein et al., 2011を参照）。

　このようにカロリー表示の効果に関しては，研究結果の傾向が一致しておらず，妥当な結論を導くのは現時点では難しい。ただ効果が確認できなかった研究においては，教育や所得の影響を考慮する必要がある。例えば，上記のElbel et al.（2009）は低所得者層の参加者を用いていたが，低所得者層の参加者はカロリー情報を利用して，健

康上の理由というよりは金銭上の理由で，低価格でより高カロリーの食品を選択している可能性もある（Loewenstein, 2011）。他にも，Rothman et al.（2006）は，初期診療に来た患者を対象とした調査において，食品表示ラベルの理解能力と，所得，教育水準，読み書き能力，計算能力の間に正の相関関係を見出している。彼らの研究において，読み書き・計算能力の低い患者は，表示ラベルに記載された成分（たとえば，糖質の含有量）を正確に回答できなかった。これらを考慮すると，視覚的により理解しやすい成分表示の使用も考慮される必要があるだろう。例えば，イギリス食品基準庁（FSA）が提案する複数信号（multiple traffic light）表示は，脂肪，飽和脂肪，糖分，塩分の含有量を，赤（高い），橙（中程度），緑（低い）によって表示するもので，消費者の健康的食品の選択において高い効果があることがわかっている（Hawley et al., 2012; Morley et al., 2013）。

また，そもそも健康的な食行動の選択には，セルフ・コントロールの問題が深く関係しており，セルフ・コントロールを高める方策もなく，カロリー表示単独で効果を発揮することは難しい（Downs et al., 2009）。カロリー表示は単に情報を提供するだけである。そのため，次節で紹介するいくつかの研究は，カロリー表示と行動経済学の知見を併用している。摂取カロリーの減少は，1つの方法ではなく多数の方法で対処することで有効に実現されるのかもしれない。

2節 行動経済学の知見を活用した研究

第3章で述べた行動経済学の様々な知見を用いて，食行動をめぐるセルフ・コントロールを増進させる試みが行われている。特に，遅延価値割引の一般的傾向としての双曲割引や，プロスペクト理論の価値関数から導かれる損失回避性を利用した研究がある。双曲割引という現象からは，近い将来の結果に対して人々が衝動的な選好を示す現在バイアス選好や，異時点での選択が求められた場合の選好逆転現象が導かれ，いずれも食行動をめぐるセルフ・コントロールに強い影響を及ぼす。これら双曲割引や損失回避性は，基本的には人々の意思決定を衝動的な方向に誘導するものである。食行動に関していえば，人々は非健康的な食品を衝動的に購入してしまう。しかし，双曲割引や損失回避性の傾向を逆手に取って，人々が健康的な食品を購入するように誘導する試みが行動経済学の領域においてなされている。本節では，双曲割引や損失回避性を利用した食行動に関するセルフ・コントロール研究を概説し，その後に食行動のセルフ・コントロール選択を増加させる様々な技法について考えてみる。

1. 双曲割引
（1）現在バイアス選好と選好逆転現象

　双曲割引における近い将来の結果に対する衝動性は現在バイアス選好とよばれ，ここから異時点間での選択が求められた場合に選好が変化する選好逆転現象を導くことができる（第1章および第3章参照）。この選好逆転現象は食行動に関しても顕著に観察される。例えば，買い物をする前，もしくはスーパーに入る前までは，甘い非健康的な食品を買うつもりはなくても，会計の段階でレジの近くに陳列してある砂糖菓子を思わず購入してしまうのは，選好逆転現象を利用した商店や企業側の戦略といえるだろう。

　食行動における選好逆転現象を報告した研究として，例えば，Milkman et al. (2010) は，オンラインの食料雑貨品店の顧客のデータを事後的に分析したところ，注文から配達までの遅延時間が短い場合は非健康的な商品（want商品）が注文され，遅延時間が長い場合は，健康的な商品（should商品）が注文される傾向が高いことを見出している。他にも，Read & Van Leeuwen (1998) は，1週間後に提供される健康的なスナックと非健康的なスナックを選択させた場合，74％の人は健康的なスナックを選択したが，直前で再度選択内容を確認すると，多くの人が決定を覆した。一方，前もって非健康的なスナックを選択していた人は，ほとんど決定を覆さなかった。

　上記の事例からもわかるように，即座に手に入るものが非健康的なものであることが問題である。営利を追求する企業経営者や商店の店主は，経験的に人々の現在バイアス選好や選好逆転現象を利用し，レジの近くに砂糖菓子を置くことによって非健康的食品の購買を奨励する。ただでさえ衝動的に購買されがちな商品がレジの近くに陳列された場合，その誘惑に抵抗することは難しい。これに対抗するためには，現在バイアス選好を逆手にとって健康的なものを手軽にまた即座に手に入るようにすることが考えられる。つまりレジの近くには砂糖菓子ではなく果物と野菜を置くのである。

　また第3章においては，人々がデフォルトの設定を変更しない傾向をもつとする現状維持バイアスを紹介した。これを，健康的なものを手軽にする方略と組み合わせることが可能である。つまり健康的なものを手軽に即座に手に入るようにした状態をデフォルトの設定にしておくことで，現状維持バイアスも活用できることになる。これら2つの方法を利用した介入は，Downs et al. (2009) と Wisdom et al. (2010) によって報告されている。

　Downs et al. (2009) は，サンドイッチ店において，前節で述べたカロリー情報を表示することの効果と，低カロリーのサンドイッチをより手軽に注文できるようにすることの効果を比較した。メニューの各サンドイッチの横にカロリーを表示した場合は，表示しない場合に比べ，消費者の摂取カロリーは平均して50カロリー低くなり，

カロリー表示のわずかな効果が確認された。一方，手軽さの介入に関しては明確な効果が確認され，参加者に手渡されたバインダーに，おすすめサンドイッチとして低カロリーのサンドイッチが書かれていた場合（高カロリーのサンドイッチも選択可能であるが，バインダーの後ろのメニューから選択する必要があった），多くの消費者は，低カロリーサンドイッチを購入した。Wisdom et al.（2010）も，類似した手続きを用いて，Downs et al.（2009）と同様の結果を報告している。

他にも，Levy et al.（2012）や Thorndike et al.（2012）は，前述した信号表示に類似した色分け表示（赤＝非健康的，黄＝中程度，緑＝健康的）によって健康的な食品であるかを明示し，さらに健康的な緑表示の食品を，棚の位置を操作するなど選択しやすいように配置した場合の効果を検討している。結果として，色分け表示と選択の手軽さはともに効果があることが示された。

これらの研究は，果物や野菜といった健康的な食品は（それ自体では衝動的に購入されるものではないが），現在バイアス選好と現状維持バイアスを利用することで，より多く購入されるように誘導できることを示している。

（2）スマーター・ランチルーム運動

肥満の問題は，アメリカでは成人だけでなく児童においても深刻であり（Ogden et al., 2006），そのため果物と野菜といった健康的な食品の摂取を，児童期から習慣づけることは重要である。Just と Wansink らのグループは，双曲割引の傾向を利用した健康的な食物摂取を向上させる試みを，スマーター・ランチルーム運動（Smarter Lunchrooms Movement）として学校教育現場に導入している。用いている技法は前項で述べたものと基本的に同様で，カフェテリア形式の学校の食堂において，果物や野菜を入手しやすくなるように工夫をすることで，購買を奨励し摂取量を向上させようとしている。

Just & Wansink（2009）では，スマーター・ランチルーム運動においてなされた様々な取り組みが紹介されている。一例として，サラダ・バーの位置をレジの近くに配置し，現在バイアス選好を利用して野菜の消費量を増加させる試みがある。ある高校のカフェテリアでは，当初，2つのランチラインが，中央の2つのレジにつながっていて，サラダ・バーはランチラインの逆の壁に位置していた（図11-2参照）。サラダを購入したければ，レジを通り越してわざわざサラダ・バーまで歩いていく必要があった。ここでサラダ・バーを90度回転させ，中央に移動させたところ，学生がレジでの会計を待っている間にサラダを頻繁に目にするようになり，結果として，サラダの購入頻度が増加した。

一方，Just & Wansink（2009）では，効果がなかった取り組みも報告している。彼らは，デフォルトの副菜をフライドポテトではなくアップルフライにすることで，現状維持バイアスの効果を検討している。小学校の食堂において，デフォルトをフラ

第11章　肥満とセルフ・コントロール

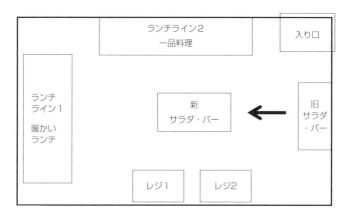

図11-2　スマーター・ランチルーム運動でのサラダ・バーの配置
（Just & Wansink, 2009より一部改変）

イドポテトとし，フライドポテトをアップルフライに変えたいかを尋ねた場合，ほとんどの小学生はデフォルトのままを望んだ．一定期間をおいて，今度は逆を行い，アップルフライをデフォルトとし，フライドポテトと交換したいか尋ねたところ，ほとんど学生が変更を希望した．つまりフライドポテトへの圧倒的な選好によって現状維持バイアスの期待された効果はみられなかった．彼らは，現状維持バイアスはデフォルト選択肢とそうでない選択肢間の選好の違いがそれほど明確でない場合に機能するのではないかと考察している．

他にも，Hanks et al.（2012）は，高校のカフェテリア形式の食堂において，健康的な食品だけが陳列されるラインを導入することの効果を検討している．調査対象となった食堂では，もともと2つのラインが設置されており，どちらのラインも健康・非健康問わずにすべての食材が陳列されていた．これをベースライン期間として8週間にわたって，健康・非健康的食品の購入データを測定した．次の8週間は介入期間として，2つのうち1つのラインを，健康的な食品（果物，野菜，野菜の入ったサンドイッチ，ミルク）のみが陳列されるコンビニエンス・ラインに変更した．結果として，コンビニエンス・ラインを導入した介入期において健康的な食品の購入率が増加し，同時に非健康的な食品の購入量も減少することが示された．さらにHanks et al.（2013）では，果物と野菜のコンビニエンス・ラインを設置することに加えて，果物と野菜の魅力を高める操作（きれいな容器への盛りつけやカラー写真と具体的な説明が書かれたメニュー）や，レジの担当者が果物と野菜の摂取を言語的に奨励すること（例えば，「野菜はないの？　どうですか？」）の効果を検討し，様々な試みが組み合わされることで，果物と野菜の購入率が飛躍的に増加することが示された．

他にも，現在入手できるものに強く影響されるという現在バイアス選好からは，即時的な金銭を提示する単純な方法も考えられる。例えば，Just & Price（2013）は，児童が果物と野菜を購入した場合に金銭を即座に提供することで，それがたとえわずか5セント（日本円にして数円）であったとしても果物と野菜の購入率が向上することを見出している。わずかな金銭でもそれが即座に手に入るならば，児童はそれに強く影響される。同様の技法は，食行動とは異なるが，禁煙指導などにも使用されており（Volpp et al., 2009），即座の金銭に影響されるのは児童だけではない。

スマーター・ランチルーム運動に関しては，ウェブサイト★1も開設されており，ここで紹介したような行動経済学の知見を利用した様々な技法が視聴覚資料とともに紹介されている。興味のある読者はぜひ1度参照いただきたい。なお，スマーター・ランチルーム運動では他にも，現金やデビットカードといった支払い方法が健康的食品の購入に及ぼす影響についても検討が加えられているが，これについては損失回避性の節で扱う。

（3）インストア実験

Sigurdssonと共同研究者たちは，行動分析学の領域において発展したシングルケース実験デザイン（Barlow et al., 2009）という研究法を用いて，広告や商品の配置といった操作が商品の売上に及ぼす影響を検討している（Sigurdsson et al., 2009; 2011; 2014）。主に店内（in-store）での環境操作を行っているので，彼らは自らの実験をインストア実験とよんでいる。彼らの論文では双曲割引のことには触れられていないが，商品配置の操作は，現在バイアス選好とも深く関わっている。例えば，Sigurdsson et al.（2009）は，商品の購入における棚の高さの効果を検討し，約120cm程度の適度な高さが商品購入において重要であることを示している。他にもSigurdsson et al.（2014）では，もともとの売上はそれほど高くないドライフィッシュとドライフルーツをレジ近くの棚に置いたところ，売上が増加することが示された。この結果は，もとの売上が高くない食品であっても，より現在バイアス選好の影響を受けやすいレジ近くに配置することで売上を増加できることを示している。Sigurdssonらの研究は，JustやWansinkらのスマーター・ランチルーム運動の研究結果を補足するものともいえる。

2．損失回避性

購入時の支払い方法として，クレジットカードやデビットカードを利用することは，現在では日常的に見られる光景である。クレジットカードは，支払い代金が銀行口座から一定期間後に引き落とされるが，デビットカードは，代金が口座から即座に引

★1　http://smarterlunchrooms.org/

第11章　肥満とセルフ・コントロール

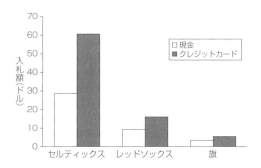

図11-3　各賞品の入札額に支払形態の違いが及ぼす効果
(Prelec & Simester, 2001より作成)

落とされる。カードがあれば，現金を全く持っていなかったとしても決済が可能であり，便利なことこの上ない。しかしカードを利用した場合は，現金に比べて衝動的で過剰な消費につながることが報告されている（Feinberg, 1986; Hirschman, 1979; Prelec & Simester, 2001; Raghubir & Srivastava, 2008; Soman, 2003; Thomas et al., 2010）。例えば，Hirschman（1979）やSoman（2003）はフィールドでの調査研究により支払形態と購入額の関係を検討している。Hirschman（1979）は，百貨店で買い物後の消費者へのインタビュー調査によって，Soman（2003）は，スーパーマーケットで買い物後の消費者から入手したレシートの分析によって，いずれも現金よりもクレジットカードを利用した消費者において購入額が高いことを確認している。

　実験的な研究としては，Prelec & Simester（2001）が，MBAコースの学生を対象に，スポーツ競技のチケットを景品としたオークションを実施してクレジットカードによる衝動的な消費を確認している。チケットは，プロバスケットボールのチーム（ボストン・セルティックス）とプロ野球のチーム（ボストン・レッドソックス）のチケットと，残念賞としてそれらチームの旗が用意された。結果は，図11-3に示すように，入札金額を現金で支払う場合よりもクレジットカードで支払う場合に，より高い入札額が記入されることが示された。セルティックスのチケットの入札額が高い理由は，地区優勝がかかった試合のチケットであったためと考えられる（レッドソックスのチケットは普通の試合であった）。

　カード利用によるこの衝動的な消費は，第3章で紹介した価値関数の損失回避性（損失をそれと同等の利得に比べ強く重みづけること）が深く関連している。現金で支払う場合，消費者の目前で現金がなくなるため，消費者は現金消失による損失の痛みを経験する。しかしカードによる決済では，現金が目前で失われないため，損失の痛みは弱く，これが過剰な消費を生み出す。興味深いことに人々はクレジットカード

での支払いよりも現金での支払いについてより鮮明に記憶しており（Srivastava & Raghubir, 2002）、これは支払いの痛みによる顕著性がクレジットカード支払いの場合は低いことを示唆しているといえよう。

　これらカードや現金といった支払い方法は、食行動のセルフ・コントロールにどのように影響を及ぼすのだろうか。Thomas et al.（2011）は、現金購入による損失の痛みは、健康的な食品の購入に対してはあまり影響せず、非健康的な食品の衝動的な購入に対しては大きな影響を及ぼすとしている。この理由として、健康的な食品の購入は、慎重な評価に基づいた必要な購入であると人々が認識しているため、現金消失の痛みの影響を受けにくい。一方、非健康的な食品の購入は浅慮に基づいた衝動的な購入であり、現金消失の痛みを健康のためという理由で相殺することはできない。つまり現金での支払いは、非健康的な食品の衝動的な購入を抑制するが、カードでの支払いは、その抑制の効果を弱めることとなる。彼らは、この仮説を確かめるため、スーパーマーケットで買い物をした直後の顧客に調査を依頼し、実際に購入した物品と支払い方法の関係を分析したところ、消費者が購入時にカードを使用する場合に、非健康的な食品を多く購入すること、また野菜などの健康的食品を購入する割合は、現金でもカードの支払いでも違いはないことを確かめている。彼らはさらに、これらの結果を、大学生および大学院生に仮想的なショッピングを行ってもらうことで、実験的にも確認している。実験では、非健康的な食品と健康的な食品が10品目ずつ用意され、参加者はコンピュータ画面上に表示された各品目を購入するか（ショッピングカートに入れるか）どうかを評定した。購入した商品の支払い形態が、クレジットカードであるか現金であるかは、評定前に教示された。結果は、前述の調査結果を確認し、衝動的で非健康的な食品に費やす金額は、クレジットカードで支払う場合に高かった。一方、健康的な食品に関しては、支払形態がクレジットカードでも現金でも購入金額に違いはなかった（図11-4参照）。Thomas et al.（2011）と類似した結果は、

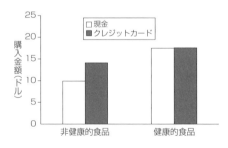

図11-4　非健康的食品と健康的食品の購入に支払形態の違いが及ぼす効果（Thomas et al., 2011より一部改変）

上述したSoman（2003）も報告しており，クレジットカード利用によって購入額が多くなるのは，パンやティッシュなどの必需品ではなく，スナック菓子や雑誌などの贅沢品においてであることを報告している。

アメリカでは学校の食堂においてデビッドカードによる支払いが浸透してきている。デビットカードによる決済システムの導入は，混雑の緩和など利点も多数あるが，上記の結果から考えると非健康的な食品の購入を助長することが予想される。Just & Wansink（2014）は，支払い方法がデビットカードのみの学校と，デビットカードと現金の両方で支払い可能な学校における購入状況を比較し，この予想を確認している。彼らは，支払い方法がデビットカードのみの学校の生徒は，ランチ中の非健康的食品（キャンディー，デザートなど）の消費量が，デビットカードと現金を併用する学校の生徒と比べて多いことを示している。

Just & Wansink（2014）は，いくつかのデビットカードシステムは，保護者が支払いの上限を設定でき，またある種の商品の購入を制限できる機能があり，それらの機能を併せて使用することを推奨している。関連する研究として Just et al.（2008）は，学校の食堂において，デザートやソフトドリンクの購入には現金のみを可能とし，カードでは支払えないようにした場合，これら非健康的食品の購入量が減少することを報告している。現金払いの面倒さと支払いの痛みが児童においても非健康的な食品の購入を減少させるのである。Just & Wansink（2009）はこれを，「Cash for desserts（デザートを買うなら現金で）方略」とよんでいる。デビットカードシステムを導入する場合は，このような非健康的な食品の購入を制限する対策と併用されることが望ましい。

3．セルフ・コントロールを高める技法

セルフ・コントロール研究においては，衝動性とセルフ・コントロールに影響する様々な要因が検討されており，セルフ・コントロールを高めるためのいくつかの技法が提案されてきた。有名なものとして，先行拘束法（commitment）があり，これはひとたびセルフ・コントロール選択をした後は，それを変更することを困難もしくは不可能にする技法である。その他にも Mischel と共同研究者が前就学時を参加者に行った一連の研究は，セルフ・コントロールを向上させる様々な技法を見出した研究として名高い。本節では，これらセルフ・コントロールを向上させる技法を，健康的な食行動の選択と関連づけて紹介していく。

（1）先行拘束法

先に紹介した選好逆転現象では，選択が近づいてくると現在バイアス選好によって衝動的選択に選好が変化することが示されていた。しかし選択までの時間が十分にある段階では，セルフ・コントロール選択が可能であり，先行拘束法は，そのセルフ・

コントロール選択が1度なされたら変更できないように前もって拘束しておく点に特徴がある。実際に人だけでなくハトもまた先行拘束できることが示されており，Green et al. (1981) においてハトは選択結果が提示されるまでの時間が長くなるにつれて，セルフ・コントロール選択しか提示されない場面に自らを先行拘束することが示されている。

先行拘束法は行動経済学の領域においても利用されており，第3章で紹介した双曲割引に従う消費者が資産を非流動的な形態で保有することも先行拘束法の1つであった。食行動に関しても，先行拘束の効果は確認されている。例えば，Wing et al. (1996) は，肥満の成人女性のあるグループに対して，数日間にわたる詳細な朝食と夕食の食事プランと，それに対応する食料品リストを提供した。あらかじめ決められた食料品リストによる買い物は，それ以外の非健康的な食品の購入を阻害するので，先行拘束法として機能する。結果として，リストを提供された女性はそうでない女性と比べて有意に体重の減少が確認された。さらに Au et al. (2013) は，あらかじめリストを提供する先行拘束法は，その他の肥満改善に関する技法に比べて費用対効果的に優れていることを示している。また本章2節1．（1）現在バイアス選好と選好逆転現象で紹介した Milkman et al. (2010) の研究では，注文から配達までの時間が長い場合は健康的食品の購入率が高いことを示していた。この結果から，カタログ注文した食材を自宅に配達する宅配サービスや，オンラインショッピングでの買い物を積極的に利用することが，先行拘束法として機能する可能性がある。つまり宅配サービスやオンラインショッピングでの買い物は，スーパーマーケットでの購入に比べ，配達までの遅延が存在し，それが人々の選択をセルフ・コントロールに導くからである。しかし近年のネット通販業界での即日配達サービスなど遅延をより短くするサービスの提供は，人々の衝動的選択を助長する方向に機能するかもしれない。

ダイエットに関する先行拘束法の応用事例は，他にも多く考えられる。例えば，Chandon & Wansink (2002) は，買い置きして備蓄された食品は，早く消費される傾向があること，特に手軽に消費できる食品（クラッカーやフルーツジュースなど）の場合はその傾向が強いことを見出している。この結果から，そもそも食品の買い置きをしないことが推奨されるし，買い置きするにしても調理が必要なものに限定するべきであろう。他にも，食べた後にすぐに歯磨きをすることで，間食やつまみ食いを防ぐことができる（池田，2012, p.230）。

（2）前就学時を用いたセルフ・コントロール研究

Mischel と共同研究者が行った一連の研究は，セルフ・コントロールに影響する諸要因を巧みな実験事態において明らかにしたものとして有名である。Mischel の典型的な実験例（Mischel, 1966, 1974）では，前就学児が部屋に招待され，そこでは2つの食物が用意されていた。食物のうち，1つは児童の大好きなお菓子（例えば，プ

レッツェル）であり，もう1つはそれほど好きでないお菓子（例えば，クッキー）であった。実験者は児童に，実験者が帰ってくるまで（十数分程度）待つことができれば，大好きなお菓子を食べることができると教示した。一方で児童がベルを鳴らせば実験者はすぐに戻ってきて，児童はそれほど好きでないお菓子を手に入れることができるとも教示した。

　Mischelらは，この実験事態において，大好きなお菓子を待つという児童のセルフ・コントロール選択を高めるいくつかの要因を検討しており（レビューとして，Mischel，2014; Mischel et al., 1989を参照），これを不明化（obfuscation），気晴らし（distraction），抽象化（abstraction）戦略として分類できる（Liu et al., 2014）。以下ではこの分類に従って，Mischelらの研究をみていく。

①**不明化**　上記の実験事態において，多くの児童は，大好きなお菓子のために実験者が帰ってくるのを待つことができるが，待っている間に，お菓子（プレッツェルとクッキー）が児童の見えるところに置かれると，多くの児童はベルを鳴らして，それほど好きでないお菓子を選んでしまった（Mischel & Ebbesen, 1970）。ここで両方のお菓子が見えている場合は，すべての児童が1分足らずでベルを鳴らしてしまう。片方のお菓子（好きであろうとなかろうと）が見えている場合は，数分は待てたが，多くの児童が最終的にはベルを鳴らしてしまう。大好きなお菓子のみが見えていた場合でも，ベルを鳴らしてそれほど好きでないお菓子を衝動的に選択してしまうのは興味深い。そのため好む好まずにかかわらず食物を見ないようにすることが肝要である。Mischel（1966, 1974）では，待つことができた児童は，待っている間に，目を閉じたり，お菓子から顔をそむけたりする戦略をとっていることを報告している。

　類似した結果は，Mischel以外にも成人を参加者とした研究で確認されている。例えば，Wansink, Painter et al.（2006）は，一口大のチョコレートをオフィスの秘書に提供して，チョコレートが2m離れた机の上で不透明の箱に入れられている場合よりも，デスクの上で透明の箱に入れられている場合により多くのチョコレートを食べることを報告している。他にも，Meyers & Stunkard（1980）は，病院のカフェテリアにおいて，アイスクリーム冷却器の蓋を外した場合と載せた場合では，外してアイスクリームを見ることができる場合に，より多くのアイスクリームが購入されることを示している。

②**気晴らし**　待っている間にお菓子を見せられていても，気晴らしの方法を提供すると待つことができる。Mischel et al.（1972）では，先ほどのMischel & Ebbesen（1970）とほぼ同じ手続きを用い，待っている間に，外的な気晴らし（スリンキーというおもちゃを与える）や内的な気晴らし（楽しいことを考えるように教示）を提供すると，両方のお菓子（マシュマロとプレッツェル）が見えていても児童は大好きなお菓子のために待つことができた。ただし，内的な気晴らしでも，悲しいことを考え

るように教示した場合は，児童は待つことができなかった。待つこと自体がそもそも嫌悪的であり，その上さらに悲しい考えという嫌悪的なものが加わって，待つことができなくなったと考えられる。

③抽象化　お菓子のホットな側面ではなくクールな側面を考えることで待つことができる。Mischel & Baker（1975）では，児童は，実験者が帰ってくるまで待つことができれば，あるお菓子（例えば，マシュマロ）を2つ，ベルを鳴らすとマシュマロを1つだけ手に入れることができた（これまでと同様，待っている間にマシュマロは児童には見えるようになっている）。待っている間に，マシュマロのクールで抽象的な側面（丸くて，白くて，膨らんでいる）を考えるように教示された児童は，ホットで具体的な側面（甘くて，歯応えがあって，やわらかい）を考えるように教示された児童よりも，待つことができた。

先のMischel & Ebbesen（1970）では，大好きなお菓子であっても実物が見せられると，児童は待つことができず，それほど好きでないお菓子を選択した。しかし，Mischel & Moore（1973）では，待っている間に大好きなお菓子の写真を見せたところ，児童は待つことができた。実物のお菓子は，その場で物理的には消費可能であるが禁じられており，その苛立ちが待つことを困難にさせる。一方，写真に写ったお菓子はどうあっても消費できないことと，後で手に入るお菓子を待つことの手がかりとして機能する。Mischel（2014）は，実物はそのお菓子のホットな特徴を，写真はクールな特徴を喚起する可能性を指摘している。

考えることに関しては，大好きなお菓子とあまり好きでないお菓子の両方について好きなだけ考えることを勧められた場合，児童はベルを鳴らしてしまう（Mischel et al., 1972）。しかし好きなお菓子についてだけ排他的に考えた場合は待つことができることも示されている（Watson & Tharp, 2014）。これを応用したダイエットの方法として，Mazur（2013）は，食卓につく前に自分がなりたい体型をイメージしたり，冷蔵庫のドアに魅力的な水着姿の人の写真を貼り付けておく方法を提案している。

3節　環境的要因の影響

何が食事の量を決定するのか。なぜ私たちは，自分が思っている以上に食べすぎてしまうのか。一般に，私たちは，空腹の程度や食欲，食物への好みといった身体内部の要因や趣向が，食事の量を決定すると考えがちである。しかし，実際は，食に関する外的な環境的要因が私たちの食行動や食事量に大きく影響を及ぼす。

この環境的要因のうち，特にRollsやWansinkの行っている研究は，直感的に理解しやすくまた興味深い実験事例で満ちている。彼らは，1人前の分量であるポー

ションサイズ（portion size）や食器の大きさなど食に関連する外的な要因が私たちの食行動や食事量に多大な影響を及ぼすことを明らかにしている。彼らの研究は，行動経済学的知見を直接利用したものではないが，レビューなどでは関連づけて議論されることも多く，また食行動に関するセルフ・コントロールを増進させる上で様々なヒントを提供してくれると考えられるため，ここで取り上げることとしたい。

他にも，居住地の近くの食料品店の存在といった食環境と肥満との関係を検討した研究が近年になって多数実施されている。これも重要な環境的要因と考えられるため，最後に取り上げたい。

1．ポーションサイズ

2004年にアメリカで公開されたドキュメンタリー映画 "*Super Size Me*"（スーパーサイズ・ミー）をご存知だろうか。肥満蔓延の一因として考えられるファストフード・チェーンを痛烈に風刺した映画として，公開当時，話題となった。内容は，監督であるモーガン・スパーロック自身が，1日3食，30日間，ファストフード・チェーンの代名詞でもあるマクドナルドの商品だけを食べたらいったいどうなるのかを記録したものである。実験のルールは単純で，3食をマクドナルドで食べ，もしスーパーサイズにするか店員に聞かれたら，必ずスーパーサイズにするというものであった。撮影当時，スパーロックは，33歳，身長188cm，体重84kg，体脂肪率11%であり，医師による診断では健康体であった。はたして30日後，体重は11kg増加し，体脂肪率も18%に上昇し，その他にも躁うつ，性欲減退，肝臓炎を併発し，医師からも実験を中止するように再三の忠告を受けることとなった。映画公開後，マクドナルドは，映画との因果関係を否定しつつも，スーパーサイズの販売を中止した。この映画から読み取れることは，アメリカで蔓延している肥満の一因が，ファストフード店で提供される高カロリーな食品であることと，それだけでなく，それらの食品がスーパーサイズ化していることである。事実，サイズが大きくなっているのは，ファストフード店の食品だけでなく，市場に流通している様々な食品も大きくなっている（Young & Nestle, 2002）。

食物のサイズが大きくなることによって食行動（特に食事量）にどのような影響があるのだろうか。残すことはもったいないという規範もあるため，できるだけ食べてしまうこともあるだろう。しかし到底食べきれないサイズの料理が提供され，残しても構わないので好きなだけ食べるように教示された場合でも，多くの分量を食べることがわかっている。本節では，食物のポーションサイズ（1度に提供される食事の分量）が私たちの食事量に影響を及ぼすことを示した Rolls や Wansink の研究をみてみよう（より包括的なレビューは，Livingstone & Poursahidi, 2014を参照）。

第Ⅲ部 医療分野への応用

図11-5 サイズの異なるサブマリン・サンドイッチ（Rolls, 2003）

（1）Rolls らによるポーションサイズ研究

　Rollsと共同研究者たちは，様々な食材を用いた実験で，私たちの食事量がポーションサイズに大きく影響されることを示している（レビューとして，Ledikwe et al., 2005; Rolls, 2003を参照）。例えば，Rolls et al.（2002）では，成人の参加者が4条件のポーションサイズ（500g，625g，750g，1,000g）のマカロニ＆チーズを，別々の日にランチで提供された。参加者は，好きなだけの分量を食べるように教示された。500g条件では何人かの参加者は完食したが，それ以上のサイズではほとんどの参加者は食べ残した。結果として，サイズが大きくなるにつれて，参加者はより多くを食べ，1,000gが提供された場合は，500gのときに比べて30％も多くの量を摂取した。興味深いことに，参加者の多くは，食べた分量が異なるにもかかわらず食事後のインタビューにおいて満足感や空腹感に関してほぼ同様の評定を行い，また約半分の参加者は，ポーションサイズが異なっていたことにすら気づいていなかった。同様の傾向は食材を変えた他の研究でも確認されており，Rolls（2003）やRolls, Roe, Kral et al.（2004）は包装されたポテトチップスで，Rolls（2003）やRolls, Roe, Meengs et al.（2004）はサブマリン・サンドイッチで（図11-5参照），確認している。

　上述したポーションサイズ増加の効果は，1回の食事の効果をみていた。この場合，単一の食事では過剰な摂食となっても，その後の食事で食事量を減少させて調整している可能性が考えられる。これについては，Rolls et al.（2006a, 2006b, 2007）が検討しており，Rolls et al.（2007）は，ポーションサイズを11日間にわたって増加させた場合，過剰な摂食が継続し続けることを報告し，ポーションサイズの効果が単一の食事を超えて維持されることが明らかになった。

　では，ポーションサイズが食行動に及ぼす影響は，何歳ぐらいから生じるのであろうか。Rolls et al.（2000）は，3歳児と5歳児にマカロニ＆チーズを用いた上記の実験を行ったところ，3歳児ではポーションサイズによる食事量の変化はみられず，5歳児において食事量の増加がみられることを報告している。しかし，その後，2～9歳児の児童におけるポーションサイズの効果を検討したFisher et al.（2003）やFisher（2007）では，ポーションサイズの効果はすべての年齢の児童にみられることを報告している。早くて2歳ぐらいから私たちの食行動はポーションサイズに影響さ

れるようである（レビューとして，Fisher & Kral, 2008を参照）。
　Rolls らの研究からは，バイキング形式の食事は過剰摂取を引き起こすことが示唆される。一方，野菜や果物といった健康的食品のポーションサイズを多くすることで，摂取量を増加させることも可能であろう。

（2）Wansink らによるポーションサイズ研究

　ポーションサイズが私たちの食行動に影響を及ぼすことは，Rolls だけでなく，Wansink も示している。例えば，Wansink & Park（2001）や Wansink & Kim（2005）は，映画に見に行く人に，中サイズか大サイズのポップコーンを無料で提供したところ，大サイズをもらった人の方が中サイズをもらった人よりも多くのポップコーンを食べることを見出した。
　また Wansink & Van Ittersum（2007）は，アメリカでは食に関する様々なものに関して，サイズが巨大化していることを指摘している。スーパーマーケットで売られる商品，レストランや家庭で提供される料理，そして料理のレシピですら，昔に比べて，分量が増加していることを指摘している。料理のレシピに関して，Wansink & Payne（2009）は，アメリカで古くから発刊されている *Joy of Cooking* という料理雑誌に記載されている料理のレシピを調べたところ，1レシピあたりの平均カロリーは，1936年から2006年の過去70年にわたって35.2％も増加していることを示している。
　サイズが増加したから私たちは食べすぎて肥満になったのか，それとも私たちが肥満となってより多くのサイズを求めたからサイズが増加したのか，ポーションサイズの増加と肥満蔓延の因果関係は現時点では不明である。しかしサイズが増加すれば好むと好まざるとにかかわらず，私たちは多く消費してしまうことは確かである。

2．様々な環境的要因を検討した Wansink らの研究

　Wansink と彼の共同研究者たちは，ポーションサイズ以外にも，様々な環境的要因が，私たちの食事量に影響を与えることを，興味深い実験手続きで明らかにしている。研究数がかなり多いため，本節では特に興味深いと考えられる事例を紹介するが，簡潔なレビューとしては Wansink（2010）や Wansink & Van Ittersum（2007），Wansink et al.（2009）を，詳細なレビューとしては Wansink（2004）を参照されたい。また Wansink（2006）は，一般向けのわかりやすい解説書であり，ユーモアを交えた軽快な文章で彼の研究成果をまとめている。また Wansink らが行っている一連の研究については，ウェブサイト★2（http://www.mindlesseating.org/）が開設されており，以下に紹介するような興味深い実験のいくつかを視聴覚資料で確認できる。

★2　http://foodpsychology.cornell.edu/

第Ⅲ部　医療分野への応用

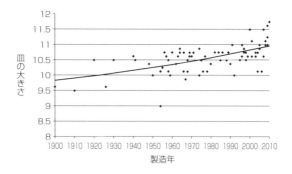

図11-6　ebay.comにおけるディナー用皿のサイズ（Wansink, 2010より一部改変）

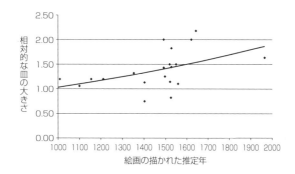

図11-7　絵画「最後の晩餐」における皿のサイズ（Wansink, 2010より一部改変）

（1）食器のサイズ

　前節では料理本の1レシピあたりのカロリーが増大していることを示したWansink & Payne（2009）の研究を紹介したが，料理のサイズだけでなく，食器のサイズも増加しているようである。Wansink（2010）は，ネットオークション・サイトのebay.comで販売されている，アメリカで製造されたディナー用のお皿の製造年とサイズを調べたところ，1900年から2010年まで，平均サイズは9.62インチから11.75インチと，22％増加していることを見出した（図11-6参照）。

　さらに興味深いことに，絵画の「最後の晩餐（Last Supper）」でも同じことが生じている（Wansink, 2010; Wansink & Wansink, 2010）。Wansink & Wansink（2010）は，西暦1000～2000年に様々な画家により描かれた52枚の「最後の晩餐」において，テーブル上の皿のサイズを分析した。絵画の大きさ自体が異なるため，皿のサイズは，同じ絵画に描かれた顔のサイズを基準として，相対的な大きさが評定された。結果と

して，過去1000年で皿のサイズは，66％も増加していることが示された（図11-7参照）。

食器のサイズが大きくなるとどうなるのだろうか？ Wansink & Cheney（2005）や Wansink, Van Ittersum et al.（2006）は，食器のサイズが大きい場合に私たちはより過剰に盛りつけてしまい，結果として過剰に食物を摂取してしまうことを示している。例えば，Wansink, Van Ittersum et al.（2006）は，栄養学を専攻する大学院生と教授をパーティに招待し，彼らにアイスクリーム用に中サイズもしくは大サイズのボウルを提供した。大ボウルを与えられた参加者は，中ボウルを与えられた参加者よりも，31％も多くのアイスクリームを自らよそった。この実験の興味深い点は，栄養学を専攻する学生や教員であっても，食器のサイズに盛りつけ量が影響されてしまうことと，さらに本人たちも多く盛りつけて多く消費したことにまったく気づいていないことであった。

食器のサイズとは異なるが，Wansink（1996）は，ある食品（例えば，食物油）のパッケージのサイズが大きくなった場合も，その食品の使用量が増加することを報告

図11-8　形状の異なる2つのグラスを持っているBrian Wansink
（Wansink & Van Ittersum, 2005より）

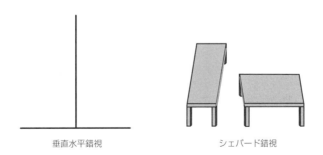

図11-9　Wansink & Van Ittersum（2005）の研究と関連する幾何学的錯視

している。

（2）幾何学的錯視

Wansink & Van Ittersum（2003, 2005）はさらに，食器の形状が作り出す幾何学的錯視によって飲料や食物の分量を過剰に盛りつけてしまうことを示している。例えば，Wansink & Van Ittersum（2005）では，同じ容量であるが形状の異なる2つのグラスが用意され，1つは細長いグラスであり，もう一方は幅が広く短いグラスであった（図11-8参照）。ここで，同じ長さの線分であっても垂直にされた場合は水平にされた場合よりも長く感じるという垂直水平錯視（Vertical-horizontalillusion）（図11-9左参照）（Fick, 1851）や，合同の平行四辺形であっても長辺を縦にした場合は，短辺を縦にした場合よりも長く見えるというシェパード錯視（vertical-horizontal illusion）（図11-9右参照）（Shepard, 1981, 1990）からは，細長いグラスを長く感じることが想定される。つまり，幅広く短いグラスに注ぐよりも，細長いグラスに注いだ場合の方が高さをより意識することとなる。結果として，同じ容量を注ぐ課題をさせた場合，細長いグラスでは高さを意識して容量を過大評価し，過小に注ぐこととなる。一方，幅広く短いグラスでは高さを意識しにくいので容量を過小評価し，過剰に注ぐことになる。

Wansink & Van Ittersum（2005）はこれを実験的に確認し，ワンショットの分量である45cc注ぐように依頼したところ，大学生やさらに経験を積んだバーテンダーでさえも，幅広く短いグラスに多くの量を注ぐことを示した（細長いグラスの場合は47cc，幅広グラスの場合は62cc注いだ）。同様の結果は，子どもにおいても確認されている（Wansink & Van Ittersum, 2003）。またWansink, Cardello et al.（2005）は，細長いボトルよりも短く幅広いボトルを用いた場合に水の消費量が多くなることも見出している。これらの結果から，甘いジュースなどを過剰に注ぎまた消費することを避けるためには，背の高い細長いグラスを使うべきであろう。

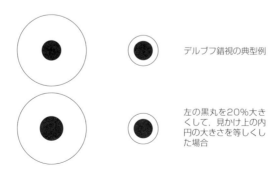

図11-10　デルブフ錯視の例

第11章　肥満とセルフ・コントロール

図11-11　デルブフ錯視を利用した食材の見えの違い

直径の異なる円形の食器に，同じ分量の食材を盛りつけた場合，デルブフ錯視の効果によって，左の食材のほうが大きく見える

　他にも Van Ittersum & Wansink（2012）は，大きな食器を用いた場合に食物を過剰に盛りつけてしまう要因を，デルブフ錯視（Delboeuf, 1865）を用いた実験によって解明している。図11-10の上に示すようにデルブフ錯視とは，2つの合同な円を内円として，一方を大きな外円で囲むと内円が小さく見え，もう一方を小さな外円で囲むと内円が大きく見える現象である。図11-10の左のように外円と内円の差が大きく，両方の円が別々のものとして知覚される場合，対比効果により内円が小さく知覚される。一方，図11-10の右のように外円と内円の差が小さく，両方の円が全体として知覚される場合，同化効果により内円が大きく知覚される。そして2つの内円の大きさを等しく見えるようにするためには，大きな外円で囲まれた内円の大きさを20％程度大きくする必要がある（図11-10下参照）。

　デルブフ錯視の外円を食器，内円を食物に見立てた場合，図11-11の左のように大きい食器を用いると食物が実際のサイズよりも小さく感じられ，過剰に盛りつけることで補おうとすることが予想される。一方，図11-11の右のように小さい食器を用いると食物が実際のサイズよりも大きく感じられ，過小に盛りつけることで補うことが予想される。Van Ittersum & Wansink（2012）は，この予想を実際に実験で確認し，参加者の盛りつけ量が食器の大きさに影響されることを示した。またデルブフ錯視は，円だけでなく，四角形など正多角形でも生じるので，円形の食器に限定されるわけではない。過剰に盛りつけられれば，多く食べてしまうことはすでに述べた通りである。多く食べすぎないためには，食器類はサイズの大きい物から小さいものに変えるのが賢明であろう。また逆に野菜といった健康的な食物を多く摂取したい場合は，大きな皿を使用することが奨励されるだろう。

（3）摂取した食物の量

Wansink らは，自分たちがどれだけ食べたかを示す外的手がかりも食物摂取に影響することを示している。例えば，Wansink & Payne（2007）では，大学生を食べ放題のチキンウィング・パーティに招待した。チキンウィングを食べると骨が残る。その骨をテーブルから片づけない場合は，大学生は平均して5本のチキンウィングを食べたが，テーブルから片づけた場合は平均して7本とより多くのチキンウィングを食べた。この結果は，摂取した食事量を示す外的手がかりが存在することで食物摂取は抑制されることを示している。

他にも，Wansink（2006）は，日本のクッキーやチョコレートといった菓子包装によくみられる個別包装に注目している。個別包装の場合，食べるにつれ空の包装が増えていくが，これは摂取した量を如実に示し，また包みを空にして次の包みにとりかかる時に必ず小休止が入り，ここでまだ食べるか考えなおす時間が生まれる。Wansink（2006）は，これを検討するためにM&Mという粒状のチョコレートを用いた実験を紹介している。別々のグループの大学生に，チョコレート200粒を入れた袋と，チョコレート20粒入りの小袋10個を入れた袋を，それぞれ提供したところ，200粒の袋を与えられた学生は1時間あたり73粒も食べたが，小袋10個の袋を与えられた学生は1時間あたり42粒を食べた。大袋と個別包装で倍近い摂取量の違いがみられたのである。

Wansink らの行った研究の中で，最も圧巻なのは，底なしスープボウルという巧妙な装置を用いた実験であろう（Wansink, Painter et al., 2005）。彼らは大学生を食事に招待し，トマトスープを提供した。スープボウル（530mL）には細工が施されており，底部には参加者には見えないようにチューブが取り付けられ，チューブはテーブルの下を通じて，別室に設置されたトマトスープの入った大きな鍋（6L）とつながれていた。つまりスープボウルのスープを飲んでも，スープの高さはサイフォンの原理で同じ高さに保たれる（つまりスープが継ぎ足されていく）。結果として，通常のスープボウルが提供された大学生は約266mLのスープを飲んだが，底なしスープボウルが提供された大学生は，約440mLと73%も多くのスープを飲んだ。また実験後のインタビューによれば，実験のトリックや意図に気づいたものはなく，また自分が多く飲んだことを自覚していた学生もいなかった。この実験も，摂取した食事量（スープの残量）といった外的な手がかりがない場合，私たちが多く食べすぎてしまうことを示している。

3．居住環境

私たちの居住地の周囲における食環境も，食行動に影響を与える重要な環境的要因として機能する。居住地の近くにあるスーパーマーケットやコンビニエンスストア，

ファストフード店の存在と肥満との関係を検討した研究が，ここ数年の間に盛んに行われるようになってきた。

これまでに行われた研究では，スーパーマーケットが近くにあることは肥満の減少と正比例の関係にあること，一方，コンビニエンスストアが近くにあることは，肥満の減少と反比例の関係にあることを繰り返し見出している（Bodor et al., 2010; Powell et al., 2007b; Morland et al., 2006; Morland & Evenson, 2009）。この理由として，スーパーマーケットでは，低価格で健康的な食材が充実しており，これがより健康的な食行動と結びつきやすいが，一方，コンビニエンスストアでは，高カロリーの調理済み加工食品が数多く提供され，これが肥満と結びつくことが考えられる。

上記はインタビューなどによる相関的な研究であったが，Wrigley et al.（2003）は，準実験的な方法を用いてスーパーマーケットが居住地の近くに存在する効果を検討している。彼らは，低所得者層の人々が多く居住する地域において，それまで果物と野菜をあまり摂取していなかった人々が，新しいスーパーマーケットが建てられた後に，果物と野菜の摂取量を増加させたことを見出している。

一方，ファストフード店の存在と肥満の関係については，一貫した傾向はみられていない。ファストフード店が近くにあることによる肥満の増加を報告した研究もあれば（例えば，Bodor et al., 2010; Davis & Carpenter, 2009; Mehta & Chang, 2008; Morland & Evenson, 2009），関係がみられないことを報告した研究もある（例えば，Burdette & Whitaker, 2004; Jeffery et al., 2006; Powell et al., 2007a）。近隣におけるファストフード店の存在と肥満の関係については，今後のさらなる調査が必要であろう。

これまでの研究結果から総合的に考えると，健康的な食行動を営むための居住地の候補としては，スーパーマーケットが近くにあり，コンビニエンスストアやファストフード店が近くにないことが重要になってくるようである。

4節 食行動に関するセルフ・コントロール改善への展望

これまでの議論を踏まえて，食行動をめぐるセルフ・コントロール改善の展望を考えてみたい。特に，健康増進や肥満予防に関連する公共政策の立案や，企業経営者による従業員の健康管理といった，いくぶんトップダウン的な視点からの改善案を考えてみる。

双曲割引や現在バイアス選好の知見からは，スーパーマーケットやコンビニエンスストアでレジの近くに砂糖菓子を陳列するのではなく健康的な食品を置くように奨励し働きかけることが考えられる。特にCohen & Babey（2012）も指摘するように，

キャンディーのような砂糖菓子をレジ近くではなく、探すのに一手間かかる場所に陳列することに関しては、法による規制があってもよいのではないだろうか。

　JustとWansinkらのグループによるスマーター・ランチルーム運動は、現在は主にアメリカの小学校など低学年の教育現場に導入されているが、その取り組みを大学など高等教育現場や、さらにはオフィスや病院などにも広げていくべきであろう。日本の大学やオフィスにおいて朝食を無料もしくは安価に提供する試みが近年評判であるが、同様に、ランチにおいて果物と野菜だけを無料にするのも効果的であろう。先行拘束法との関連では、Chandon & Wansink（2002）では、買い置きが衝動的な食行動を助長することが示された。非健康的な食品に関しても、一括の大量購入ができないように規制してもよいかもしれない。

　Marteau et al.（2011）はその評論において、行動経済学の知見を活用した政策提言をいくつか行っている。例えば、ダイエットに関しては、児童に対する非健康的な食品広告を規制する必要性を述べているが、これはMischelらの研究における不明化の技法と関連するだろう（不明化についてはタバコの陳列販売に関して政策レベルで活用されており、イギリスやカナダ、アイスランド、アメリカではニューヨークにおいて、タバコのパッケージを売り場からは見えないようにしなくてはいけないという規制がある）。さらに、アメリカのいくつかの州では、学校から砂糖入り清涼飲料水を販売する自販機を削減する規制が実施されている。

　Marteau et al.（2011）は他にも、デフォルトの付け合わせ料理を、ポテトチップスではなくサラダにするべきであるとしている。すでに紹介したJust & Wansink（2009）の児童はフライドポテトへの圧倒的な選好がデフォルトの効果を阻害したが、成人を対象としたオフィスの食堂では異なった効果がみられるかもしれない。またMarteau et al.（2011）は、身体活動を推進させるため、エレベーターではなく階段をより目立つようにまた魅力的にするべきであるとしている。同様に、デフォルトとしたサラダをより魅力的で美味しそうにみせる工夫も必要であろう。Wansink et al.（2013）は、同じ果物でも、まるごとよりも薄く切って提供された場合に消費されやすいことを示している。健康的な食品の消費を高めるための一工夫が必要であるといえよう。

　ポーションサイズに関しては、すでに法規制の試みがあり、例えば、ニューヨーク市は、レストランや映画館などで大サイズの甘味飲料の販売を禁止する方針を打ち出した（しかし2014年ニューヨーク州の最高裁で市側の敗訴が確定した）。サイズが大きければいっぱい食べてしまうというRollsやWansinkのポーションサイズの研究からは、この規制は妥当なものであり、再考が望まれる。大きなサイズが販売されていれば、ついそれを購入してしまい、結果としての大量消費につながる。

　居住環境に関して、ファストフード店が近くにある学校の生徒の肥満傾向が高いこ

とを報告したDavis & Carpenter（2009）の研究からは，学校周辺でのファストフード店の出店を禁じる規制も考えられる。

　そして上記に述べた方策を実際に行う場合には，研究成果の裏づけに基づいて実施する必要がある。というのも本章冒頭でも紹介したカロリー表示法は，2016年以降，全米で義務化されているが，その効果について一致した研究結果は得られていないからである。Loewenstein（2011）やLoewenstein et al.（2012）は，科学的研究に先んじて政策が行われる例としてこのカロリー表示を取り上げ，政策の概念的な訴えが十分に説得的である場合は，実証研究による裏づけがない場合でも実施される危険性があることを指摘している。

　以上，健康増進に関連するセルフ・コントロール改善の可能性を，企業活動に対する法規制といったトップダウン的な視点で述べてきた。しかしながら，セルフ・コントロール向上のためには，トップダウン的なアプローチだけでなく，個人レベルでの取り組み（第10章参照）もまた重要なことはいうまでもない。企業活動は利潤の追求が主であることは否めないが，逆にいえば消費者が健康的な食品を望めば，そういった食品を企業は販売するのである。Wansink（2006）は，肥満蔓延の矢面に立たされているファストフード店においても，野菜バーガーなどが過去に販売されており，売れ行きが芳しくないため結局販売されなくなった事例を紹介し，現在のファストフード店で，高カロリー商品ばかりになったのは消費者の選択の結果であることを指摘している。消費者の側でも意識改革が求められている。健康増進や肥満予防に関連するセルフ・コントロール改善を目指すためには，トップダウンとボトムアップの両方のアプローチで取り組んでいくことが必要である。

第12章 口腔保健行動におけるセルフ・コントロール

1節 高齢者とセルフ・コントロール

1. 超高齢社会の課題

　日本人の平均寿命は延伸し，2015年には男性80.79歳，女性87.05歳となった。長寿は喜ばしいことではあるものの，同時に少子化も進行していることから，多くの課題を抱えている。総人口に占める高齢者（65歳以上）人口の割合（高齢化率）をみると，2007年には21.5％に達し，日本は超高齢社会に突入した（厚生労働省，2014）。その後も高齢化率は増加の一途をたどり，2014年には25.1％を示し，今や国民の4人に1人が高齢者であり，生産年齢人口（15～64歳）2.5人が1人の高齢者を支える時代を迎えた（内閣府，2014）。

　高齢者数の多さに加え高齢化の速度について，高齢化率が推移した期間から判断すると，高齢化社会（7.0％）から高齢社会（14.0％）へ到達した年数（内閣府，2014）は，ドイツ40年（1932～1972年），イギリス46年（1929～1975年），スエーデン85年（1887～1972年），フランス115年（1864～1979年）であった。一方，日本は24年（1970～1994年）であり，前述した国々が高齢社会に到達した頃に高齢化社会となり，これまでに類をみない速度で高齢化率が増加している。

　さらに，喫緊の課題として，1947～1949年に生まれ，戦後の日本の高度成長を支えてきた世代，いわゆる「団塊世代」が2015年には前期高齢者（65～74歳）に到達し，2025年には後期高齢者（75歳以上）に到達する。高齢化率は2025年に30.3％，2035年に33.4％，2060年には39.9％に達し，生産年齢人口1.3人が1人の高齢者を支えることになると推測されている（内閣府，2014）。

　このように，世界に先駆けて高齢化が急速に進行し，高齢者介護の問題に直面する

日本が，どのようにこの課題に対処するのか，世界が注目している。

2．地域包括ケアと介護予防

　高齢化率の高さと速さに対応するために，高齢者の介護を社会全体で支え合う仕組みとして，介護保険制度が2000年に施行された。2006年には介護保険法の一部を改正する法律施行によって予防給付が導入され，介護保険制度は「介護予防」に方針を転換した。介護予防とは，「要介護状態の発生をできる限り防ぐ（遅らせる）こと，要介護状態にあってもその悪化をできる限り防ぐこと，高齢者の生活機能全般を向上させることによって，自己実現・生きがいを支えることを目指す」と定義されている。

　厚生労働省は，高齢者の生活機能向上の視点として，「運動器の機能向上」「栄養改善」「口腔機能の向上」「認知症予防・支援」「うつ病予防・支援」「閉じこもり予防・支援」の6項目についてマニュアルを整備して，介護予防を推進してきた。中でも，「口腔機能の向上」は口から食べて飲み込む機能（摂食嚥下機能）を維持・向上することを意味し，運動能力や栄養状態の改善などの基盤となる重要な視点である。

　さらに，持続可能な社会保障制度を構築することを目指して，2014年6月25日には介護保険法改正が公布され，地域包括ケアシステムの構築と費用負担の公平化が示された。従来は，高齢者の機能障害を改善するためのアプローチに主眼が置かれていたが，ケアシステムでは社会における活動や参加などによって自己効力感を向上させて，高齢者の生活機能を高めるアプローチが提唱された。さらに，従来は高齢者をサービスの受け手としてきたが，これからは元気な高齢者を生活支援サービスの担い手とするように視点が転換され，高齢者が地域での社会的役割を担うことが推奨されるようになった。

3．介護予防に資する口腔機能の維持

　ここまで述べてきたように，厚生労働省は高齢者の社会参加を促して，自己実現や生きがいを支援することによって，介護予防を実現するように求めている。しかし，加齢によって身体能力は減退するため，これを維持向上させるためには運動と栄養の視点が重要であることはいうまでもない。そのための前提条件として，「口から食べて飲み込む機能（摂食嚥下機能）」を維持することが必要である。

　摂食嚥下機能は，食物を口に取り込み，咀しゃくし食塊を形成する機能，嚥下反射を引き起こして食塊を咽頭から食道に送り込む機能に代表される。咽頭は安静時には空気の通路であるが，随意的に食塊を咽頭へ送り込むと，嚥下反射によって喉頭が閉鎖し（喉頭閉鎖），食道入口部が開き（食道入口部開大）食物の通路となる（図12-1）。したがって，摂食嚥下機能が低下し喉頭閉鎖が不十分となると，容易に誤嚥が生じ誤嚥性肺炎を引き起こす。高齢者では，咳反射の減退によって，むせる症状のな

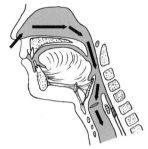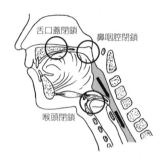

図12-1　安静時の咽頭と嚥下反射惹起後の咽頭（鎌倉ら，2000より一部改変）

い誤嚥（不顕性誤嚥）も認められる（鎌倉ら，2000）。

　日本人の死因順位をみると，2011年までは，第１位悪性新生物，第２位心疾患，第３位脳血管疾患，第４位肺炎であった。この順位が，2012年には第３位と第４位が逆転し，肺炎が第３位となった（厚生労働統計協会，2014）。この肺炎は誤嚥性肺炎に関連するといわれ，誤嚥は摂食嚥下機能の低下に起因すると考えられている。

　一方，肺炎は肺炎球菌によって発症するため，口腔内の保菌状況について，唾液中の肺炎球菌DNA量を定量リアルタイムPCR法によって計測した。その結果，成人群では55.6％，前期高齢者群では46.9％，後期高齢者群では32.7％の者から，肺炎球菌DNAが検出され，後期高齢者群に比較して，成人群と前期高齢者群において有意に保菌者が多いことが報告された（乾ら，2014）。

　また，高齢者には予防接種が推奨されているため，前期高齢者群および後期高齢者群において，肺炎球菌ワクチン接種と口腔内保菌との関係を比較したが，有意な関係は認められなかった。要するに，誤嚥性肺炎を予防するためには，肺炎球菌ワクチン接種にかかわらず保菌していることを念頭におく必要があり，菌を排出する口腔ケアが重要である。加えて，齲歯や歯周病を予防して歯牙と歯茎を健康に維持することも重要であり，高齢者の口腔機能を維持するためには，適切な口腔ケアを継続して実行する口腔保健行動に着目する必要がある。

4．高齢者の口腔保健行動とセルフ・コントロール

　高齢者の口腔機能を維持・向上させるために，口腔ケアを継続して実行する口腔保健行動が重要であり，高齢者自身が自律的に健康を維持する口腔保健行動を選択すること（セルフ・コントロール）が望ましい。

　セルフ・コントロール（自己制御）とは，短い遅延で小さい強化量をもたらす衝動

性(impulsiveness)選択肢と,長い遅延で大きい強化量をもたらす自己制御(self-control)選択肢間での選択であるといわれている(Rachlin & Green, 1972; Rachlin et al., 1987)。例えば,肥満を指摘された人がコンビニエンスストアに行くとき,自家用車に乗って楽に早く到着することを選択せず,後日にもたらされる体重減少のために歩くことを選択するものである。

健康行動をセルフ・コントロールできるか否かは,個人差が著しい。したがって,個人が健康行動を自律的に維持できる度合いについて,あらかじめ把握することができれば,地域包括ケアシステム構築のための施策を最適化することが可能となる。健康を維持する行動の中でも,口腔保健行動は誰もが経験する行動であって,口腔機能・嚥下機能を向上させ,誤嚥性肺炎を予防し,食事を通した社会生活の基盤となりうる。

そこで,筆者らは,口腔保健行動をセルフ・コントロールの視点からとらえることにより,高齢者の口腔保健行動を評価する尺度を開発し,さらに,保健行動における高齢者のセルフ・コントロールの傾向を評価する尺度を開発した。以下では,それらの尺度を紹介する。以下に紹介する研究では,「セルフ・コントロール力は,現行の保健行動の実行頻度が多いものほど強く,かつ,望ましい保健行動(目標)へ向かって現状の実施頻度からさらに増加させようとするものほど強い」という仮説に従って尺度の開発が進められた。

さらに,筆者らは,高齢者の嚥下障害などを防止するための口腔機能向上プログラムを開発した。このプログラムは,器質的口腔ケア,機能的口腔ケア等から構成される。前者では,各高齢者が自らの口腔ケアを自己記録し,後者では,自分が選択した方法の実施状況を自己記録し,さらに,改善結果に対して社会的賞賛を与える強化法(第1章を参照)を用いた行動修正プログラムである。

2節 高齢者の口腔保健行動の評価

1. PRECEDE-PROCEED モデル

高齢者の口腔保健を向上させる活動を考えるにあたり,健康促進(ヘルスプロモーション)活動展開のモデルの1つである Green & Kreuter(1991/神馬ら(訳),1997)の PRECEDE-PROCEED モデルを採用した。このモデルは「診断・計画」(PRECEDE)と「実施・評価」(PROCEED)から構成される。PRECEDE では,望ましい結果を目指して方策を検討するプロセスを経てヘルスプロモーションプログラムが企画・開発され,それを PROCEED では実施し評価するモデルである(Barbara & Karen, 2005/福田ら(監訳),2008)。PRECEDE(Predisposing, Reinforcing, and

Enabling Constructs in Educational/ environmental Diagnosis and Evaluation）は，「ニーズのアセスメントと企画」の段階として，以下の5段階からなる。

第1段階（社会診断）：
　　改善すべき「Quality of Life（QOL）」を明らかにする。
第2段階（疫学診断）：
　　QOL に影響を及ぼす「健康問題」を明らかにする。
第3段階（行動・環境診断）：
　　QOL や健康問題に影響を及ぼす「行動と生活習慣」と「環境」を明らかにする。
第4段階（教育・組織診断）：
　　個人の行動や環境に影響を及ぼす要因について，行動の動機づけに関係する「準備要因」，行動に後続する報酬など行動の継続に関係する「強化要因」，資源やサービスなど行動を実現させるための「実現要因」に整理する。
第5段階（行政・政策診断）：
　　第4段階で示された各要因から導かれる健康教育，実施に関連する政策・法規・組織をアセスメントする。

次に PROCEED（Policy, Regulatory, and Organizational Constructs in Educational and Environmental Development）は，教育・環境開発における政策・法規・組織要因を示す「実施，評価」の段階であり，以下の4つの段階からなる。

第6段階（実施）：
　　PRECEDE 第1～5段階の診断プロセスを経て，必要な健康教育プログラムなどの施策を実行する。
第7段階（プロセス評価）：
　　健康教育プログラムの計画に基づく実施状況を評価する。
第8段階（影響評価）：
　　実施によって第3段階と第4段階で明らかにした目標への達成状況を評価する。
第9段階（成果評価）：
　　第1段階と第2段階で明示した目標への到達状況によって健康，QOL の改善した結果を評価する。

なお，PRECEDE-PROCEED モデルは2005年に改変された（Green & Kreuter, 2005/ 神馬（訳），2005）。PRECEDE のプロセスは，第1段階（社会アセスメント），

第12章 口腔保健行動におけるセルフ・コントロール

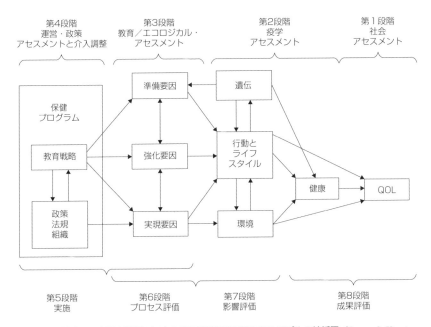

図12-2 保健計画の企画と評価のためのPRECEDE-PROCEEDモデルの統括図（Green & Kreuter, 2005）

ここにはプログラム・インプットと健康の決定要因から始まり，結果に至るまでの因果関係を矢印線で示してある。最初の4つの段階は実施と評価に先立つ企画とプログラム開発の段階である。これは上の矢印とは逆に進む。システム理論や社会科学理論を用いたモデルではフィードバック・プロセスがよく強調される。しかし，この図にそのプロセスは含まれていない。

第2段階（疫学アセスメント），第3段階（教育／エコロジカル・アセスメント），第4段階（運営・政策アセスメントと介入調整）の4段階となった。主な変更点は1991年版の第2段階と第3段階を総合して，「遺伝」が「行動とライフスタイル」「準備要因」に影響することを加筆し，第2段階（疫学アセスメント）としたことである。PROCEEDのプロセスである4段階を加えて，8段階のプロセスが示された（図12-2）。

2．高齢者の口腔保健行動評価尺度の開発

高齢者が摂食嚥下障害や誤嚥性肺炎を予防し，食事を楽しむことなどQOLを向上させるには，高齢者の口腔保健を向上させる健康教育プログラムが必要である。そのために，筆者らは前項で述べたPRECEDEモデルを理論的基盤として，地域で生活する高齢者の口腔保健行動を評価する尺度を開発した。口腔保健行動とは，口の健康

の保持・回復・増進を目的として行う口腔清掃行動，摂食行動（食行動），歯科受診・受療行動を含む歯・口腔に対する行動である（日本保健医療行動科学会，1999；宗像，1996）。

まず，シニアクラブの会員23名に対して，PRECEDEモデル（2005）に基づきフォーカス・グループ・インタビューを実施し，その結果からQOL4項目，口の健康7項目，口腔保健行動8項目，環境5項目，準備要因7項目，実現要因3項目および強化要因7項目の7要因41項目を抽出した（吹田ら，2010）。この41項目について，シニアクラブの会員および同居家族の合計1,883名を対象に質問紙調査を行い，回答のあった803名を対象者として分析し，高齢者の口腔保健行動を評価する尺度（以後，口腔保健行動評価尺度）を開発した（深田ら，2010）。

対象者の属性をみると，平均年齢は75.7 ± 6.3歳，男性が42.0％，単身又は夫婦のみの世帯が59.1％を占めた。そして，全体の47.4％が20本以上の歯を有し，83.9％が健康であると自己評価していることから，対象者は健康な地域高齢者であると考えられた。

3．口腔保健行動評価尺度の構造

PRECEDEモデルに基づき抽出された41項目から，回答の欠損割合，天井効果・フロア効果および探索的因子分析（主因子法）による項目選定の結果，16項目が削除され，口腔保健行動評価尺度は25項目で構成された（表12-1）。

項目選定された25項目に対して探索的因子分析（主因子法，プロマックス回転）を行い6因子が抽出された。第Ⅰ因子7項目（No.4～10），第Ⅲ因子3項目（No.1～3），第Ⅳ因子3項目（No.13～15），第Ⅴ因子2項目（No.11,12），第Ⅵ因子2項目（No.16,17）については，PRECEDEモデルの構成概念と合致し，因子名は順に「口の健康」「QOL」「準備要因」「口腔保健行動」「強化要因」と命名した。第Ⅱ因子8項目（No.18～25）は，当初の尺度分類であった口腔保健行動1項目（No.18），強化要因5項目（No.19～23），環境2項目（No.24,25）から構成され，いずれも口腔保健を実現させる要因であったことから，改めて「実現要因」と命名した。このように構成概念妥当性を確認した。

口腔保健行動評価尺度についてCronbachのα係数は尺度全体0.773，各因子では0.695～0.845であった。準備要因のα係数以外は0.70以上であったことから，25項目全体および6因子すべてにおいて，グループレベルの比較を行う場合に用いることができるレベルであり，内的整合性が確保された。

加えて，PRECEDEモデルを用いた構成概念間の因果関係について共分散構造分析を行ったところ，Goodness of Fit Index（GFI）とAdjusted GFI（AGFI）の値は各々0.866，0.837と，0.90の近似値でもあり，モデルとしての説明力は確保された。

表12-1 高齢者の口腔保健行動評価尺度（深田ら，2010）

あなたの口の中の健康行動についておたずねします。
各項目がどの程度あてはまるかを，「かなり当てはまる」「やや当てはまる」「やや当てはまらない」「全く当てはまらない」の4段階の範囲のなかから1つ選んで，該当する数字に○をつけて下さい。

PPモデル	No.	設問	全く当てはまらない	やや当てはまらない	やや当てはまる	かなり当てはまる
QOL	1	しっかり噛める	1	2	3	4
	2	歯や義歯の状態が良好なのでおいしく食事ができる	1	2	3	4
	3	歯や義歯の状態が良好なのでうまく会話ができる	1	2	3	4
口の健康	4	口の中に痛みや不快を感じる	4	3	2	1
	5	歯茎がはれたり血がでたりする	4	3	2	1
	6	冷たいものが歯にしみる	4	3	2	1
	7	口臭がある	4	3	2	1
	8	唾液が少なくなって口が渇く	4	3	2	1
	9	食べた物が口の中に残る	4	3	2	1
	10	食事中にむせることがある	4	3	2	1
口腔保健行動	11	毎食後に歯や義歯を磨いたり，洗っている	1	2	3	4
	12	毎食後には口をすすいでいる	1	2	3	4
準備要因	13	いつまでも自分の歯で食べたいと思う	1	2	3	4
	14	歯医者から定期的に指導を受けたり，歯の手入れをしてもらうことが大切であると思う	1	2	3	4
	15	80歳で20本以上自分の歯を残したいと思う	1	2	3	4
強化要因	16	歯や義歯を磨いたり，洗うと口臭が消える	1	2	3	4
	17	歯や義歯を磨いたり，洗うと爽快感を得ることができる	1	2	3	4
実現要因	18	定期的に（年に1回以上）歯医者に受診する習慣がある	1	2	3	4
	19	家族が，歯の健康について気にかけてくれる	1	2	3	4
	20	家族が，食べ物の固さを調整して調理してくれる	1	2	3	4
	21	歯科で歯の磨き方や義歯の手入れについて褒められる	1	2	3	4
	22	歯の健康に関する指導を受けている	1	2	3	4
	23	歯の健康を守ることについての情報をテレビから得ている	1	2	3	4
	24	歯が健康であると市町村から表彰される制度があることを知っている	1	2	3	4
	25	歯の健康について市町村の支援があることを知っている	1	2	3	4

注）「口の健康」項目4〜10については逆転項目として，「全く当てはまらない」を4点，「やや当てはまらない」を3点，「やや当てはまる」を2点，「かなり当てはまる」を1点と逆転させて評点をつける。

第Ⅲ部 医療分野への応用

開発された口腔保健行動評価尺度25項目（表12-1）は，「全く当てはまらない」を1点，「やや当てはまらない」を2点，「やや当てはまる」を3点，「かなり当てはまる」を4点として評定する。ただし，口の健康に属する7項目については，「全く当てはまらない」を4点とし，逆転させて評定する。評定の結果，点数が高いほど口腔保健行動が実施されていると判断できる。

4．口腔保健行動評価尺度の構成概念間の関係

PRECEDEモデルを用いた構成概念間の因果関係（図12-3）を共分散構造分析により分析した結果を図12-3に示した。ここで，矢印は原因から結果へ至る方向を示し，数値はパス係数を表し因果関係の強さを示す。

高齢者の口腔保健行動尺度（表12-1）の「項目16：口臭が消える」「項目17：爽快感を得る」といった「強化要因」が「項目11：毎食後の歯磨き」「項目12：毎食後に口をすすぐ」で表される「口腔保健行動」に影響し（$r=0.32$），「項目13：自分の歯で食べたい」「項目14：歯科受診を定期的にうけることが大切」「項目15：80歳で20本以上の歯を残したい」といった「準備要因」に影響していた（$r=0.28$）。しかし，準備要因は口腔保健行動には影響していなかった（$r=-0.03$）。成人期女性に対する

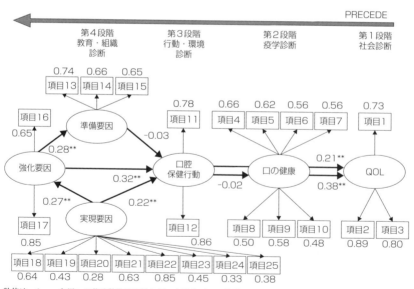

数値は，Amosを用いて共分散構造分析を行った結果（パス係数）を示す。$^*p<0.05$，$^{**}p<0.01$

図12-3　PRECEDEモデルを用いた構成概念間の因果モデル（深田ら，2010）

PRECEDE-PROCEED モデルを基にした歯科保健モデル（河村・笹原，2004）においても，準備要因と口腔保健行動の関連が弱かった。

一方，「実現要因（項目18～25）」は「強化要因」に影響を与え（$r=0.27$），口腔保健行動にも影響を与えていた（$r=0.22$）。しかし，「口腔保健行動」は「口の健康（項目4～10）」には影響を与えず（$r=-0.02$），食後の歯磨きや口をすすぐ行動の実施率と方法の適切性の課題が考えられた。ただし，口腔保健行動は「QOL（項目1～3）」には影響を与え（$r=0.21$），「口の健康」も「QOL」に影響を与えた（$r=0.38$）。

5．口腔保健行動尺度の活用

前述の研究から，口腔保健行動評価尺度は妥当性の高い尺度であり，PRECEDEモデルと高い整合性をもつことが示された。したがって，今後，地域高齢者に対して，口腔保健行動に関する健康教育プログラムを企画する際には，口腔保健行動評価尺度（表12-1）を用いて質問紙調査を実施し，社会診断，疫学診断，行動・環境診断および教育・組織診断を行うことによって，口の健康に関するニーズや目標を明らかにすることができる。さらに，その評価に基づき健康教育プログラムを策定して実施し，評価することも可能になることが期待される。

具体的には，実現要因と強化要因が口腔保健行動に影響を及ぼすため，実現要因として示された歯科への定期受診の推進，歯の健康教育，市町村の歯の健康に対する表彰制度を企画し，強化要因として示された「口臭が消える」「爽快感を得る」という即時フィードバックや，実現要因として示された口腔保健行動が適切であれば賞賛されるという他者からのフィードバックを活用したプログラムを企画することができるだろう。

さらに，PROCEEDモデルに基づき健康教育プログラムを実施した効果については，この尺度の「QOL」「口の健康」「口腔保健行動」「実現要因」「強化要因」「準備要因」の項目を，健康教育プログラムの実施前後で比較し活用することが期待される。

第3節　高齢者の口腔保健行動へのセルフ・コントロールの評価

1．高齢者の保健行動に関連する自己制御尺度の開発

超高齢社会において，心身ともに自立し，活動的で健康に生活する健康寿命期間（辻，2007）の延伸が望まれる。超高齢化が進行する中，日本において持続可能な社会保障制度を構築するために地域包括ケアシステムの構築が提示され，介護予防として高齢者を生活支援サービスの担い手とすることが提唱された。しかし，高齢者の健康状態は個人差が著しく，保健行動のセルフ・コントロールとして，自律的に実行で

きる人（自己制御力の高い高齢者）もいれば，実行できない人（自己制御力の低い高齢者）もいる。

健康教育の視点から考えると，自己制御力の高い高齢者に対しては健康教育として情報を提供するのみでも，保健行動が維持されることが考えられる。一方，自己制御力の低い高齢者は，情報提供だけではなく，さらなる方策が必要になると考えられる。介護保険制度における介護予防の視点からも，高齢者の自己制御力を判別することは重要であろう。

筆者らは高齢者の保健行動に関する自己制御力を評価することを目的に，高齢者1,883名を対象とした質問紙調査に基づき評価尺度（以後，自己制御尺度）を開発した（深田ら，2012）。回答が得られた803名を分析対象とし，対象者の属性をみると，平均年齢は75.7±6.3歳，男性が42.0％であった。そして，単身世帯が13.9％，夫婦世帯が45.2％，子どもや子ども世帯との同居などが40.9％であり，86.1％が家族と生活していた。さらに，全体の83.9％が「非常に健康である」「まあ健康である」と判断し，非喫煙者が57.4％であるなど，対象者は健康な地域高齢者であると考えられた。

2．自己制御尺度の構造

自己制御尺度の項目に用いた保健行動は，介護予防対策の「口腔機能の向上」「栄養改善」「運動器の機能向上」に対応させて「口腔保健行動」「栄養・食行動」「身体活動・運動」「歯科以外の受診行動」を枠組みとして，厚生労働省が提唱する「21世紀における国民健康づくり運動（健康日本21）」で示された目標とその内容を参考に構成した。「口腔保健行動」には口腔ケア管理・専門的口腔ケア管理・歯科受診を項目として設定し，同様に「栄養・食行動」には体重管理・食物選択管理・摂取時間管理・摂取量管理・朝食管理を，「身体活動・運動」には運動管理・外出管理を，「歯科以外の受診行動」には医師の指示に対するコンプライアンス・定期健診の計12項目の保健行動として設定した。

続いて，各項目には「保健行動の実施頻度を問う」設問（a）と「今後どのような頻度で実施したいかを問う」設問（b）を設定した。体重管理を例に挙げると，（a）「どれくらいの頻度で，体重を測定するか」，（b）「今後どれくらいの頻度で体重を測定したいか」となる。設問（a）では現在までの自己制御の強さを判定し，設問（b）ではこれから目標に向かって自己制御しようとする強さを判定するものである。また，各設問の評定は，「望ましい実施頻度」を4点から「ほとんど実施しない」を1点とする4段階評定とした。

次に，24設問の分析結果に基づき，回答の欠損割合，天井効果，フロア効果および探索的因子分析（主因子法）による項目選定を行い，朝食管理2設問が削除されて，自己制御尺度は11項目（a）（b）の合計22設問から構成された（表12-2）。

第12章 口腔保健行動におけるセルフ・コントロール

表12-2 保健行動に関連する自己制御力を評価する尺度（自己制御尺度）

健康管理について各項目が，どの程度あなたの行動や考えに当てはまるのか，該当する欄に○をつけて下さい。

	設問 a：現行値　b：目標値	ほとんど実施しない ←　　　　　→ 望ましい実施頻度			
		1点	2点	3点	4点
1-a	あなたは，1日のうちどのくらいの頻度で歯や義歯を磨いたり，洗ったりしていますか。	ほとんど磨かない	1日に1回	1日に2回	1日に3回以上
1-b	あなたは，今後，1日のうちどのくらいの頻度で歯や義歯を磨いたり，洗ったりしたいと考えていますか。	ほとんど磨かない	1日に1回	1日に2回	1日に3回以上
2-a	あなたは，どのくらい定期的に歯医者で歯石除去や歯の清掃をしてもらっていますか。	ほとんど行かない	1年に1回	1年に2回	1年に3回以上
2-b	あなたは，今後，どのくらい定期的に歯医者での歯石除去や歯の清掃をしたいと考えていますか。	ほとんど行かない	1年に1回	1年に2回	1年に3回以上
3-a	あなたは，歯の痛みや違和感がある場合，どれくらいで歯医者に受診しますか。	ほとんど行かない	1か月以内	1週間以内	3日以内
3-b	あなたは，歯の痛みや違和感がある場合，今後，どれくらいで歯医者に受診したいと考えていますか。	ほとんど行かない	1か月以内	1週間以内	3日以内
4-a	あなたは，どれくらいの頻度で，体重を測定しますか。	ほとんど測定しない	1か月に1回程度	1週間に1回程度	1日1回以上
4-b	あなたは，今後，どれくらいの頻度で体重を測定したいと考えますか。	ほとんど測定しない	1か月に1回程度	1週間に1回程度	1日1回以上
5-a	あなたは，外食や食品を購入するときに，どれくらいの頻度でカロリーや栄養成分表示を確認しますか。	ほとんど確認しない	気になったときだけ	ときどき	毎回
5-b	あなたは，外食や食品を購入するときに，今後，どれくらいの頻度でカロリーや栄養成分表示を確認したいと考えていますか。	ほとんど確認しない	気になったときだけ	ときどき	毎回
6-a	あなたは，1回の食事にどれくらいの時間をかけて食べていますか。	5分程度	15分程度	30分程度	30分以上
6-b	あなたは，1回の食事に，今後，どれくらいの時間をかけて食べたいと考えていますか。	5分程度	15分程度	30分程度	30分以上
7-a	あなたは，1回の食事に適切な量（腹八分目）をどれくらいの頻度で摂取していますか。	ほとんどしない	1週に1回程度	1日に1回程度	毎回
7-b	あなたは，適切な量（腹八分目）を，今後，どれくらいの頻度で摂取したいと考えていますか。	ほとんどしない	1週に1回程度	1日に1回程度	毎回
8-a	あなたは，病気などの特別な場合を除いて，どのくらいの頻度で，日常生活の中に30分以上の身体を動かすこと（ウォーキング，体操など）を取り入れていますか。	ほとんどしない	1月に1回程度	1週に2回程度	毎日
8-b	あなたは，病気などの特別な場合を除いて，今後，どのくらいの頻度で，日常生活の中に30分以上の身体を動かすこと（ウォーキング，体操など）を取り入れたいと考えていますか。	ほとんどしない	1月に1回程度	1週に2回程度	毎日
9-a	あなたは，病気などの特別な場合を除いて，どのくらいの頻度で，30分以上の外出（買い物，散歩など）をしていますか。	ほとんどしない	1月に1回程度	1週に2回程度	毎日
9-b	あなたは，病気などの特別な場合を除いて，今後，どのくらいの頻度で，30分以上の外出（買い物，散歩など）をしたいと考えていますか。	ほとんどしない	1月に1回程度	1週に2回程度	毎日
10-a	あなたは，症状の有無にかかわらず，医師に指示された行動をどのくらい従いますか。	従わない	気になったときだけ	ときどき	常に従う
10-b	あなたは，症状の有無にかかわらず，今後，医師に指示された行動をどのくらい従いたいと考えていますか。	従わない	気になったときだけ	ときどき	常に従う
11-a	あなたは，どれくらいの頻度で定期健診を受けますか。	ほとんどしない	5年に1回以上	2年に1回	1年に1回
11-b	あなたは，今後，どれくらいの頻度で定期健診を受けたいと考えていますか。	ほとんどしない	5年に1回以上	2年に1回	1年に1回

3. 自己制御得点の理論的分布

自己制御尺度開発時に、行動の頻度のみで自己制御力を評価できるかが論点となった。つまり、現状の行動の頻度が行動の結果であるので評価できるとする意見に対して、行動の頻度が低い場合、向上させる目標を有する人と現状で満足している人では、自己制御力は異なるのではないかとの反論であった。結論として、現行値を問う設問（a）と目標値を問う設問（b）に基づき、「現在の自己制御の強さ」と「目標に向かう自己制御の強さ」を判定することとした。

自己制御得点として項目ごとに「$b / (4 - a + 1)$」を求め、11項目の合計得点を自己制御力とした。「a」は設問（a）の得点であり、4点から1点までの範囲で現在の実施頻度を表す現行値である。「b」は設問（b）の得点であり、4点から1点までの範囲で将来の実施頻度を表す目標値である。分母の「$4 - a$」は最も高い頻度の値と個人の現行値「a」との差を表している。現行値が4点の場合「$4 - 4$」となり、その差は「0」となるため、1点の補正点を加えて、分母を「$4 - a + 1$」とした。現行値の実施頻度が高くなるほど分母は小さくなり、最も高い「4」であれば分母の値は「1」となる。

現行値「a」が1点であって、目標値「b」が1点の場合の自己制御力は0.25となる。両者に1〜4点が与えられることによって、「a」と「b」のすべての組み合わせは16通りとなる。X軸に現行値「a」の1点から4点を置き、Y軸には目標値1〜4点の各点で「$b / (4 - a + 1)$」から得られる自己制御得点の理論的布置を図12-4に示した。前述したように、両者が最も低い（a:1、b:1）では0.25点となり、最も高い（a:4、b:4）では4点となり、この範囲の尺度となる。

現行値1に着目して目標値を1〜4点に変化させると、自己制御力は0.25点から1点の範囲に分布する。同様に、現行値4に着目すると、自己制御力は1〜4点に分布する。目標値1に着目して現行値を1〜4点に変化させると、自己制御力は0.25点か

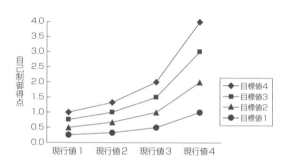

図12-4　自己制御得点の理論的分布（深田ら，2012）

ら1点の範囲に分布する。目標値4に着目して現行値を1～4点に変化させると，自己制御力は1点から4点の範囲に分布する。このように，理論的分布から「b／（4－a＋1）」による自己制御得点は妥当であると考えられた。

4．自己制御尺度の妥当性と信頼性

自己制御尺度の構成概念妥当性は，22設問に対し探索的因子分析（主因子法，プロマックス回転）によって確認された。第Ⅰ因子は「身体活動・運動」4項目，第Ⅱ因子は「口腔保健行動」6項目，第Ⅲ因子は「歯科以外の受診行動」4項目，第Ⅳ因子は「体重管理」2項目，第Ⅴ因子は「栄養・食行動」6項目であり，固有値1.11，累積寄与率45.4％で抽出された。また，5因子間の相関係数も0.25以上であり，因子間の関連性からも構成概念妥当性が確認された。

自己制御尺度の基準関連妥当性は，Health Locus of Control（HLC）尺度（渡辺，1985）の14項目と，Redressive-Reformative Self-Control Scale（RRS）（杉若，1995）のうち改良型セルフ・コントロール尺度8項目との相関を確認した。自己制御得点の合計得点とHLC尺度の合計得点，並びに改良型セルフ・コントロール尺度の合計得点とのPearsonの相関係数は，各々$r=0.26$，0.29と弱い相関が認められ，基準関連妥当性を確認した。

HLC尺度は，人格変数 locus of control の概念（Rotter, 1966）に基づき，健康は，自分のとった行動の結果であるとする内的統制傾向と，医療従事者等の他者や運がもたらすとする外的統制傾向に分かれるとの考えから開発された。HLC尺度は，合計得点が高くなるほど内的統制傾向を示している。

RSSは，先行研究（Kanfer & Schefft, 1988; Nerenz & Leventhal, 1983; Rosenbaum, 1989）で仮説的に示された調整型・改良型セルフ・コントロールの査定を可能にした3因子20項目からなる尺度である。改良型セルフ・コントロールは，将来の満足を予測して結果を遅延することでより価値のある結果に近づこうとする項目が含まれた。合計得点が高いほど遅延大強化子を求める行動を選択することを示している。

自己制御尺度の信頼性は，Item-Total（I-T）相関分析，内的整合性から確認した。11の保健行動の各自己制御得点と自己制御合計得点とのSpearman相関係数は$r=0.33$～0.55で有意に関連し，各項目の得点が全体の得点と関連して自己制御合計得点の識別力に貢献していた。Cronbachのα係数は，自己制御尺度22項目全体では0.84，「口腔保健行動」では0.79，「栄養・食行動」では0.70，「身体活動・運動」では0.82，「体重管理」では0.93，および「歯科以外の受診行動」では0.69と，尺度の各項目が重複せず個々の傾向を示し，内的整合性が確保された。

第Ⅲ部　医療分野への応用

5．保健行動に関連する自己制御尺度と歯磨き行動

　歯の磨き残しのセルフチェックは，テレビを見る楽しさなどの即時小強化子を選択せずに，歯の健康の維持・増進という遅延大強化子を得るための行動である。そこで，筆者らは歯の健康が維持・増進されるという遅延大強化子を手に入れるための口腔保健行動と自己制御尺度得点との関係を確認することを試みた。

　65歳以上であって10本以上の歯を有した高齢者41名に対して，1週間に1回歯垢染色剤を用いて磨き残しのセルフチェックをし，赤くなった歯を意識して磨くことを1か月実施することを依頼した。セルフチェックは，鏡に映して上顎①右臼歯部→②前歯部→③左臼歯部→下顎④左臼歯部→⑤前歯部→⑥右臼歯部の6つの群を順に，歯垢付着診査である Oral Hygiene Index（荒川・宮澤，2005；図12-5）を参考に，歯の頬側を「なし」「少し」「半分」「全体」の4段階評価で判定し，各群で最も点数の高い評定を所定の用紙（図12-5）に記録するものである。

　実施した1か月間のうち，3名は依頼した行動を継続できなった。残る38名を分析対象とし，平均年齢75.3±4.7歳，男性27名（71.1％），歯数は平均24.6±4.2本で

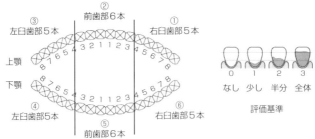

図12-5　磨き残しのセルフチェック方法

鏡に写った歯を観察し，歯垢付着診査であるOHI（Oral Hygiene Index）を参考に，上記の4段階評価で判定し記録する。上図の通り反時計回りに①→②→③→④→⑤→⑥の順に歯の外側を観察し，各部で最も染色された歯の状態に丸印を付して記録した。「なし」は0点，「少し」を1点，「半分」を2点，「全体」を3点とし，①〜⑥の合計点を磨き残し得点とした。得点は0点から18点（3点×6部）の範囲に分布する。

あった。実施1か月間において1週間に1回，歯の磨き残しチェックを実施した群（以後，自己制御群）は27名，実施しなかった群（以後，非自己制御群）は11名であり，両群の年齢，性，歯の数について差を認めなかった。自己制御群の自己制御合計得点は平均26.3±5.2点で，非自己制御群の平均22.0±4.6点と比較して有意に高く，自己制御尺度は自己制御力を測定できることを確認した。

4節 口腔機能向上のためのプログラム

加齢現象によって筋・靱帯などがゆるみ，嚥下障害が引き起こされるが，高齢者は長年の生活習慣などによって個人差が大である。ごはんにむせる症状の頻度に基づき嚥下障害のリスクをみると，前期高齢者（65～75歳未満）では約10％，後期高齢者（75歳以上）では約20％の嚥下障害予備軍がいると推測されている（鎌倉ら，1998）。

摂食嚥下障害を予防するためには，高齢者が口腔保健行動を継続実施することが必要である。これをセルフ・コントロールの視点からとらえると，将来「誤嚥性肺炎を発症しない」「歯が20本以上残る」など遅れてもたらされる大きな強化子を得るために，今，適切な口腔保健行動を選択して自律的に実行することであり，そのためのプログラムが望まれる。

口腔ケアは器質的口腔ケアと機能的口腔ケアに大別されている。器質的口腔ケアとは，歯，舌，粘膜など組織の清潔を維持することを目的とし，機能的口腔ケアは摂食嚥下，会話などの機能を維持・向上することを目的とする。

筆者らは器質的口腔ケアとして磨き残しの記録に基づくプログラム，および機能的口腔ケアとして，高齢者自身が実施できそうな3種類の運動を選択して実施するプログラムを開発した。

両口腔ケアプログラムの方法は，国内外の文献から各々22項目・13項目を抽出した。その内容妥当性について，「妥当性」「重要性」「実施可能性」「適切性」の視点から，エキスパート15名（歯科医師6名，歯科衛生士4名，言語聴覚士2名，看護師3名）に対する質問紙調査（郵送法）を行い確定した。各プログラムの開発について以下に述べていきたい。

1．器質的口腔ケアプログラムの開発
（1）研究デザイン

器質的口腔ケアプログラムは，パンフレットによる教示，1週間に1回は歯磨き後に歯垢染色液（プロスペック®）を用いて染色し，磨き残しを自己記録して（図12-5），研究者に提出すること，研究者の磨き方指導から構成される。

パンフレットには，口腔ケアは「現在の歯を維持すること，肺炎を予防すること」が目的であること，鏡を見ながら磨き残しテストで赤くなった歯を意識して磨くこと，歯間は歯ブラシを縦に使うこと，歯と歯肉の間は軽く小刻みに歯ブラシを動かすことを教示した。

歯磨き行動の従属変数として，歯垢染色状況の目視による自己評価と自己記録（図12-5）を求め（セルフチェック），加えて医療者による磨き残し測定を第1，3，7，12セッションに設定した。介入条件はパンフレットによる教示，セルフチェック，医療者による測定後の磨き方指導である。

研究デザインは1週間を1セッションとしたABデザインとし，ベースライン条件を3セッション測定後，介入条件としてプログラムを導入し4セッションを測定し，その後5セッションをフォローアップ期とした（表12-3）。

（2）対象とスケジュール

シニアクラブの協力を得て会員に研究参加依頼文書を配布し，研究参加の申込みがあった21名が対象である。属性をみると，男性13名，平均年齢75.0±4.8歳（66～84歳），歯の数は平均23.9±5.9本（3～29本），非喫煙者が20名，全員が健康であると回答し，夫婦あるいは子どもと同居していた。

スケジュールは表12-3に示すとおりである。ベースライン条件では，第1，3

表12-3 器質的口腔ケアプログラム研究スケジュール

条　件	セッション（週）	磨き残し測定 高齢者	磨き残し測定 医療者
【ベースライン条件】 ・研究参加の同意書の提出 ・歯ブラシ，手鏡，歯垢染色液配布（1s） ・セルフチェックの記録用紙（1枚）配布（1s）	1 s		○
	2 s	○	
	3 s		○
【介入条件】3s測定後にプログラム導入 ・パンフレットを用いて説明 ・セルフチェックの記録用紙配布 ・7sで3回（4s-6s）の記録用紙提出 ・磨き残し測定後（3s, 7s），磨き方を指導	4 s	○	
	5 s	○	
	6 s	○	
	7 s		○
【フォローアップ】 ・セルフチェックの記録用紙配布 ・提出義務なし ・磨き残し測定後（12s），磨き方を指導	8 s	○	
	9 s	○	
	10 s	○	
	11 s	○	
	12 s		○

セッションにおいて医療者による測定を行い，初回のみのセルフチェックは強化子として機能しないと考えられるので第2セッションのみ求めた。

　第3セッション終了後に介入条件として，測定結果に基づき磨き方を指導し，パンフレットを用いて説明した。第4～6セッションではセルフチェックを求め，第7セッションでは医療者が磨き残しを測定し，磨き方を指導した。

（3）プログラムの効果

　研究参加者のうち1名は途中で研究参加を辞退し，13名がフォローアップ期までセルフチェックを継続し（A群），2名がプログラム導入期まで実施し（B群），5名は参加したがまったくセルフチェックを実施しなかった（C群）。

　これらの群別にセッションごとの磨き残し得点の平均値の推移を図12-6に示した。B群をみると，セルフチェックによる評価では磨き残しが減少しているが，医療者による評価からはC群と同様に高い値を示し，第12セッションでもベースライン期と同様であった。

　A群をみると，セルフチェックと医療者の評価とに大きな相違はなく，妥当な自己評価ができていたことが考えられた。ベースライン期に比較してプログラム導入期では磨き残し得点が減少し，さらにフォローアップ期では減少した。これらから，20名中13名が歯磨き行動を自律的に継続し，その成果として磨き残しが減少したといえる。

　参加者からは，「磨き方を教えてもらって嬉しい」「きれいに磨けるようになったことがわかった」「これを始めて，いつもの歯科医からきれいに磨けていると初めてほ

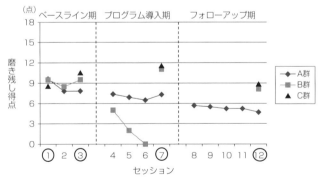

注1）A群13名：プログラム導入期・フォローアップ期ともセルフチェックを実施
　　　B群2名：プログラム導入期のみセルフチェックを実施
　　　C群5名：セルフチェックを未実施
注2）セッションの○印：医療者が磨き残し測定を実施

図12-6　セルフチェック実施状況別磨き残し得点平均値の推移

第Ⅲ部 医療分野への応用

められた」「歯科医から歯周ポケットの深さが改善したとほめられた」などの発言があった。このように，器質的口腔ケアプログラムの強化子に当初期待した効果に加え，歯科医師による賞賛といった強化子が派生したことも興味深い。

2. 機能的口腔ケアプログラムの開発
（1）研究デザイン

機能的口腔ケアは嚥下・会話などの機能を維持・向上することを主目的とするが，これらの機能には呼吸機能が影響する。そのため，機能的口腔ケアプログラムは，「舌の運動」「口唇・頬の運動」「呼吸の運動」，並びに自己記録用紙から構成された。加えて，運動ごとに目的は同じであるが方法が異なる3種類のパンフレット（①〜③）を制作した（図12-7（a）〜（c））。

高齢者が図12-7（a）〜（c）の運動について，自分にできそうだと判断した方法をパンフレット①〜③から選択し，「図12-7（a）-②，（b）-③，（c）-①」などと自ら運動を構成できるようにした（以後，セルフメイド方式）。これらは先行条件として機能し，高齢者自身ができそうな方法を選択することが，期待する運動行動を生起させるための反応努力を軽減させると考えられる。

さらに，選択したパンフレットを見ながら，自宅で1日3回実施し，記録用紙（表12-4）に記入するように教示が準備された。したがって，この手法は「自己記録法」として，高齢者自身が行動の結果を確認することによる強化，および1か月後に医療者が高齢者の行動の結果を確認して，維持されていれば社会的賞賛による強化を実施する「強化法」を用いたプログラムである。

（2）対象とスケジュール

器質的口腔ケアプログラムへの参加者のうち，途中で研究参加を辞退した1名を除く20名（男性13名，女性7名，平均年齢75.2±4.9歳，平均歯数25.2±3.6本）が対象者である。この対象者を実験群9名（男性5名，女性4名，平均年齢73.8±3.6歳，平均歯数24.6±4.4本）と，対照群11名（男性8名，女性3名，平均年齢76.3±5.7歳，平均歯数25.3±3.0本）に無作為に分けて実施し，比較した。

実験群に対しては，プログラム導入時にセルフメイド方式に基づき対象者が選択したパンフレットを配布し，機能的口腔ケアプログラムを1か月間毎日実施すること，自己記録することを依頼した。対照群に対しては，プログラム導入時に固定した運動を集団指導し，1か月間毎日実施し，同様に自己記録することを依頼した。

プログラム導入1か月後に後述する効果の指標を測定した。その際，記録用紙を手渡すが提出する義務はないこと，運動を継続するように教示し，導入2か月後に再度効果の指標を測定した。

第12章 口腔保健行動におけるセルフ・コントロール

舌の運動機能の向上のために①
1日3回行います。

①座った状態で、首を後ろにそらします。
②舌を思いっきり上に突き出し、次に引っ込めることを5回往復します。
③舌を思いっきり上に突き出し、左右の口唇の端をさわることを 5回往復します。

上に突き出す　引っ込める　上に突き出して左右の口唇の端をさわる

口唇・頬の運動機能の向上のために①
1日3回行います。

①口を大きく「あ」の形にして、そのまま声を3秒出します。
②口を大きく「い」の形にして、そのまま声を3秒出します。
③口を大きく「う」の形にして、そのまま声を3秒出します。
④これを5回くり返します。

口を大きく開ける　口角を横に引く　口をすぼめる

舌の運動機能の向上のために②
1日3回行います。

①上あごに舌をつけます。
②上あごの真ん中を舌の先で10秒間押しあげます。
③上あごの右側を舌の先で10秒間押しあげます。
④上あごの左側を舌の先で10秒間押しあげます。
⑤これを5回くり返します。

上あごの真ん中を押す　上あごの右を押す　上あごの左を押す

口唇・頬の運動機能の向上のために②
1日3回行います。

①口を大きく「パ」の形にして、そのまま声を3秒出します。
②口を大きく「タ」の形にして、そのまま声を3秒出します。
③口を大きく「カ」の形にして、そのまま声を3秒出します。
④これを5回くり返します。

口唇を上下しっかり閉じて、すぐに開ける　舌の先を前歯の後ろにつける　舌の奥を上あごにつける

舌の運動機能の向上のために③
1日3回行います。

①口唇をしっかり閉じます。
②歯の前側を触るようにゆっくり舌を右に1周回します。
③歯の前側を触るようにゆっくり舌を左に1周回します。
④これを5回くり返します。

右回り　左回り

口唇・頬の運動機能の向上のために③
1日3回行います。

①口を閉じます。
②右頬を思いっきりふくらませ、そのまま10秒保持して、もとに戻します。
③左頬を思いっきりふくらませ、そのまま10秒保持して、もとに戻します。
④両頬を思いっきりふくらませ、そのまま10秒保持して、もとに戻します。
⑤両頬をへこませ、そのまま10秒保持します。

右頬をふくらませる　左頬をふくらませる　両頬をふくらませる　両頬をすぼめる

図12-7(a)　機能的口腔ケアプログラム：舌の運動

図12-7(b)　機能的口腔ケアプログラム：口唇・頬の運動

第Ⅲ部　医療分野への応用

呼吸の機能の向上のために①
1日3回行います。

①口を「あ」の形にして，できるだけ声を長く発声します。
②これを3回くり返します。

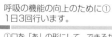

あ～

できるだけ声を長く発声します

呼吸の機能の向上のために②
各5回，1日3回行います。

ゆったりリラックス
①足を肩幅くらいに開きます。
②鼻から息をゆっくり吸いながら，両肩をゆっくり上げて肩を後ろに回します。
③息を吸い切ったら，口をすぼめて，口から息をゆっくり吐きな　がら肩の力を抜きます。

息を吸う胸の筋肉のストレッチ
④両手を胸の上部に当て，鼻で息をゆっくり吸いながら，空を見上げるように，あごを上げます。そして，持ち上がる胸を手で押し下げるようにします。
⑤息を吸い切ったら，姿勢をもとに戻しながら口をすぼめて，口から息を吐き切ります。

息を吐く腹部の筋肉のストレッチ
⑥両手を頭の後ろで組み，鼻から息をゆっくり吸います。
⑦口をすぼめて，口から息をゆっくり吐きながら，腕を上に伸ば　し背伸びをします。息を吐き切ったら両手をもとの姿勢に戻します。

呼吸の機能の向上のために③
各5回，1日3回行います。

ゆったりリラックス
①足を肩幅くらいに開きます。
②鼻から息をゆっくり吸いながら，両肩をゆっくり上げて肩を後ろに回します。
③息を吸い切ったら，口をすぼめて，口から息をゆっくり吐きながら肩の力を抜きます。

息を吸う背中と胸の筋肉のストレッチ
④息を吐き切ったら，鼻から息を吸いながら，腕を前に伸ばし，背中を十分に丸めていきます。
⑤口をすぼめて，口から息をゆっくり吐きながら，腕と背中をもとに戻します。

息を吐く胸の筋肉のストレッチ
⑥両手を後ろの腰の高さで組み，鼻から息をゆっくり吸いながら両肩を前方へ閉じていきます。
⑦口をすぼめて，口から息をゆっくり吐きながら，組んだ両手を腰から少し離して，肩を後ろ・上方へ引っ張ります。
⑧吐き切ったら元の姿勢に戻ります。

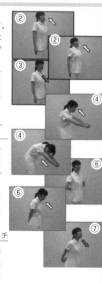

図12-7（c）　機能的口腔ケアプログラム：呼吸の運動

表12-4　機能的口腔ケアプログラム自己記録表
歯磨き，舌運動，口唇・頬の運動，呼吸の運動を実施したら○を記入して下さい。

項目		回数	1	2	3	4	5	6	7
		○月	○日	○日	○日	○日	○日	○日	○日
歯磨き	朝								
	昼								
	夕								
舌の運動 （運動番号○）	朝								
	昼								
	夕								
口唇・頬の運動 （運動番号○）	朝								
	昼								
	夕								
呼吸の運動 （運動番号○）	朝								
	昼								
	夕								

（3）効果の指標

　機能的口腔ケアの効果指標として，フードテスト（才藤，1997），発話機能，呼吸機能として最大吸気保持時間および最大呼気持続時間を用いて，プログラム導入の前，1か月後，2か月後に測定した。

　フードテストは水分補給ゼリー（エンゲリードミニ®：大塚製薬工場）4gを用いて実施した。評価基準は1〜5であり，評価4以上が正常範囲である。「評価4」ではむせることなく嚥下でき，呼吸良好で口腔内残留はない状態である。加えて，30秒以内に2回の嚥下ができれば「評価5」となる。手順に従い2回実施して低い値を採用した。

　次に，発話機能として，口腔機能測定機器（健口くん®：竹井機器工業株式会社）を用いて「パ」「タ」「カ」の発音回数を5秒間測定し，1秒間の平均回数を得点とした。最大吸気保持時間は，最大吸気後できる限り長く保持した時間をストップウォッチで測定した。最大呼気持続時間は，できる限り長く「あー」と発声しながら呼出した持続時間を同様に測定した（西尾，1994）。各々2回測定し，2回目の値が用いられた。

（4）プログラムの効果

　実験群では，各運動を1日に2回以上，1週に14回以上実施した者は9名中7名

表12-5　機能的口腔ケアの選択と運動回数

運動の種類	①を選択	②を選択	③を選択	導入1か月後の運動回数／1週	導入2か月後の運動回数／1週
舌の運動	5（55.6%）	2（22.2%）	2（22.2%）	16.9±3.1	16.6±3.5
口唇・頬の運動	2（22.2%）	4（44.4%）	3（33.3%）	16.5±4.0	15.9±4.0
呼吸の運動	3（33.3%）	2（22.2%）	4（44.4%）	16.8±3.1	15.4±3.1

（77.8%）であった。セルフメイド方式によって選択された運動（①〜③）について，の選択傾向は，舌の運動は①を5名が選択し，口唇・頬の運動は②を，呼吸運動は③を各々4名が選択していた。1週間の運動回数について，導入1か月後と導入2か月後を比較すると，舌の運動は維持されていたが，口唇・頬の運動，呼吸運動は低下する傾向であった（表12-5）。

フードテストは両群ともにプログラム導入前に「評価5」であった。また，発話機能および最大吸気保持時間・最大呼気持続時間とも群間比較の結果からは差を認めなかった。

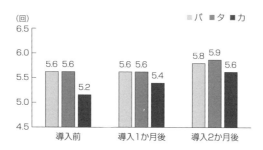

図12-8　実験群における発話機能の変化

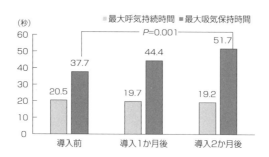

図12-9　実験群における呼吸機能の変化

次に,実験群においてプログラム導入前後での変化を確認した。発話機能として「パ」「タ」の発音数に変化はなく,「カ」の発音数は導入前5.2回から導入後2か月に5.6回へ増加したが差はなかった(図12-8)。

最大吸気保持時間は,実験群では導入前と比較して導入2か月後で有意に延長した($p=0.001$)(図12-9)。一方,最大呼気持続時間はプログラム導入による差を認めなかった。

以上から,機能的口腔ケアプログラム導入によって,セルフメイド方式で選択した運動は維持され,最大吸気保持時間が延長する効果が認められた。舌の機能に関与する「カ」の発音が,プログラム導入によって増加する傾向がみられた。これらは,自己記録法と医療者による社会的賞賛が強化子として機能したこと,セルフメイドによって反応努力が軽減された可能性が考えられる。これらの結果は,保健行動全般の形成・維持における自己記録法や強化法の有用性を示した先行研究と一致する(第1章,第10章を参照)。

5節 おわりに

本章で紹介した研究から,口腔保健行動を自己制御行動としてとらえることにより,それに対する自己制御力の強さに関する個人差を評価する尺度を開発することは,医療者にとって「健康教育・患者教育」を成功させる方策となることが期待される。

また,超高齢者社会が進行する中,高齢者の健康を維持することが重要であり,誤嚥性肺炎を予防するためにも高齢者の摂食嚥下機能を維持することが望まれる。そのためには,口腔機能を高めるように,自律的に口腔ケアを実行することが必要であり,効果のある口腔ケアプログラムが求められている。

紹介した研究からは,自らの行動の成果によって強化されるプログラムとして,自己記録と強化法を用いた口腔ケアプログラムの可能性が確認できた。

今後は,自己制御傾向の個人差をあらかじめ評価した上で,口腔ケアを形成・維持するための介入法を開発してゆく必要があるだろう。口腔ケアを行動修正により改善する試みは始まったばかりであり,今後の展開が期待される。

第Ⅳ部 矯正分野への応用

第13章 矯正分野におけるセルフ・コントロール

1節 「矯正」という言葉の定義

矯正という言葉には「欠点や悪い癖などを直すこと」という意味と「刑務所や少年院などに収容されている人たちの更生のための処遇を行うこと」の意味がある。前者の意味では「矯正視力」や「発音を矯正する」などの用いられ方があり，後者の意味では「矯正施設」とか「矯正教育」などの用いられ方がある。

矯正を行動という視点で考えると，どちらの意味で用いられても，悪い癖や犯罪という社会的に好ましくない行動を，社会的に望まれる方向に変えるという側面がある。当然のことだが，社会的に望まれる行動とは，目先のすぐに得られる報酬だけによる行動随伴性だけでは形成，維持は困難なものがほとんどである。そのために，矯正においては衝動性とセルフ・コントロールという問題が常に関係する。

本章では，まず，アルコールやその他の薬物依存症，ギャンブル障害という嗜癖の矯正におけるセルフ・コントロールについて概説し，その後，司法分野における矯正教育におけるセルフ・コントロールについて概説する。ただし，アルコールやその他の薬物における依存症やギャンブル障害は精神疾患として位置づけられることが多いため，矯正という視点だけでなく，医療という視点からの概説も必要であることをあらかじめお断りしておく。

2節 アルコールやその他の薬物依存症やギャンブル障害

まずは，アルコールやその他の薬物依存症とギャンブル障害について簡単に触れて

おく。

　世界保健機関（WHO）による「疾病及び関連保健問題の国際統計分類（ICD-10)」の診断基準によれば，依存症（ICD-10では依存症候群という診断名となっている）は「ある物質あるいはある種の物質使用が，その人にとって以前にはより大きな価値をもっていた他の行動より，はるかに優先するようになる一群の生理的，行動的，認知的現象」とされている。そのため，アルコールや覚せい剤などの薬物を使用したいという渇望や，その薬物を探すこと（探索行動）に時間を費やしてしまい，日常生活の多くが犠牲となってしまう。依存（dependence）には，身体依存と精神依存がある。身体依存とは，薬物の血中濃度が低下すると，様々な症状が出てくる状態であり，離脱症状とか禁断症状といわれる状態を意味する。一方，精神依存は薬物の血中濃度が低下すると，その薬物を再使用したいという渇望が出現する状態である。

　依存症を論じるときに，依存を中毒（intoxication），乱用（abuse）という表現が混乱されて使用されているので注意が必要である。

　中毒とは摂取した薬物の薬理作用による異常状態であり，物質の直接的な薬理作用による急性中毒と，薬物摂取を繰り返すことで生じる慢性中毒に分けることができる。急性中毒には急性アルコール中毒などがあり，慢性中毒にはアルコールによる肝硬変や，幻覚・妄想などを主症状とする覚せい剤精神病などがある。

　乱用とは薬物を社会的許容から逸脱した方法・目的で使用することである。したがって，覚せい剤や大麻など違法な薬物を1回でも使用すれば乱用であり，違法な薬物でなくとも，例えば，車の運転中にもかかわらず飲酒をすれば乱用と考えてよいであろう。また，乱用であっても1回だけの使用では依存症といわない点も注意が必要である。

　要するに依存症とは，アルコールや他の薬物の乱用を繰り返すことで，その薬物の使用についてのコントロールを失い，渇望と薬物探索行動が出現し，薬物を再使用してしまうことで様々な問題を生じてしまう状態といえる。

　ギャンブル障害はICD-10では病的賭博（pathological gambling）という診断名を与えられている。病的賭博の診断基準は「社会的，職業的，物質的および家庭的な価値と義務遂行を損なうまでに患者の生活を支配する，頻回で反復する賭博のエピソードから成り立っている。この障害を有する人々は，自分の仕事を危機に陥れ，多額の負債を負い，嘘をついたり法律を犯して金を得たり，あるいは負債の支払いを避けたりすることがある。患者たちは，賭博をしたいという強い衝動を抑えることが困難であり，それとともに賭博行為やそれを取り巻く状況の観念やイメージが頭から離れなくなると述べる。これらの没頭や衝動は，生活にストレスが多くなると，しばしば増強する」となっている。

　ICD-10では依存症は精神作用物質使用による精神および行動の障害，病的賭博は

成人のパーソナリティおよび行動の障害というそれぞれ別のカテゴリーに分類されている。よく「ギャンブル依存症」などといわれるが，依存症とはあくまで薬物摂取によって生じるものであり，ギャンブル障害のように行動そのものに渇望が生じる状態は嗜癖（addiction）として区別する必要がある。

　2013年に出版された，アメリカ精神医学会の診断基準である「精神疾患の診断・統計マニュアル第5版（DSM-5）」では依存症という概念は物質使用障害（substance use disorder）に代わり，病的賭博はギャンブル障害（gambling disorder）という診断名となった。そして「ギャンブル障害が物質使用障害によって生じる行動上の症状と同等であるようにみえる症状を生じさせる」という多くの証拠を反映して，物質関連障害および嗜癖性障害群（substance-related and addictive disorders）というカテゴリーで統一された。このように，依存症，嗜癖の分野では用語が入り乱れて使用されている状況であるが，本章では理解のしやすさを考慮して「依存症」と「ギャンブル障害」という診断名で議論を進めることとする。

3節 依存症，ギャンブル障害の行動経済学による理解

　先に触れたように，依存症やギャンブル障害の問題は薬物摂取やギャンブルへの制御が不能となることである。社会的な障害や金銭的な損失などを考慮すると，薬物摂取やギャンブルという行動に従事するメリットよりもデメリットの方が多いように思える。それなのに，そのような行動を選択し続けるのはなぜだろうか。

　依存症や嗜癖については，経済学の分野では合理的嗜癖（rational addiction）というモデルがあった。これは薬物など嗜癖性のある財を，消費者は将来どのような結果になるかを考慮に入れた上で消費する（Becker & Murphy, 1988）というものである。例えば，アルコールによる酩酊を求めて飲酒する際には，肝機能障害など将来の健康障害やそのことによる収入の減少なども考慮し，現在の飲酒量を決めるということである。ところが，実際は飲酒をしてまったことを後悔する人は多いし，2度と飲酒はしないと決断する人も多い。本当に合理的な選択であれば，そのような後悔や決断とは無縁となるはずである。

　長期的には薬物摂取やギャンブルをやめたほうがよいとわかっていながら，ついつい目先の薬物やパチンコに手を出してしまうということは，人間の合理性というものはかなり怪しいといわざるを得ない。

　薬物摂取やギャンブルによって得られる目先の報酬と，それらの行動を選択しないことで得られる長期的な報酬の選択は，衝動性とセルフ・コントロールという問題に置き換えることができる。このような価値の異なる報酬を選択するという行動を理解

する際に行動経済学（behavioral economics）の考えが役に立つ。行動経済学では行動をコスト，行動の結果（つまり強化子）を財と考え，コストと財の関係を研究する学問である。行動経済学の発展により，人間の行動の選択基準がいかに合理的でないのかということがわかってきた。

　次節からは行動経済学の概念が依存症，嗜癖の理解にどのように役立つかを説明する。

節 行動コスト

　山口・伊藤（2001）は，強化子を得るために割り当てる，金銭，労働，時間など強化子を得るために割り当てるコストを行動コストとし，さらに違法な薬物摂取に対する法的・社会的制裁なども，薬物を摂取する上でのコストと考えた。

　Lea（1978）が述べるように，需要の法則（demand law）に基づき，価格の上昇に従ってその強化子の消費量が減少する。このことは動物実験だけでなくヒトにおいても確認されている。Bickel et al.（1991）は煙草を一服することを強化子として，レバーを引くという行動を強化した。煙草一服当たりのレバー引きの回数を単価（unit price），一服の回数を消費（consumption）としたところ単価が上昇するに従い，消費が減少することが確認されたのである。

　確かに，薬物の取得や嗜癖の対象へのアクセスの容易さも行動コストに含まれると考えれば，日本の薬物問題，ギャンブル障害の現状の一面をうまく説明できるように思える。

　例えば，近年，危険ドラッグの乱用拡大が社会問題となっている。脱法ハーブ，脱法ドラッグなどともよばれる，規制された薬物と類似した構造や作用をもつ薬物のことである。覚せい剤や大麻に比べると入手も容易と考える者は多いであろうし，実際に繁華街へ行くと，それらしきショップを目にすることも多い。また，危険ドラッグは，その名称から所持や使用による違法性の認識も低く，使用しても問題ないと考える人も多いと思われる。つまり，危険ドラッグは覚せい剤や大麻などに比べて入手のための行動コストがはるかに低いと考えられ，そのことが乱用の拡大につながっていると考えることも可能である。

　また，ギャンブル障害の罹患率を考えると，厚生労働科学研究（樋口，2009）では日本の成人男性の9.6％，同じく女性の1.6％，全体平均で5.6％が病的賭博との報告がある。例えば，アメリカでは成人の0.77％がギャンブル障害，2.33％がその予備軍であるとの報告（帚木，2004）など，日本に比べるとその罹患率は低い。この乖離はどういうことなのかを考える際にも，行動コストという視点は役立つ。森山（2008）

は，問題となるギャンブルの80％がパチンコ，パチスロによるものであることを示した。日本では諸外国に比べ，パチンコ，パチスロなどギャンブルの対象へのアクセスは容易と考えられ，このアクセスの容易さが行動コストを下げているとも考えることができる。

ということであれば，行動コストを上げることで行動の矯正が可能となるかもしれない。その一例として，シンガポールのカジノ政策が挙げられる。シンガポールでは，自国民のカジノへの入場には入場料を徴収するシステムになっている。これはアクセスのしにくさを高めることでギャンブル障害を予防することを意図していると思われる。しかし，そのような施策の効果については今後の検証が待たれるところである。

5節 交差価格弾力性

行動経済学では，複数の強化子間における関係を交差価格弾力性という観点から考える。某国ではA社とB社の牛丼が流通していたと仮定しよう。A社の牛丼の価格が2倍になった場合，某国では，値上げをしなかったB社の牛丼の消費は増加する可能性が高い。このように，あるもの（財という）の価格が他の財の消費にどのように影響するかを交差価格弾力性という概念を用いて説明できるが，これは2つの強化子の間でも説明が可能といわれている。また，交差価格弾力性は代替・補完・独立という概念を用いて区別することができる。

例えば，Petry & Bickel（1998）は，薬物依存症の患者40名を対象とし，複数の薬物間の交差価格弾力性を調べた。その研究の中で，麻薬であるヘロインの価格のみを上昇させたときに，ヘロインの購入量は減少した。しかし，価格に変化のなかった抗不安薬のジアゼパム（原文では商品名であるValiumと記載）は購入量の上昇を示した。このように，その財の価格の上昇が他方の財の消費量を増大させる財を代替財という。つまり，この結果は，ジアゼパムはヘロインの代替財となることを示している。今度は，ジアゼパムの価格のみを上昇させるとどうなるであろうか。ジアゼパムの価格上昇に伴い，ジアゼパムの購入量は減少した。しかし，価格が一定であったヘロインの購入量には変化がみられなかったのである。このように，他の財の価格が変化しようとも，その財には影響が発生しない財を独立財とよぶ。つまり，ヘロインはジアゼパムとは独立した財ということである。

ちなみに，2つの財があるとき，一方の財の価格が上昇すると，その財だけでなくもう一方の財の消費も一緒に減ってしまう，あるいは，一方の財の価格が下がったとき，両方の財の消費が増加するような財を補完財という。Bickel et al.（1992）の研究などで，カフェインはニコチンの補完財であることが示されている。

ここで重要なのは，2つの財の関係というものは対照的にはならないということである。このことは臨床的にも理解できる現象といえる。ジアゼパムとヘロインを比較した場合，精神依存はヘロインの方が強いといわれている。そのため，ヘロインの価格が上昇し，ヘロインが入手しにくくなった場合，より入手のしやすいジアゼパムを使用するという状況は容易に理解できる。一方，より精神依存の弱いジアゼパムの価格が上昇して入手が困難となっても，精神依存の強いヘロインの価格に変化がなければ，ジアゼパムの使用と関係なくヘロインの使用は行われるであろう。

　このことは，依存症の治療法の1つである薬物代替療法を行う際に重要である。ヘロインなどの依存症者が薬物使用を中断した際に離脱症状（いわゆる禁断症状）を呈するが，この離脱症状を軽減する目的で，代わりの薬（代替薬）が処方されることがある。代替薬にはメタドン（methadone）やブプレノルフィン（buprenorphine）というヘロインの代替剤である薬剤が用いられる。メタドンはヘロインに比べて離脱症状が穏やかといわれており，ヘロインの代わりにメタドンを使用して，徐々に服用量を減らしてヘロインの依存症を治療する。このような治療において代替薬を選択する際に，補完や独立の関係にある薬を選択したのでは，意味がなくなってしまうことは明らかであろう。

6節　遅延報酬割引

　目先の報酬と遅延された報酬の比較を行うことは，日常の生活ではよくあることである。例えば，目の前にある特上カルビ1皿と痩せて好きなブランドの服を着ることなどである。このような時間の異なる選択行動の理解に遅延報酬割引という考えが役に立つ。

　例えば，「報酬として10万円を今日受け取るか，5年後受け取るか」という選択の場合，ほとんどの人は今日受け取ることを選ぶであろう。しかし「今日ならば5万円，5年後ならば10万円」ならいかがであろう。もし今日の5万円を選ぶとすれば，5年後の10万円より今日の5万円の方が価値が高いこととなる。このような，より先の報酬の価値が低下することを遅延報酬割引という。

　この価値の下がり方（価値の割り引かれ方）は，指数割引ではなく双曲割引の方がうまく説明できるようである。指数割引では時間当たり一定の割合で価値が割り引かれるが，双曲割引では直近と遠い将来での価値が同じ場合に，その割り引かれ方が指数割引よりも大きくなる（図13-1）。

　将来の価値が双曲割引されるということは，時間的に報酬に接近するに従い，急激にその価値が高まることでもある。

第Ⅳ部　矯正分野への応用

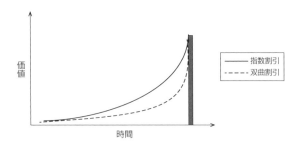

図13-1　遅延報酬割引における指数割引と双曲割引の違い
指数割引よりも双曲割引の方が曲線のしなりが強い。

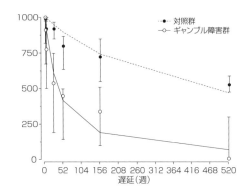

図13-2　ギャンブル障害者の遅延報酬割引（Dixon et al., 2003を改変）
対照群に比べギャンブル障害群の方が遅延される1000ドルよりも，今受け取れるより安い報酬を選択している。

　遅延報酬の価値割引率が高いことは，アルコール乱用者（Vuchinich & Simpson, 1998），コカイン依存症患者（Coffey et al., 2003），オピオイド依存症患者（Madden et al., 1997）などで知られている。さらに，依存症だけでなくギャンブル障害でも遅延報酬の価値割引率が高いことが知られている。

　Dixon et al.（2003）は遅延報酬の割り引かれる程度をギャンブル障害の診断に該当する被験者と該当しない被験者で比較した。すべての被験者は遅延されて支払われる1,000ドルとすぐに支払われる1,000ドル以下の金額とのどちらを選ぶかという仮想的な選択を行った。遅延は1週間後から10年後という期間で設定された。すべての被験者は1,000ドルの報酬が遅延される程，より少ない金額での即時の報酬を選択した。しかし，ギャンブル障害の診断に該当する被験者の方が該当しない被験者よりも低い

金額でも即時の報酬を選択した。このことは，ギャンブル障害の診断に該当する被験者は遅延報酬を急激に割り引くことを示す（図13-2）。

遅延報酬割引に関しては，神経伝達物質であるセロトニンが関与しているという実験結果がある。

Tanaka et al. (2007) はヒトを被験者として，脳内のセロトニンレベルが遅延した報酬の選択にどのような影響を与えるかを調べた。実験にあたり，被験者は，セロトニンの前駆物質であるトリプトファンの摂取を通常量摂取する，摂取しない，過剰に摂取するという3つの条件で課題を行った。このようにして脳内のセロトニンレベルを調整した後，5秒後に与えられる0.8mlの水分と，10秒後に与えられる3.2mlの水分を選択した。その結果，セロトニンレベルが高いときに線条体は将来の報酬に対し低い割引率で計算をし，セロトニンレベルが低いときは高い割引率のみで計算している可能性を示した。このことはセロトニンが遅延割引に関与していることを示唆するものである。

この実験結果は，依存症・嗜癖でなぜ自殺の合併が多いのかという説明に役立ちそうである。自殺の危険が高い精神疾患であるうつ病とセロトニンとの関係は以前より指摘されている。依存症・嗜癖でもうつ病と同じようなセロトニンの機能低下が生じている可能性がある。今後，依存症・嗜癖の生物学的な研究が進めば，自殺予防へ重要な知見が得られるかもしれない

このように，遅延報酬割引という視点を依存症・嗜癖の特徴として理解することで，従来とは異なる新たな治療，回復支援の方法の開発に結びつく可能性がある。

7節 選好逆転

短時間でもたらされる少ない報酬が，長時間後の大きな報酬よりも選択されてしまうことが衝動性の亢進といわれる現象であるが，これは双曲割引による報酬割引により，長時間後の大きな報酬の価値が目先の小さな報酬よりも価値が低くなったからであると考えることができる。これを選好逆転という。これは人間だけにみられる現象ではなく，例えば，Ainslie & Herrnstein (1981) はハトでも選好逆転が生じることを確認している。

ある時点では，遅延される大きな報酬（Rとする）の方が，それよりも早く得られる小さな報酬（rとする）よりも価値が高い。しかし，時間が経過し，rが目前に迫ってくると，その価値は急に高まってしまい，Rよりも価値が高くなってしまう。

この現象は依存症患者が「もう二度と薬は使わない」と言いつつも再使用してしまう状況をうまく説明できていると思われる。Rを仮に薬物を使用しなかった際に得ら

第Ⅳ部　矯正分野への応用

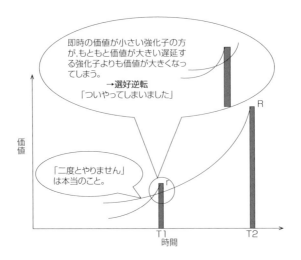

図13-3　選好逆転の例

れる健康，rを薬物とする。ある時点（T1）ではRの価値が高いが，目先に薬物が提示される（T2）とrの価値がRを上回る。T1では将来の健康の価値がより高いので「もう二度と薬は使わない」と考えるであろうし，T2では選好逆転が生じたために「つい使ってしまった」となってしまう（図13-3）。

ここで大切なのは「もう二度と薬は使わない」と考えたのは本当のことであって嘘をついているわけではないということである。したがって，薬物の再使用をした際に本人に「嘘をついた」「根性が足りない」などという表現で責めても的外れになってしまい，本人の回復には何の役にも立たないということである。

また，このような機序により，薬物の再使用ややめようと思った行動を繰り返してしまうことを心理教育として用いることは有効と思われる。実際に筆者は依存症・嗜癖の治療では必ず選好逆転について説明するようにしている。このような心理教育の実際の治療効果については，まだ十分なデータが揃っていないが，回復プログラムなどにも応用できるのではないかと考えている。

8節　報酬の結束

Hursh et al.（2013）は，このような行動経済学の概念が依存症，嗜癖の治療に転用できるかもしれないと述べている。従来の行動療法はレスポンデント条件づけやオ

ペラント条件づけのシンプルな手続きを基本としている。そこに，行動経済学で得られた知見を応用することで「行動の選択」というものに対して，より有効な手続きの開発が期待できるのではないだろうか。

そのような手続きの一例として報酬の結束（reward bundling）が挙げられる（第1章参照）。Ross et al.（2008）は依存症やギャンブル障害を回避するための最も重要な方略として，この報酬の結束というものを提示した。

依存症，ギャンブル障害の回復を妨げるのが選好逆転であるのならば，選好逆転が生じないように，どの時点でもRの価値がrを上回るようにすればよい。

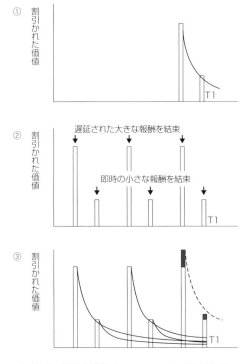

図13-4 報酬の結束（Hursh et al., 2013より改変）
①ある時間（T1）において，遅延された価値の大きな報酬（R）に遅延割引が生じる。その結果，即時に得られる価値の小さな報酬（r）の価値がRを上回り，選好逆転が生じてしまう。
②そこで，Rとrの間で今後も同じように選択がなされると仮定する。そして，今後獲得できるRとrの価値を，それぞれ，ひとまとめ（bundle）に結束してしまう。
③すると，遅延T1の時点で，ひとまとめに結束されたRは遅延割引が生じてもrの価値を上回ることとなり選好逆転は生じない。

目先の小さな報酬と遅延される大きな報酬の選択は実は1回だけのものではない。例えば，マンガを読んでしまうか，マンガを読まずにこの原稿を書くかという選択は，長期的には原稿を書くことの方がメリットは大きい（はず）と思われる。しかし，実際は「明日書けばいいや」とマンガを選択してしまう。上記のように，これは遅延報酬割引率が高いために選好逆転が生じることによる。しかし，その選択は実は毎晩，毎晩行われるものである。では，例えばこの選択が1週間続くものとして，選択をひとまとめに束ねてしまったらどうだろうかというのが報酬の結束の考え方である。遅延される報酬を束ねることで，その報酬の価値をより大きなものにすることができれば，遅延報酬割引が生じても目先の小さな報酬よりも価値が大きくなり，その結果，選好逆転は生じなくなるということになる（図13-4）。

このような手続きにより衝動的な選択が減少することは人間でも確認されているし（Kirby & Guastello, 2001），ラットによる実験でも確認されている（Ainslie & Monterosso, 2003）。

依存症やギャンブル障害における実際の臨床や回復支援では，認知行動療法の問題解決技法のような枠組みを応用して報酬の結束を行うことになるだろうが，実際にはまだまだ発展途上の方法であり，今後，臨床研究などを通じてその有効性を検討していく必要がある。

9節 矯正施設

さて，ここからは，司法における矯正という観点でセルフ・コントロールを考えたい。まずは，実際に矯正が行われる矯正施設がどういうものなのかということを説明したい。

日本の矯正施設は刑務所，少年刑務所，拘置所の刑事施設，少年院，少年鑑別所および婦人補導院に分類される。

刑事収容施設及び被収容者等の処遇に関する法律（平成18年5月24日施行）によると，刑事施設は，懲役，禁錮又は拘留の刑の執行のため拘置される者，刑事訴訟法の規定により，逮捕された者であって，留置される者，刑事訴訟法の規定により勾留される者，死刑の言渡しを受けて拘置される者，これらの者のほか，法令の規定により刑事施設に収容すべきこととされる者および収容することができることとされる者を収容し，これらの者に対し必要な処遇を行う施設とされている。

刑務所および少年刑務所に収容されている受刑者には，作業，改善指導，教科指導で構成される矯正処遇が行われることとなっている。

改善指導の1つに，円滑な社会復帰に支障が認められる受刑者を対象とした特別改

善指導がある。特別改善指導には，薬物依存離脱指導，暴力団離脱指導，性犯罪再犯防止指導，被害者の視点を取り入れた教育，交通安全指導，就労支援指導がある[★1]。これらの改善指導プログラムは認知行動療法が中心となってなされ，一定の効果が認められている（法務省，2012）。

少年院，少年鑑別所は少年法に基づいて運営されている矯正施設である。少年院は，家庭裁判所から保護処分として送致された少年に対し，社会不適応の原因を除去し，健全な育成を図ることを目的とした矯正教育を行うための施設である。少年院は，元々は，大正11年4月17日に公布された矯正院法により矯正院という名称で設置された。そして，昭和24年に施行された少年院法により矯正院は今の名称である少年院に代わった。少年院では，作文，内省，読書，集会，役割活動などの指導のほか，心理劇，カウンセリング，自律訓練法，交流分析等の治療技法などの導入・普及が図られている。また，薬物乱用や車に関わる非行などの問題行動に直接働きかけて非行性の除去を図ろうとする，いわゆる問題群別指導も実施されている（法務省，1989）。

少年鑑別所は，主として家庭裁判所から観護措置の決定によって送致された少年を収容して専門的な調査や診断を行う施設である。

矯正教育の1番の目的はいうまでもなく再犯の防止である。堀越（2010）は，再犯防止に効果があると思われるプログラムに共通した特徴として，プログラムの目的がはっきりしていること，充分な訓練を受けたスタッフによって実施されていること，認知行動モデルに基づいたプログラムであること，対象者に合わせたプログラムであること，科学的根拠に基づいたプログラムであることなどを挙げた。認知行動モデルに基づいたプログラムが効果的というのは，先に示した法務省の報告とも一致する。では，現在行われている，矯正教育の根拠となるべき，犯罪理論というものはあるのだろうか。

10節 Gottfredson & Hirschiの『犯罪の一般理論』

Gottfredson & Hirschi（1990）は"A general theory of crime"（犯罪の一般理論）という書を著した。この本は犯罪学についての理論的な枠組みを述べているが，その鍵となる概念としてセルフ・コントロールを挙げている。

Gottfredson & Hirschi（1990）は，行動の長期的な結果を考慮せずに短期的な満足を追求する個人の傾向，つまり，その時の誘惑に対する脆弱性の程度をセルフ・コントロールと表現した。そして，どのような環境下であろうが，人が罪を犯すかどうか

★1　http://www.moj.go.jp/kyousei1/kyousei_kyouse03.html を参照。

はセルフ・コントロールをもっているかどうかによって決まると主張している。犯罪は短期的な利益を生み出すかもしれないが，結果としては長期的な損失をもたらす。にもかかわらず，犯罪者はそのような行動を自らの意思で選択をしていると考えた（第14章1節参照）。

その後，同理論に関して多くの検証が行われ，その多くがGottfredson & Hirschi（1990）の主張を支持した（上田，2007）。例えば，小保方・無藤（2005）は中学生1,623名を対象に質問紙調査を行い，友人が非行傾向行為をしていても自分はしていない子どもの抑止要因として，セルフ・コントロールが高いことを示した。

さて，Gottfredson & Hirschi（1990）は「人は，罪を犯す時も犯さない時も合理的に行動する」と記しており，セルフ・コントロールが合理的な現象であると考えていたようである。今まで示してきた通り，セルフ・コントロールが合理的な現象かどうかという点については議論の余地があるが，セルフ・コントロールという考えにより，これまでの犯罪学にはなかった「犯罪行為も選択された行動である」という視点がもたらされたことは意義深い。

現在の矯正教育の目標の1つが，犯罪ではない行動を選択できるようになるということからもセルフ・コントロールが重視されていることが理解できる。例えば，堀越（2010）が示すように，反犯罪性思考プログラム（ACTプログラム）のような認知行

表13-1 反犯罪性思考プログラム（ACTプログラム）の概要 (堀越，2010)

回	単元	指導内容
1	プレ・テスト	心理検査／導入契機
2	"赤信号に気付こう"	人生の振り返り／人生の症状（赤信号）
3	"こころの仕組み"	こころの仕組み（メンタルマップ説明）
4	"怒りとは何か？"	怒りの役割／自分のパターンを知る
5	"怒りの自己モニター"	セルフモニター／感情共感訓練
6	"怒りの問題点とは？"	怒りの問題点を知る
7	"怒りの対処法"	怒りの対処法／思考の歪みに気付く
8	"「選択」と「決意」①"	痛み止め／「欲しいもの」・「必要なもの」
9	"「選択」と「決意」②"	第一印象／新しい問題解決法
10	"「選択」と「決意」③"	コミュニケーションとは
11	"「選択」と「決意」④"	問題解決が上手くいかない時に……
12	"「選択」と「決意」⑤"	メンタルマップを使った問題解決実践
13	"「選択」と「決意」⑥"	人間関係の重要性／総まとめ
14	ポスト・テスト	心理検査／フィードバック

動療法プログラムにおいて"「選択」と「決意」"という問題解決のためのスキル獲得の技法が組み込まれている（表13-1）。

11節 矯正と医療の連携

　先にも記したが，受刑者を対象とした特別改善指導の1つに薬物依存離脱指導が含まれている。刑務所の目的の1つは出所者の再犯防止である。ところが，現実は，罪を償って出所したはずの受刑者の過半数が再犯を繰り返して再入所をしてしまうという現実がある。違法な薬物，特に覚せい剤の所持や使用による再犯率も高いのだが，その背景には薬物依存が存在し，再犯を防ぐには依存症に特化した指導，支援が必要であると考えられるようになった。さらに，平成24年7月20日，犯罪対策閣僚会議において，「再犯防止に向けた総合対策」が決定されたが，この中にも「薬物依存の問題を抱える者に対する指導及び支援」という項目がある。
　この項目の記述を下記に示す。

> 　薬物依存の問題を抱える者に対しては，個々の再犯リスクを適切に把握した上で，そのリスクに応じた専門的指導プログラムや薬物依存症の治療のための医療と，帰住先・就労先の確保のための支援とを一体として実施するとともに，保護観察所，医療・保健・福祉機関，民間支援団体等との連携によって，刑務所等収容中から出所等後まで一貫した支援が行える態勢を強化する。
> 　特に，覚せい剤事犯者にとって再使用の危険性が最も高いとされる刑務所等からの出所等後間もない時期については，密度の高い指導及び支援を実施した上，引き続き医療機関，薬物依存症に係る自助団体等と緊密に連携しつつ薬物依存に対する継続的・長期的な指導・支援の充実を図る。
> 　また，その家族等に対し，薬物依存者への対応等に関する理解を深めさせ，適切な対応力を付与するとともに，当該家族等を疲弊，孤立させないための取り組みを実施する。さらに，対象者の薬物依存に係る治療，回復段階を見据えつつ，その就労能力や適性を評価し，その時々に応じた就労支援等を実施する。
> 　　　　　　　　　　　　　　　　　　　　　　　　　　　　（犯罪対策閣僚会議，2012）

　このように，矯正分野でも依存症の問題は深刻であり，松本ら（2009）が開発したSMARPP-Jr. などが刑務所，少年院や少年鑑別所などの少年施設で薬物乱用防止プログラムとして実施されている（谷家ら，2013; 伊藤，2013）。
　SMARPP（Serigaya Methamphetamine Relapse Prevention Program）は，アメリカの覚せい剤依存症治療プログラムであるMatrix Modelを参考に開発された薬物

依存症治療プログラムで，ワークブックとマニュアルに基づいた認知行動療法をベースとしている。

これまで日本では，特別改善指導において経験豊富な人材が少なかったが，このようなプログラムが普及することで，今後はより多くの人材が特別改善指導に関与できるようになるであろう。

また，再犯に向けた総合対策に記載されているように，再犯防止における矯正には，医療，あるいは，薬物依存症に関わる自助団体等の緊密な連携は不可欠である。さらに，矯正だけでなく，薬物依存のある保護観察対象者が，その依存の問題から回復し，社会復帰の道を歩むためにも，西崎（2013）が指摘するように，地域における医療・保健・福祉・自助団体等といかに「つながる」のかということを重視した取り組みが求められている。

しかし，厚生労働省において開催された「依存症者に対する医療及びその回復支援に関する検討会」で指摘されているように，依存症は適切な治療と支援により回復が十分に可能な疾患である一方，依存症の治療を行う医療機関が少ないことや，治療を行っている医療機関の情報が乏しいこと，依存症に関する効果的な治療方法が確立していないことなどの理由により，依存症者が必要な治療を受けられないという現状があるため，具体的な対応策の検討が喫緊の課題となっている（厚生労働省，2013）。

12節　おわりに

さて，これまでの説明に基づけば，依存，嗜癖，あるいは犯罪など社会的に容認されがたい行動とは衝動性の亢進であり，セルフ・コントロールが破綻しているということになるのだろう。しかし，これらの行動は「将来も，健康的な生活を送る」こと以上に価値のある「将来も生きる」ために行われる側面があるという視点はもち続ける必要がある。松本（2013）は物質使用障害の臨床について，実際の治療・援助に役立つ理論とは，個体と物質相互の関係性，さらには，その物質が患者の人生の文脈（自尊心や自己評価，重要他者との関係性，あるいは併存する精神障害）の中でもっているはずの意味と機能を射程に入れたものでなくてはならないと述べている。

強調しておきたいのは，ここに記したのは，セルフ・コントロールを中心とした依存症，嗜癖についての１つの見方でしかない。大切なことは，様々な視点をもちつつ，矯正の対象となる人に最もフィットするやり方で支援することである。しかし，それは経験だけに基づく独断的なやり方ではいけない。エビデンスに基づく科学的な視点を導入し，対象となる行動がその行動をする個人の人生の文脈の中で，どのような意味と機能をもっているのかということを十分に理解する必要がある。

第14章 犯罪とセルフ・コントロール

　セルフ・コントロールと衝動性の枠組みを用いて犯罪行動を分析すると，犯罪行動の多くは，衝動的選択として解釈できる。なぜなら，犯罪者は，遅延される大きな利益よりも，短時間で得られる小さい利益を選んでいると考えられるからである（Wilson & Herrnstein, 1985）。例えば，他人から金品を盗んだ場合，逮捕や有罪判決を経て，刑務所での生活や，勤務先からの解雇といった不利益を経験することになるが，このことは，窃盗犯が，「刑務所の外で生活できる自由」や「解雇されなかった場合に得られる給料」という遅延大報酬よりも，窃盗行為によってすぐに得られる少額の金品（即時小報酬）を選好したことを意味する。

　本章では，セルフ・コントロール選択の観点から犯罪行動を説明した2つの理論的研究を紹介し，次に，セルフ・コントロール選択，特に，その基礎過程と考えられる遅延割引と，犯罪行動との関係を調べた実証的研究について論じていく。そして最後に，今後の研究に対する展望を述べる。

節 セルフ・コントロールと犯罪行動に関する理論的研究

　ここでは，社会学において提案された Gottfredson & Hirschi（1990）の "*A general theory of crime*"（犯罪の一般理論）と，行動心理学（behavioral psychology）の立場から Wilson & Herrnstein（1985）によって提案された犯罪行動理論について概説する。

1. 社会学における犯罪行動理論

　Gottfredson & Hirschi（1990）は，それまでの犯罪学が，主に社会学の概念を用い

て研究されており，犯罪を，特定の性別，人種，経済的地位にある人々といった集団レベルでしか分析してこなかったことや，実証的方法に基づいた研究の少ないことを指摘し，個人の犯罪行動の傾向を心理学の観点から実証的に研究することが重要であるとした。とりわけ，彼らは，行動の頻度がその結果によって決定されることを説明原理とするオペラント条件づけに基づいた学習理論やそこから派生した社会的学習理論が，犯罪行動の説明に適していると主張した。

このような観点から，彼らは，犯罪行動の中心的な説明概念としてセルフ・コントロールを位置づけた「犯罪の一般理論」を提案した。この理論の中で，彼らはセルフ・コントロールを「短期の誘惑に屈する程度」と定義し，犯罪の主な原因を個人の「セルフ・コントロールの低さ」にあるとしている。彼らによれば，セルフ・コントロールの低い人は，主に以下の特徴をもつとされている。

①目の前の具体的な刺激に反応する傾向により，「今，ここ」に対する志向性をもつ。
②勤勉さや粘り強さに欠ける。
③危険嗜好的で活動的である。
④長期的なコミットメント（結婚や就職の継続）に対して無関心である。
⑤訓練を要する技能をもたない。
⑥自己中心的で他者の要求に無関心である（ただし非社会的というわけではない）。
⑦欲求不満耐性が非常に低く，葛藤に対して言語的方法よりも身体的方法で反応する。

犯罪傾向における個人差が安定的であるとするデータを根拠に，Gottfredson & Hirschi（1990）は，セルフ・コントロールの傾向は青年期以前に確立され，以後の人生において変化しないと述べている。このような考えに基づいて，彼らは，子どもの時期におけるセルフ・コントロール獲得について，大人による適切な養育が重要とする子育てモデル（child-rearing model）を提案している。子育てモデルは，子どもの非行の程度と家庭環境の関係に関する調査研究の結果に基づいて構築されており，非行や犯罪を防ぐための要素として，親による養育行動の様態を挙げている。その最小条件は，①子どもの行動を監視すること，②子どもの逸脱行動に気づくこと，③子どもの逸脱行動に対して適切に罰を与えることである。子育てモデルでは，これらの要素を含んだ養育が行われることで，子どもは長期的な視野をもつこと（セルフ・コントロール）や，他者に配慮すること（社会化［socialization］）を発達させるとしている。

Gottfredson & Hirschi（1990）の発表以降，「犯罪の一般理論」は，犯罪学において大きな反響をよび，理論の妥当性を検証するための実証的研究が盛んに行われた。その結果，この理論が示す内容と研究結果の間の不一致が指摘されてきた（例えば，Grasmick et al., 1993; Nagin & Pogarsky, 2004; Pratt & Cullen, 2000）。これらの指摘

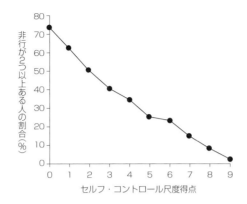

図14-1 セルフ・コントロール尺度得点と非行との関係
（Hirschi, 2004より作成）

を受けて，Hirschi（2004）は理論を一部改訂している。改訂版では，セルフ・コントロールの要素として社会的絆（social bond）が追加され，親，友人，教師との心理的絆が形成される程度に応じてセルフ・コントロールが確立するとされている。また，Hirschi（2004）では，新しく定義されたセルフ・コントロールを測定できる尺度の提案を行っている。これは，「あなたは，先生があなたのことをどう思っているかが気になりますか？」や，「あなたの母親は，あなたが家にいない時にあなたがどこにいるかを知っていますか？」などの9項目からなり，この尺度から得られた結果は非行の程度と関係のあることが報告されている。図14-1は，Hirschi（2004）が報告した，セルフ・コントロールの尺度得点と，高校生における非行との関係を表している。尺度得点は，セルフ・コントロールを示す回答に対して1点を与え（0〜9点の範囲で分布），2つ以上の非行を示した生徒の割合との関係を示している。図14-1より，セルフ・コントロール尺度得点の高い生徒ほど，非行を行う割合の低いことがわかる。

現在，「犯罪の一般理論」に関する議論は，セルフ・コントロールがどのような次元から成り立っているのかという問題や，どのような測定方法が妥当であるかといった問題などを提起しながら継続している。これまでのところ，この理論を支持する結果を報告する研究（例えば，Brown & Jennings, 2014; Vazsonyi et al., 2004）がある一方で，この理論に対して否定的な結果を報告する研究（Conner et al., 2009; Marcus, 2004）もある。

例えば，「犯罪の一般理論」では，セルフ・コントロールは単一次元の行動特性であり，どの犯罪行動も，セルフ・コントロールの程度が低いことによって説明が可能とされているが，Conner et al.（2009）は，アメリカ在住の若年犯罪者（男性）を対

象に,6種類の下位尺度からなるセルフ・コントロール尺度(Grasmick et al., 1993)
を用いてセルフ・コントロールの程度を測定し,尺度得点と犯罪との関係を調べた。
その結果,セルフ・コントロールを単一の因子として分析した場合には犯罪をうまく
予測できないこと,下位尺度のうち犯罪を予測できたのは,「リスク追求(risk-seek-
ing)」と「気分の変わりやすさ(volatile temper)」のみであることが明らかになった。
また,「リスク追求」は暴力的犯罪と非暴力的犯罪のどちらも予測したが,「気分の変
わりやすさ」は非暴力的犯罪を予測しない,というふうに,下位尺度によって予測で
きる犯罪の様態の異なることが明らかになった。この結果は,「犯罪の一般理論」が
主張するセルフ・コントロールの単一次元性の仮定に反するものである。

 セルフ・コントロールが複数の下位因子をもつ場合,それぞれどのような犯罪行動
と関係するのか,さらに,他の行動特性や要因と比較した場合,セルフ・コントロー
ルの程度が犯罪行動をどの程度予測できるのかについて,今後の研究で明らかになる
ことが期待される。

2. 行動心理学における犯罪行動理論

 本章の冒頭で述べたように,犯罪行動の多くは衝動的選択,すなわち,遅延大報酬
よりも即時小報酬を選好することとして解釈できるが,このことを最も直接的に説明
原理として取り入れたのは,Wilson & Herrnstein(1985)であろう。彼らは,犯罪
者が犯罪を行うのは,犯罪者が高い遅延割引率をもつためとしている。さらに,以下
で述べるように,犯罪行動やそれ以外の行動をとったときの強化量(報酬量),犯罪
遂行から強化子(報酬)呈示までの遅延時間,犯罪の成功確率,犯罪遂行から罰(逮
捕や刑罰)までの遅延時間や罰の実現確率が,犯罪行動の生起に影響することを予測
する数理モデルを提案している。

 まず,彼らは,ある行動の生起頻度を,以下の〔1〕式によって表すことができる
としている。

$$B = \frac{R}{R + R_e + Di} \qquad \qquad 〔1〕$$

ただし,B はすべてのとりうる行動の中で当該行動が生起する頻度を,R は行動 B
をとった時の正味の強化量(得られる強化量からこれを得るために要するコストを引
いたもの)を,R_e は B 以外の行動をとったときの総強化量を,D は行動 B をとって
から強化量 R が得られるまでの遅延時間を,i は衝動性の程度(遅延割引率)を表す。
i は,双曲線関数の割引率(k)と同様に,「遅延割引率」とよばれるが,〔1〕式に
基づいて推定されるので,k とは異なる値をとりうる。

 〔1〕式は,動物を対象に,単一の行動の生起頻度を記述するために構築された数

理モデル (Herrnstein, 1970) に基づくものと考えられる。Herrnstein (1970) が提案したモデルは，単一の行動が生起した場合，これが他にとりうる行動の中から選択されたものとして考えられることを含意しており，単一の犯罪行動も，他のとりうる行動の中から選択された行動として理解できることを示している (Wilson & Herrnstein, 1985)。

さらに彼らは，〔1〕式を犯罪行動 (B_c) と非犯罪行動 (B_n) に適用した場合，これらの行動の生起頻度は，それぞれ，〔2〕式と〔3〕式で表されるとしている。

$$B_c = \frac{p_c R}{p_c R + R_e + Di} \qquad \qquad 〔2〕$$

$$B_n = \frac{p_n m R}{p_n m R + R_e + (D+\Delta)i} \qquad \qquad 〔3〕$$

ただし，R は B_c をとったときの正味の強化量を，p_c は B_c の成功確率を，D は B_c をとってから強化 (R) が生じるまでの遅延時間を，p_n は B_c をとった場合に罰を受ける確率を，m は B_c をとった場合の強化量に対して B_n をとった場合の強化量の比（すなわち，B_n をとったときの強化量は B_c をとったときの強化量の何倍であるか）を，Δ は B_c による強化の実現から罰を受けるまでの平均遅延時間を，それぞれ表す。それ以外の記号の意味は〔1〕式と同じである。〔2〕式は，犯罪によって得られる強化量が多いほど，犯罪の成功確率が高いほど，犯罪行動の頻度が高くなることを予測し，逆に，他の行動によって得られる強化量が多いほど，犯罪行動から強化が得られるまでの遅延時間が長いほど，および，行為者の割引率が高いほど，犯罪行動の頻度が低くなることを予測する。一方，〔3〕式は，非犯罪行動によって得られる強化量が多いほど，犯罪行動をとったときに罰を受ける確率が高いほど，非犯罪行動の頻度が高くなることを予測し，逆に，他の行動によって得られる強化量が多いほど，犯罪行動から罰が与えられるまでの遅延時間が長いほど，および，行為者の割引率が高いほど，非犯罪行動の頻度が低くなることを予測する。

〔3〕式において，犯罪行動をとった場合に罰を受ける確率 (p_n) が非犯罪行動をとったときの強化量 (mR) とかけ合わされている理由は，非犯罪行動の選択結果には，「犯罪行動をとった場合に受ける罰を受けなくてすむこと」が含まれると考えられるからである (Wilson & Herrnstein, 1985)。同様の理由により，Δ は，非犯罪行動をとったときの遅延時間と犯罪行動をとったときの遅延時間の差として計算されている。Wilson & Herrnstein (1985) は，B_c と B_n がこれらの各行動から得られる強化の正味の価値 (net value) に対応するものとして，いくつかの予測を行っている。

〔2〕式と〔3〕式から得られた理論曲線の1つを図14-2に示す。棒グラフの高さ

第Ⅳ部　矯正分野への応用

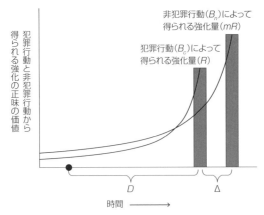

黒丸は現時点を表している。

図14-2　遅延時間の関数としての犯罪行動と非犯罪行動から
　　　　 得られる強化の正味の価値（Wilson & Herrnstein, 1985）

は，犯罪と非犯罪の各行動によって実現する強化量を表している。曲線は，〔2〕式と〔3〕式から算出されたものであり，各時点における，各行動から得られる強化の正味の価値を表している。「強化の正味の価値」とは，各行動の強度を表すものとされている（Wilson & Herrnstein, 1985）。ここでは，$R=1.0$，$R_e=1.0$，$m=2.0$，$p_c=p_n=1.0$，$\Delta=20$，$i=0.2$とした。図14-2では，時間の経過に伴って，選好が非犯罪行動から犯罪行動へと変化することを予測するが，変数の値を変えることによって，常に犯罪行動または非犯罪行動が選好されるような予測を行うことも可能である（Wilson & Herrnstein, 1985）。

図14-2で示したような選好逆転が予測される場合，セルフ・コントロール（非犯罪行動）を増加させるには，選好逆転が生じる時点をできるだけ右側に移動させることにより，衝動的行動が起こる範囲を狭くする必要がある。このような観点から，〔2〕式と〔3〕式の変数の値を変化させてみると，選好の切り替わり点の変化から以下のことが明らかになる。すなわち，他の条件が同じであれば，非犯罪行動への選好は，非犯罪行動から得られる強化量（mR）や，犯罪行動に対する罰の実現する確率（p_n）や，当該行動以外の行動から得られる強化量（R_e）の増加に伴って高まり，逆に，衝動性の程度（i）や，犯罪成功確率（p_c）や，犯罪行動による強化から罰が実現するまでの遅延時間（Δ）の増加によって低まる。

Wilson & Herrnstein（1985）の研究は，犯罪行動が，衝動性の程度といった個人的要因のみによって決まるのではなく，他行動から得られる強化量や，犯罪が罰され

第14章 犯罪とセルフ・コントロール

る確率といった，環境要因によっても影響を受けることを示している点で重要である。とりわけ，犯罪成功確率を低めることや犯罪行動が罰を受ける確率を高めること，さらに犯罪行動が強化された時点から罰を受けるまでの遅延時間を短くすることが犯罪行動の生起頻度を低めるという予測は，犯罪率低下のための施策を考える上で重要な示唆を与える。また，犯罪以外の行動への強化を増やすことが犯罪行動の抑制に効果的であるという予測は，就業率や労働条件の改善が犯罪率を低下させる可能性を示している。このことは，犯罪率を低下させるには，犯罪以外に焦点を当てた施策も合わせて検討する必要のあることを示している。

Wilson & Herrnstein (1985) のモデルには，犯罪成功確率や犯罪が罰を受ける確率が含まれているが，これらの確率値の設定は，実際の犯罪成功率や検挙率よりも，個人の主観的な確率値を設定すべきであろう。なぜなら，ヒトは，意思決定に際して，呈示された確率をそのまま用いるのではなく，何らかの重みづけを施した後の主観的な値を用いることが知られているからである (Kahneman & Tversky, 1984; Rachlin et al., 1991)。

Gottfredson & Hirschi (1990) および Wilson & Herrnstein (1985) の理論はいずれも，犯罪者は非犯罪者よりも衝動的な行動をとることを予測する。一方，遅延割引研究では，衝動性の程度は割引の程度によって表すことができるとされていることから，犯罪者は非犯罪者よりも遅延割引の程度が高いことが予測される。次節ではこの問題を，実証的方法によって検討した研究を紹介する。

2節 セルフ・コントロールと犯罪行動に関する実証的研究

前節で紹介した犯罪とセルフ・コントロールに関する理論的研究が示すように，犯罪行動が衝動的選択として解釈できるのであれば，犯歴のある人はそうでない人よりも遅延割引の程度が高いと考えられる。ここでは，非行少年や成人の犯罪者について，セルフ・コントロール選択や遅延割引の程度を統制群と比較した研究をみていくことで，この予測の妥当性を検討する。

1．非行少年におけるセルフ・コントロール

非行少年を対象に遅延割引を測定し，統制群と比較した研究として，佐伯ら (2001) と Wilson & Daly (2006) を紹介する。

佐伯ら (2001) は，少年院に収容中の非行少年と，彼らと同年齢の高校生・大学生を対象に遅延割引を測定し，群間で割引率を比較した。調査対象者は，非行少年の男子113名，私立高校の生徒125名 (男110名，女15名)，私立大学の学生170名 (男119名，

女51名）であった。遅延割引は，完全版遅延割引質問紙（第2章参照）を用いて測定された。すなわち，遅延される13万円との間で主観的に等価となる即時報酬額が，遅延条件（1か月，6か月，1年，5年，10年，25年，50年）のそれぞれについて測定された。分析には，男性の結果のみを用いた。

各調査参加者の主観的等価点に双曲線関数を適用して割引率を推定した結果，割引率の中央値は，非行少年（0.078）の方が大学生（0.025）よりも有意に高かったが，非行少年と高校生（0.036）の間や，高校生と大学生間には，有意な違いはみられなかった。また，非行少年について，少年院に収容される原因となった犯罪（傷害，窃盗，道交法違反，強姦，有機溶剤，覚醒剤）と割引率との関係や，知能指数と割引率の関係が調べられたが，有意な関係は得られなかった。

非行少年の割引率が一般の大学生よりも高いという事実は，割引率が衝動性の程度を表していることを示している。しかし，非行少年と高校生の間で割引率に違いがみられなかったことは，犯罪以外の要因が割引率に影響した可能性を示している。

佐伯ら（2001）において，割引率と衝動的行動（犯罪）との関係がみられなかった原因として，双曲線関数の当てはまりが良くないデータを分析対象から除外したことで，有効データ数の少なくなったことが挙げられる。非行少年の調査参加者は113名であったが，このうち38名については，1つの遅延条件における30問の選択問題の中で，選択が2回以上切り替わったことから主観的等価点を求めることができなかったり，双曲線関数を当てはめた結果，決定係数が低いという理由で，分析対象から除外された。第2章で述べたように，これらの問題のうちの後者については曲線下面積（AUC）を分析することで解消できる。そこで，佐伯ら（2001）のデータを，AUCを用いて再分析した。

まず，非行少年，高校生，大学生の間の比較について，佐伯ら（2001）では，年齢ごとの比較を行っていなかったので，各群を年齢ごとに比較した。その結果，AUC

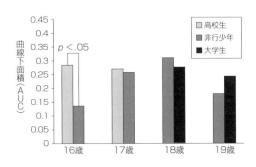

図14-3　高校生，非行少年，大学生の曲線下面積（佐伯ら，2001の再分析結果）

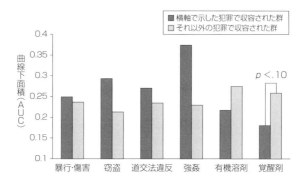

図14-4　犯罪様態ごとの曲線下面積（佐伯ら，2001の再分析結果）

の平均値は，16歳群において非行少年（0.137）の方が高校生（0.283）よりも有意に低いという結果が得られた（図14-3）。AUC は，値が大きいほど割引の程度が低いことを表すため，16歳については，非行少年の方が高校生よりも衝動的といえる。しかしながら，それ以外の年齢については，群間で違いはみられなかった。

次に，非行少年のデータについて，少年院に収容される原因となった犯罪に応じて群分けし，AUC を比較した。図14-4は，横軸に示した犯罪が原因で少年院に収容された群とそれ以外の犯罪が原因で少年院に収容された群ごとに，AUC の平均値を示している。各犯罪について，これらの群間で AUC の平均値を比較した結果，覚醒剤使用が原因で少年院に収容された群（0.181）は覚醒剤使用以外の犯罪が原因で少年院に収容された群（0.258）に比べて，低い傾向（$p<0.10$）がみられた。この事実は，成人の薬物依存者は統制群よりも遅延割引の程度が激しいことを示した先行研究（Kirby et al., 1999; Madden et al., 1997など）の結果と整合的である。ただし，覚醒剤使用以外の犯罪については，平均値の大きく異なるケースもあるが，統計的に有意な違いはみられなかった。

さらに，非行少年において，暴力団と関係のある群とない群との間で AUC の平均値を比較した結果，関係のある群（0.075）は，ない群（0.259）に比べて有意に低いという結果が得られた。この事実は，AUC で示される遅延割引の程度が，暴力団との関係の有無を予測する指標として有効である可能性を示している。

佐伯ら（2001）では，犯罪と高い衝動性が関係することを示す結果が得られたが，部分的にしか得られなかった。その原因として，犯罪行動には，犯罪の成功確率や非犯罪行動をとった場合の強化量など，衝動性の程度以外の要因も関係する（Wilson & Herrnstein, 1985）ことが挙げられるが，遅延割引の測定方法に原因があった可能性もある。さらに，佐伯ら（2001）では，仮想の金銭報酬を用いて遅延割引が測定さ

れたが，このことが明確な結果が得られなかった原因かもしれない。次に紹介するWilson & Daly（2006）は，実際報酬を用いて非行少年と統制群の遅延割引を測定し，比較を行っている。

Wilson & Daly（2006）は，91名の非行少年（男性73名，平均年齢15.8歳，女性18名，平均年齢14.8歳）と，284名の高校生（男性165名，平均年齢16.0歳，女性119名，平均年齢16.2歳）を対象に遅延割引を測定し，割引率を比較している。遅延割引は，Kirby & Maraković（1996）の簡易的方法に基づいて測定された。実験では，コンピュータ画面上に「明日もらえるXドル」と「Z日後にもらえるYドル」が表示され，参加者は2つのうちのいずれかをマウスでクリックすることにより選択した。Xは20から80の間で，Yは50から85の間で設定され，XはYよりも小さい値に，Zは7から162の間で設定された。このような選択問題18問への回答に基づいて，割引率が算出された。また，実験後に，1/18の確率で，選択した内容の1つが実現される実際報酬が用いられた。

その結果，割引率の平均値は，非行少年では0.0327，高校生では0.0370となり，群間に有意な違いはみられなかった。しかしながら，同時に測定された刺激欲求尺度（Sensation-Seeking Scale）については，非行少年の方が高校生よりも有意に高い値を示した。非行少年と高校生の割引率の平均（0.036）は，同様の方法を用いて行った研究（Wilson & Daly, 2004）で測定された大学生（平均年齢19.45歳）の割引率（0.016）よりも高いことがわかった。割引率は，加齢とともに低下することが報告されている（Green et al., 1994; Green et al., 1996）ことから，Wilson & Daly（2004, 2006）の結果は，これらの先行研究の結果と整合的である。

Wilson & Daly（2006）では実際報酬が用いられたが，非行少年と統制群である高校生の間で遅延割引率に有意な違いはみられなかった。したがって，佐伯ら（2001）の結果は，必ずしも仮想報酬を用いたことに原因があるわけではないと考えられる。ただし，Wilson & Daly（2006）において，非行少年と統制群である高校生の間に違いがみられなかった原因の1つに，統制群の選定方法が考えられる。統制群の標本抽出元となった高等学校は，犯罪率が高いという理由で選ばれており，統制群の中にも犯罪者と同程度の衝動性を示す生徒が含まれていた可能性がある。

以上，非行少年の遅延割引に関する実験的研究を紹介した。非行少年は高校生よりも割引率が高いと予測したが，そのような結果が得られたのは一部の年齢群においてであった。その原因については，研究例の少ない現状では明らかにはできないが，ここで紹介した研究はいずれも，2次性強化子である金銭を報酬としており，選択肢の内容を言語的に呈示するという方法を用いている。したがって，衝動性の違いが明確に現れるような測定を行うには，すぐに消費可能な1次性強化子を用いたり，参加者が遅延時間や報酬を実際に経験することによって選択肢の内容を学習するといった，

彼らが日常生活で直面する選択場面と類似性の高い選択場面を用いる必要があるのかもしれない。

2．成人の犯罪者におけるセルフ・コントロール

　犯罪が衝動性と関係するのであれば，未成年者の場合と同様に，成人においても犯罪者の方が非犯罪者よりも遅延割引の程度の高いことが予測される。以下では，成人を対象に，犯罪とセルフ・コントロールの関係を明らかにした研究を紹介する。

　Arantes et al., (2013) は，63名の成人犯罪者（男性36名，女性27名，平均年齢31.52歳）と70名の成人非犯罪者（男性28名，女性42名，平均年齢25.61歳）を対象に，仮想の金銭報酬の遅延割引を質問紙法により測定し，結果を群間で比較している。彼らは，すぐに得られる報酬（500ドル，1,000ドル，2,000ドル，4,000ドル）と同じくらい魅力的に感じられる，遅延（1年，2年，4年，8年）される報酬の量を回答させるという方法を用いて主観的等価点を測定した。さらに，割引率の推定には，双曲線関数ではなく，以下の指数関数（exponential function）が用いられた。

$$v_o = \frac{v_d}{(1+r)^d} \qquad [4]$$

ただし，v_o は遅延報酬量 v_d と等価な即時報酬量，d は年を単位とした遅延時間，r は割引率を表す。指数関数は，時間の経過に伴って，常に一定の割合で主観的価値が低下することを示す（Green & Myerson, 1996; Kirby, 1997）。割引率は，〔4〕式を変形した〔5〕式を用いて算出された。

$$r = \left(\frac{v_d}{r_o}\right)^{1/d} - 1 \qquad [5]$$

例えば，「今もらえる1,000ドル」と同じくらい魅力的に感じられる1年後の報酬額が1,500ドルの場合，割引率は0.50（50％）となる。この研究で指数関数が使用された理由については述べられていないが，指数関数を用いることで，1年で何％の割引が生じたかが，割引率の値から把握しやすいことが，理由として考えられる。

　調査の結果，割引率の群平均値は，犯罪者（166.10％）の方が，非犯罪者（65.52％）よりも有意に高いことが明らかになった。Arantes et al. (2013) は，犯罪者群は非犯罪者群よりも，薬物やアルコールへの依存度が有意に高いことを報告している。薬物依存者やアルコール依存者は，そうでない人に比べて遅延割引率が高い（Madden et al., 1997; Kirby et al., 1999）ため，この要因を統制した上で割引率を比較したところ，割引率は，犯罪者の方が非犯罪者よりも有意に高かった。この結果は，遅延割引率が，薬物依存やアルコール依存とは独立した犯罪者の衝動性を反映してい

ることを示している。

　Hanoch et al., (2013) は，Kirby & Maraković（1996）が用いた簡易的方法を用いて，囚人45名（平均年齢35歳），刑務所を出所してから16週間以内の釈放者44名（平均年齢39.12歳），非犯罪者106名（平均年齢37.86歳）を対象に遅延割引を比較している。ただし，Kirby & Maraković（1996）や Wilson & Daly（2006）と異なり，仮想報酬が用いられた。

　その結果，割引率は，釈放者が他の2群よりも有意に高く，それ以外の群間では有意差がないという結果が得られた。このような結果が得られた原因として，Hanoch et al. (2013) は，測定時点での実験参加者がおかれた状況を挙げている。刑務所内で生活している囚人は，金銭報酬をすぐに使用できる状況にないため，報酬を待つことが可能というものである。金銭報酬を実際に使用することができるまでの時間が選択に影響することは，非犯罪者を対象としたセルフ・コントロール選択研究においても報告されている。Hyten et al., (1994) は，6名の大学生を対象に，金銭報酬を用いてセルフ・コントロール選択を調べた。彼らは，実験内で選択反応が生じてから得点が呈示されるまでの強化遅延の他，実験終了後から得点を金銭に交換するまでの遅延時間（交換遅延）を操作したところ，交換遅延が短い（1日）の場合には全員がセルフ・コントロールを示したが，長い（3週間）の場合には4名が衝動的選択を示した。刑務所内で生活している囚人にとっては，遅延割引測定で呈示される選択肢はいずれも長い遅延時間を有することになるため，遅延大報酬を選択する傾向が強まったものと考えられる。もし同様の説明が，前節で述べた少年院に収容されている非行少年にも当てはまるのであれば，佐伯ら（2001）が報告した非行少年の割引率は，実際よりも低い値となっている可能性がある。

　成人を対象とした研究では，選択肢の内容を複数の選択試行の経験によって学習させる方法を用いたものもある。Cherek et al. (1997) は，男性の仮釈放者を対象に，実際に遅延時間や報酬を学習させる方法により遅延割引を測定している。彼らは実験参加者を，強盗，傷害，過失致死など，暴力に関係する犯歴をもつ「暴力群」（9名）と，窃盗，薬物使用，偽造など，暴力に関係しない犯歴をもつ「非暴力群」（21名）に分け，群間で遅延割引を比較することにより，暴力行動傾向と遅延割引の関係を検討している。

　実験では，コンピュータの画面上に，「A」と「B」という文字が表示され，これらに対応するボタン A または B を押すことで選択がなされた。A が選択されると，5秒の遅延時間の後に5セントが画面上のカウンターに加算された。一方，B が選択されると，15秒の遅延時間の後に15セントがカウンターに加算された。したがって，A を選好することが衝動性，B を選好することがセルフ・コントロールを示すことになる。B の遅延時間は調整遅延手続き（Mazur, 1987）によって定められ，前試行で A

が選択された場合には2秒短くなり(ただし7秒を下限とした),逆にBが選択された場合には2秒長くなった。1セッションは60試行からなり,どの参加者についても8セッション行われた。

その結果,図14-5に示すように,衝動性選択の割合は,暴力群で0.60,非暴力群で0.35となり,その差は有意であった。この結果は,暴力行動が衝動性と関係することを示している。なお,この研究では,セッション終了時の調整遅延の値については報告されていない。同様の結果は,女性の仮釈放者を対象にしたCherek & Lane (1999)においても確認されている。Cherek & Lane (1999)では,選択割合だけではなく調整遅延の値についても群間で有意差がみられており,暴力群の方が非暴力群よりも衝動的であることが示されている。

Cherekらの研究は,複数回の選択試行を通して,遅延や報酬を学習させる場面を用いていることから,実験参加者の現実場面での行動と類似した行動を測定できていると思われる。一般に暴力行動の結果はすぐに実現されるため,暴力行動に関する衝動性を測定するには,選択結果がすぐに呈示される選択場面を用いることが望ましいだろう。

学習場面を用いてセルフ・コントロール選択を測定する場合,一般には,短遅延選択肢で強化された後に,タイムアウトを挿入することにより,1試行の長さを選択肢間で一定にする手続きが用いられる(例えば,Ito & Nakamura, 1998)が,Cherekらが用いた選択手続きにはタイムアウトが挿入されなかった。したがって,暴力群においてみられた衝動的選択は,選択から報酬までの遅延時間の短いことによって生じた可能性も考えられるが,短遅延選択肢の選択により,実験セッションの時間が短くなったことによって生じた可能性も考えられる。遅延時間が報酬の前後のどちらに配

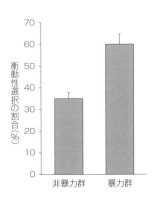

図14-5 非暴力群と暴力群における衝動性選択の割合
(Cherek et al., 1997を一部改変)

置されているかにかかわらず，1試行全体にかかる時間が少なくなるように選択を行う傾向を，遅延嫌悪（delay aversion）とよぶ（Sonuga-Barke et al., 1992）が，遅延嫌悪を示す人は，強化率（単位時間当たりの強化頻度）の高い選択肢を好む人ともいえる。攻撃性の高い人が，そうでない人に比べて，報酬前の遅延時間に敏感（衝動性が高い）なのか，強化率に敏感（遅延嫌悪性が高い）なのかについては，今後の研究で明らかにされるべきである。

3節 今後の展望

　本章では，犯罪とセルフ・コントロールの関係の問題を論じた理論的研究と，この問題に遅延割引の観点からアプローチした実証的研究について紹介した。以下では，これらの研究に基づき，今後の展望を行う。

　犯罪者と非犯罪者の間で遅延割引の程度を比較した研究の中には，犯罪者の方が非犯罪者よりも遅延割引の程度が高いことを報告しているものがあるが，常にこうした結果が得られているわけではない。その原因の1つには，妥当な割引測定法が確立していないことがあると思われる。本章で紹介した研究からうかがえることは，質問紙法によって仮想報酬を用いた測定法よりも，Cherekらが用いたような，実験参加者に遅延や報酬を経験させる測定法の方が，より正確に衝動性を測定できる可能性があるということである。とりわけ，暴力行動を伴う犯罪については，即時報酬が実現される学習場面を用いた方が，衝動性を適切に測定できるように思われる。

　暴力的犯罪と非暴力的犯罪には異なる種類のセルフ・コントロールが関係すると主張する研究がある。Nagin & Pogarsky（2004）は，犯罪に影響するセルフ・コントロールには，意思決定を行った結果として遅延報酬の主観的価値が低下する「割引」と，未来について考えることができない「衝動制御の失敗」の2種類があり，前者は窃盗などの非暴力的な犯罪に関係するのに対し，後者は脅迫などの暴力的な犯罪に関係することを示す調査結果を得ている。もし，このことが常に成り立つのであれば，各犯罪に対応するセルフ・コントロールの次元を明らかにし，次元ごとに測定法を開発する必要がある（Mathias et al., 2008）。

　Wilson & Herrnstein（1985）が述べているように，犯罪は，犯行から結果実現までの遅延による価値割引以外の要因によっても影響を受ける。Wilson & Daly（2006）は，非行少年の方が高校生よりも刺激欲求尺度の値が高いことを報告したが，刺激欲求は確率割引（probability discounting）（Rachlin et al., 1991）と関係することが知られており，刺激欲求の高い人ほど確率割引の程度は低い（リスク志向的である）（Ostaszewski, 1997）。もし，非行少年の犯罪が確率割引によって影響を受けている

のであれば，衝動性の程度に加えて，犯罪成功確率や罰を受ける確率を彼らがどのように評価しているのかを把握する必要がある。

　また，ここでは取り上げなかったが，犯罪者と非犯罪者の間で心理検査の結果が異なる理由として，収入水準，教育年数，居住地域の犯罪率といった社会経済的要因が影響している可能性がある。これらの要因が，個人の衝動性の程度や犯罪行動の生起確率にどのように影響しているのかを明らかにする必要がある。

　犯罪行動に関する基礎研究の結果は，更生プログラムや犯罪防止策に応用されることが期待される。最近の研究では，将来の自分を想像することがセルフ・コントロールを促進すること（Silver & Ulmer, 2012; van Gelder et al., 2013）や，薬物使用者の遅延割引の程度によって，裁判所による有効な監視プログラムが異なること（Jones et al., 2013）など，応用可能性の高い知見が得られている。

　本章の最初の部分でも述べたように，セルフ・コントロールと衝動性の枠組みからみた場合，犯罪は衝動的選択になるが，犯罪者，とりわけ非行少年のような若年者は，勤勉に働いた後に報酬得る，といったセルフ・コントロール選択の経験が浅いために，目の前の即時の結果が得られる衝動的選択を行っている可能性がある。その場合，長期的な視野で物事を考えることの重要性を学習する機会を設定する必要があるだろう。また，1度刑罰を受けた人が，その後，まじめに働こうとしても，就職口を得ることが困難な状況におかれるならば，選択肢としてのセルフ・コントロールが存在しないことになり，衝動的行動を選ぶしかないだろう。これらの問題は，犯罪者に内在する衝動性の問題ではなく，彼らを取り巻く環境の問題であり，衝動的行動の問題と合わせて考えるべきである。

第15章 依存と価値割引

1節 はじめに

　薬物依存やギャンブル依存は本書で述べられているセルフ・コントロールと衝動性の枠組み（第1章参照）によってとらえられるものなのであろうか。またもしそうならばどのような意味で可能なのだろうか。例えば，薬物使用に関連する障害は，薬物を摂取したいという抵抗できないほど強い欲望あるいは強迫感によって維持されていると思われるので，依存はセルフ・コントロールの欠如と衝動性を意味するだろうと想像するのに難くない。本章では，薬物依存やギャンブル依存と価値割引の研究を概観し，その臨床的な意味について考察する。

2節 薬物依存患者のセルフ・コントロール

1．薬物依存とセルフ・コントロール/衝動性の枠組み

　Logue（1995）は，薬物使用が衝動的であるためには，これらの薬物を使用することにより，何らかの即時の一時的な報酬を得る一方で，同時に，将来の長く続く重大な害悪を生じることが必要であると述べている。具体的には，薬物乱用は，薬物をとることの楽しみ（ときには「ハイ」とよばれる快楽の感情）や，離脱による苦痛を避けるという即時の利益と，不健康な体，不幸な家族，仕事の失敗等々を避けるという遅延された利益との間の，選択として記述することができるのである。
　このような分析は，ニコチン，アルコール，アヘン類，コカイン，大麻，メタンフェタミン（ヒロポン）など，身体的あるいは社会的に問題とされている薬物のほと

んどについて当てはまるとされる（Logue, 1995; Reynolds, 2006）。このことをアルコールを例にしてみてみよう。お酒を1回飲むだけでは衝動性の問題にはならない。というのは，お酒を飲むことによる即時的な楽しみはあるが，遅延された身体的，社会的などの問題が生じないからである。それらの問題が生じるためには繰り返し大量に飲むことが必要になる。その結果アルコールの乱用や依存が進むと衝動性を示すようになるが，その時点で，飲酒しないことによるずっと後で生じる利益よりも，飲酒することの即時の利益の方が主観的に大きくなる。

　このことを，薬物使用に関する障害の診断基準から考えてみよう。アメリカ精神医学会による精神疾患の診断基準として1993年以来長く用いられてきたDSM-Ⅳ（American Psychiatric Association, 1994）では，薬物乱用と依存を合わせると，酩酊または希望の効果や離脱症状の軽減・回避という即時的な報酬を得るために大量の薬物を使用するという側面と，仕事，学校，家庭などで役割義務を果たせなくなったり，身体的，法律的，対人的な問題を引き起こすという遅延された害悪の側面の両方が含まれている。より新しいDSM-5（American Psychiatric Association, 2013）においてもその内容は大きくは変わらず，薬物に対する強烈な欲求または衝動（離脱症状を和らげるための薬物摂取を含む）を含み，一方では薬物の反復的使用によって役割義務上，身体上，そして対人関係上の問題を生じるような，著しい障害や苦痛をもたらす不適応な物質使用の様式であるとされている。このように，医学的の診断基準からみても，薬物依存等の問題はセルフ・コントロール／衝動性としてとらえることができよう。

　ここで薬物使用に関する用語についてひと言触れておきたい。宮里（1999）によれば，薬物に関連した障害の診断基準には，薬物乱用（abuse）と薬物依存（dependency）があるという。薬物乱用は個人や社会に対して有害であることが基準になっている一方，薬物依存とは生体と薬物との薬理学的，心理学的，医学的な相互関係を表しているという。前述のDSM-Ⅳ（American Psychiatric Association, 1994）でも薬物乱用と依存の2つの項目に分かれており，概ね同様の基準内容となっている。より新しいDSM-5（American Psychiatric Association, 2013）ではそれらが薬物関連障害として統一され，対象となる物質ごとに基準が設定される形となった。このように薬物使用に関する障害は様々な用語で表現されてきたが，本稿ではそれらをあえて統一せず，「薬物乱用」「薬物依存」「薬物関連障害」などの用語をそれが論じられている文脈に合わせて，そのまま用いることにする。

　さて以上のように，薬物使用に関わる問題をセルフ・コントロールの枠組みからとらえることで，基礎的研究分野として，どのような示唆が得られるのであろうか。

　長い目でみれば，薬物を摂取することの利益は，摂取しないことの利益に比べ，通常かなり小さいと考えられる。しかし多くの人々が前者，すなわち衝動的選択をする

のはなぜなのであろうか。それは，セルフ・コントロールの枠組みからいえば，薬物を摂取することによる負の出来事が多くの場合ずっと後で起こり，また必ず起こるとはかぎらないからである。すなわちこのような負の影響は遅延されるか不確実なことが多く，それゆえその主観的影響力は割り引かれると考えられる。薬物依存患者はほぼ日常的に依存物質を摂取するかしないかの選択に直面していると考えられるが，選択時点では薬物を摂取しないことの利益は遅延され割り引かれているので，それよりも摂取することの即時の利益の方が大きいため，後者を選択するのである。このような見方は，後述の価値割引研究につながる。そしてそこでは，ずっと後で起こる出来事が割り引かれる過程（遅延割引）のみならず，不確実な出来事が割り引かれる過程（確率割引）についても同様に研究されている（Yi et al., 2010）。

　さらに，薬物依存患者はいったん依存状態に陥ってしまうと，容易にそこから抜け出せないという性質ももっている。これはなぜなのだろうか。それには，薬物の摂取が衝動性を増大させる働きをもつことが指摘される（Logue, 1995）。Ansell et al. (2015) は，日常生活を送っている参加者に対し，毎日の終わりにアルコール，たばこ，マリファナを使用したかどうか，および衝動性などを測定する質問紙に回答させた。その結果，マリファナを吸った当日と翌日の衝動性は，同一参加者がマリファナを吸わなかった場合と比べて有意に高い値を示していた。このことは薬物を使用した人は遅延される出来事を割り引くようになることを示唆しているであろう。

　またアルコール依存者は，そうでない人よりも，嫌悪的な結果によって影響を受けにくいことを示す研究がある。例えば，アルコール中毒者と非中毒者に対して，報酬を得るためにボタンを押す反応に罰（ショック）を与えたところ，罰によって反応が抑制される効果はアルコール中毒者が弱かった（Vogel-Sprott & Banks, 1965）。このような研究は，薬物依存の負の側面が割り引かれることを示唆していよう。

　このように，薬物依存そのものが衝動性の性質をもっていることから，なぜ依存に陥るのかを理解することができるが，同時に，薬物を使用することによって衝動性が増し，さらに依存を強めていく状況が想像できる。

　セルフ・コントロールと衝動性の観点からみた薬物依存の治療法にはどのようなものがあるだろうか。それは，薬物依存が衝動性を表すならば，他領域でも挙げられているセルフ・コントロールを増進する方法（選好拘束，即時報酬の低下，遅延報酬の増大など）が適用される。実際の適用例については第13章を参照されたい。

2. 薬物依存と価値割引

　前述のように，衝動的な薬物使用は，薬物使用による報酬（直接の楽しみや離脱症状の回避）と，摂取しないことの報酬（冷静，健康，仕事上の成功，良好な社会的関係など）の両方を含むが，前者は後者に比べて小さく，より即時的である。薬物依存

者が繰り返し薬物を使用するということはセルフ・コントロールの欠如すなわち衝動性を表しているが，このことは同時に，薬物を摂取することの主観的価値が，摂取しないことつまり離脱（abstinence）の主観的価値よりも大きいことを示している。そして薬物を摂取しないことの主観的価値は，その効果が現れるまでの遅延に従って小さくなると考えられる。このように，遅延割引という構成概念は薬物の乱用や依存の研究に適していると思われるのである。

　薬物関連障害においても，遅延割引は，衝動性，すなわち遅延された大きな報酬よりも即時の小さな報酬を選ぶ傾向，という操作的定義として用いられている。これまで，薬物乱用または依存者とそうでない統制群との間で，遅延割引の程度を比較する研究が行われてきたが，その大部分において価値割引を測定するのに用いられてきたのは，架空の金銭報酬の価値判断を尋ねる質問紙形式の検査であった。典型的には今すぐもらえる比較的少額の金銭報酬と，遅延される比較的多額の金銭報酬との選択を求め，遅延される方の金額を変化させていって主観的等価点を求めるという手続きになる。とはいっても薬物乱用者がこのような選択をする場合，文字通り金額の選択をしているわけではなく，様々なものに共通する価値の遅延による偏りを調べていると考えられているのである。

　Yi et al.（2010）は，ニコチン，アルコール，アヘン類，コカイン，メタンフェタミン等の薬物について，乱用者とそうでない統制群の価値割引を比較したたくさんの研究を展望した。その結果，薬物乱用者は，乱用する薬物が合法か（たばこ，アルコール），非合法か（ヘロイン，コカイン）にかかわらず遅延された結果を統制群よりも割り引くと結論している。このことをアルコール依存者の例でみてみよう。Petry（2001）は，現在アルコール依存状態の人，以前そうだったが現在は違う人，およびアルコール乱用の経歴のない人（統制群）のグループに対し，通常使用されている実験手続きを用いて遅延価値割引を測定した。その結果を図15-1に示す。曲線は，遅延される1,000ドルと100ドルの主観的価値が，即時にもらうどのぐらいの金額と等価であるかを示している。図15-1から，全体的に遅延が長いほど主観的価値が下がる，つまり割り引かれることがわかるが，その割引の急激さ（割引率）はどちらの金額についても，現在アルコール依存状態のグループがその経験のない統制群よりも明らかに大きい。すなわちアルコール依存者は将来の価値をより大きく割り引くのである。さらにYi et al.（2010）は，最近の研究から，遅延割引率が薬物使用頻度の関数であることも指摘している。

　さらに彼らは，過去割引（past discounting）にも触れている。遅延割引は将来の出来事の価値が，現在からの時間の関数として割り引かれることを指すが，過去割引はこれと同様に，過去の結果が現在から遡った時間の関数として割り引かれることを意味する。Bickel et al.（2008）は，ニコチン依存と診断される喫煙者と非喫煙者に

第Ⅳ部　矯正分野への応用

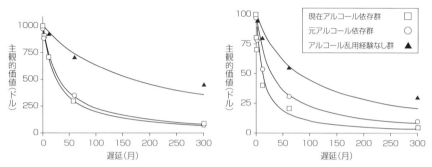

左パネルは1,000ドル，右パネルは100ドルが様々な遅延の後に与えられるときの主観的価値を示している。

図15-1　様々なアルコール依存歴と金銭の遅延価値割引（Petry, 2001）

ついて，仮想金銭の遅延および過去割引を調べた。過去割引を調べるためには，通常遅延割引研究で用いられる「今すぐもらえる［金額］」対「1年後にもらえる［金額］」といった選択ではなく，「1時間前（注：過去の出来事であることを保証するために「今すぐ」は用いない）にもらった［金額］」対「1年前にもらった［金額］」という選択が参加者に与えられた。過去の出来事に対する結果についても，遅延割引の場合と同様，1時間前との主観的等価点を求めて，割引率を算出したのである。その結果，過去割引の結果は遅延割引とほぼ同様，双曲線関数で記述でき，喫煙者は過去に起こった結果を，非喫煙者よりも大きく割り引くことが明らかとなった。さらに，過去割引率と遅延割引率は有意に相関していた。Bickelらが述べるように，他の薬物乱用についても過去の出来事について同様の結果が得られるならば，薬物乱用者がなぜ過去の失敗から学ばないようにみえるのかが明らかになるかもしれない。

　最後に，薬物乱用者の価値割引の研究にはどのような臨床的な意義があるのだろうか。Yi et al.（2010）は，割引率が治療の効果を予測できることを指摘している。治療の結果というのは通常遅延されたものであるから，これを大きく割り引くということは治療に対する態度に大きく影響するであろう。価値割引の程度によって，薬物依存患者が治療に応えそうか，そうでないのかが事前にわかれば，前もって治療的方略を調整するのに，その情報を使えるのである。

　もう1つの臨床的価値として，薬物使用の再発予測の可能性が挙げられる。Dallery & Raiff（2007）は実験室において，2時間のセッションを各10分間の喫煙タイムとそれをはさむ20分間の非喫煙タイムに分け，実験参加者の喫煙者が喫煙タイムにたばこを吸わずに過ごした時間に対応した金銭報酬を与えた。このセッションの前に行われた遅延割引の査定結果によって，参加者が2時間セッション中に禁煙を維持できるかどうかを予測できることが示された。Yi et al.（2010）は，この実験結果に基づ

き，価値割引が，禁煙中の個人がいつ再び喫煙するかを予測できるかもしれないことを示唆している。現時点では研究対象薬物が限られており，研究対象期間も短いので，より広い範囲の研究が期待されよう。

3．ギャンブル依存とセルフ・コントロール

実際物質の使用ではないが，ギャンブル依存がある。例えば，Yi et al.（2010）は，彼らが執筆した本の衝動性と薬物乱用について述べている章の中にGamblingの項を盛り込んでいる。また，Reynolds（2006）は，価値割引について展望した同一論文の中で，薬物乱用とギャンブルを同列に論じている。このように，薬物とギャンブルの問題は，セルフ・コントロール／衝動性の視点からとらえたときに，かなり近いものと考えることができる。さらに最新のDSM-5でも，物質関連障害の章にギャンブル障害の項を含めるようになった。

ギャンブルもまた1度か2度であれば問題にならないが，それが繰り返し多くの金額をつぎ込むようになると，その結果として，生活上あるいは対人関係に関わる問題を生じるようになり，ギャンブルをすることによる楽しみという即時的な報酬と，しないことによる健全な生活の維持という遅延された報酬との間の選択状況が生じてくる。このような考えに従えば，ギャンブル依存者は後者の価値を主観的に割り引くので，前者を選び，衝動性を示すことが示唆される。

ギャンブル依存と薬物乱用との関連性を調べた研究として，Petry & Casarella（1999）とLedgerwood et al.（2009）がある。ギャンブル問題をもつ薬物乱用者群ともたない薬物乱用者群はいずれの問題ももたない統制群に比べて強い衝動性（価値割引）を示し，価値割引テストにおける仮想金額が高い条件では，両方の問題を併せもつ群が薬物乱用のみの群より強い衝動性を示した。一方，物質使用障害の履歴をもつギャンブラーはもたないギャンブラーよりわずかに強い衝動性を示したが，その差は有意ではなかった。そしてこれらの群の衝動性は，物質使用障害もギャンブル問題ももたない統制群より有意に強い衝動性を示した。これらの結果から，ギャンブルの問題は，薬物乱用の影響をより厳しいものにすることが示唆されるが，これらの相互作用についてはさらなる検討が必要であろう。

以上のように，病的ギャンブラーがそうでない人に比べて衝動的かどうかを価値割引を用いて調べた研究は主にアメリカで進められてきたが，我が国においては見当たらない。そこで筆者は，日本においてはどうなのかを含めて検討する研究を行ったので，その結果を次節で紹介する。

第Ⅳ部　矯正分野への応用

節　ギャンブル依存症と遅延価値割引

1．はじめに

　Dixon et al.（2003）によると，アメリカにおけるギャンブル問題を抱えた人は，その頃からみて20年前は全人口の1％だったが，当時に近づくと人口の3％から5％まで増え続けているということであった。一方我が国の状況をみると，2013年の厚生労働省の調査では，国内に500万人以上（男性の8.7％，女性の1.8％）の病的ギャンブラー（依存症）がいると推測されている（清水，2014）。ギャンブル依存行動は，即時の小さな報酬（ギャンブル行動）と遅延された大きな報酬（健全な生活）との選択というセルフ・コントロールの点から分析されてきた（Logue, 1995）。その観点からはギャンブル依存は衝動性を表したものと考えられるので，ギャンブル依存の程度と遅延価値割引との関わりも検討されている（Reynolds, 2006; Yi et al., 2010の展望参照）。

　ギャンブルと価値割引の関連を明らかにした研究として，Dixon et al.（2003）は，ギャンブル施設においてギャンブルをしている病的ギャンブラーと，教会，コーヒーショップなどから集められた統制群参加者に対し，仮想的金額を用いた遅延価値割引の程度を調べる実験を行った。その結果，ギャンブラー群は統制群に比べより急激な遅延割引を示し，2群の差は有意であった。一方，Holt et al.（2003）は，大学生に対し類似の研究を行ったところ，ギャンブラー群と統制群の間に遅延価値割引の程度の有意な差を見出さなかった。

　このように，ギャンブル依存と遅延価値割引との関連を調べた研究の結果は一致しておらず，さらに研究を積み重ねる必要があろう。Reynolds（2006）によれば，これら2つの研究の違いの原因としては次のようなものが考えられるという。1つは実験参加者の年齢である。すなわちDixonらの研究では，平均40歳程度で比較的高齢であったが，Holtらの研究では18〜24歳と若かった。もう1つの要因は，実験環境である。Dixonらの研究では，ギャンブル場や教会などであったが，Holtらの研究では，全員大学キャンパス内で実験が行われた。

　以上の指摘を踏まえ，本研究では，先行研究で有意差を見出さなかった研究（Holt et al., 2003）と類似の研究場面（大学生，キャンパスの中）でギャンブル依存傾向と価値割引との関係を検討することを目的とした。また前述の通り日本はギャンブル依存者の割合が高い国であるにもかかわらず，価値割引との関連性をみた研究がない。日本ではどうなのかを合わせて調査することも目的とした。

　ギャンブルをする人としない人を見分けるための基準としては，上述の先行研究において，Lesieur & Blume（1987）が病的ギャンブラーのスクリーニングを目的とし

て作成したSouth Oaks Gambling Screen（SOGS）が用いられてきた。本研究では，木戸・嶋崎（2007）によって作成された日本語版SOGSを用いた。日本語版SOGSは合計16個の質問項目からなり（53点満点），15点を病的ギャンブルのカットオフ点としている。

2．実験

この研究についてはすでに報告されているので（平岡，2012），実験方法や結果は要約して述べる。調査対象者は，大学生163名にSOGS検査を行ったうち，SOGS得点がカットオフ点の15点より上であったギャンブラー群7名，それより下の統制群7名であった。

実験は大学内の教室において個別に行われた。対象者は，遅延（3日，1週間，1か月，3か月，6か月，1年，3年，5年，7年，10年，20年，30年）を伴う100,000円と，今すぐ確実に獲得できる金額（100円，300円，500円，1,000円，5,000円，10,000円，30,000円，50,000円，70,000円，90,000円）をカードで示され，その間の選択をした。今すぐ確実に得られる金額は，すべての参加者に，小さい金額から大きい金額を参加者に提示していく上昇系列と，大きい金額から小さい金額を提示していく下降系列の両方を提示した。遅延の値は，小さいものから順に提示した。次のような教示がすべての参加者に与えられた。

「今から私があなたに話すことを本当のこととして，リアルにイメージしてください。今あなたは，今すぐもらえる小さい額の報酬と，ある期間待ってからもらえる大きい額の報酬のどちらかをもらうことを選択することができます。今，私はあなたに今すぐもらえる報酬を示すカードと，ある期間待ってからもらえる報酬を示すカードを呈示します。あなたはどちらか一方を選び，自分が選んだものを指さしてください。今すぐもらえる報酬の金額や，もらえるまでの期間を変えていくので，その都度指をさして答えてください。」

結果の分析としては，即時報酬と遅延報酬の主観的価値が等しい点（等価点）を求めた。上昇系列と下降系列の等価点がの平均をMazur（1987）による双曲線関数

$$V = A/(1+kD)$$

に当てはめて，各参加者ごとのk値（割引率）を算出した（R^2はすべて0.92以上）。ここで，Vは主観的価値，Aは報酬量，kは割引の大きさを示すパラメータ，Dは報酬の遅延時間を表す。またMyerson et al.（2001）の方法に従い，曲線下面積（AUC）を算出した。これらの値の中央値を図15-2に示す。

k値はギャンブラー群の方が統制群より有意に大きく，AUCは逆にギャンブラー群の方が有意に小さかった（いずれも$U=0$，$p<0.01$）。これらはギャンブラーの方

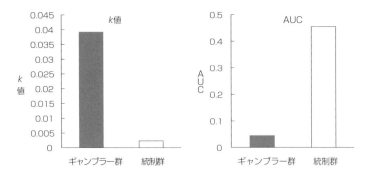

図15-2　ギャンブラー群と統制群のk値とAUC（平岡，2012）

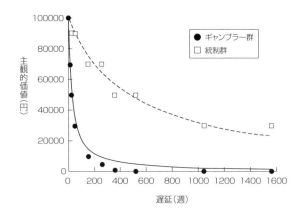

図15-3　各群の中央値参加者による等価値曲線

が，遅延される報酬をより大きく割り引くことを示唆している。いずれの指標においても群間でデータの重なりがまったくみられなかった。

図15-3はk値についてギャンブラー群の中央値に当たる参加者と，統制群の中央値である参加者による等価値の曲線をそれぞれ示している。図15-3からギャンブラー群の等価点が統制群より小さいということをみることができ，ギャンブラー群はよりk値が高いことと AUC が小さくなることが別の面から理解できる。

本研究では，統制群と比べてギャンブル群の時間割引の程度が大きくなり，遅延された金銭の主観的価値を低く見積もるという結果を得た。これらの結果は先行研究として取り上げた2つの研究（Dixon et al., 2003; Holt et al., 2003）に比べてより明確にギャンブル依存と価値割引との関係を示しているといえる。Dixonらの研究ではそ

そももk値を算出できないケースや，双曲線関数への当てはまりの程度を示すR^2の値が0.5以下になるケースがあったし，Holtらの研究では，ギャンブラーとそうでない学生の間に有意な差が見出されなかった。これに対し本研究では，価値割引測定実験に参加した人数は少なかったにもかかわらず，すべての実験参加者においてk値を算出できただけでなく，R^2の値が全員0.9よりも高かった。さらにギャンブラー群と統制群の間に，k値とAUCの両方について，1％水準で明確な差がみられ，またデータの重なりもなかった。

このことについて，Dixonらの研究と比べると，このような結果になった理由がいくつか考えられる。その1つは本研究では実験場所をギャンブラー群，統制群ともに大学内の教室に固定していたことである。Dixon et al.（2003）の実験では，ギャンブラーの実験場所をギャンブル施設としていたために，統制できない余分な要因が働いたことや，統制群の実験を行った場所が様々であったことが考えられている。これに対し本研究では，大学内の教室を用いて実験を行ったことによって統制されていない要素を減らすことができ，より確実な結果をもたらしたと考えることができる。

次にギャンブラー群と統制群との間に遅延価値割引の有意差を見出さなかったHoltらの研究と比較してみよう。本実験はそれと類似の実験場面や参加者で行ったにもかかわらず有意差を得た。このことは，ギャンブルと価値割引との関連の一般性を強めているといえよう。本研究とHolt et al.（2003）との方法上の違いとして，Holt et al.（2003）でのギャンブラー群の平均SOGS得点が6.5（カットオフポイント＝5）と比較的マイルドだったのに対し，本研究では平均SOGS得点が26.86と高めで，カットオフポイント（15）をかなり上回っていた点が指摘できるかもしれない。

本研究の結果，日本人においてもギャンブラーは，そうでない統制群より急激な遅延価値割引を示すことが明らかとなった。このことは広い意味でDixon et al.（2003）の結果を日本人にも一般化できることを示唆しているだろう。

3．今後の展望

上に述べた諸研究の後にも，ギャンブラーの遅延割引の程度が，そうでない人よりも大きいことを報告した研究が生まれている（例えば，MacKillop et al., 2006; Ledgerwood et al., 2009）。これらに本実験結果を加えるならば，そのような知見の一般性はより高まってきたといえるだろう。そうだとして，これらの知見はどのような示唆を与えてくれるのだろうか。

まず，ギャンブルの構造自体のモデルと，遅延割引の過程を組み合わせることにより，なぜ遅延割引の大きい人がギャンブル依存に陥りやすいのかを理解することができる（Logue, 1995; Rachlin, 1990）。

Rachlin（1990）はギャンブル行動を，何回か負け（L）が続いた後に勝ち（W）を

得る系列（string）の連続であるととらえた。するとギャンブルの具体的な過程は例えば，LWLLLLLLLW…などと記述できる。1つめのLWという系列は勝ちに対して負けが少ない方なので，全体としてプラスの価値をもつだろう。これに対し，2つめの系列は勝つまでに何度も負けているので，系列としてはマイナスの価値をもつ。ここで遅延価値割引の過程が働くならば，長い系列は遅延されるので，その価値はより割り引かれると考えられる。Rachlin（1990）は，あるシミュレーションによってこれらの系列のもつ価値を算出し，それを合計してギャンブル全体の期待値を推定した。すると，遅延割引の要素を組み入れた場合の期待値は，遅延割引を仮定しない単純な期待値に比べて高かった。これは長い系列のもつマイナスの価値が遅延により割り引かれたことによる結果である。このことはさらに，価値割引の大きい人ほど，ギャンブルに対する価値が高くなり，ギャンブルをしやすくなることを示唆している。

　次に臨床場面への応用を考えてみると，ギャンブラーがより衝動的であるといえるならば，セルフ・コントロール選択場面で衝動的行動ではなくセルフ・コントロール行動をするように働きかけるための一般的な介入法がギャンブル依存に対しても有効であると考えられる。そのような中でDixon et al.（2003）は，ギャンブルをする機会を先延ばしにすることによってギャンブルに対する選好の逆転を生じさせることを挙げている。また彼らは，ギャンブルと両立しないもう1つの行動に対して即時の結果を与えることも提唱している。もしもう1つの行動の結果が，ギャンブルによる即時の結果と機能的に等しく，より得られやすいスケジュールに従って与えられるならば，反応がギャンブルからもう1つの行動へシフトすることもあり得るであろう。

　さらにMacKillop et al.（2006）は価値割引の程度は常に同じではなく，条件によって変化するものなので（第7章3節も参照），治療の過程でいくつかのポイントにおいて衝動性を査定するような場合にも有用であると述べている。ギャンブル依存と価値割引によって測定された衝動性との間に関連性が見出されていることにより，さらに多くの介入法を検討する可能性が生まれてくるのではないだろうか。

　ギャンブルと並ぶ非物質依存としてネット依存，ゲーム依存などが最近問題になっている（例えば，清水，2014）。しかしながらこれらについては，DSM-5にみられるように，データが不十分なために診断基準が明確になっていないようである。今後その特徴が明らかになるにつれて，セルフ・コントロール／衝動性からの分析が必要となってこよう。

第Ⅴ部 今後の展開

第16章 セルフ・コントロールの神経経済学

1節 神経経済学におけるセルフ・コントロール

　本節ではまず，神経経済学（neuroeconomics）におけるセルフ・コントロールの概念を説明し，加えて，それらの根底にある意思決定過程およびその神経基盤について説明する。さらに，神経経済学の研究法を，関連分野である行動経済学や行動心理学におけるセルフ・コントロールの問題の取り扱い方と比較する。

　神経経済学分野においては，意思決定を分析するためのモデルとして，経済学（いわゆる新古典派経済学および行動経済学を含む）から導入されたタイプと，行動心理学から導入されたタイプが共存している。また，報酬・損失に関連した意思決定や選択行動を分析するために，強化学習理論（Sutton & Barto, 1998）において発展させられたモデルが用いられる場合もある。そのため，この分野では，「セルフ・コントロール」の概念が多義的に用いられているのが現状である。以下では，神経経済学における重要な従属変数である，時間選好，リスク選好，社会選好をセルフ・コントロールの観点から紹介し，さらに，時間・確率・社会的距離の心的表象を担う神経基盤を統一的に解明するためには，「心理物理学的神経経済学（psychophysical neuroeconomics）」の発展が重要である（Takahashi & Han, 2013）ことを示す。

1．時間選好

　行動心理学において研究されている「遅延割引（delay discounting）」とよばれる行動傾向（報酬が受け取れるまでの遅延が長くなるに従って，その報酬の価値が減少するため，将来の大きな報酬よりも現在に近い小さな報酬が選択されやすい傾向）は，経済学における異時点間選択（intertemporal choice：入手する時点が異なる報酬・

損失が複数存在するときにそれらの結果からの選択をある時点において行うこと）における「時間選好（time preference）」と関連が深い概念である。経済学においては，ある財（消費可能な商品やサービスなどのこと）の価値（動機づけの強さ）を，「効用（utility）」という概念を用いて表す（これは後に行動経済学において，例えば，KahnemanやTverskyにより，報酬と損失において形状が異なる「価値関数（value function）」として再定式化された）。そして，報酬から得られる効用そのもの（$u(x)$，xは財の量，ここでのuは遅延時間の関数ではない）は報酬が受け取れる時点によって影響を受けないが，報酬を受け取れる時点が遅延されると，この効用$u(x)$に時間とともに減少する割引関数$D(t)$（$0 \leq t < \infty$，また通常は$0 < D(t) \leq 1$）が掛け算されることによって，その遅延報酬の割引効用$U(x, t) = u(x)D(t)$がtの増大とともに減少していくと仮定する。伝統的な経済学においては，以下の等式に表されるように，このときの時間割引関数$D(t)$が指数関数であるとさらに仮定（Samuelson, 1937）し，これを指数割引（exponential discounting）とよぶ。

$$U(x, t) = U(x, 0) exp(-kt) = u(x) exp(-kt) \qquad [1]$$

ここで，$D(t) = exp(-kt)$のkは，$-D'(t)/D(t)$と定義（ここで$D'(t)$は割引関数$D(t)$のtでの微分を表す）される「時間割引率」に等しくなっているため，単に（指数）割引率ともよばれる。このように，指数割引においては，時間割引率が報酬を受け取ることができる時点tによらないため，指数割引に従った時間選好は，経済学における「時間整合性（time consistency）」がある時間選好であると称される。また，このkが大きいほど，将来の報酬の価値が遅延の増大とともに速く減少し，行動心理学などでは「衝動性（impulsivity）」が大きい選択行動の1つであると考えられる（行動経済学ではimpatienceとよばれる）。ただし，指数割引においては，時間割引率が時間とともに変化しないため，どんなに衝動性kが大きい場合でも，後述する「選好の逆転（preference reversal）」は起こらない。

一方，行動心理学や行動経済学の分野における実験的研究においては，人間や動物の時間割引行動において，伝統的な経済学において仮定されてきた指数割引とは異なる時間割引行動（このような，伝統的経済学の合理性から乖離した意思決定現象のことを，行動経済学ではアノマリー（anomaly）と称する）が見出されてきた。そのため，行動経済学や神経経済学では，以下に示される（単純）双曲割引モデル（Ainslie, 2005; Mazur, 1987）が用いられる場合が多い。

$$U(x, t) = u(x) / (1 + kt). \qquad [2]$$

ただし，行動心理学においては，$u(x) = x$（すなわち，報酬の客観的な量が主観的価値に変換されずに行動を強化する）と仮定している場合が多い（この仮定がどの程

度妥当であるかは，Han & Takahashi（2012）において分析され，$u(x) \neq x$であることを考慮に入れても，時間選好のアノマリーが説明できないことがわかった）。等式〔2〕で示される単純双曲割引モデルにおいては，時間割引率は$k/(1+kt)$となり，報酬受領時点までの遅延tが長くなるほど減少する（tが大きくなる→$k/(1+kt)$の分母が大きくなる→$k/(1+kt)$が小さくなる）ため，$k>0$（時点tにおける時間割引率や衝動性）がどんなに小さくても（$k=0$でないかぎり），将来に関して立案した計画が，その計画が実行に移されるまでの間に（時間の経過のみによって）変更されてしまうという「選好の逆転」が生じることが知られている。その代表的な例が，身体に有害な薬物に嗜癖をもつ人が，その薬物をそのうちやめようと計画しても，やはりやめられないままになってしまったり，いったんは薬物摂取をやめて嗜癖・依存が治癒したものの，また薬物依存が再発してしまったり，というような例である。この行動傾向は，行動経済学においては，「時間非整合性（time inconsistency）」などともよばれる。参考のため，指数割引モデルと双曲割引モデルを比較したグラフを示す（図16-1）。

また，神経経済学においては，アノマリーが存在することも考慮してヒトや動物の時間割引をモデル化するために，以下に示すq-指数関数時間割引モデル（q-exponential time-discount model）が用いられる場合もある（Takahashi, 2009）。

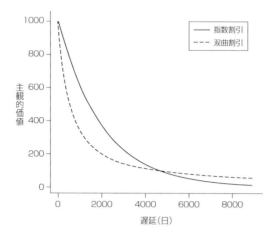

図16-1　時間割引曲線

横軸に示される「報酬・損失が生じるまでの遅延」が増大すると，その報酬・損失の主観的価値が低下していく。その低下のしかたは，指数割引に比べると，双曲割引においては近未来（遅延小）では速く，遠未来（遅延大）では遅い。

$$U(x,t) = u(x) / (1 + k(1-q)t)^{1/(1-q)} (= u(x)/(1+jt)^s). \quad 〔3〕$$

ここで，〔3〕式の中辺 q の値が 1 に近づくと，このモデルは指数割引モデルに近づいていき，$q=0$ のときは式〔2〕で表される（単純）双曲割引モデルに一致する。この関数を，q-指数関数とよぶ（須鎗，2010）。また，式〔3〕の中辺は q-指数時間割引モデルともよばれる（図16-2）。

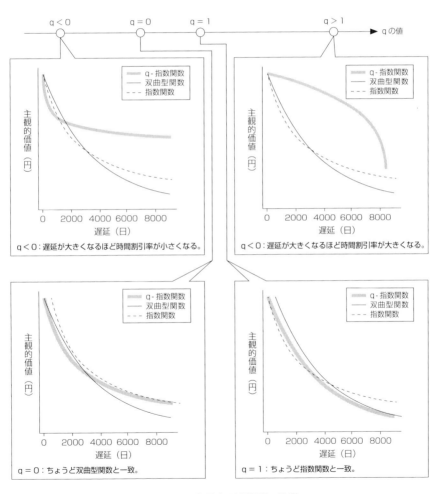

図16-2　q-指数時間割引関数の性質

第Ⅴ部　今後の展開

　行動心理学においては，q-指数時間割引関数をカッコ内（すなわち〔3〕式の最右辺）に示されように表現することもある（$u(x)=x$と仮定することが多い，例えば，Green & Myerson, 2004）。だが，この場合は，jとsとを独立に変化させて指数関数に近づけることができないため，時間整合性の観点から，時間割引を研究する場合などには特にq-指数時間割引モデルを用いる方が便利であることが指摘されている（Cajueiro, 2006; Takahashi, 2009）。また，本章2節1．において解説するように，式〔3〕は，対数的な心理時間を用いた指数割引から導出することができる。

　ここで紹介した，指数割引や双曲割引などを用いて時間軸上の点をまたいだ選択（これを経済学では「異時点間選択」とよぶ）を説明する理論は，①選択が価値判断と一致しており，②価値$U(x, t)$は時間による成分$D(t)$とよらない成分$u(x)$との積の形に分離可能であるという仮定のもとに構築される理論であり，「割引効用理論（discounted utility theory）」と総称することも可能である。これらの理論には，「遅延時間の増大とともに報酬の価値が減るために，現在に近い報酬が選択される」と仮定しているという共通点があることに留意されたい。

　これまでに概観したように，時間選好におけるセルフ・コントロールを考える上では衝動性と時間整合性という2つの概念を区別して取り扱うことが必要であることがわかる（Takahashi, Oono & Radford, 2007）。ここで，「衝動性（行動心理学ではimpulsivity/ impulsiveness とよばれ，行動経済学では impatience と名づけられている）」とは，報酬獲得までの遅延が増大するに従ってどれだけ速くその価値が減少するか（時間割引率に対応）を表す。また，「時間整合性」とは，選好の逆転が起こりにくいこと（例えば，時間割引関数がどれだけ指数関数に近いか，すなわちq-指数時間割引モデルにおけるqがどれだけ1に近いか，などで表すこともできる）を表す。これらの区別が重要になる例としては，経済学における嗜癖の理論が挙げられる。例えば，「合理的中毒理論」（rational addiction theory：有害な薬物乱用や依存症といった一見非合理的にみえる人間行動も，時間割引された効用の最大化をしているという意味で合理的な行動であると考えて嗜癖や依存症を新古典派経済学の枠組みの中でモデル化する理論）（Becker & Murphy, 1988）においては，人体に有害な薬物に依存する人は，時間割引において衝動性は高く（時間割引率が大きい），かつ時間整合性をもつ（指数割引をする）と仮定されている。これらの仮定の中で，前者の薬物依存者の時間割引率が高いという仮定については，筆者らの喫煙と時間割引の関連の研究により支持されている（Ohmura et al., 2005）。だが，薬物依存者の時間整合性が低いかどうかは未解明である。そのため，例えば，Prelec（2004）により提唱された「衝動逓減性（decreasing impatience）」パラメータ等を用いた分析が今後必要であろう。

　近年の神経経済学的研究により，時間選好に関与する脳部位や神経回路，神経伝達

物質，ホルモンなどが次第に明らかにされつつある。例えば，Kable & Glimcher（2007）は，時間割引をしている際の脳活動を，機能的脳画像解析法を用いて分析した。その結果，遅延報酬の価値（上記の $U(x, t)$）が内側前頭前皮質（medial prefrontal cortex），腹側線条体（ventral striatum），後帯状皮質（posterior cingulate cortex）に表現されており，報酬までの遅延が長くなるにつれて，これらの脳部位の活動が（選択行動より推定した時間割引曲線と同様に）低下することを示した。したがって，これらの脳部位の活動が遅延時間により低下しやすい人は時間割引における衝動性が高いのではないかと考えられる。また，ラットのドーパミン神経やセロトニン神経を損傷してから時間割引課題を行うことにより，神経伝達物質であるドーパミンやセロトニンが，時間割引における衝動性と関連していることも示されている（Mobini, Chiang, Al-Ruwaitea et al., 2000; Mobini, Chiang, Ho et al., 2000）。さらに，セロトニン活動の低下と関連があることで知られているうつ病の患者において，時間割引課題を実施してその行動データに q- 指数時間割引関数を非線形回帰によりフィッティングし，〔3〕式の k と q を推定することにより，うつ病においては衝動性の増加（k の増大）と時間整合性の低下（q の減少）がみられることも報告されている（Takahashi, Oono et al., 2008）。

　また，脳と身体間のコミュニケーションを担う内分泌器官や，内分泌器官と類似した生化学的過程を用いて脳内における情報伝達を行っているホルモンも，時間割引における衝動性と関連することも知られている。ホルモンのうち，特にステロイドホルモンとよばれるタイプの各種ホルモン（コルチゾール，コルチゾン，テストステロン，エストラジオールなど）については，神経細胞内の核内に存在する遺伝子（デオキシリボ核酸，DNA）の発現制御にそれらのステロイドホルモンが影響し，ステロイドホルモン濃度が上昇してから数時間程度の時間を経てから，神経細胞内で新規のタンパク合成が行われることにより，ホルモン作用が発揮されるという生化学的経路がよく知られている（古典的ステロイド作用経路）。しかし近年では，そのような古典的経路とは異なる生化学的経路（non-genomic pathway）も見出されており（Ogiue-Ikeda et al., 2008; Takahashi et al., 2002），その非古典的な経路においては，ホルモンが通常の神経伝達物質のように，神経細胞の表面に存在する受容体に結合し，急性的に（数秒から数分以内程度の短い時間の間に）作用を発揮することが知られている。したがって，神経伝達物質が意思決定を調整するのと同様に，ホルモンも時間割引などの経済学的意思決定に影響していそうである。それ故，脳内におけるステロイドホルモン濃度と，時間割引などの経済学的意思決定の関連を調べることが，神経科学的に重要である。そのような目的のために，脳内の溶液を採取することは倫理的に不可能であるが，ステロイドホルモンは脂溶性分子であるため，細胞膜や血液脳関門などを透過できるということを利用すると，唾液中のステロイドホルモンを測定すること

により，脳内のステロイドホルモン濃度を推定することができる（それに対し，オキシトシンなどのペプチドホルモンは，水溶性分子であるため，唾液中や血中のオキシトシン濃度を測定しても，必ずしも脳内のオキシトシン濃度を反映しているとは結論できない）。そこで，非侵襲的な方法として，唾液中に分泌されるステロイドホルモンを質量分析計（磁場中を運動する荷電分子に働くローレンツ力の大きさから，特定の分子を同定する方法。生体分子へのこの計測方法の応用は田中耕一氏らによって行われ，2002年のノーベル化学賞が授与された）によって測定し，そのステロイドホルモン濃度と時間割引の行動データとの相関を調べるとよい。

　ステロイドホルモンのうち，ストレスホルモンとして知られているコルチゾール（やコルチゾン）は，糖質コルチコイドに分類され，ストレスの影響で偏桃体（amygdala）が活動することの結果として副腎皮質から合成される。それに対し，エストラジオールやテストステロンなどの性ホルモンは，卵巣や睾丸などの性腺において合成される。しかし，ストレスホルモンも性ホルモンも，ステロイドホルモンであれば，唾液中で測定したものが，脳内の濃度を反映すると考えられる（ストレスや性行動に関連するホルモンでも，アドレナリンやオキシトシンは，水溶性分子であるため，唾液中で測定しても脳内の濃度が推測できない）。例えば，Takahashi（2004）は北海道大学の男子学生の唾液中のストレスホルモンの一種であるコルチゾール濃度と時間割引の関連を分析した結果，男性における唾液中コルチゾール濃度を測定し，時間割引との関連を調べ，平常時コルチゾール濃度の低下と衝動性の間に関連があることを示した。また，Takahashi et al.（2006）は，唾液中テストステロンと時間割引の関連を調べた実験から，男性ホルモンのテストステロンが逆U字的関係をもって時間割引率に影響することを明らかにした。同様に，女性ホルモンのエストラジオールについては，性周期の変化により，エストラジオールが低下すると，時間割引も低下することが示されている（Smith et al., 2014）。さらに，Takahashi et al.（2010）は，唾液中コルチゾール，唾液中コルチゾンと時間割引の関連を調べた結果，ストレスホルモンが時間割引に及ぼす影響には性差があることを示唆している。神経内分泌学（neuroendocrinology）的研究だけでなく，神経遺伝学（neurogenomics）的研究においても，ストレスホルモン受容体関連タンパクを符号化する自殺関連遺伝子が，時間割引と関連することも，私たちの研究により判明した（Kawamura et al., 2013）ため，自殺予防という観点からも，ストレスホルモンと時間割引におけるセルフ・コントロールとの関係をさらに解明することが重要であろう（Takahashi, 2011c）。

　また，脳内のアドレナリン系の賦活度合と時間割引におけるセルフ・コントロールとの関連も研究することができる。アドレナリンは水溶性であるため，唾液中でアドレナリンを測定しても，脳内のアドレナリン濃度のことはわからない。しかし，唾液中でαアミラーゼを測定すると，その唾液中濃度が脳内のアドレナリン系の賦活度

合を反映することが知られている（Nater et al., 2009）。この生化学的事実を利用して，Takahashi, Ikeda, Fukushima et al.（2007），Takahashi et al.（2010）は，男性においても女性においても，唾液中のαアミラーゼ濃度が低い人ほど，時間割引におけるセルフ・コントロールが強いことから，平常時のアドレナリン系の賦活度が高い（すなわち「アタマがハッキリしている」人）ほど，時間割引におけるセルフ・コントロールが強いことを見出した。しかし，生命の危険を感じるような文章を読むことにより唾液中αアミラーゼが上昇すると，時間割引におけるセルフ・コントロールは逆に低下する（Takahashi, Ikeda et al., 2008）ことから，過度の緊張により，セルフ・コントロールが低下してしまうことがわかる。

さらに，Figner et al.（2010）は，判断を司る脳内部位の機能を人工的に低下させる研究により，双曲割引などの非指数割引モデルを含む割引効用理論の範囲内では説明ができない（すなわち，選好と選択が乖離してしまう）現象を報告している。彼らは，不安や恐怖等の感情を抑えて合理的・理性的な判断や意欲を司るとされる左側の背外側前頭前皮質（dorsolateral prefrontal cortex: DLPFC）の機能を，経頭蓋磁気刺激法（transcranial magnetic stimulation）により低下させると，遅延報酬の主観的価値（実験操作上は，遅延した報酬の魅力度の得点として定義された）は低下しないにもかかわらず，その価値（魅力度得点）の高い遅延報酬を選択する代わりに現在に近い報酬が選択されてしまうことを例証した（Figner et al., 2010）。この結果は，異時点間選択において，時間選好とは独立したセルフ・コントロールを担う神経活動が存在することを示唆している。

2．リスク選好

経済学関連分野におけるリスク選好とは，不確実な報酬や損失が結果として生じる選択肢の「効用」を定める変数のことである。ここでは，不確実な報酬や損失が生じる確率が既知の場合（その場合の不確実性は「リスク」とよばれる）を扱う。ちなみに，不確実な報酬や損失が生じる確率が既知でない不確実性は，経済学者 Knight（1921）によって注目されたことから，「ナイト流の不確実性」（Knightian uncertainty）や，確率が既知の場合の不確実性と区別するために，「曖昧性」（ambiguity）などとよばれることもある（Ellsberg, 1961; Inukai & Takahashi, 2009）。

新古典派経済学（neoclassical economics）においては，リスク下の意思決定は，主に「期待効用理論（expected utility theory）」（von Neumann & Morgenstern, 1953）によって取り扱われてきた。期待効用理論においては，例えば，確率 p で生じる報酬や損失（その大きさを x とする）を伴うくじ L (x, p) の主観的価値は，期待効用 $U(L) = pu(x)$ であるという性質をもっている（ただし，$u(x)$ は確実に生じる報酬・損失 x の効用である）。このため，期待効用理論においては，リスク選好は**確**

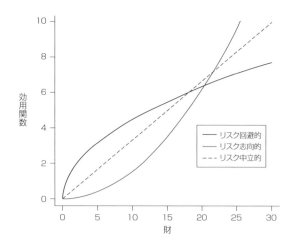

図16-3　期待効用理論における代表的な効用関数

期待効用理論における，リスク回避的，リスク志向的，およびリスク中立的の代表的な効用関数。

実に生じる報酬・損失 x の効用関数 $u(x)$ の形状のみによって定まることになる（図16-3）。したがって，期待効用理論を仮定した実験研究において，期待効用理論により定義したリスク回避性（やリスク選好性）と，リスクに対する感情反応やリスクに関連した性格特性（特性不安などの不安傾向など）との関連を調べることには，あまり理論的な根拠がない。なぜなら，期待効用理論においては，リスク選好は，リスクに対する心理的反応とは無関係に定義されているからである。言い換えれば，もしそのような関連が見出された場合には，期待効用理論からの乖離というアノマリー（変則）が存在することを疑い，新古典派経済学が仮定する期待効用理論を前提としない別の分析方法を用いることが，論理的に妥当である（さらに詳しい議論は，Binmore, 2008を参照）。

ところで，リスク選好が確実な報酬の感じ方のみに依存し，リスク認知には関係しないというこの性質は，以下の独立性公理（independence axiom）が成立するときに限り，妥当であることが知られている（von Neumann & Morgenstern, 1953）。

> 2つのくじ $L_1(x_1, p_1)$ と $L_2(x_2, p_2)$ のうち，L_1 の方が L_2 よりも好まれるとき（またそのときに限り），両方のくじに対して，共通したどんな第3のくじ $L_3(x_3, p_3)$ を共通したどんな枚数だけ混入しても，やはり「L_1 が入っている複合くじ」の方が「L_2 が入っている複合くじ」よりも好まれる。

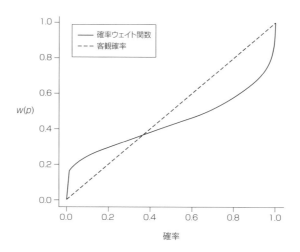

図16-4　プロスペクト理論における確率ウェイト関数の形状

小さな確率が過大評価され，大きな確率が過小評価されている。
$w(p)=p$（点線のグラフ）は期待効用理論に一致する。

しかし，この独立性公理は，例えば，アレの反例（Allais paradox）（くじAとくじBとの間の選択で，Aを好む人が同時に，「くじA＋くじC」と「くじB＋くじC」との間の選択においては後者を好む，といった現象）などによって，実際の人間の選択行動においては，破られることが知られている（Allais, 1953）。そのため後になって，行動経済学の分野においては，KahnemanとTverskyによる「プロスペクト理論（prospect theory）」が考案された（Kahneman & Tversky, 1979; Tversky & Kahneman, 1992）。プロスペクト理論においては，上記のくじ$L_1(x_1, p_1)$の主観的価値は$v(x\_1)\,w(p\_1)$と表される。ここで，$v(x)$は価値関数とよばれ，報酬に関しては上に凸，損失に関しては下に凸な形状をしている。ただし，プロスペクト理論においては，価値関数の引数は財の量そのものではなく，その変化量である。また，$w(p)$は確率加重関数（確率ウェイト関数）とよばれる，リスク下の意思決定において用いられる主観的確率のようなものとみなすことができ，逆S字型の形状をしている（図16-4）。また，神経経済学分野においては，下記のように関数形を特定（Prelec, 1998）してプロスペクト理論を用いることが多い。

$$v(x)=\begin{cases} x^a & (x \geq 0) \\ -\lambda(-x)^a & (x<0) \end{cases} \quad [4]$$

$$w(p)=exp(-(-lnp)^b) \quad [5]$$

ここで，価値関数 $v(x)$ の引数 x は，選択により生じた財の量の変化であり，財の量そのものではないことに留意されたい。また，式〔4〕の a は価値関数の形状を定めるパラメータであり，λ は，同じ量の報酬と損失に対して，価値の大きさ（例えば，報酬に対する嬉しさや損失にたいする悲しさの度合い）がどの程度異なるかを表す損失回避（loss aversion）係数であり，平均的な人にとってはおおよそ $\lambda \cong 2$ であることが知られている（すなわち，100円を得る喜びより，100円を失う悲しみの方が2倍程度強い）。

また，式〔5〕における b は，確率判断がどれだけ正確に行われているかという程度に対応し，$b = 1$ のとき，客観確率と主観確率とが一致すると解釈することもできる。近年の神経経済学的研究おいては，機能的核磁気共鳴画像法（functional magnetic resonance imaging）や陽電子断層法（positron emission tomography）などのイメージング手法により，この b がどれだけ1に近いか（すなわち，主観確率が客観確率と一致する傾向がどれだけ強いか）ということが，前帯状皮質（anterior cingulate cortex）の活動（Paulus & Frank, 2006）やドーパミンD1受容体の密度と関連する（Takahashi, Matsui et al., 2010）ことが知られている。したがって，確率判断の錯誤によって生じているタイプのギャンブル依存などの神経機構の解明のためには，確率ウェイト関数（式〔5〕）に関する神経経済学的研究が進展することが望ましいといえよう。

以上に概観したように，経済学（新古典派経済学および行動経済学）においては，リスク下の意思決定は時間選好と関連するものではないとされて研究が行われている。一方，行動心理学においては，リスク下の意思決定を時間割引におけるセルフ・コントロールと一貫させて理解しようというアプローチがとられてきた（Rachlin et al., 1991）。ここで，行動心理学の枠組みに沿ってリスクや不確実性を時間と関連させるために，確率 p で報酬が当たるギャンブルを繰り返した場合，その報酬が当たるまでにどれだけ待つ必要があるかを考えてみよう。例えば，報酬が当たる確率が $p = 0.25$（$= 1/4$）のとき，平均して4回このギャンブルをやることが，1回報酬を手に入れるまでには必要である（すなわち当たるまでに平均試行回数が $4 = 1/p$ 回である）。1回だけこのギャンブルにトライ（つまり試行回数が1）して報酬が当たった場合は，待ち回数は0回であるので，一般に，確率 p で当たる報酬を獲得するために必要な平均**待ち**回数は，平均**試行**回数から1を差し引いた回数であり，$(1/p) - 1$ により表される。今の例では，$p = 1/4$ なので平均して4回に1回当たるギャンブルでは平均して $4 - 1 = 3$ 回待つと報酬が当たることになる。この $(1/p) - 1$ を書き換えると $(1-p)/p$ となり，これを，odds against（負け目，当たらない確率 $1-p$ と当たる確率 p の比）とよぶ。

行動心理学においては，この odds against が待ち回数であることに着目し，選択

における意思決定過程において，待ち時間と同じ役割を果たすと仮定する。そのため，行動心理学においては，時間割引モデル（式〔1〕-〔3〕）における時間 t を，odds against（$1/p-1$）で置換した式が，不確実な報酬の価値であると定式化し，時間（遅延）割引（time discounting または delay discounting）のときのアナロジーから，「報酬獲得確率の減少（すなわち，odds against の増大）による不確実な報酬の主観的価値の低下」のことを，「確率割引」（probability discounting）とよぶ。したがって，行動心理学においては，リスクがある選択を行うためには，「報酬が当たるまでの待ち時間が長いギャンブルを辛抱強くやり続ける」というタイプのセルフ・コントロールが必要であると推論される。

確率割引やリスクの問題を時間割引と同じ枠組みで取り扱うことの妥当性については，議論が分かれている。最近のニューロイメージング研究では，時間割引の際の神経活動と確率割引の際の神経活動を比較する試みが行われ，時間割引と確率割引に共通した脳部位の活動が見出されている（Weber & Huettel, 2008; Peters & Büchel, 2009）。このことは，リスクをとる行動がセルフ・コントロールによるものであると考える行動心理学の考え方を支持する。一方，行動心理学以外の分野（例えば，臨床心理学・精神医学，また行動経済学など）においては，これとは反対に，「リスクを避ける行動がセルフ・コントロールによるものであり，セルフ・コントロールが低下した場合に，リスキーな選択が行われる」と考えられている（すなわちリスク志向性が衝動性と同一視されている）場合が多い。同様に，進化生物学において，時間割引が起きる原因が，遅延報酬を待っている間に，その遅延報酬を獲得できる確率が減少することに帰着させる理論（Sozou, 1998）においても，行動心理学の仮説（Rachlin et al., 1991）とは逆に，リスク回避が原因となって時間割引が引き起こされると仮定されている。もし Sozou（1998）の仮説が正しい場合には，時間割引が大きい人は，そうでない人よりも「衝動的」なわけではなく，むしろ慎重であり先憂によるリスク回避（precautious risk aversion）が大きい人だということになる（Takahashi, Ikeda, & Hasegawa, 2007）。この節で概観したように，時間の認識とリスクの知覚との間には，双方向的な関係が存在することが示唆される。

3．社会選好

これまで本章で扱ってきた意思決定問題においては，意思決定者が行った選択の結果（報酬や損失）が，その意思決定者自身のみ（の効用）に与える影響を分析することが主であった。しかし神経経済学においては，意思決定者が行った選択の結果がその意思決定者自身のみならず，他者にも影響を与えるタイプの意思決定問題の分析も行われており，社会的選好（social preference）の研究として注目されてきた。そこでは，実験経済学（アノマリーに注目することに，行動経済学に比べて重点が置かれ

ないタイプの実験研究も含まれる経済学の一分野)の中の「実験ゲーム理論」の分野で用いられる研究手法が,行動神経科学の手法と組み合わせて用いられることが多い。

社会的選好の研究の多くは,意思決定者自身と他者との関係における公平性(fairness)を扱ったものである。公平性に関する社会的選好を扱うために提案された効用関数のうち,特に注目されてきたのは,以下に示すFehr-Schmidt型の効用関数(Fehr & Schmidt, 1999)である。

$$u_i(x_i, x_j) = x_i - \alpha_i(x_j - x_i), \quad (x_j > x_i). \quad [6]$$

この等式は,2人の当事者(意思決定者自身をi,もう1人の人物をjという添え字で示す)が存在する場合に,意思決定者自身の効用u_iが,その意思決定者自身に生じる結果x_iだけでなく,もう1人の人物に生じる結果x_jにも依存するということを意味している。また,その依存の仕方として,そのもう1人の人物に生じる結果(報酬など)x_jが意思決定者自身に生じる結果x_iよりも大きい場合,その意思決定者がもつ「妬み(envy)」などの心理傾向$\alpha_i(>0)$が大きいほど,その意思決定者の効用u_iが低下してしまうことを意味している(本稿では説明のため簡単化したFehr-Schmidt型の効用関数を紹介しているが,もともとの論文では自分の方が相手よりも良い結果であることによる効用低下の効果も取り入れられている)。

神経経済学の初期の研究では,不公平な富の分配提案を拒否するときの脳活動を測定し,等式〔6〕におけるα_iが,脳の島皮質(insular cortex)の神経活動と関連する可能性が示された(Sanfey et al., 2003,この解釈に反対する結果についてはTakagishi et al., 2009を参照)。行動心理学の立場からみた場合,この研究結果は,自己と他者の間で不公平な報酬分配が行われたときに,妬み傾向が強い人は,その分配結果に対する嫌悪感(disgust;島皮質の神経活動に表現されていると考えられる)という感情の亢進により,(認知的な側面からいえば)自分が入手した報酬x_iにより向上するはずの自己の効用が低下してしまうという意味で,セルフ・コントロールが低下していると解釈される。しかし,経済学者Ernst Fehrは,式〔6〕に示されるFehr-Schmidt型効用関数を最大化するように心が働くこと(すなわち不公平な結果を避けること)が「合理的」であり,むしろ感情の働き(たとえ不公平でも自己利益が大きい結果への誘惑)を抑制する前頭葉(frontal cortex)の機能であると考えている(Knoch et al., 2006)。また興味深いことに,喫煙者において,報酬量がお金の金額ではなく,たばこの本数である場合には,不公平な分配を回避せず,自己中心的な選択が行われるため,喫煙欲求に打ち克とうとするセルフ・コントロールと社会的選択における不公平回避とが関連する可能性がある(Takahashi, 2007b)。

このように,神経経済学では,公平性をもたらす社会的選好はセルフ・コントロールの欠如がもたらすと解釈されている。一方,行動心理学においては,時間割引や確

率割引と同様のセルフ・コントロールが働くことにより，報酬を自分だけが独占したいという利己的な誘惑に打ち克って，公平で利他的な報酬分配をする意思決定が行われると考えられている。そのような理論から生まれたモデルが，社会割引（social discounting）モデルである（Jones & Rachlin, 2006）。このモデルにおいては，時間割引における遅延時間や確率割引における odds against と同様の役割を，意思決定者と他者の間の社会的距離（social distance）が果たしており，他者が受け取る報酬の，意思決定者自身にとっての価値が，その他者と意思決定者自身との間の社会的距離が増大するにつれて，双曲割引モデルに従って低下することが見出されている（Jones & Rachlin, 2006）。このことは，①他者との社会的距離が増大するにつれて，報酬を意思決定者が独占してしまおうという衝動を抑制するセルフ・コントロールが働きにくくなり，②そのセルフ・コントロールの低下が，社会的距離が大きくなっていくと，むしろ起こりにくくなっていくことを意味する。このような社会的割引は，近未来では遅延報酬の価値が速く低下するが，遠未来ではむしろ価値が低下しにくくなるという時間割引の性質と類似している。また，社会割引も上述の q-指数関数モデルによってモデル化できることが，最近の研究により明らかになっている（Takahashi, 2013）。このことも，社会割引と時間割引の間に，共通した心理過程や神経機構が（少なくとも１つは）存在するという考え方を支持する。

　以上において説明してきたように，神経経済学においては，代表的な経済学的パラメータである時間選好，リスク選好，および，社会選好を効用（とそれを支える神経基盤）に帰させるところに共通点がある。しかし，プロスペクト理論において導入された確率加重関数のように，効用とは概念的には独立な変数を導入することにより意思決定の理解が深まることが例証されてきる。また，最近の神経科学の研究においては，従来は報酬に対する反応を処理すると考えられてきた腹側被蓋野（ventral tegmental area）などの神経回路が，実際にはストレス等の異なる処理にも関連することが知られるようになってきている（Koob et al., 2014）。したがって，今後，経済理論からの乖離することが多い意思決定を神経経済学的なモデルにより解明しようとする場合には，時間，自己，確率，社会的距離などの心理学的な諸要因も探究する必要があると考えられる。これらの点については，2節においてさらに詳しく説明する。

4．行動経済学との違い

　行動経済学の研究では，認知心理学の影響を受けて，情報処理システムを，認知的なシステムと，感情的・直感的なシステムに分類し，前者を標準的経済学の効用最大化を行う合理的・計算的なシステムであると解釈し，また後者を標準的経済学の理論から人間の意思決定が乖離する原因となる直感的な情報処理を行うシステムであると解釈することが多い（Kahneman, 2011）。これに対し，もともと古典派経済学におい

ては，効用主義（または功利主義，utilitarianism，社会全体の快や幸福を促進することが善であると考える倫理的立場のことであり，道徳を感情に基礎づけることが倫理的ではないと考えた Immanuel Kant の倫理学とは異なる立場である）が導入された際には，効用は主に快・不快という感情とほぼ同義に考えられていた（Hume, 1777; Bentham, 1789）。図式的にまとめると，（新）古典派経済学においては，「効用最大化という合理性」が感情の働きによるものであると考えられていた（古典派経済学者 Hume の「理性は感情の奴隷である」という言葉にこの考えがよく表現されている）のに対し，現在の認知心理学や行動経済学では，「効用最大化という合理性が成立しないこと」が感情の働きに由来すると考えているため，両派の見方は対立しているといえる。

　感情が効用最大化を促進する（伝統的経済学の考え方）のか，それとも反対に効用最大化を妨げている（認知心理学や行動経済学の考え方）のかはっきりしないため，行動経済学者の Loewenstein は，経済学の理論から乖離する選択を人々にさせる原因として，「内臓要因（visceral factor）」という，感情ともよべないような原初的・本能的なもの（眠気や痛み，性的興奮による身体反応など，生物学分野では生理学的反応ととらえられるような要因）が，（意思決定過程を介さずに）選択に影響するために，セルフ・コントロールが消失してしまうと考えた（Loewenstein, 1996）。これらの内臓要因に関しては，神経経済学分野においては行動経済学における見方（内臓要因は脳内の情報処理と独立した要因であるという見方）と異なり，様々な神経伝達物質やホルモンが脳内で合成されて情報伝達を行うことや，末梢器官で合成されたホルモンが血流により脳へ運ばれて神経に作用することや，末梢からの神経入力刺激が脳に送られることにより，結局は脳神経系の活動の変化を通じて選択に影響すると考えられる。したがって，神経経済学においては，内臓要因も，広い意味では，脳神経系が担う意思決定過程の1つ（例えば，痛みによる帯状回［cingulate gyrus］の活動上昇による前頭前野［prefrontal field］の機能変化など）であるととらえているとみなすことができる。

5．行動心理学との違い

　行動心理学においては，ヒトや動物という有機体に外界から報酬などの刺激が入力されたときにどのような出力が産出されるか，またどのような出力が学習（条件づけ）されるか，という観点から，時間・確率・社会割引の分析が行われることが多い。そのため，認知心理学で扱われることが多い心的表象や，神経生物学において研究されている，心的表象を支える神経活動などへの興味は比較的少ない。また，（行動経済学を含む）経済学のように，選好や効用が，選択行動の背後に存在するという仮定もなるべく行わないように研究が進められる場合が多い。そのため，上記の割引モデ

ル（式〔1〕-〔3〕）に含まれる効用関数 $u(x)$ を，線形な $u(x)=x$ と仮定する研究が主である。

　このことから，例えば，Rachlin（2006）のように，有機体には特有な割引傾向の一般原理が存在し，時間，確率，社会的距離などの選択行動のタイプによらず双曲割引現象が生じると考える理論もある。その理論を応用すると，セルフ・コントロールの問題を，ドメインによらない一般的な問題として扱えるというメリットがあるため，行動分析を応用して問題行動の改善を行う場合にはたいへん有用であると考えられる。

　それに対し，神経経済学のうち，特に精神神経薬理学に近い分野においては，セルフ・コントロール問題を，それらの根底にある個別の神経伝達物質やホルモンの活性・分泌の問題であると考え，薬物投与などの物質的介入を重視する傾向がある点が，通常の行動心理学による処方箋と顕著に異なっている点の1つである（後に4節で解説する）。

2節　時間・確率・対人的距離の心的表象とセルフ・コントロール

　経済学において広く用いられている「効用」の概念は，心理学的には，価値判断や認識という心的過程に類似した側面をもつため，効用を主軸とした神経経済学的な理論やモデルを考察する場合に，価値判断を司る心的過程や価値評価の心的表象を考慮することが重要であろう。行動経済学においては，前述したように，財の変化量によって評価された価値を，「価値関数」という心理量であると定義したプロスペクト理論が，リスク下の意思決定におけるアノマリーを定式化する上で一定の成功を収めている。また，時間選好におけるアノマリーを定式化するために，価値関数の性質を利用しようというアプローチも存在する（Loewenstein & Prelec, 1992）。また，前述の，Fehr-Schmidt型効用関数のように，報酬の他者との分配のような社会的な意思決定におけるアノマリーが生じる原因を，社会的な意思決定で用いられる効用の特性に帰属させるというアプローチも，広い意味では同様の研究戦略ということができる。しかし，リスク下の意思決定において見出されたアノマリーを説明するために，プロスペクト理論においては伝統的な効用関数を価値関数で置き換えること以外にも，客観確率の代わりに心理的な主観確率に対応する「確率加重関数」が導入されることによって成功をおさめたということを考えると，時間選好や社会選好の研究においても，価値に関する心的表象だけでなく，時間や社会的距離の心的表象について考察したモデルを発展させることが有用であると考えられる。以下では，心理物理学において見出された外界からの刺激入力とそれに対する心理的な反応や心的表象の関係を記述する法則を考慮することにより，時間選好・リスク選好・社会的な意思決定の3つの領

1. 時間選好における時間知覚の役割

1節1.で紹介したように，人々の時間割引行動は，指数割引というよりはむしろ双曲割引に近いことが知られている。このことを説明するために，Takahashi（2005）は，（客観的な物理時間の代わりに）心理物理学や知覚心理学で見出されたWeber-Fechner則に従った心理時間が時間割引における意思決定で用いられているのではないかと考えた。すなわち，

$$\tau(t) = \alpha \ln(1 + \beta t) \qquad [7]$$

という，物理時間 t（正確には，遅延時間のことであり，現時点から報酬が受領できるまでの時間間隔〔time duration〕のことである）に対して対数的な心理時間 τ を用いて（ただし α, β は正の定数），以下のような指数割引が行われていると仮定した。

$$U(x, t) = u(x) \exp(-k\tau(t)). \qquad [8]$$

この式〔7〕を，物理時間 t の関数として表現すると，次のように表される。

$$U(x, t) = u(x) \exp(-k\alpha \ln(1 + \beta t))$$
$$= \frac{u(x)}{(1 + \beta t)^{k\alpha}} \qquad [9]$$

この等式は，一般化された双曲割引モデルの式〔3〕（これは q-指数時間割引モデルとも等価である）に一致しており，次のような仮説を意味している。

「近未来における時間間隔に比べて，遠未来における時間間隔が短く感じられることが原因で，たとえ意思決定の仕方が（心理時間において）指数割引的であったとしても，その意思決定から生じる時間割引行動を物理時間で観測すると双曲的になる。」

後になって，物理時間における時間割引と，心理時間における時間割引とを比較し，後者においては双曲割引ではなく指数割引が観察された（すなわち，物理時間における双曲割引が心理時間では指数割引であった）ことにより，この仮説が支持されている（Han & Takahashi, 2012; Zauberman et al., 2009）。

2. リスク下の意思決定における主観確率と時間知覚の関連

行動経済学におけるプロスペクト理論においては，リスク下の意思決定の際に用い

られる心理的な主観確率（確率加重関数）は，特に時間という要素とは関連させられていない。一方，行動心理学における確率割引モデルでは，odds against（＝1／当たる確率−1）が，時間割引における遅延時間の役割を果たすことにより，不確実な報酬の主観的価値が，odds against が増大する（すなわち報酬が当たる確率が低下する）につれて，双曲的に減衰する（Rachlin et al., 1991）。ここで，時間割引における双曲性（近い未来においては割引が速く，遠い未来においては割引が遅い）が，心理時間が物理時間に対して対数的に知覚されているせいであることを考慮すると，以下のような仮説が想定できる。

> 「odds against（という仮想的な遅延時間）が対数的に知覚された心理的な odds against がリスク下の意思決定を行う際に用いられていることが原因となって，確率割引が双曲的になっている。」

この仮説（Takahashi, 2011a）が正しいかどうかを検証するためには，「確率割引曲線を心理的な odds against に対してプロットした際には，双曲関数よりもむしろ指数関数に近い形状になるかどうか」を調べればよい。筆者らが最近行った，確率割引課題と主観的 odds against 測定課題を組み合わせた行動科学研究により，（普通の客観的な）odds against に対して双曲的な確率割引曲線は，心理的な odds against に対しては（双曲的であるというよりはむしろ）指数的であることが見出され，この仮説が成立していることがわかった（Takahashi & Han, 2013）。この理論においては，主観確率を用いた主観的 odds against と客観確率を用いた主観的 odds against との間に Stevens のべき乗則が成立すると仮定して，以下の「一般化確率ウェイト関数」が導出された。

$$w(p) = \frac{b_w t_w}{exp[a_w^{-1} a p^s \{ln[1 + b_p t_p (p^{-1} - 1)]\}^s] + b_w t_w - 1} \quad [10]$$

ここで，右辺にある p 以外の変数はすべて心理物理則に現れるフリーパラメータである。式〔10〕で表される一般化確率加重関数から，プロスペクト理論における確率加重関数を導出することもできる（Takahashi, 2011a）。〔10〕式は主観的なリスク認知の歪みが繰り返しギャンブルにおける待ち時間の知覚の歪みに起因することを意味するため，ギャンブル依存などの，リスク下の意思決定におけるセルフ・コントロールの問題に対する処方として，ギャンブルにより当たる報酬の待ち時間の認識を正確にするような介入法がもし見つかれば，その方法が有効である可能性がある。

3．社会割引における知覚の役割

意思決定者と他者との間の報酬分配における社会割引行動においても，意思決定者

と他者との間の社会的距離が増大するにつれて，その他者に分配される報酬の（意思決定者にとっての）主観的価値が双曲的に減衰する（Jones & Rachlin, 2006）。その原因はいくつか考えられる（Takahashi, 2007a）。

①他者との間の社会的距離が対数的に知覚されるから
②他者に報酬を分配してから意思決定者自身に返報されるまでの時間が対数的に知覚されるから。

ここで，①の仮説は，返報の可能性がないほど社会的距離が大きい他者に対しても利他行動が生じる原因が，社会的距離の認識の仕方が対数的であるためであることを意味している。また，②の仮説は，利他行動が起きる原因が，その後の返報に対する期待によるものであることを前提としている。これらの仮説は，社会的意思決定におけるセルフ・コントロール問題（例えば，利他的な行動の低下など）を改善するためには，社会的距離や，返報までの時間の感じ方を，適切なものとするような方法が効果的であることを予測している。これらの問題の検討は，今後の研究課題であろう。

3節 価値評価や時間・確率・社会的距離の脳内表現

前節で考察したような，報酬の価値や，時間・確率（または odds against）・社会的距離の心的表象がどのように脳神経系において表現されているかについても，近年は研究が進んでいる。時間割引や確率割引課題遂行中の報酬の価値は，眼窩前頭皮質（orbitofrontal cortex）や腹側線条体の神経活動によって表現されている（Peters & Büchel, 2009）ことが知られている。また，時間割引における遅延時間の感じ方の違いは，線条体の活動の違いに反映されていることも報告されている（Wittmann et al., 2007）。一方，衝動性と関連するタイプの経験された時間の長さの符号化は，前島皮質（anterior insula）においてなされていることも知られている（Wittmann et al., 2011）。リスク下の意思決定に関するプロスペクト理論を用いた分析により，等式〔5〕により示される確率加重関数の非線形性を制御するパラメータ b の値が，前帯状皮質の活動（Paulus & Frank, 2006）と関係することなども知られている。だが，確率割引における心理的な odds against の心的表象が脳神経系のどの部位によって表現されているかはまだ知られていない。また，社会割引において用いられていると考えられる社会的距離が，どのように神経系で処理されているかについても，現時点では不明である。しかし，Yamakawa et al. (2009) は，社会的距離が頭頂葉（parietal cortex）の神経活動によって表現されていることを報告していることから，社会割引においても社会的距離が同様に頭頂葉で符号化されているかを研究することが今後必要

であろう。加えて，従来の神経経済学の研究においては，報酬の価値がどのように神経系で処理されているかの研究は多いが，主観的な時間・確率などなどの心的表象がどのような神経情報処理により生成しているかということに関してはほとんど研究がなされておらず，今後はこの線に沿って研究を進める必要がある。

4節 行動神経経済学を用いたセルフ・コントロール研究の応用

　行動神経経済学の知見や手法を応用して，セルフ・コントロール問題の解決方法を研究するためには，大きく分けて2つの方向性があると思われる。その1つは，2節で解説したような，意思決定に関わる心的表象（報酬や損失の価値だけでなく，心理的な主観時間や主観確率，また社会的距離など）を調整することであり，もう1つは，神経薬理学や経頭蓋磁気刺激法（transcranial magnetic stimulation）などの手法を用いて，セルフ・コントロールに関係する神経経済学的パラメータを調整することである。以下では，それらの方向性について考察する。

1．セルフ・コントロールに関係する心的表象の調節

　時間割引における衝動性は，時間の知覚の仕方を制御することによって調節されることが知られている。例えば，時間割引課題において，報酬が受け取れるまでの遅延を呈示する代わりに報酬が受け取れる期日（カレンダーの日付）を呈示することにより，時間割引率が低下したり，時間割引の仕方があまり双曲的ではなくなったりする（時間整合性が高まり，指数割引に関数形が近づく）ことが報告されている（Read et al., 2005）。また，男性被験者において，魅力的な女性の写真が呈示される条件においては，目の前の報酬を選択する傾向が強まる（時間割引における衝動性が高まる）（Wilson & Daly, 2006）ことが知られているが，この現象が生じる原因が，魅力的な女性の写真が呈示されることにより心理時間が延長されるためであることが示されている（Kim & Zauberman, 2013）。また，最近のニューロイメージング研究により，将来までの時間を想像することによって起こる腹側線条体や腹内側前頭前皮質（ventromedial prefrontal cortex）の活動の変化が大きい人ほど，時間割引率が大きい（衝動性が高い）ことも報告されている（Cooper et al., 2013）。また，時間割引における時間非整合性（Prelec, 2004）が，心理時間の非線形性と関連する（心理時間が物理時間に対して線形，直線的である人ほど，時間割引が指数関数的であり，双曲割引の傾向が少なく合理的である）ことも示されている（Takahashi, 2011b）。そのため，今後は，セルフ・コントロールが低下した人の心理時間が非線形かどうかを調べる必要があろう。リスク下の意思決定や社会割引において，これらの研究のように，主観

第Ⅴ部　今後の展開

的な確率（または心理的 odds against）や心理的な社会的距離を制御して意思決定や選択が変化するかどうかを研究することも，将来の課題であろう。

2．神経科学的介入方法を用いたセルフ・コントロール問題の制御

　脳神経系の機能を制御するための方法として，神経伝達に影響する薬物を投与する精神神経薬理学的方法（Moschak & Mitchell, 2014）や，電磁気的な刺激（Cho et al., 2015）により脳神経系の活動を制御する方法などがこれまでに提案されている。前者は分子レベルでの神経機能の制御ができる反面，脳の部位特定的な制御は難しく，後者の方法は脳部位特定的な制御ができる代わりに特定の神経細胞の受容体の活性を調節することは難しいというトレード・オフが存在する。

　精神神経薬理学的方法を開発するためには，ストレスとセルフ・コントロールの関係を分析した研究が参考になるだろう。これまでの研究から，ストレスホルモンは，時間割引に影響することが知られている（Takahashi, 2004; Takahashi, Shinada et al., 2010）。しかし，ストレスホルモンの神経作用と拮抗する薬物（女性ホルモンのエストラジオールなど，Ferrini et al., 1999）を投与することにより時間割引率を低下させることができるかは知られていない。そのため，今後は，ストレスと衝動性の関連をさらに解明し，ストレスを通したセルフ・コントロールの制御を行うための研究が必要である。筆者は，ストレスが，どのように薬物依存の開始や再発を誘発するか，一般化されたヘッブ則を担うNMDA型受容体の役割を考慮してシナプスレベルで説明する理論を提案（Takahashi, 2010）した。ただし，NMDA型受容体とは，グルタミン酸受容体のうち，記憶・学習と特に関係の深いタイプのものである。このような理論についても，将来的に神経科学の研究手法が進歩すれば検証可能となるであろう。また，神経伝達物質のセロトニン（Homberg, 2012）やドーパミン（Heilbronner & Meck, 2014）の働きは，時間割引率を調節していることが知られている。特にドーパミンは，Takahashi（2005）により指摘されたように，時間知覚への影響を通じて時間割引を制御する（Heilbronner & Meck, 2014）。したがって，選択的セロトニンやノルエピネフェリン再取り込み阻害剤やドーパミン作動薬（メチルフェニデートなど）を投与して衝動性のコントロールを容易にするという方法の検討も始まっている（Paterson et al., 2012）。

　また，電磁気的な刺激法としては，背外側前頭前皮質の神経活動を，磁気刺激による誘導電流の発生により変調させると，時間割引行動のセルフ・コントロールが低下するという知見が基盤となるだろう。今後，この現象の逆の作用を引き起こすことができるような電気的または磁気的な刺激の方法（例えば，transcranial Direct Current Stimulation: tDCS；頭部に電流を作用させることによって頭蓋内まで電磁気的影響を与え，脳活動をコントロールする手法）（Gorini et al., 2014）が開発されれば，

セルフ・コントロール問題に対する1つの処方となりうるだろう。

　ここで挙げたような，神経科学的な介入により，セルフ・コントロールを改善する方法を開発するためには，セルフ・コントロールを規定する脳内情報処理モデルが重要な役割を果たしてゆくと思われる。具体的には，神経科学的な介入により，どのタイプの心的表象（例えば，心理時間なのか，それとも報酬の主観的価値なのか）を担う神経機能が操作されているかを常に念頭におきつつ研究を進めることが今後必要となるであろう。このような線に沿った研究は，セルフ・コントロールの改善において画期的な成果をもたらすことが期待されている。

〈謝辞〉
　本稿で紹介した研究は，文部科学省・科学研究費補助金・新学術領域研究「精神機能の自己制御理解にもとづく思春期の人間形成支援学」および「行動ファイナンスと経済分析の新潮流」（基盤研究（C））により行ったものである。また，グラフの作成に関して，北海道大学・徳田真佑氏の助力を受けたことに感謝する。

第17章 衝動性とセルフ・コントロールの神経基盤

　私たちはしばしば目先の報酬に惑わされ，時間や労力を経て初めて得られる大きな目標を見失いがちである。その意味で私たちは少なからず衝動的である。一方で，今すぐ手に入る満足を先延ばしにし，将来のより大きな目標を追求することもできる。今すぐ手に入る小さな報酬と，将来得られる大きな報酬の間の選択は，得られる報酬の量や質と遅延時間のトレードオフ計算を必要する意思決定であり（Peters & Büchel, 2011），どちらを選択するかの葛藤場面として経験されると考えられている（Fishbach et al., 2003）。即時小報酬と遅延大報酬の選択を求める異時間点選択課題（intertemporal choice task；遅延割引の程度が測定されることから，遅延割引課題 delay discounting task, temporal discounting task ともよばれる）は，衝動性やセルフ・コントロールの個人差を，実際の選択行動から推定できる実験室課題として広く用いられてきた（佐伯，2010）。

　異時間点選択における衝動性の問題は，物質乱用や病的賭博，診断基準に衝動性を含む発達障害である注意欠如・多動性障害（Attention-Deficit/Hyperactivity Disorder: ADHD）に深く関わると考えられることから，臨床的な観点からも重視されるようになってきている。また1990年代後半から2000年代以降，機能的核磁気共鳴画像法（functional Magnetic Resonance Imaging: fMRI）をはじめとする非侵襲的な脳活動イメージングが急速に発展したことにより，異時間点選択課題の遂行に関わる複数の脳部位，およびそれらの部位間の機能的な連関が探られるようになってきた。

　本章では，衝動性とセルフ・コントロールの神経基盤についての認知神経科学的な知見，および，それらの知見に基づくセルフ・コントロール改善のための介入の試みを概観する。次に，衝動性の神経基盤に関する研究を活用できる臨床的な問題の例として，ADHDの病態理解における衝動性の位置づけを紹介する。

第17章　衝動性とセルフ・コントロールの神経基盤

1節　認知神経科学における衝動性の測定法

　異時間点選択，すなわち即時的な小報酬（small immediate reward）と遅延される大報酬（larger delayed reward）の選択場面において，前者を選好することは衝動性（impulsivity, impulsiveness），後者を選好することはセルフ・コントロール（self-control）とよばれている（Ainslie, 1975）。個人の選択傾向は同じ実験条件の下では安定しており，性格特性としての衝動性を反映していると考えられている（Kirby, 2009; Peters & Büchel, 2011）。本章は，このような衝動性およびセルフ・コントロールの個人差に関わる神経基盤について，異時間点選択場面での意思決定の脳内メカニズムを通して概観することを目的としている。しかしながら，一般的には衝動性は様々な行動傾向を含む幅広い概念である。そこで，異時間点選択における衝動性の神経基盤に触れる前に，衝動性の概念と測定法について簡単に整理し，その位置づけを確認しておく。

　Moeller et al.（2001）は，衝動性が様々な精神障害において重要な役割を果たしているにもかかわらず明確な定義づけがなされていないことを指摘し，これまで用いられてきた衝動性についての複数の行動学的モデルから，その定義には以下の3点が含まれるべきだとしている。

①行動の結果生じる負の側面に無頓着であること。
②刺激についての情報処理過程が完了する前に無計画に反応すること。
③長期的な結果に対する配慮が欠けていること。

その上で衝動性を「内的あるいは外的な刺激に対して，拙速で無計画な反応を，自分や他人によくない結果を与える可能性を考慮せずに行う特性」（小橋・井田，2011）と包括的に定義している。実際，心理学や認知神経科学，精神医学において衝動性として扱われる概念には次元の異なる複数の"衝動性"が含まれており，衝動性は多面的な概念となっている（Evenden, 1999）。例えば，パーソナリティ研究や精神医学の領域で広く用いられている代表的な衝動性尺度であるバラット衝動性尺度（Barratt Impulsivity Scale: BIS）（Patton et al., 1995）は，注意性（attentional），運動性（motor），無計画性（non-planning）という3つの因子構造からなっており，衝動性が多次元的概念であることを示している。注意性の衝動性は細部への注意や課題に集中することの欠如，運動性の衝動性は考えなしに行動することや粘り強さの欠如，無計画性の衝動性は「現在志向」，事前の計画性のなさに関連している（Patton et al., 1995）。

　BISに代表される自己評価式の衝動性尺度（他にはアイゼンク衝動性質問紙

291

[Eysenck Impulsiveness Questionnaire］［Eysenck et al., 1985］や UPPS 衝動的行動尺度［UPPS Impulsive Behavior Scale］［Whiteside & Lynam, 2001］等がある）は，日常場面における衝動性を多面的に測定できる利点がある（Moeller et al., 2001)。また薬物乱用者で BIS 尺度得点が有意に高くなることを示した研究が複数あり，その臨床的有用性が示唆される（Stanford et al., 2009)。しかし一方で，衝動性の高い人が自らの衝動性を正確に査定できるのか（例えば，質問項目に対する自分の回答をよく吟味しない可能性がある）という方法論的な問題点も指摘されている（Evenden, 1999; Verdejo-García et al., 2008)。

このような考えに基づいて，衝動性の評価に関する研究では，自己評価式の質問紙に加えて，様々な実験室課題が用いられてきた（Dougherty et al., 2005; Verdejo-García et al., 2008)。その例を表17-1に示す。

表17-1 衝動性を評価する実験室課題の例

課題	測定される衝動性のタイプ	課題内容
同画探索テスト matching familiar figures test (Kagan, 1966)	熟慮性－衝動性 reflection-impulsivity	細部の異なる複数の選択図形の中から見本と同一のものを選択する。不正確で素早い回答が衝動性の指標となる。
情報収集課題 information sampling task (Clark et al., 2006)	熟慮性－衝動性 reflection-impulsivity	2色で塗り分けられた5×5のマス目があり，どちらの色で塗られているかはマス目をめくるまでわからない。被験者はマス目を1つずつめくることができ，どちらの色が多いのかを判断する。めくる枚数が不十分にもかかわらず下される，尚早な意思決定が衝動性の指標となる。
ストップシグナル課題 stop-signal task (Logan, 1994)	反応抑制 response inhibition	反応を求める実行信号の後に，まれに停止信号が呈示され，反応の抑制が求められる。反応抑制に要する時間が衝動性の指標となる。
連続遂行テスト continuous performance test (Halperin et al., 1991)	反応抑制 response inhibition	CPT-AXでは，警告刺激（A）直後に示される標的刺激（X）のみに反応することが求められ，警告刺激後の非標的刺激に対する反応（お手つき）が衝動性の指標となる。
異時間点選択課題 intertemporal choice task または 遅延割引課題 delay discounting task (Kirby et al., 1999)	選択衝動性（遅延割引） choice impulsivity (delay discounting)	報酬の内容（報酬金額とそれが得られるまでの遅延時間）が教示される選択場面において，遅延大報酬と即時小報酬の間の選択を求めることで測定される。遅延割引の程度が衝動性の指標となる。

熟慮性の欠如や情報探索の不足に関わる衝動性（熟慮性—衝動性：reflection-impulsivity）の評価には，同画探索テスト（matching familiar figures test）（Kagan, 1966）や情報収集課題（information sampling task）（Clark et al., 2006）が用いられる。同画探索課題における衝動性は，見本図形と選択図形の比較が不十分なまま回答するために，反応時間は短くなるが誤反応が増加することである。情報収集課題では，不十分な情報収集段階で下される意思決定を衝動性の指標としている。

自動的な（automatic），あるいは優勢な（prepotent）運動反応を抑制する能力は反応抑制（response inhibition）とよばれ，反応抑制の失敗もまた衝動性とみなされる。反応抑制に関わる衝動性は，Go/No-go 課題やストップシグナル課題（stop-signal task），連続遂行テスト（continuous performance test: CPT）を用いて測定される。ストップシグナル課題では，実行信号に対する go 反応が測定されるが，まれに実行信号の後に停止信号（stop signal）が呈示され反応抑制が求められる。実行信号と停止信号の時間間隔に応じて反応抑制の難易度は変化し，反応抑制に要する時間（stop-signal reaction time）の延長は反応抑制の弱さ，すなわち衝動性の指標となる（Kim & Lee, 2011; Logan, 1994）。また CPT のバリエーションの1つである CPT-AX では，警告刺激（A）直後に示される標的刺激（X）のみに反応することが求められ，警告刺激後の非標的刺激に対する反応（false alarm error：お手つき）が衝動性の指標となる（Halperin et al., 1991）。

一方，異時間点選択場面においては，遅延される大報酬を避け即時的な小報酬を選択する傾向を選択衝動性（choice impulsivity）と定義している（例えば，Urcelay & Dalley, 2009; Patros et al., 2015）。選択衝動性は，ヒトを対象とした研究では多くの場合，報酬の内容（例えば，報酬金額とそれが得られるまでの遅延時間）が言語的に教示される選択場面において，遅延大報酬と即時小報酬の間の選択を求めることで測定される（佐伯，2010）。ここでの衝動性の指標は，指数関数または双曲線関数で近似される割引関数（discounting function）において，遅延時間に伴う報酬価値の減少（遅延割引：delay discounting）の程度を表す遅延割引率 k である（図17−1）。もしくは，モデル関数に依存しない遅延割引の指標として，曲線下面積（Area Under the Curve: AUC）が算出されることもある（第2章参照）。

以上に述べた測定法の中で，臨床的関連性の幅広さから近年特に注目を集めているのが，異時間点選択場面における選択衝動性である。これまでに，数多くの研究が，割引率 k や AUC の値によって，物質乱用者や病的ギャンブラーと健常者を区別できる可能性を示唆している（Bickel et al., 1999; Dixon et al., 2003; Kirby et al., 1999; Monterosso et al., 2007; Petry, 2001）。最近では，病的なゲーム依存（pathological gaming）についても同様の報告がある（Irvine et al., 2013）。発達障害に関しては，ADHD 児の AUC は自閉症スペクトラム障害（Autistic Spectrum Disorders: ASD）

第Ⅴ部　今後の展開

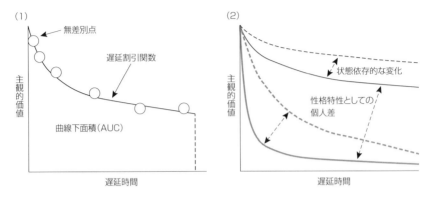

図17-1　遅延割引関数の概念図（Peters & Büchel, 2011より改変）

(1) 典型的な遅延割引曲線。即時小報酬と遅延大報酬が主観的に等価となる組み合わせを無差別点（indifferent point）と呼ぶ。これらの無差別点にフィットさせた関数が遅延割引関数であり，モデル関数として指数関数あるいは双曲線関数が用いられることが多い。これらの関数には遅延時間に伴う報酬価値の減少の程度を表す割引率 k が含まれており，k が衝動性の指標となる。また，モデル関数に依存しない衝動性の指標として，遅延割引関数の下の面積（AUC）が用いられる。
(2) 衝動性の高い被験者の割引関数（太線）と衝動性の低い被験者の割引関数（細線）の比較。遅延割引曲線の違いは，性格特性としての個人差を反映していると考えられている。また個人の遅延割引は，文脈あるいは状況的要因によって変化しうる（破線）。

児や定型発達児と比べて有意に低く（すなわち衝動的であり），遅延割引によってADHDとASDを弁別できる可能性が示唆されている（Demurie et al., 2012）。また最近では，素行障害（conduct disorder）においても定型発達群より有意に大きな遅延割引が報告されている（White et al., 2014）。以下では異時間点選択に関わる神経過程を中心に概観する。

節　異時間点選択における意思決定の神経基盤

　意思決定の神経基盤に関する最近の認知神経科学的研究は，意思決定のプロセスにおいて少なくとも2つの情報処理段階を区別している。1つは価値評価（valuation）の段階であり，ここでは利用可能なそれぞれの選択肢に対する主観的な価値づけが行われる。もう1つは選択（choice）の段階であり，選択肢の主観的価値の比較に関わる認知的な側面と，選択行動を遂行するための運動系の制御が含まれる（Kable & Glimcher, 2009）。ここでは，異時間点選択に関連する認知過程を，報酬の価値評価，衝動的選択を抑制するセルフ・コントロール，選択の帰結を想像する未来予測

（prospection, future thinking）の3つに分け（Peters & Büchel, 2011），これらについて主にヒトの機能的神経画像研究から得られた知見を概観する。

1．報酬の価値評価に関わる神経過程

即時小報酬と遅延大報酬の間の選択のように，選択肢に遅延時間というコストが含まれる選択場面では，意思決定者は個人に固有の価値関数に基づいて報酬量とコストを統合し，各選択肢の価値を評価することが必要となる（Kable & Glimcher, 2009; Peters & Büchel, 2010b）。fMRIを用いた研究の結果は，即時報酬と遅延報酬の価値は異なる脳部位で並列的に評価されているとするものと，報酬の主観的価値は即時報酬か遅延報酬かにかかわらず共通のネットワークに表象されているとするものに分けられる。

前者の代表的な理論として，McClure et al.（2004）のβ–δモデル（ベータ・デルタ・モデル）がある。彼らは，Laibson（1997）の準双曲（quasi-hyperbolic）モデルに従って，即時報酬に対する重みづけを与えるパラメータβと，標準的な指数関数モデルの割引率に該当するパラメータδのそれぞれに相当する価値評価機構が脳内に存在すると仮定した。McClure et al.（2004）は，健常な大学生と大学院生を対象に，当日もらえる少額の報酬（即時小報酬）や2週間以上の遅延後にもらえる大きな額の報酬（遅延大報酬）を選択肢に含む異時間点選択課題を実施し，課題遂行中の脳活動をfMRIを用いて測定した。

その結果，即時報酬を選択肢に含む試行での意思決定中には，腹側線条体（ventral striatum: VS），内側前頭前皮質（medial prefrontal cortex: MPFC）とその腹側に位置する内側前頭眼窩皮質（medial orbitofrontal cortex: MOFC），後帯状皮質（posterior cingulate cortex: PCC）の活動が，2週間や1か月といった長い遅延後の報酬しか含まない試行よりも有意に大きいことが示された。すなわち，VSおよび腹内側前頭前皮質（ventromedial prefrontal cortex: VMPFC）[★1]を中心とするこれらの領域は，時間的に近接した報酬が予測される状況でより強く反応すると考えられ，βシステムと名づけられた。神経解剖学的には，VSとVMPFCは，相互的な神経線維連絡によるネットワークを形成していることが知られている（Haber & Knutson, 2010; Peters & Büchel, 2011）。

一方，背外側部・腹外側部からなる外側前頭前皮質（lateral prefrontal cortex: LPFC），および頭頂間溝皮質（intraparietal cortex）は，選択肢の遅延時間の大小に

★1 本章では，MPFCとMOFCを合わせた名称として腹内側前頭前皮質（ventromedial prefrontal cortex: VMPFC）を用いる。VMPFCのうち，MPFCはブロードマン領野（Brodmann's Area: BA）10野（BA10）と32野（BA32），MOFCは11野（BA11）を含む（Haber & Knutson, 2010; Price & Drevets, 2010）。

かかわらず活動を示した。特に選択が困難な試行(無差別点に近い2つの選択肢が呈示され,選択までの反応潜時が長かった試行)では,選択が容易な試行に比べてこれらの領域が有意に大きな活動を示した。すなわち,LPFC(および頭頂間溝皮質)は,報酬量と遅延時間のトレードオフ計算を必要とする異時間点選択課題の遂行全般に関わっていることが示唆され,長期的な報酬の価値評価に特に重要であると考えられた(δシステム)。

以上から McClure et al. (2004) は,βシステムとδシステムの相対的な活動の強さが,即時報酬と遅延報酬の選好に影響していると推測した。被験者の実際の選択結果をもとに分析した結果,即時小報酬を選択した試行ではβシステムの活動が相対的に強く,遅延後の大報酬を選択した際にはδシステムが強く活動していることが示唆された。以上を総括して McClure et al. (2004) は,βシステム(VS-VMPFC ネットワーク)を目前の報酬の評価に関わり衝動的選択を担う部位,δシステム(LPFC)を長期的な視点に基づく報酬評価に関わりセルフ・コントロールを担う部位とみなした。

一方,サルを用いた電気生理学的研究は,VS や VMPFC が,種類,量,および得られる確率が異なる様々な報酬の主観的価値を符号化していることを一貫して示唆している(Padoa-Schioppa & Assad, 2006; 2008; Peters & Büchel, 2010b; Samejima et al., 2005)。これらの知見と一致して,Kable & Glimcher (2007) は,VS-VMPFC ネットワークが,即時報酬か遅延報酬かにかかわらず,それらの主観的価値を表象する共通経路であることを示唆している。彼らは,1~6か月間の再検査において遅延割引率が安定している被験者を選び出し,その被験者らを対象として,現在の20ドルと遅延を伴う大報酬(最大110ドル)を選択しているときの脳活動を fMRI を用いて測定した。その結果,選択肢の呈示中には,McClure et al. (2004) のβシステムに相当する VS と VMPFC,PCC の活動がみられたが,これらの部位の活動は,報酬が得られるまでの遅延時間が増加するにつれて減衰していった。神経活動の減衰の程度は,行動的に測定された個人の遅延割引関数とよく一致し,これらの部位の神経活動が,遅延による報酬価値の減少という心理量の変化を表象していることが示唆された。言い換えると,衝動的な被験者ほど遅延時間の増加に伴う VS-VMPFC 活動の減衰が急峻で,セルフ・コントロール傾向の高い被験者ほどその減衰は緩やかだった。この結果は,遅延報酬に対する VS-VMPFC の応答性の個人差が,個人の衝動的傾向の一部を決定していることを示唆している(Ballard & Knutson, 2009; Kable & Glimcher, 2009)。

MOFC の選択的損傷に関する研究も,この領域を含むネットワークが長期的な報酬評価に重要であることを示唆している。Sellitto et al. (2010) は,脳血管障害や外傷性脳損傷の理由で MOFC を選択的に損傷された人を対象に,金銭,クーポン券,食べ物(チョコレート)を報酬とした異時間点選択課題を実施した。β-δ モデルが想定するように,MOFC がβシステムの一部として即時報酬の価値評価を担っている

ならば，その損傷によって衝動性は低下するはずである。しかしながら，結果はその正反対であった。すなわち，MOFC損傷患者群の遅延割引はどの報酬条件でも，健常者および前頭葉以外の脳損傷をもつ患者と比べて有意に大きいことを示していた。さらに，AUC（値が小さいほど遅延割引が大きいことを示す）と，MOFCに該当するブロードマン領野（Brodmann's Area: BA）11野（BA11）の損傷容積の間には強い負の相関（r＝－0.91）があり，MOFCの大きな損傷が強い衝動性を生むことが示唆された。これまでの研究から，報酬の価値評価過程において，VMPFCは選択肢の報酬量（利得）と遅延時間（コスト）を比較し決定価値（decision value）として統合する役割をもつと考えられている（Ballard & Knutson, 2009; Basten et al., 2010; Peters & Büchel, 2009, 2010b）。加えて，後述するように，この領域はLPFCからセルフ・コントロール選択を促進するトップダウン制御を受けて，価値信号を変化させていることが示唆されている（Hare et al., 2009）。したがって，MOFC損傷によって報酬の価値評価に関わるこれらの過程が阻害されることが，衝動性を増加させる原因の1つになると解釈することができるのである。

以上をまとめると，VS-VMPFCを中心とする価値評価ネットワークは，遅延報酬を含む様々な報酬の主観的価値を表象する最終共通経路（final common pathway）であるととらえることができる（Kable & Glimcher, 2009）。さらに，異時間点選択における衝動性は，遅延報酬に対するVS-VMPFCの低い応答性が関連している可能性がある（Ballard & Knutson, 2009; Kable & Glimcher, 2009）。この知見は，未来の報酬の主観的価値が大きく割り引かれるために衝動的選択がなされるとする価値割引の理論（例えば，Kirby et al., 1999）と一致するものといえよう。

上記に加えて，即時報酬に対するVSの過感受性が衝動性に関連しているという知見も得られている。例えば，事象関連電位を用いた最近の研究から，遅延割引率の大きい被験者はそうでない被験者に比べて，報酬の取得時に観察される陽性電位（reward positivity）が有意に大きく，衝動性の高い人ほど即時報酬を過大評価していることが示唆されている（Cherniawsky & Holroyd, 2013）。この報酬関連電位は，fMRIによって観察される報酬取得時のVS活動と相関することから，その発生源の1つはVSであると推定される（Carlson et al., 2011）。これらの知見と一致して，即時的な報酬の期待や取得に対するVSの過活動が，遅延割引率や自己評価式質問紙で測定される衝動性と関連するとするfMRI研究が複数ある（Plichta & Scheres, 2014）。これらの結果は，価値評価の過程において，衝動性が遅延報酬の価値割引と即時報酬の過大評価という2つの方向性からとらえられることを示唆している。

遅延報酬の価値が大きく割り引かれるために衝動的選択を示すのか，それとも即時報酬に対する重みづけが過剰に大きいために未来の報酬価値が相対的に小さくなるのかという議論（Cherniawsky & Holroyd, 2013）は存在するものの，VS-VMPFCを

中心とする価値評価ネットワークが報酬価値を表象する最終経路であり，その活動が衝動性の個人差に関わることは一貫して支持されているといえるだろう。一方，McClure et al.（2004）によるβ-δモデルは，即時報酬と遅延報酬の価値が異なる脳領域に並列的に表象されているとした点で，単一の価値評価ネットワークを示唆する多くの知見とは相容れないものとなった（Peters & Büchel, 2011）。しかしながら以下にみるように，β-δモデルの当初の想定とは異なるメカニズムによって，LPFCがVS-VMPFCネットワークの価値評価過程に影響し，セルフ・コントロールに重要な役割を果たしていることが明らかになってきた。

2．セルフ・コントロールを可能にする認知的制御の神経メカニズム
（1）セルフ・コントロールにおける外側前頭前皮質の役割

　fMRIを用いた部位間の機能的結合（functional connectivity）に関する研究は，LPFCがVS-VMPFCネットワークと相互作用をもつことによって，報酬の評価過程に影響を及ぼす重要なコンポーネントであることを示唆している。

　例えば，Hare et al.（2009）は，「今後の健康を考慮して」食物を選択するのか，あるいは「好物であること（今すぐ味わえるおいしさ）」のために食物を選択するのかといった意思決定問題をダイエット中の被験者に行ってもらい，課題遂行中の脳活動をfMRIにより測定した。具体的には，健康と味の両方を考慮して選択を行い，好物だが不健康な食物を退けることができた被験者をセルフ・コントロール成功群，味の好みだけで選択した被験者をセルフ・コントロール失敗群と定義して，両者の違いを検討した。まず，食物選択の意思決定を行っているとき，どちらの群でも，セルフ・コントロールの程度にかかわらず，VMPFCが食物選択の意思決定の強さと正の相関をもって活動していた。これは，前述のように，VMPFCが報酬価値の大きさを符号化していることを意味していると考えられる（Kable & Glimcher, 2007）。しかしながら，このVMPFCの活動は，成功群では選択する食物の健康さと味の両方の評定から影響を受けており，失敗群は味のみから影響を受けていた。セルフ・コントロール成功群と失敗群の間にみられたもう1つの顕著な違いは，VMPFC以外の領域の活動にあった。成功群では，セルフ・コントロール成功試行において，BA9に該当する左半球の背外側前頭前皮質（dorsolateral prefrontal cortex: DLPFC）が失敗群よりも有意に強い活動を示していた。ここでのセルフ・コントロールは「好物だが不健康な食べ物」の誘惑に打ち勝ち，それを選択しないことである。言い換えると，報酬価値の計算において，好みの味に対する重みづけを減少させ，健康に対する重みづけを増加させることである。課題遂行中のDLPFCとVMPFCの機能的結合を調べたところ，「好物だが不健康な食物」が呈示されたとき，DLPFC（BA9）は，その腹側に位置する下前頭回（inferior frontal gyrus: IFG）（BA46）を介してVMPFC

の活動を減少させている（価値信号を減衰させている）ことが示された。IFGはこれまで，自動的な運動反応を抑制する反応抑制に重要であるとされてきた（Aron et al., 2004）。しかし，異時点間選択課題遂行中のIFGの活動が遅延割引と負の相関をもつことも報告されており（Wittmann et al., 2007），IFGは衝動的な報酬選択の抑制にも関与していると考えられ始めている（Ballard & Knutson, 2009; Rubia et al., 2009）。これらの知見をまとめると，セルフ・コントロール選択は，DLPFCが（IFGの抑制機能を介して）VMPFCの価値信号を変調することによって，実現されると考えられる。

　セルフ・コントロールにおけるDLPFCの重要性は，反復経頭蓋磁気刺激（repetitive Transcranial Magnetic Stimulation: rTMS）という非侵襲的な手法を用いて，DLPFCの機能を一時的に阻害する研究からも支持されている（Figner et al., 2010）。左半球のDLPFC（この研究で刺激コイルが設置された場所は脳波測定における国際10-20法のF3であり，左半球のBA9ないしBA10に相当すると考えられる（Okamoto et al., 2004））の機能が一時的に阻害されると，異時点間選択課題において即時小報酬への選好が強まり衝動的な選好逆転が生じやすくなった。しかしながら，単独呈示された報酬の価値評価はrTMSの影響を受けなかった。以上の結果から，DLPFCは価値評価過程そのものではなく，遅延大報酬を選択するセルフ・コントロールの過程に関わっていると解釈できる。またrTMSによる阻害から回復すると，選択傾向は統制群の被験者と変わらなくなり，DLPFCの機能とセルフ・コントロール選択の因果関係が示された（Figner et al., 2010）。

　VSやVMPFCに符号化されている価値信号をDLPFCが制御・変調するという図式は，喫煙切望（cigarette-craving）や食欲に対する認知的抑制方略の効果を調べた研究においても認められる。例えば，Kober, Kross et al.（2010）は，喫煙者を対象に，喫煙で生じる短期的な満足よりも喫煙習慣による長期的な損失に注目させる認知方略（例えば，刺激として提示されたタバコの写真に対して，その味ではなく，タバコの常用によって肺がんになる可能性を考える）を教示し，方略の使用によって喫煙切望が減少することを確認した。fMRIを用いた分析（Kober, Mende-Siedlecki et al., 2010）では，喫煙欲求の減少はVSの活動減少によって生じており，VSの活動減少は左半球のDLPFCの活動増加と相関していることが示唆された。同様にHare et al.（2011）は，高カロリーなスナック菓子と健康な食物の選択課題において，食物の健康性に注意を向けるように促す明示的な手がかりが，DLPFCの活動を介して，健康な食物の価値を反映するVMPFCの活動を増加させることを示した。これらの知見は，長期的な結果に注目するという認知的抑制方略によってVS-VMPFCの報酬に対する応答性が変化しうること，また，このような意識的な抑制方略にはDLPFCの機能が重要であることを示唆している。対照的に，DLPFCの機能不全は衝動的な臨床像と関連しているようである。例えば，アルコール依存患者は，反応と報酬の随伴

性が変化する学習課題の遂行において，DLPFC と VS の機能的結合に異常を示し，DLPFC と VS の機能的な相互作用が低下している患者ほど，飲酒切望の抑制が難しかった（Park et al., 2010）。以上の知見は，DLPFC 機能の改善が，セルフ・コントロールを高めるための1つのアプローチになりうることを示唆している。

（２）セルフ・コントロールを高めるための認知神経科学的介入法の検討：DLPFC の機能訓練

　DLPFC は，反応抑制，作業記憶，注意の制御などの実行機能（executive functions）に広く関わるとされている（Logue & Gould, 2014）。興味深いことに，Hare et al.（2009, 2011）や Figner et al.（2010）は，DLPFC（特に左半球の BA 9 ないし BA10）がセルフ・コントロールに重要な役割を果たしていることを示したが，この領域は上記の実行機能を担う領域と部分的にオーバーラップしているようである。実際，実行機能とセルフ・コントロールの関係に焦点を当てた研究が多数報告されている（Bickel et al., 2012; McClure & Bickel, 2014）。

　例えば，コカイン乱用者は作業記憶の負荷を伴う Go/No-go タイプの反応抑制課題で顕著な障害を示し，同時に DLPFC（BA10/9）の活動低下を示した（Hester & Garavan, 2004）。コカインの反復使用は構造的あるいは代謝レベルで前頭前皮質の機能不全を引き起こすため（Ernst et al., 2000; Franklin et al., 2002; Matochik et al., 2003），このような反応抑制の障害が生じると考えられる（Beveridge et al., 2008）。先に触れたように，コカインやメタンフェタミンの乱用者は健常者に比べて異時間点選択課題で衝動性を示すが（Johnson et al., 2015; Monterosso et al., 2007），これらの薬物の慢性的使用に起因する DLPFC の機能不全が反応抑制課題や選択課題における衝動性を促進している可能性が考えられる（Monterosso et al., 2007; Smith et al., 2014; Sun & Rebec, 2006）。しかしながら，薬物使用が反応抑制障害の原因となっているのか，それとも反応抑制の弱さが薬物乱用を導く素因となっているのかについては議論の余地がある。例えば，薬物の影響がない病的ギャンブラーにおいても，反応抑制の障害と衝動的選択傾向がみられることが報告されており，ギャンブル依存の重篤性と反応抑制障害の間に関連が認められた（Brevers et al., 2012）。このことは，反応抑制の弱さがギャンブル障害や物質関連障害に先行し，その発達に寄与する要因である可能性も考慮すべきであることを示唆している（Mahmood et al., 2013; Smith et al., 2014）。

　一方，作業記憶の能力と遅延割引の関係を調べた研究（Shamosh et al., 2008）では，作業記憶課題（n-back 課題：連続的に呈示される刺激系列において，ある刺激がその n 個前に呈示されたものと一致しているかどうかの判断を求める作業記憶課題。この研究では 3-back 条件が用いられた）を遂行中の左半球の DLPFC（BA10）の活動と，異時間点選択課題におけるセルフ・コントロール傾向に正の相関関係が認めら

れた。実行機能と異時点間選択課題に関わる脳領域のオーバーラップについてのメタ分析では，作業記憶および異時点間選択課題に関わる共通の部位として，左半球のDLPFC（BA 9の後部）が抽出されている（Wesley & Bickel, 2014）。

　このような作業記憶とセルフ・コントロールの関係を考えるにあたっては，目標志向行動における作業記憶の役割に関する認知心理学的研究（Hofmann et al., 2012）が参考になるだろう。作業記憶内に情報をとどめ，妨害刺激や干渉から保護し迅速に活性化する能力は作業記憶キャパシティ（Working Memory Capacity: WMC）とよばれる（Engle, 2002）。WMCは合目的表象の維持や活性化に重要であると考えられるため，例えば，欲求に従って甘いデザートを食べるか，それともカロリー摂取量などの目標を意識して食べるのをやめるか，というような自己調整（self-regulation）が問われる場面において，WMCの高低は自己調整の能力に影響すると考えられる（Barrett et al., 2004）。例えば，Hofmann et al.（2008）は，チョコレートを試食してその製品評価をするという課題において，課題中のチョコレート消費量に対するWMCの影響を調べた。合わせてこの研究では，潜在連合テスト（implicit association test）を用いて，チョコレートと快が連合した自動的態度（automatic attitude）の強さが測定されていた。また実験の最後には，チョコレートに対する顕在的（意識的）な態度が質問紙法を用いて測定された。その結果，チョコレートに対する自動的態度が消費量に及ぼす影響は，WMCの高い被験者に比べて，WMCの低い被験者で有意に大きかった。一方，WMCの高い被験者では「甘いものはほどほどにする」という顕在的態度が消費量に有意な影響をもち，チョコレートの消費量が抑えられていた。しかしWMCの低い被験者では，顕在的態度は消費量に対して有意な影響を与えていなかった。Hofmann et al.（2008）は性的な視覚刺激に思わず見とれてしまう傾向や，挑発に対する怒りの表出のしやすさを従属変数にした実験でも同様の結果を得ている。これらの知見は，WMCの高低が行動の自己調整に影響する重要な媒介変数となっており，WMCが小さい場合，自動的・衝動的な反応の抑制が難しくなることを示唆している（Hofmann et al., 2012）。

　以上のような文脈から，反応抑制や作業記憶を高めるための介入的訓練が，セルフ・コントロールの能力にも転移しうるかどうかが検討されている（Berkman et al., 2012; McClure & Bickel, 2014）。まず反応抑制訓練について，Verbruggen et al.（2012）は，健常者を対象としてストップシグナル課題を用いた反応抑制訓練を行った。その結果，抑制訓練を受けた群では，統制群に比べて，2時間後に実施されたギャンブル課題で低リスクな選択をする傾向が有意に高まることを示した。しかしながらこの効果は一時的なものであり，24時間後には有意な効果はみられなくなった（Verbruggen et al., 2013）。健常者を対象とした食事行動の抑制に関する研究では，反応抑制訓練がチョコレートやスナック菓子の消費に対して抑制効果をもつとするも

の（Houben & Jansen, 2011）と，有意な効果はみられないとするもの（Guerrieri et al., 2012）がある。すなわち，現時点では反応抑制訓練の有効性は確立されていないといえる。ただし，これまでの研究では健常者のみが対象となっており，反応抑制訓練の効果が天井効果によって検出されにくくなっている可能性がある。反応抑制訓練の転移効果は被験者ごとに異なり，例えば，賭博未経験者と病的ギャンブラーでは，後者により有効である可能性は残されている（Verbruggen et al., 2013）。今後，幅広い被験者に対してその効果を検証していく必要があるだろう。

次に作業記憶訓練が衝動性に及ぼす効果について，Bickel et al.（2011）は，コカインやメタンフェタミンの乱用者を対象に作業記憶訓練を平均して25日程度行い，その前後で遅延割引率の変化を調べた。この研究では，以下の4種類からなる記憶訓練プログラムが用いられた。

① 数唱課題（音声呈示された数列を同じ順序で再生する）
② 逆唱課題（数列を逆順で再生する）
③ 視覚的再認課題（視覚的に呈示される複数の単語を記憶し，呈示された順序通りに単語リストから選択する）
④ カテゴリー分け課題（呈示された20語を適切な4カテゴリーに分類して記憶した後，180語のリストから記憶した20語を選び出して再び同じカテゴリーに分類する）

これらの作業記憶訓練を受けた群では，訓練を受けていない群と比べて，訓練後に割引率が有意に減少し，作業記憶訓練が衝動性の改善に効果をもつことが示唆された。同様にHouben et al.（2011）は，作業記憶訓練がアルコール依存患者の飲酒行動に抑制的な効果をもつことを報告している。作業記憶訓練後には，神経活動の効率化を反映したDLPFC（BA 9/46）の活動減少等，脳内でいくつかの機能的変化が生じることが知られている（Buschkuehl et al., 2012）。しかしながら，それらの変化がセルフ・コントロールの能力にどの程度寄与するか（すなわち転移するか）については現時点では不明である。今後，セルフ・コントロールや自己制御における作業記憶の役割をより明確にするとともに，訓練後の脳内の変化がセルフ・コントロールや自己制御に及ぼす効果を具体的に検討していく必要があるだろう。

3．未来の予測と遅延割引：海馬の役割

海馬に損傷を受けたラットが衝動性や多動性を示すことが以前から知られており，ADHDの動物モデルとして扱われることもある（例えば，Diaz-Granados et al., 1994）。海馬の選択的損傷を受けたラットは，T迷路を用いた遅延報酬の選択課題で衝動性を示し（Mariano et al., 2009），海馬がセルフ・コントロールに何らかの役割を果たしていることが示唆されてきた。

海馬損傷をもつ患者は，過去経験の想起が困難であると同時に，将来経験するであろう出来事を生き生きとイメージすることが困難である（Hassabis et al., 2007）。即時報酬と遅延報酬の選択場面において，遅延される未来の報酬を具体的にイメージすることが難しければ，結果として，目の前にある報酬を選択する衝動性が増加するのではないだろうか。近年の記憶に関する研究からは，海馬が過去のエピソードを想起するのと同様のメカニズムを通して，起こりうる未来の出来事について想像したり予測すること（心的時間旅行：mental time travel）に強く関わっていることが示唆されている（Schacter et al., 2007など）。価値割引の観点からは，未来に得られる報酬と過去に得られた報酬の主観的価値は，現在からの時間的距離に応じて同様に割り引かれ，その双方が双曲線関数で記述できることが示されている（Yi et al., 2006）。これと関連して，喫煙者は非喫煙者に比べて過去未来の両方について価値割引が大きいという報告がある（Bickel et al., 2008）。これらの知見は，過去についてのエピソード記憶および未来を想像する能力が共通の神経基盤に基づいており，それらが選択場面における衝動性やセルフ・コントロールにも関与するであろうことを示唆している。

　Lebreton et al.（2013）は，具体的な絵で表示される即時小報酬（文字通り，目の前にある報酬）と文章で教示される遅延大報酬（その場に報酬そのものはなく，報酬の内容や価値についてイメージすることが必要）の選択課題を用いて，選択行動と海馬活動の関連をfMRIにより検討した。その結果，文章で示された遅延報酬を詳細に想像できたと自己報告した被験者は，即時報酬よりも遅延報酬を選択する傾向にあった。また，文章で呈示された遅延報酬を評価・選択しているときには海馬の活動がみられ，その活動の程度は遅延報酬の選択傾向と有意な正の相関を示した。一方で，アルツハイマー病によって海馬の萎縮がある患者は，絵で表示される即時小報酬を選択し，文章で示される遅延大報酬を選ぶことが少なかった。目の前にはない未来の報酬を選ぶためには，その帰結を具体的なエピソードとしてイメージすることが必要であり，それは海馬の未来表象の機能にある程度依存すると考えられる。

　未来の報酬について具体的なエピソードを想像しながら評価すると，衝動的な選択を回避しやすくなる可能性も示唆されている。Peters & Büchel（2010a）は異時間点選択課題とfMRIを用いてこの仮説を検討した。彼らはエピソード条件として，それぞれの被験者が実際に予定している出来事を遅延報酬の選択肢に付け加え（例えば，「45日後の35ユーロ」という選択肢に対して，45日後に実際に予定されている出来事である「パリへの休暇旅行」を並記する），エピソードをつけない統制条件と比較した。その結果，エピソード条件では遅延割引率が有意に減少し，未来についてのエピソード的思考（episodic future thinking）を促す手がかりが衝動性を低減することが示唆された。彼らはこれをエピソード付加効果（episodic tag effect）とよんでいる。エピソードの想起がうまくできなかった被験者ではこの効果はみられなかった。また

課題遂行中の fMRI データから，遅延割引に及ぼすエピソード付加効果の大きさは，前帯状皮質（anterior cingulate cortex: ACC）の活動量と相関しており，加えて，ACC と内側側頭葉（medial temporal lobe: MTL）（海馬および扁桃体）の機能的結合の増加と相関することが示唆された。ACC の活動は選択肢間の魅力が甲乙つけがたいような葛藤条件でみられることが知られている（Pochon et al., 2008）。さらに，異時間点選択課題では無差別点付近での選択中にみられる反応時間の延長と ACC の活動に相関があり（Pine et al., 2009），ACC が報酬選択場面での葛藤の処理に関わっていることが示唆されている。ACC の葛藤検出の役割の1つとして，例えば，選択が難しい場面で選択方略を調節するためのフィードバック信号としての働きが考えられている（Botvinick, 2007）。これらを考え合わせると，海馬が生成するエピソード的な未来予測は，ACC の葛藤調節機能を介して選好関数を未来志向的な方向にシフトさせる働きがあるという仮説が考えられる（Peters & Büchel, 2010a; 2011）。海馬損傷患者では遅延割引に及ぼすエピソード付加効果がなくなることが示されており，この効果に関する海馬の重要性が示唆される（Palombo et al., 2014）。おそらく，未来の大きな報酬を具体的に思い描くことが，目先の小さな報酬を乗り越え，未来志向的な行動を動機づけることに寄与するのであろう。未来をよりよく想像できる人は，未来をより適切に選択できるのである。

4．本節のまとめ

　異時間点選択における衝動性／セルフ・コントロール傾向の個人差には，複数の神経過程が関与していることが示唆される（図17-2）。

　1つは，価値評価に関わる VS-VMPFC の報酬に対する応答性の違いである。遅延報酬に対する VS の応答低下，もしくは即時報酬に対する強い感受性は衝動的な選択と関連する（Ballard & Knutson, 2009; Kable & Glimcher, 2009; Plichta & Scheres, 2014）。付け加えるならば，VS は中脳にある腹側被蓋野（ventral tegmental area: VTA）からのドーパミン（dopamine: DA）作動性神経の投射領域であり，遅延割引の特性的な個人差は，部分的には DA 系神経伝達を調節する DA の受容体やトランスポーター，代謝酵素の遺伝的多型（polymorphism）によって説明されるかもしれない（Eisenberg et al., 2007; Gianotti et al., 2012; Hahn et al., 2011）。

　次に，DLPFC は VS-VMPFC ネットワークと機能的な相互作用をもち，セルフ・コントロールを担う重要な部位であることが示唆される（Hare et al., 2009; 2011）。DLPFC の機能阻害によって衝動的選択が増加することから（Figner et al., 2010），セルフ・コントロールの個人差は DLPFC の機能に部分的に依存していると考えられる。この観点から，反応抑制課題や作業記憶課題を用いた DLPFC の機能訓練が薬物乱用や病的賭博の改善に有効かどうかが検討され始めている（McClure & Bickel,

第17章　衝動性とセルフ・コントロールの神経基盤

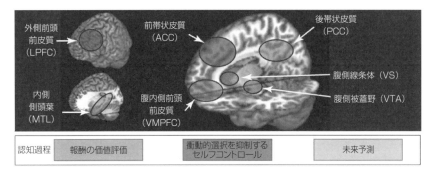

その遂行に関わる認知過程は，a.報酬の価値評価，b.衝動的選択を抑制するセルフコントロール，c.未来予測に大別される。

腹内側前頭前皮質（VMPFC）は内側前頭前皮質（MPFC）と内側前頭眼窩皮質（MOFC）からなる。外側前頭前皮質（LPFC）は背外側前頭前皮質（DLPFC）と下前頭回（IFG）からなる。内側側頭葉（MTL）には海馬（hippocampus）と扁桃体（amygdala）が含まれる。

図17-2　異時間点選択課題の遂行に関わる脳部位（Peters & Büchel, 2011より改変）

2014）。

さらに，海馬が担うエピソード的な未来予測が選択行動に影響する。遅延割引に及ぼすエピソード付加効果（Peters & Büchel, 2010a）は，未来の帰結を精緻に想像することが衝動的な選択を抑制し，未来志向的な行動を促進することを示している。最近の応用的な研究は，エピソード的な未来予測を促進させる手続きが肥満者の食行動を抑制する効果をもつことを示唆しており（Daniel et al., 2013），衝動的選択を抑制する介入法として今後の発展が期待される。

3節　ADHDの選択衝動性と薬物療法

1．報酬感受性からみたADHDの行動特性

McClure et al.（2004）による初期の研究以降，衝動性やセルフ・コントロールに関わる神経過程が徐々に明らかになってきた。最近では，これらの知見をADHDの病態理解に応用する試みが始まっている。

ADHDは，年齢に見合わない不注意，多動性・衝動性を特徴とする神経発達障害であり，学童期の子どもの約5％，成人の約2.5％にみられるとされている（APA, 2013）。ADHDでは種々の衝動性測定課題で成績の低下が認められ（Bari & Robbins, 2013; Nichols & Waschbusch, 2004; Sonuga-Barke et al., 1994），その行動特性には次

元の異なる衝動性が折り重なって含まれていると考えることもできる。

　Barkley（1997）は，ADHDを反応抑制を中核とする実行機能の障害ととらえ，前頭前皮質，およびそれと連絡する線条体等の部位に微細な機能不全があると仮定した。実行機能課題の遂行成績に関するメタ分析では，反応抑制（ストップシグナル課題）を筆頭に，持続的注意（CPT）や空間的作業記憶（空間スパン課題）などで統制群と比べて課題成績が有意に低く，これらの遂行に関わる脳部位の機能不全が示唆される（Nigg, 2005）。しかし一方で，上記の実行機能課題において障害ありとみなせるカットオフ値を超えるADHD児の割合は30～50%程度と見積もられ，加えて3つ以上の課題で障害がみられる個人の割合は30%にすぎないという指摘もある（Nigg et al., 2005）。すなわち，実行機能障害のみでADHDの全体像をとらえることは難しいと考えられる（Nigg et al., 2005; Lambek et al., 2010）。

　一方，報酬の期待や取得に関連した情動的な反応や動機づけの問題がADHDの行動特性に重要な役割を果たしているとする立場もある。Douglas & Parry（1994）は，ADHD児が強化確率の低い部分強化スケジュールや消去スケジュールにおいて強いフラストレーションを表し，また弁別刺激に対して不注意になることを指摘した。同様にSagvolden et al.（1998）も，固定間隔スケジュールや消去において，多動性や衝動性に関連すると考えられる反応の多発や反応バーストがみられることを報告している。報酬関連場面での情動的な反応や動機づけの問題は，いわば"cool"な実行機能（Zelazo et al., 2007）の障害だけでは説明できないADHDの別の側面であると考えられ，ADHDの病態仮説として，以下に示すような報酬感受性（reward sensitivity）の変化ないしは異常を想定したモデルが複数提案されている（Luman et al., 2010）。

　例えば，Sagvolden et al.（1998; 2005）は，ADHDの不注意，多動性・衝動性といった行動特性の根幹に，強化遅延勾配（delay-of-reinforcement gradient）の急峻化を仮定した（図17-3）。強化遅延勾配とは，生起した反応の直後に強化子が与えられる場合，強化効果は最大であるが，それは強化子の遅延時間の関数として減少していくことを表す概念である。このモデルによれば，即時報酬はADHD児にとって相対的により高い強化効果をもち，報酬と近接した反応のみが学習され高反応率で維持される（多動性・衝動性）。一方，遅延報酬の強化効果は急激に減衰するため，遅延場面での刺激性制御の確立は困難になり弁別刺激に対する注意に問題が生じると考えられる（不注意）。Sagvolden et al.（1998; 2005）は，その神経基盤としてVSに投射するDA作動性神経系の機能障害を想定している。

　一方，Sonuga-Barke et al.（1992）は，同年齢の定型発達児に比べてADHD児が即時報酬に対する強い選好を示すことや，課題を終えるまでの待ち時間を最小化しようとする傾向に注目し，ADHDの行動特性を説明する動機づけスタイルとして，遅

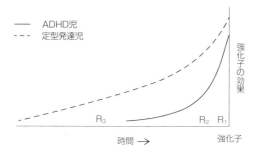

図17-3　強化遅延勾配の概念図（Sagvolden et al., 2005より改変）

強化子の効果（縦軸）は反応と強化子の間の遅延時間（横軸）が長くなるにつれて減少する（強化遅延勾配）。ADHD児の強化遅延勾配は，定型発達児と比べて急峻であると仮定されている。
R_1，R_2，R_3はそれぞれ，強化子までの遅延時間が異なる反応を表す。反応と強化子の間の遅延時間が短い場合（R_1），ADHD児，定型発達児のいずれにおいても強化子は大きな強化効果を持つ。一方，反応と強化子の遅延時間が長い場合（R_3），定型発達児に対する強化子の強化効果は残存するがADHD児に対する強化効果は消失する。

延嫌悪（delay aversion）を提唱した。このモデルによれば，ADHD児は即時小報酬と遅延大報酬の選択が可能な場面では前者を選択する衝動性を示し，報酬が得られるまでの遅延が避けられない場面では，主観的な待ち時間を短縮するために不注意（課題とは無関連の刺激に注意を逸らしたり，課題外の活動を行う）や多動（そわそわ，もじもじする）のような代償的な行動を示すと考えられる。Sonuga-Barke（2003）のモデルでは，実行機能を司る背側経路（背側線条体－外側前頭前皮質）と報酬評価や動機づけに関わる腹側経路（腹側線条体－前頭眼窩皮質，およびこれらと連絡する扁桃体）を，ADHDに関わる2つの主要な経路として想定しており，これはADHDの二重経路モデル（dual pathway model）とよばれている。遅延嫌悪は腹側経路の機能不全を反映しているとされる。

　上記の2つのモデルは，遅延報酬による行動の制御が貧弱なのか，あるいは，報酬に至るまでの遅延時間自体が苦手なのか，といった点で違いがあるが，いずれもADHDの行動特性を遅延報酬に対する感受性の変化から説明しようとする点で一致している。また両者とも，その神経生物学的な背景として報酬評価に関わるDA系の機能不全を想定している（Luman et al., 2010）。そこで，これらの仮説を検証するために，報酬の価値評価や選択に関わる脳内過程がfMRIを用いて調べられてきた。

　Scheres et al.（2007）は，数秒の遅延（報酬期待時間）の後に正反応に対する金銭報酬が得られる課題（monetary incentive delay task）を用いて，青年期のADHD群と統制群の報酬期待時のVS活動を比較した。その結果，統制群では期待される報

酬の大きさに応じてVSの活動が高まったのに対し，ADHD群では報酬期待時に有意なVSの活動がみられなかった。さらに報酬期待時のVS活動低下と多動性・衝動性尺度には有意な相関が認められた。またFurukawa et al.（2014）は，古典的条件づけの手続きを用いて，報酬を予期させる条件刺激の6秒（報酬期待時間）後に呈示される報酬に対するVS活動を測定した。その結果，ADHD群では報酬期待時のVS活動の低下に加えて，報酬取得時にVSの過活動が生じていることが示された。興味深いことに，VTAからVSに投射するDA細胞は，条件づけの初期には報酬に対して発火するが，学習が進むにつれ報酬を期待させる条件刺激に対して反応するようになり報酬そのものには反応しなくなることが，動物実験（Pan et al., 2005; Schultz et al., 1998）およびfMRIを用いた基礎研究（Knutson et al., 2001; O'Doherty et al., 2004）から知られている。報酬を予測させる手がかり刺激へのDA反応の転移は，実際の報酬が得られるまでの遅延時間中に行動を維持させる神経メカニズムの1つと考えられている。ADHDではこのDA反応の転移に障害がある可能性が示唆されてきた（Tripp & Wickens, 2008）。おそらく，Furukawa et al.（2014）の結果はADHDにおけるDA反応転移の欠損（dopamine transfer deficit）をとらえているのであろう。このようなDA反応転移の欠損は，遅延を避け即時報酬を選好する傾向（Sonuga-Barke et al., 1992, Sonuga-Barke, 2003），部分強化スケジュールでの課題遂行が苦手であること（Douglas & Parry, 1994; Sagvolden et al., 1998），行動形成において一貫した即時報酬が必要であること（Barkley, 2002）などを説明することができる。

　異時間点選択課題を用いた行動研究では，仮想報酬場面（Barkley et al., 2001; Demurie et al., 2012など），および実際報酬場面（Scheres et al., 2010; Scheres et al., 2013など）を使った複数の研究において，ADHD児の遅延割引は定型発達児と比べて有意に大きいことが示されている。（最近のレビューとしてはPatros et al., 2016を参照）例えば，Scheres et al.（2010）は，遅延報酬の選択によって得られる最大報酬量や課題に要する時間（試行数）といった条件とは関わりなく，ADHD群の遅延割引は有意に大きく，またそれは多動性・衝動性の症状と相関することを報告している。前節でみたように，異時間点選択課題の遂行には複数の脳部位が関与して遅延割引の個人差に影響しているため，ADHDの衝動的な選択特性にも多段階の神経過程が関わっていることが予想される。fMRI研究の結果，成人ADHD群のVS活動は，即時的な報酬（実験終了直後にもらえる）および遅延報酬（2週間か4週間後の遅延後にもらえる）のいずれに対しても統制群と比べて有意に低下しており，報酬評価の過程に変化が認められた（Plicta et al., 2009）。加えて遅延報酬に対する扁桃体の活動は有意に高く，遅延に対して嫌悪的な情動反応が生じやすいとする遅延嫌悪モデルと一致する結果となった（Plicta et al., 2009; Lemiere et al., 2012; Wilbertz et al., 2013）。またRubia et al.（2009）は，即時報酬と遅延報酬の選択中，青年ADHD群の前頭前皮

質(前頭眼窩皮質およびIFG)活動が統制群に比べて有意に低下していることを報告している。前節でみたように,前頭眼窩皮質は報酬量と遅延時間を統合する役割をもち,遅延報酬の価値評価に重要な部位である(Ballard & Knutson, 2009; Basten et al., 2010; Sellitto et al., 2010)。またIFGは衝動的選択の抑制に関与すると考えられている(Ballard & Knutson, 2009; Wittmann et al., 2007)。すなわちADHDでは,報酬の価値評価や衝動的な報酬選択に対する抑制的制御といった,同課題の遂行における複数の段階で機能不全があることが示唆される。また同時に,これらの領域の機能不全は,ADHDにおいて指摘される時間的見通し(temporal foresight)の弱さを説明するものであるかもしれない(Rubia et al., 2009)。

　一般に,遅延割引率は児童期から青年期・成人期にかけて年齢とともに減少することが知られている(Scheres et al., 2006)(第6・7章参照)。最近のfMRI研究では,この発達的変化は,即時報酬選択時のVSとVMPFCの機能的結合,および遅延報酬選択時のVMPFCとDLPFC/IFGの機能的結合が年齢とともに成熟していくことと相関すると報告されている(Christakou et al., 2011)。ADHDではこれらの領域の構造的・機能的な成熟が遅れていること(Cubillo et al., 2012),VSと前頭前皮質の機能的結合に異常がみられることが報告されている(Costa Dias et al., 2013)。これらの発達の遅れないし機能的な異常がADHDにみられる選択衝動性と関連していると考えられるだろう。ADHDの薬物療法で用いられる治療薬は,VSや前頭前皮質に作用することによって衝動的な行動特性を改善すると考えられている(Rubia et al., 2009; Rubia et al., 2014)。以下では,選択衝動性に及ぼすADHD治療薬の効果について,最近の知見を紹介する。

2．選択衝動性に及ぼすADHD治療薬の効果

　現在我が国では,ADHDの治療薬として作用の異なる2種類の薬物が用いられている。1つは,中枢刺激薬(psychostimulant)に分類されるメチルフェニデート(methylphenidate: MPH)であり,もう一方は非中枢刺激薬(non-stimulant)のアトモキセチン(atomoxetine: ATX)である。ATXは,我が国では小児期ADHDを適応として2009年に承認された,比較的新しいタイプの薬剤である(成人患者に対しては2012年に適応追加が認可されている)。

　MPHはドーパミントランスポーター(dopamine transporter: DAT)およびノルアドレナリントランスポーター(noradrenaline transporter: NAT)の阻害薬であり,線条体に豊富に分布するDATによるDAの再取り込み(re-uptake)を阻害することによって,線条体のシナプス間隙中のDAを増加させる作用がある。また,前頭前皮質に分布するNATを介したノルアドレナリン(noradrenaline: NA)とDAの再取り込みを阻害することによって,前頭前皮質のNAとDAを増加させる(Bymaster et al., 2002; Hannestad et al., 2010; Koda et al., 2010)。特に臨床用量に相当する低用量の MPH は，前頭前皮質の DA と NA を大きく増加させて反応抑制，作業記憶，注意の制御などの実行機能を亢進する（Arnsten, 2006; Berridge et al., 2006; Berridge & Devilbiss, 2011)。加えて，前頭前皮質におけるよりも少ない割合ではあるが，VS の DA も有意に増加させるため，報酬評価過程にも作用すると考えられる（Berridge et al., 2006; Berridge & Devilbiss, 2011)。ADHD 治療における MPH の有効性は広く認められているが，およそ30％の対象者に改善反応がみられないことが報告されている（Wilens, 2008)。また MPH の問題の 1 つとして，報酬系に作用するために潜在的な乱用の可能性が指摘される（Upadhyaya et al., 2013)。

　一方，ATX は NAT の選択的阻害薬であり，シナプス間隙中の NA を増加させる作用をもつ。ATX は前頭前皮質の NAT 阻害により前頭前皮質の NA と DA を増加させるが，線条体には NAT はほとんど分布しないため線条体での作用はない（Bymaster et al., 2002; Koda et al., 2010)。したがって，ATX は前頭前皮質が担う実行機能を改善するが，報酬系には直接的な作用をもたないと考えられる。このことは，MPH で懸念されるような潜在的な乱用の危険性が少ないことを意味している（Upadhyaya et al., 2013)。

　これらの治療薬によって ADHD の選択衝動性は改善されるであろうか。MPH が遅延割引を減少させるという結果は，ラットを用いた複数の研究で得られている（Pitts & McKinney, 2005; Slezak & Anderson, 2011; Slezak et al., 2014; van Gaalen et al., 2006)（ただし MPH による選択衝動性の低減効果は，遅延報酬に対する感受性の変化に由来するのではなく固執反応の増加による可能性も示唆されており，結果の解釈は慎重になされるべきとの指摘もある［Tanno et al., 2014]）。一方で，ADHD 児を対象とした直接的な検討は現時点では限られている。Shiels et al.（2009）は，薬物治療を受けていない ADHD 児を対象として，秒単位の遅延時間（最大28秒）による実際報酬場面，および月単位の遅延時間（最大12か月）による仮想報酬場面での選択行動に及ぼす MPH 急性投与の効果を検証した。その結果，プラセボ条件と比べて，MPH 条件では実際報酬場面での遅延割引が有意に減少した。しかし仮想報酬場面では有意な減少はみられなかった。この研究は，MPH に ADHD 児の選択衝動性を改善する効果があることを示したが，同時に，その効果は報酬や遅延が実際に経験される条件に限られたという点で興味深い。仮想報酬場面に比べて実際報酬場面では，即時的な報酬を目前にしながらそれを我慢するという情動反応の抑制がより問われるために（Schel et al., 2014)，MPH の効果が表れやすかった可能性が考えられる。加えて，実際報酬場面での選択行動の方が生理学的操作（アルコール摂取や睡眠剥奪）によって影響を受けやすいとする研究があり（Reynolds & Schiffbauer, 2004; Reynolds et al., 2006)，急性の薬理学的操作の効果は実際報酬場面でより検出されやすいのか

もしれない。一方，継続的な MPH の服用が ADHD 児の遅延割引にどのような効果をもたらすのかは現在のところ未知である。治療が継続的な服薬によってなされることを考えると，この点は今後検討されるべき課題であると考えられる。

選択衝動性を改善する MPH の効果は VS の DA レベルの上昇によって生じる可能性が考えられるが（Sagvolden et al., 1998; Shiels et al., 2009），異時間点選択課題とfMRI 等の脳機能計測を組み合わせた直接的な検討がなされておらず，今後の実証が待たれる。また，MPH の薬理学的な作用を考えると，前頭前皮質における DA 系および NA 系神経伝達の改善が想定され，これが遅延割引に対して効果を及ぼす可能性がある。LPFC（DLPFC および IFG）は衝動的な選択を抑制しセルフ・コントロールの実現に重要な役割を果たしていると考えられるため（Hare et al., 2009; Hare et al., 2011; Figner et al., 2010），LPFC による抑制的制御や作業記憶の改善は，選択衝動性を減少させるであろう。また，もしそうならば，前頭前皮質の NA 系および DA 系に作用する ATX にも衝動性改善の効果がみられると予想される。ラットを用いた研究では，ATX の急性および慢性投与が即時小報酬に対する選好を低減し選択衝動性を改善するという報告が認められる（Robinson et al., 2008; Sun et al., 2012）。しかし残念ながら，ADHD 児を対象として遅延割引に及ぼす ATX の効果を直接的に検討した研究は，現時点では発表されていない。

反応抑制や注意，作業記憶等の実行機能に及ぼす MPH や ATX の効果については，fMRI による知見が蓄積されてきており（Bidwell et al., 2011; Cubillo et al., 2014a, 2014b; Rubia et al., 2014），最近では近赤外分光法（near-infrared spectroscopy）のような fMRI 以外のモダリティを用いた研究も行われている（例えば，Araki et al., 2015; Monden et al., 2012）。一方，選択衝動性を指標とした ADHD 治療薬の効果検証は始まったばかりであるといってもよく，今後のさらなる進展が求められている。これらの治療薬が ADHD の内包する様々な衝動性次元のいずれに有効であるのかを明らかにすることは，個人の衝動性プロフィールに合わせた合理的な治療薬選択にも寄与するものと思われる。

3．本節のまとめ

ADHD の病態仮説として，反応抑制を中心とした実行機能の障害（Barkley, 1997）に加え，報酬感受性の変化が想定されてきた（Sagvolden et al., 1998; 2005; Sonuga-Barke et al., 1992, Sonuga-Barke, 2003）。fMRI を用いた研究は，報酬評価に関わる VS の機能的な異常と ADHD における多動・衝動性の関連を示唆しており（Furukawa et al., 2014; Plicta et al., 2009; Scheres et al., 2007），ADHD 児にみられる選択衝動性（Barkley et al., 2001; Demurie et al., 2012; Scheres et al., 2010; Scheres et al., 2013）は VS の機能異常に起因する可能性が考えられる。加えて，異時間点選択課題

の遂行中には VS のみならず前頭眼窩皮質や IFG のような前頭前皮質の活動低下が観察されており，報酬選択に関わる複数の神経過程で機能不全や成熟の遅れがあることが示唆される（Cubillo et al., 2012; Rubia et al., 2009）。ADHD の治療薬は主に VS の DA 系神経伝達，および前頭前皮質の DA・NA 系神経伝達を調整することによって衝動性を改善する作用を発揮すると考えられる（Arnsten, 2006; Berridge et al., 2006; Berridge & Devilbiss, 2011）。しかしながら，ADHD 児を対象として選択衝動性に及ぼす治療薬の効果を直接的に検討した研究は現時点では少数にとどまっており，今後のさらなる検討が必要である。

　選択衝動性の個人差には複数の脳部位とそれらの機能的な相互作用が関与している。ADHD の選択衝動性についても，報酬評価過程の変化や報酬選択時の抑制的制御の問題，未来の予測や時間的な見通しの未成熟など，様々な過程が関わっているのであろう。それらについての正確な理解は，ADHD に対する効果的な治療や支援介入方法の開発につながっていくと思われる。

第18章 もう1つの自己制御
―エゴ・セントリックな自己制御からエコ・セントリックな自己制御へ

1節 はじめに

　第18章では，行動分析学を中心とした自己制御についての考え方を，主に動物を対象とした実験的研究の方法や手続きからまとめ，こうした考え方の延長上に，今後どのような自己制御をめぐる新しい展開がありうるのかを考える。簡単にいえば，「行動としての自己制御」（第2，3節）から，「選択としての自己制御」（第4節）へ，そして，その「選択としての自己制御」の基礎にある「より価値の高い合理的な選択」としての自己制御（第4，6節）から，「より価値の低い非合理的選択」としての自己制御（第7，8節）へ，という自己制御の考え方の変化をみていく。なお，第6節以降では，より詳細な手続きの記述の必要があるので，第5節で，手続きの記述に必要な，強化スケジュールという環境のアレンジの方法の解説を行う。

2節 Skinner と「自己制御」

　自己制御（self-control）の問題を行動分析学の対象としておそらく最初に取り上げたのは，B. F. Skinner で，その彼の初期の著書である "*Science and Human Behavior*（『科学と人間行動』）"（Skinner, 1953／河合ら2003）の第15章 "SELF-CONTROL" には，この問題がまるごとあてられている。その中で，彼は自己制御を次のように考えている。
　ある行動が人に葛藤をうみ出す好ましいあるいは好ましくない後続事象をしばしば伴う場合，人はそうした自分自身の行動の一部を制御することがある。こうした2つ

の相反する後続事象は2種類の行動を生み出すが、その1つが制御の対象となった自分自身の行動（制御される行動：controlled behavior）であり、もう1つがその制御される行動に影響を与える変数を変化させることができる行動（制御する行動：controlling behavior）である。「制御される行動」は何らかの弱化（それ以降の反応の出現頻度が減少する事態）を経験した行動であり、この行動の出現確率に影響を与える変数（つまり「制御される行動」はこうした変数の関数となっている）が存在している。さて、こうした変数を変化させることで、「制御される行動」を減少させることが可能であり、この変化をもたらすことに成功した、どんな「制御する行動」も自動的に強化（それ以降の反応の出現頻度が増加する事態）されることとなる。この「制御する行動」のことを自己制御とよぶが、そのような「制御する行動」は、他者の行動を制御するのに使われている技法と同じように考えればよいのであって、自分自身に向けられるからといって特別なことは何もない。

したがって「制御される行動」に効果をもつ変数には様々なものがあるので、この変数を変化させる「制御する行動」も様々存在する。章の残りの部分で、Skinnerは様々な方法の例を、身体的拘束や身体的援助（例えば、笑いをこらえるのに口を押さえる）、刺激変化（例えば、食べすぎないようにキャンディーの箱を見えないところにしまう）、動因操作（強化事態を支える食物、水、賞賛などの強化子の効力を変化させる操作のことで、確立操作ともいう）（例えば、爪を嚙む癖を矯正するために嚙みたくない時にも爪を嚙むようにする）、情動的状態の操作（例えば、怒る前に10数える）、嫌悪刺激の使用（例えば、喫煙と不快となる特別な薬を組み合わせる）、薬物の利用（例えば、痛みを鎮痛剤で緩和する）、オペラント条件づけ（例えば、良い行動をほめてくれるような友だちと付き合う）、弱化（例えば、ダイエットのためにベルトをきつく締めておく）、「何か他のことをすること」（例えば、敵を愛することで憎悪がもたらす問題を避ける）、の9つにまとめて論じている。その詳細については著作にあたっていただくとして、こうしたSkinnerの自己制御についての考え方を本節では確認してみたい。

章の題目であるSELF-CONTROLが、わざわざ引用符" "でくくられていることからも、Skinnerは自己制御を、行動の1つである「制御する行動」ととらえており、本章4節でみるような選択行動の対象としての選択肢の1つ、もしくは複数ある選択肢のどれかを選択する行動そのものとはとらえていない。この「制御する行動」は、「制御される行動」の出現を変容する環境変数を直接操作する。したがって、例えばダイエットをする行動は、肥満につながる様々な行動（「制御される行動」）を減少させることに貢献する環境要因に働きかける「制御する行動」ということになり、目の前にある高カロリーのデザートと明日の朝の体重の減少との間の選択において後者を取ることではない。

こうしたSkinnerの自己制御の考え方は，自己制御を心的な要因で考えたり，「自己」という存在に特別な役割を与えたりしている一般的な常識に挑戦する際には，大きな説得力をもっている（第5章1節参照）。その一方で，本書の他の章で詳しく論じられているように，実際には自己制御を（おそらくSkinnerが考えていたよりも）自発することが難しい要因を理解するためには，この枠組みには限界がある。なぜなら，「制御される行動」の減少が観察されないときに，どちらかといえば，改善のための焦点が環境要因の検討だけに向けられてしまい，自己制御に本来的に組み込まれている，構成上の特性の実験的定量的な検討には至らないからである。さらに，ある環境要因の操作に対する「制御する行動」の適切性，「制御される行動」を変容する上でその環境要因がもたらす影響力などにも目を向ける必要性があるが，そうした必要性を考慮に入れにくいという問題点もある。

3節 Ainslieの自己制御手続き

Ainslie（1974）のハトを用いた実験手続きは，1つのキーに緑と赤の異なる2色の光を照射して，どちらの色で動物がキーをつつくのかを見ている（図18-1）。キーつつきがない場合（1）には，緑色キーが8秒提示されたのち4秒間キーが消える暗期がつづき，その後，赤色キーが3秒ついて，最後に強化子としての餌が4秒間提示

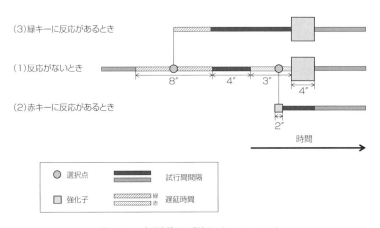

図18-1　自己制御の手続き（Ainslie, 1974）

反応がない場合は，長い遅延時間後に試行間間隔がきて，次に短い遅延時間が始まり，大きな餌（強化子）を得る（1）。緑で照射されている区間での反応（3）は残りの長い遅延時間後に大きな餌，赤の区間での反応（2）は即時的な小さな餌を導く。

第Ⅴ部　今後の展開

される。この全部で19秒という試行時間の長さは，反応があろうがなかろうが同じ長さに保たれるように考えられている（なぜなら時間当たりの餌の出現頻度（＝強化率）が変わらないので，検討要因から強化率の変化を取り除くことができる）。もし赤がついている最中にキーをつつけば（2），すぐに赤色キーが消えると同時に餌が2秒間提示される。一方，緑がついているときにキーをつついても（3），緑色キーは消えないで，キーつつきがない場合と同様に8秒間提示され，その後7秒間暗期となって，餌が4秒提示される。つまり緑色キーをつつくことで餌4秒間分を確保することができる（こうした方法は先行拘束法とよばれている。4節参照）。一般には，ハトは赤色がキーに点灯されるとすぐにそのキーをつついてしまい，4秒間の餌を失ってしまうことが観察されているが，中には緑色キーをつつくことでそれを回避する個体もいるという。

　この手続きでは，最後までキーは1つで，ハトは緑色キーでの反応の結果と，赤色キーでの反応の結果との間で異なる経験をしている。緑色キーと赤色キーという同時に提示された2選択肢間での選択ではなく，2色のキー光のそれぞれで，反応をするのかしないのかがポイントとなっている。緑色キーをつつくという「制御する行動」によって赤を出現させず，その結果，赤をつついてしまう「制御される行動」を起こらないようにさせているという点からは，1節で述べたSkinnerの自己制御する行動の枠組みに基づいた実験パラダイムと考えることができる。

　反応をするかしないか，どのような種類の反応をするのか，という観点からは，あらゆる行動は選択行動ととらえられるかもしれない。こうした広義な選択（行動）というとらえ方を避けるために，選択肢が明示的に（例えば，同時に）示されていて，そこで一方の選択肢を選択することを選択（行動）とよぶことにする。

4節　SS＼LL 選択パラダイム

　Rachlin & Green（1972）は，その有名な論文において初めて，選択という枠組みの中で自己制御を論じた。オリジナルの手続きは，すぐに提示される小さな餌（Smaller and Sooner［Shorter］：SS）と，遅延をおいて提示される大きな餌（Larger and Later［Longer］：LL）の2つの選択肢からなるパッケージ（SS＼LL）とLL選択肢単独からなるパッケージ（LL）との間での選択を考えるものであった（図18-2）。そしてこの2つのパッケージ間での選択時点と各パッケージの開始時点との間の時間間隔（黄）が長くなるほど，パッケージLLを選択する割合が多くなった。

　この手続きのポイントは，どちらをどれだけ選択するのかという観察を通じて，個体の自己制御の傾向を数量的に把握しようとした点にある。その後，このオリジナル

第18章 もう1つの自己制御

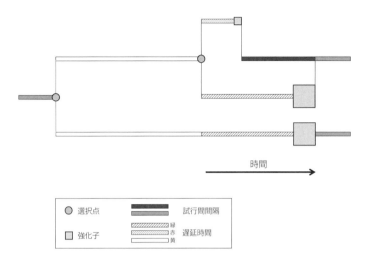

図18-2 自己制御の手続き（Rachlin & Green, 1972）

選択点で上を選んだ場合は，SS選択肢とLL選択肢間の選択に，下を選んだ場合は，LL選択肢のみに導かれる。□で示された遅延時間を長くするほど下を選択した。

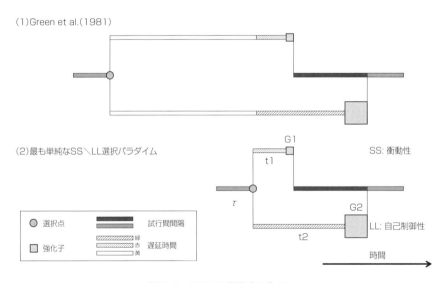

図18-3 SS＼LL選択パラダイム

最も単純なSS＼LL選択パラダイム（2）では，SS選択肢はt1遅延後のG1強化子，LL選択肢はt2遅延後のG2強化子でできており，試行間間隔τで各試行が隔てられている。(1)は，それに□で表される遅延時間をつけたもので，この長さが長くなるほど，LL選択肢を選択する。

な手続きは，ずっと単純な実験パラダイム，すなわち（SS\LL）とLL間ではなく，SSとLL間でのみの選択（SS\LL）へと収斂していった。すなわちこのSS\LL選択パラダイムにおいて，両者間のどちらを選ぶ選択時点と，選ばれた選択肢であるSSやLLが開始される時点との間の時間間隔が長くなるにつれて，LLを選択する割合が大きくなることが観察されてきたのである（Green et al., 1981）（図18-3）。さらに遅延時間と価値との関数関係をみるために開発されたMazur（1987）の調整スケジュールの導入によって，例えば，SS側のパラメータを固定し，LL側の遅延時間を滴定法を用いて変化させることで，SSと等しく選ばれるような無差別点が求められるようになり，いよいよ両者の関係が実験的定量的に検討されるようになっていった。

こうした自己制御の選択パラダイムでは，LL選択肢は自己制御性選択肢，SS選択肢は衝動性選択肢と名づけられている。それぞれの名称は，他方の選択肢との関係によって名づけられたものであるから，例えば，LL選択肢がそれ単独で設けられている場合に，これを自己制御性選択肢とよぶことには無理がある。またこのように名づけることで，あたかも衝動性によって，もしくは自己制御的な「意志」の力によって，選択がなされているかのような誤解を与える可能性があることにも十分注意する必要がある。したがってこうした名称を採用したことは，扱い方を間違えれば，Skinnerが引用符付でわざわざ注意を喚起したはずの，自己制御についての心的説明へと戻ってしまう危険性をはらんでいる。

さて（SS\LL）間の選択場面という実験パラダイムを採用することで，自己制御は全選択におけるLL選択肢の選択の割合として表され，自己制御を定量的に取り扱うことができるようになったと述べた。ここには「制御される行動」も，この行動に影響を与える環境要因を操作する「制御する行動」も明示的には存在しない。「制御される行動」は暗黙的には衝動性選択肢を選択する行動であろうが，この選択行動を減少させる環境要因の1つが全体の遅延時間であるのならば，Skinnerの考え方に従えば，「制御する行動」はこれを増加させるという行動になるだろう。しかし自己制御の選択モデルでは，こうした「制御する行動」を自己制御とはよんでいない。その一方で，選択モデルでは，同時に明示的に提示される2つ（以上）の選択肢があり，これらのどれかを選択する行動を個体は自発している。この点で，SS\LL選択パラダイムは，Skinnerの自己制御とは大きく異なる枠組みを提供しているといえる※注。

自己制御性（LL）選択肢の選択行動とは，自分自身の行動によって，自分自身の別の行動に影響を与えるという（常識的な）意味での自己制御という行動ではなく，長い遅延と大きな強化子の組み合わせをもつ特定の選択肢の選択にすぎない。先に述べたように，この特定の選択肢は，もう一方の短い遅延と小さい強化子の組み合わせによるSS選択肢との比較によって初めて意味をもつ。つまり，特に動物では，時間

第18章 もう1つの自己制御

当たりの強化量が多くなる LL 選択肢が SS 選択肢に比べて選択されにくいという観察された事実があるので，自己制御によって得られる「より望ましい」選択を表す比喩として用いられているのである。

この「より望ましい」選択という点が，実は重要である。ここでは，選択肢はある（主観的な）「価値」をもつものとして考えられており，個体はその「価値」のより高いものを選択するとの前提があるからである。おそらく，ここでいう「価値」は選択肢の特性によって定義されるから，最終的には「価値」は定義可能，もしくは測定可能なものとして（客観的に）取り扱われる。例えば，Mazur（1987）では，ある測定対象の選択肢特性と等価となる，別の選択肢のある特性を表す値によって，この「価値」は表現される。このような考え方の元となったのは，各選択肢間での強化子提示数の比が，各選択肢への反応数の比にマッチするという，対応法則に関わる研究であろう（第1章参照）。つまりこの法則が拡張されて，強化率（時間当たりの強化子提示頻度），強化量（強化子の大きさ），強化遅延（反応から強化子までの時間，なおその逆数は即時性を表す）の組み合わせとして，そこで取り扱われる選択肢の複数の特性の表現としての「価値」が議論の対象となったことによっていると思われる。例えば，Baum & Rachlin（1969）の論文は，こうした意味で，選択肢の「価値」を明確に意識したものといえる。

このように，選択肢の特性を様々に変えて（したがってその「価値」を変えて）その選択行動を観察するという方法は，現代の行動分析学，特に実験的行動分析学の領域ではすでに一般的なものとなっている。上述した対応法則は選択肢間の強化比と反応比との関係を取り扱うので，まさにこの方法に基づいて得られた成果であったといってよい。SS\LL 選択パラダイムにおける選択肢の意味づけ，すなわち選択肢の「価値」化は，こうした動向に歩調を合わせたものであり，その後に展開されていった強化遅延，強化確率などの割引効果についての研究も，対応法則と同様に「価値」をめぐる数量的な関数関係を与えることによって，心理学における意思決定や行動経済学といった研究分野との接点をもつこととなった（第3章参照）。

5節 強化スケジュールと自己制御

第6節以降の議論では，より詳細な手続きの説明が必要となるので，ここで簡単に強化スケジュールとその記法について説明する。強化スケジュールとは，個体への強化子（reinforcer: s^R と略。以下同）の提示の仕方を系統的に表したものである。例えば，ハトが10回反応するたびに強化子としての餌を得たとしよう。この10回反応すると餌を与えるという提示の仕方は，比率10の固定比率スケジュールとよばれ，FR10

(Fixed Ratio: FR)と記される。また以前に餌を提示してから30秒たって自動的に（つまり反応なしに）餌が再び提示されるような提示法は，30秒の固定時間スケジュールでFT10″と書かれる（Fixed Time: FT）。もしもこの30秒が毎回変動し，平均して30秒で自動的に提示されるならば30秒の変動時間スケジュール，すなわちVT30″(Variable: V)と記される。

　時間スケジュールとよく似ているが，餌を得るのに反応を必要とするのが時隔スケジュールである。30秒の変動時隔スケジュールは，1つ前の強化子の提示から平均して30秒以上経過した最初の反応に強化子が提示され，VI30″と表される（Variable Interval: VI)。平均して30秒であるから，経過時間は10秒だったり，90秒だったり毎回変動する。個体は，いつ，餌が準備されるかわからないので，このような強化スケジュールでは，高頻度の反応がなされる。

　上で述べたようなFR，FT，VT，VIなどのスケジュールを要素スケジュールとよぶとすると，これら要素スケジュールを組み合わせて様々な強化子の提示法を構成するスケジュールがある。これを構成スケジュールとよんでおく。本章で必要な構成スケジュールには，並立，連鎖，連接スケジュールがある。

　並立スケジュールは，複数個ある選択肢への個体の反応が，それぞれの選択肢で独立して（つまり他の選択肢での結果に関係なく）作動しているスケジュールによって強化されるような手続きで，concと省略される。例えば，conc FR10 VI15″というスケジュールは，左右2つのレバーがあり，左では10回反応するたびに餌が与えられるが，右では，平均して15″経過後の反応が餌を生み出す。並立スケジュールはこの例でもわかるように，独立した選択肢間での選択行動を調べるための基本的なスケジュールとなっている。その最も大きな成果は第1章で述べた対応法則の発見であり，このときの基本的なスケジュールはconc VI VIで構成されていたのである。

　一方，連鎖スケジュールや連接スケジュールは，要素スケジュールが同時ではなく，継時的に配置されている。連鎖スケジュールのFT 5″ FR 1はchain FT 5″ FR 1と略記されるが，このようなスケジュールの下でハトは，初めは緑色のキーの下で5秒間経過した後，自動的にキーが赤色に変わって，この段階で1回反応すれば強化子を得ることができる。言い換えれば赤キーは反応すると餌が出ることの合図となっている。同じ要素スケジュールからなる連接スケジュールはtand FT 5″ FR 1と略記されるが，このスケジュールでは要素スケジュールに対応する手がかり（ここではキーの色に相当，弁別刺激と専門用語ではいわれる）が与えられない。したがってこの場合は実質的には5秒経過後のキーつき反応に対して餌が与えられる，固定時隔スケジュール（Fix Interval: FI）と同じことになる。

　並立スケジュールと連鎖スケジュールとを組み合わせたスケジュールも存在する。並立連鎖スケジュール（concurrent chained schedule: conc chain）とよばれている

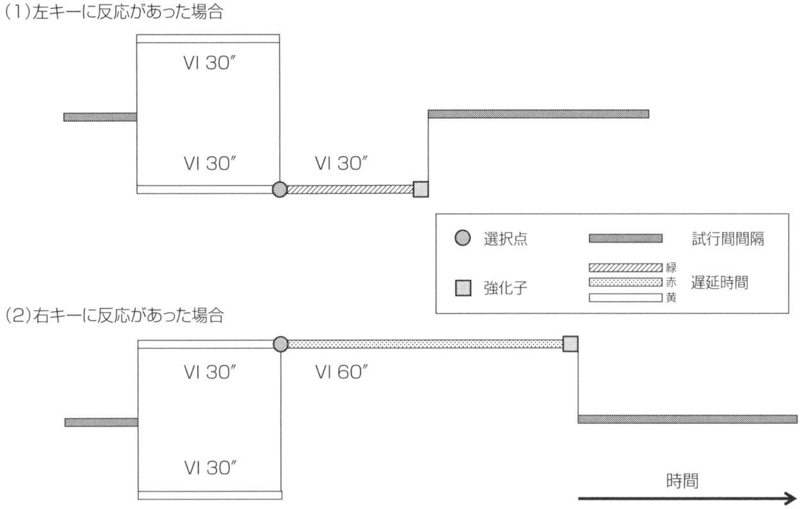

第18章　もう1つの自己制御

(1) 左キーに反応があった場合

VI 30″
VI 30″　VI 30″

○ 選択点　　　━━━ 試行間間隔
□ 強化子　　　▨▨▨ 緑
　　　　　　　▦▦▦ 赤　　遅延時間
　　　　　　　▤▤▤ 黄

(2) 右キーに反応があった場合

VI 30″
VI 30″　VI 60″

時間 →

初環は VI 30″ VI 30″，終環は VI 30″ VI60″ の場合を示す。

図18-4　conc chain 強化スケジュールの例

スケジュールでは，第1段階は通常2つの同色のキーによって構成される並立スケジュールとなっており，この段階を初環とよんでいる。そして，どちらかのキーへの反応がそこで働いているスケジュールの要件を満足することで，第2段階に移行する。この第2段階は終環とよばれ，スケジュールの要件を満足した方だけのキーの色が変化し，選ばれなかった方のキーは消される。この終環で働くスケジュールの要件を満たすと，強化子としての餌が与えられる（図18-4）。

これまで述べてきた SS\LL 選択パラダイムは，こうした強化スケジュールの記法に従うと，conc chain で初環は FR 1　FR 1，終環の一方は短い FT で小さな強化子，もう一方は長い FT で大きな強化子の提示ということになる。

6節　SS\LL 選択パラダイム以外の実験パラダイム：ソフト・コミットメント，プリムローズ・パス，パッチ利用パラダイム

その後，もっぱら Green et al. (1981) に従った SS\LL 選択パラダイムで，自己制御性選択を増加させる環境条件が探索され，いくつもの候補が検討されてきた。これらに関しては，例えば Logue (1995) や Watson & Tharp (2007) を参照していただくことにし，ここではほかの実験手続きをみていく。

Siegel & Rachlin (1995) は，自己制御の1つとしてソフト・コミットメント (soft commitment, ゆるやかな先行拘束) とよばれる手法を提案している。3節で述べた Rachlin & Green (1972) の自己制御性選択が，その選択肢に至る遅延時間を延長し，しかも途中で他の選択肢に変更できないようにすることで達成されたことから，こうした手法をコミットメント（先行拘束）による自己制御手法とよんだ。ソフト・コミットメントはこの手法に由来する。すなわちソフト・コミットメントでは，（ハード）コミットメントとは異なり，遅延時間の最中でも選択肢を自由に変更できるような実験手続きを考えている。

この手続き（実験1）では一方の選択肢SSでは0.5秒の遅延ののちに2.5秒の餌が提示され，もう一方の選択肢LLには3.5秒の遅延ののちに4.5秒の餌が提示される。両選択肢での経過時間をそろえるために，SS強化の後，5秒の暗期が引き続く。さてベースライン条件ではどちらかのキーを1度つつくこと（これはconc FR 1 FR 1 というスケジュールに相当）でSSかLLに至る（第1段階）。そしてSS（および5秒の暗期）あるいはLLの選択肢を経験した（第2段階）後，ハトは30秒間の試行間間隔を経験し，再び選択場面におかれる。この条件と比較するために，第1段階の部分をある条件ではFR31，別のある条件ではFI30″とし，それぞれのスケジュールでの要求を満足した段階で，最後につつき反応があった選択肢に応じてSSかLLで強化された（図18-5）。

ソフト・コミットメントの手続きの結果で興味深いのは，第1段階がFR1のときにはSS選択がほとんどであったのに対して，FI30″，FR31の順にSS選択が減少し，LL選択肢へと選択が移っていったことである。特にFR31の条件では，ほとんどの

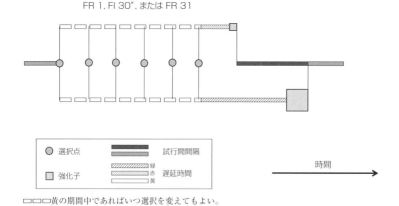

図18-5　ソフト・コミットメント (Siegel & Rachlin, 1995)

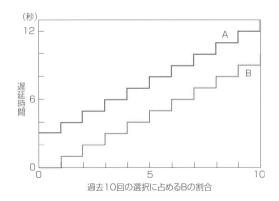

図18-6　プリムローズ・パス（Kudajie-Gyamfi & Rachlin, 1996）

例えば，選択肢Bを過去に遡上って4回選んだあと，Bを選択すると遅延4秒，Aを選択すると遅延7秒となり，短期的に見ればBが選択されやすくなる。しかし，そのために次回の選択場面では，それぞれが5秒，8秒と遅延時間が各1秒間伸びていくので短期的な選択をするほど，長期的には長い遅延となってしまう。

個体が初めからLL側を選択していて，FI30″で観察されたLLからSSへの反応の切り替えがみられなかったことである。

もう1つの自己制御をめぐる手続きにプリムローズ・パス（primrose path，魅惑的だが危険な道）とよぶ手続きがある（Herrnstein et al., 1993; Herrnstein & Prelec, 1992; Kudadjie-Gyamfi & Rachlin, 1996）。この手続きは，Herrnsteinらを中心とした逐次改良（melioration）理論の実験的研究に使われた手続き（Herrnstein, 1982）がもととなっている。

その例をKudadjie-Gyamfi & Rachlin（1996）が用いた手続きで説明しよう（図18-6）。より長い遅延ではあるが全体的には強化率の高くなる選択肢Aと，より短い遅延ではあるが全体的には強化率の低くなる選択肢Bとがある。選択肢間での選択により，もしBを選べばN秒の，A を選べばN+3秒の遅延となるが，このときのNの値は過去10試行でのBの選択数に応じた値となる。例えば，過去に8回Bを選んでいれば，Bの遅延は8秒であるのに対して，Aの遅延は11秒となる。短期的に見れば短い遅延のBが好まれるが，そのためにBの選択回数が多くなると長期的には時間当たりの強化数が減少することになる。具体的には，ちょうどAとBをすでに5回ずつ行ったところから出発して6回続けてA選択を行うと33秒で強化数6，逆に6回続けてB選択を行うと45秒で強化数6となり，B選択を行うことで強化率が低下することがわかる。このような強化スケジュールは，魅惑的だが長期的には危険なので，プリムローズ・パスと呼ばれている（Kudajie-Gyamfi & Rachin, 1996）。

第Ⅴ部　今後の展開

　上述のようなメカニズムにもかかわらず，プリムローズ・パスではヒトでもヒト以外の動物でも，選択肢Bを選ぶ強い傾向があることが確かめられている。しかしヒトを対象とした場合に，メカニズムに関わる教示や，選択ごとに結果を与えるのではなく何回かにまとめて与えることで，選択が改善する例も見出されている。こうして研究者たちは，このメカニズムの理解が自己制御場面や薬物などの嗜癖の解明に役に立つと考えている。

　ただしプリムローズ・パスでは，SS選択肢の代わりに短期的小遅延と長期的小強化の組み合わせが，LL選択肢の代わりに短期的大遅延と長期的大強化の組み合わせが用いられている点にも注意が必要である。ここでの短期とは，1試行内での結果を指しており，一方，長期とは，複数試行の結果を指していることから，通常のSS＼LL選択とは必ずしも同じではない。その意味では，当面の最適化を目指す局所的（local）と，より幅の広い時間での最適化を目指す大域的（global）な対応関係とみたほうがよいかもしれない。

　最後に取り上げる実験手続きは，Stephens & Anderson（2001）のものである。2つの選択肢のどちらかを選択するSS＼LL選択パラダイムと区別するために，ある餌場（パッチ）をそのまま利用するかそれとも新たに利用し直すかという点に注目して，彼らはこの手続きをパッチ利用パラダイム（patch-use paradigm）とよんでいる。この手続きでは，個体はまず後ろにある止まり木でSS＼LL選択パラダイムでの試行間間隔にあたるτ秒経過したところで前方の止まり木に移り，そこで短い遅延$t1$秒を経験し小強化子G1（ここでは餌2個）を得る。その後に選択場面が現れる。すなわち長い遅延$t2$秒から$t1$秒を差し引いた時間（$t2-t1$秒，すなわちLLとSSの遅延の差分）同じ前方止まり木にとどまって，大強化子G2から小強化子G1を差し引

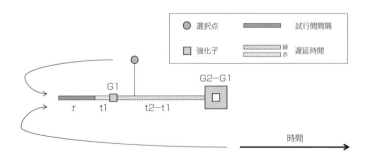

図18-7　パッチ利用パラダイム（Stephens & Anderson, 2001）

SS強化子（小さな四角G1）を得た後，元に戻るか，あるいはそのままSS遅延（赤区間$t1$）の分だけ短縮されたLL遅延（緑区間$t2-t1$）を経て，SS強化子分だけ減少したLL強化子（大きな中抜きの四角$G2-G1$）を得るかを選択する。

第18章　もう１つの自己制御

いた強化量（G2−G1，すなわちLLとSSの強化量の差分）を受け取るか，それとも新たに試行間間隔を開始するために後ろ止まり木に戻るかを選択する（図18-7）。彼らの研究結果では，t1を5秒，t2を60秒もしくは90秒にしたとき，その場にとどまって最終的にG2に相当する強化量を獲得する選択を行った割合は，試行間間隔の増加（30，60，90秒）で増えていくことが見出されたが，その割合は40％を越えることはなかった。一方，t1を50秒に伸ばすと，その割合は様々な条件を通じて75％をほぼ超えるものとなった。

　この研究では，そこにとどまってLL選択肢を完遂するか，SS選択肢だけを完遂して改めて試行間間隔を始めるかという選択となり，形式上ではSS\LL選択パラダイムと大きく異なるものの，条件によって後者の選択が全体的な強化量を減少させるにもかかわらず選択され続けているという結果から，これまで通り衝動性選択の傾向を見て取ることができる。

　おそらく自己制御に関する実験手続きはこれら3つの手続き以外にも存在しているであろう。例えば，Hackenbergらが精力的に進めているトークン強化スケジュールでは，条件強化子としてのトークン1つを生産するスケジュール，トークンを生産する場面からトークンを餌に交換する場面へと移行するスケジュール，トークンを餌1つと代える交換スケジュールの3つが組み合わさっているが，これらの組み合わせ方で，SS\LL選択パラダイムに基づく自己制御とよく似た場面を作ることができる（例えば，Hackenberg, 2009; Yankelevitz et al., 2008）。また時間割引や計時行動に関わる定量的な手続きなどには，自己制御と類似する選択場面を探し出すことが可能かもしれない。しかし，SS\LL選択パラダイムと同様に，ここで挙げた3つの実験パラダイムでは，選択肢間でその選択の割合が等しくなるように各選択肢に複数の次元においてそれぞれ異なる値やメカニズムが設定されたにもかかわらず，その結果として餌の獲得量が他方に比べて小さくなってしまう選択が優勢になるという点で共通しており，その上で，獲得量を最大化する選択肢をどのようにしたら個体に選ばせることができるのかがテーマとなっている。次節以降では，こうしたテーマ自体を再検討し，どのように新しい自己制御の問題を考えることができるのかを考えてみよう。

7節　自己制御問題を組み直す

　第6節で述べたように，自己制御実験の基本的なテーマは，各選択肢に共通な複数次元でそれぞれ異なる値やメカニズムを設定した結果，個体に強化子の獲得量を最大化する選択肢をどのようにしたら選ばせることができるのか，である。ここで共通な複数次元とは，例えば，SS\LL選択パラダイムでは遅延と強化量をいう。そして即

第Ⅴ部　今後の展開

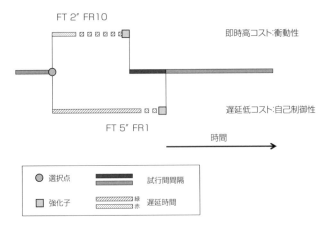

図18-8　chain FT 2″ FR10とchain FT 5″ FR 1の組み合わせによるSS\LL選択パラダイムの書き換え

SS選択肢の小強化子を高いコストと読み替え，LL選択肢の大強化子を低いコストと読み替えて，それぞれをFRスケジュールで表した。

　時小強化と遅延大強化という2つの選択肢の性質にみるように，一方の次元で値が高い場合は他方の次元では低い値を設定して，各々の選択肢内では次元間で，選択肢間では次元内で対立するように構成されている。また手続きには，1つ以上の選択点と強化子を伴う2つ以上の選択肢，そしてこれらの間をつなぐ2つのループ（選択点から強化子，強化子から選択点）が含まれる。

　さて，強化量が小さいということは，一定量の強化子を得るのに高いコストがかかることに相当すると考えてみる。一方，強化量が大きいとは，同じ一定量の強化子を得るのに低いコストですむと考えてみる。コストを餌を得るのに必要な反応数と考えると，例えば，前者はFR10，後者はFR 1 でそれぞれ 1 粒の餌を得ることにあたる。このように強化量をコストに置き換えた新たなSS\LL選択パラダイムの2つの選択肢の一方はchain FT 2″ FR10，もう一方はchain FT 5″ FR 1 というように書き表すことができよう（図18-8）。つまり餌の大きさをそろえることで，2つのスケジュールの異なるパラメータとして，SS\LL選択パラダイムを書き換えたことになる。

　しかし，SS\LL選択パラダイムでの選択を仮に2つのスケジュールのパラメータの違いで，記述することができたとしても，私たちはこのパラダイムから大きく踏み出てはいない。さらにもう一段階の飛躍をするためには，次のように考えてみる。chain FT 2″ FR10とchain FT 5″ FR 1 を比較してみると，前者のFR10というコス

第18章　もう1つの自己制御

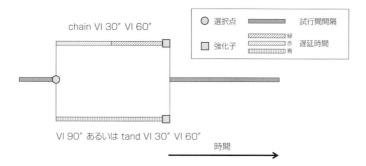

図18-9　chain VI 30″ VI 60″ と，単一の VI 90″ あるいは tand VI 30″ VI 60″ との組み合わせによる分割効果を見る手続き（Doughty et al., 2004）

これまでの知見から下の選択肢がより選ばれることがわかっており，これを分割効果とよんでいる。

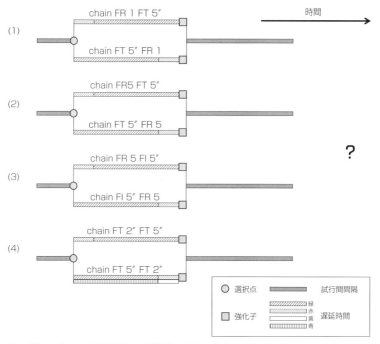

第4条件にはすべての要素を異なる弁別刺激にしたものもある。

図18-10　入れ替え効果を確認するための4つの実験条件

トは後者のFR1と比較すればより長い時間にわたって反応に携わることを意味している。一方後者のFT5″という遅延は，前者のFT2″と比較するとより長い時間の経過を必要としている。そこで，上のLL選択肢に相当するchain FT5″ FR1と，これと構成要素は全く同じで提示順だけが異なる，すなわち提示順を入れ替えた(transpose) chain FR1 FT5″との選択を考えると，内容は異なるものの，SS＼LL選択パラダイムと似た形式のものができ上がる。それでは，このような場合，2つの選択肢間での選択はどのようなことになるのだろうか。

　実はこのような問いは，すでに異なる形で選択の研究に表れてきている。上のような構成要素が等しいものの，各選択肢の弁別刺激があるなしの違いのある，chain VI30″ VI60″とtand VI30″ VI60″，あるいは，両選択肢間の強化率がほぼ同じとなる，chain VI30″ VI60″とVI90″間での選択（図18-9）は，分割効果（segmentation effect）として長い間議論の対象となっており，いずれも途中で弁別刺激が変わってしまう連鎖スケジュール側の選択が少ないことがわかっている（Doughty et al., 2004）。ただ，上で述べたような入れ替えする配置での選択実験はこれまでほとんどなされてこなかった。

　そこで私たちの研究室ではこの入れ替え効果について調べてみることにした（図18-10）。ハトを被験体として，2つのキーが前面パネルにつけられた実験箱で実験がなされた。連鎖スケジュールの要素スケジュールには赤もしくは緑のキー光が割り当てられ，強化子の提示時間は3秒，試行と試行間間隔の合計の値は18″とし，試行は選択肢間の選択から開始し，強化子の提示終了までとした。1セッションは200試行よりなり，最短の15セッション以上，安定基準を満たすまで各条件を行った。条件3と4では1セッションのうち，初めの100試行はランダムにどちらか一方の選択肢を経験させる強制選択，残り100試行は2つの選択肢のどちらかを選択させる自由選択とした。現在もその研究は途上であるが，これまで次のような結果が得られている（坂上・楚良，2013）。

（1） chain FR1 FT5″ 対　chain FT5″ FR1：5羽中5羽が後者を選択
（2） chain FR5 FT5″ 対　chain FT5″ FR5：5羽中5羽が後者を選択
（3） chain FR5 FI5″ 対　chain FI5″ FR5：3羽中3羽が後者を選択。なお，すべての要素スケジュールの弁別刺激を異なる4色にしても後者が選択された。
（4） chain FT2″ FT5″ 対　chain FT5″ FT2″：2羽中2羽が後者を選択。なお，すべての要素スケジュールの弁別刺激を異なる4色にしたところ1羽は後者への90％を越える選択を示したが，もう1羽は50％を越える選択率にとどまった。

　つまりこれらの実験から，個体は後半に短い遅延や反応の機会があるような選択肢を，前半にそれらがあるものと比較して，より高い割合で選択するということがわ

かった。

　入れ替え効果が認められる数少ない研究の1つに，複合くじ（compound lottery）がある。この複合くじでは，例えば，一方の選択肢Aでは，第1段階が確率1／2で，第2段階が確率1／6でそれぞれの段階が通過できるように構成され，第2段階を勝てば強化子が提示される。他方の選択肢Bでは，それぞれの段階が1／6と1／2で構成されるというように，第1段階と第2段階が入れ替えられている。いずれも強化される確率は1／12で等しくされているが，ヒトでは選択肢Aを選好することが確認されている（Budescu & Fischer, 2001; Ronen, 1973）。私たちの研究室でのラットやヒトを用いた研究結果も，特に確率についての明示的な教示などがなくとも，条件によっては同様な傾向を示すことが確認されている（Shi & Sakagami, 2014; 時・坂上，2014）。

節　もう1つの自己制御

　私たちの結果は，入れ替えという操作によって，一方の選択肢が他方よりも，より選択されることを示している。そうしたことが明らかになると，いったいどんな新しい局面が展開していくのだろうか。

　それは共通の要素と同一の強化率と強化量からなっている選択肢間での差ということになり，一方の選択肢と釣り合わせるために，他方のスケジュールパラメータを変化させることができるということになる。例えば，chain FT 2″ FT 5″ と chain FT 5″ FT 2″ の間で後者が好まれるようなことがあれば，両者の選択をつりあわ

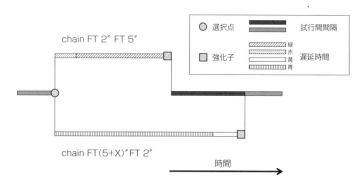

図18-11　エコ・セントリックな自己制御

下の選択肢はもともと chain FT 5″ FT 2″ であったが，こちらへの選択が多いのでつりあわせるために最初の部分を X″ だけ長くした。そのためにこちらの選択肢の方が低い強化率となる。

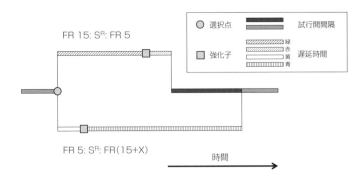

図18-12　エコ・セントリックな自己制御の変形（Sakagami et al., 2015）

下の選択肢はもともとFR 5の後に強化子（S^R）が出現し，その後にFR 15であったが，こちらへの選択が多いのでつりあわせるために後のFRの要求数をX回長くした。

せるために後者の初めの部分であるFTの値をより長くすることができる（図18-11）。ということは，後者を選択することによって長期的には（グローバルな）強化率を下げることができるということになる。これとよく似た選択場面としては，図18-12のような変形も考えられ，現在，検討が加えられている（Sakagami et al., 2015）。

　これまでのSS＼LL選択パラダイムをはじめとした自己制御問題は，個体に強化子の獲得量を最大化する側の選択肢を選ばせること，あるいはより高い価値をもった選択肢を選ばせることがテーマであった。なぜなら，SSを選択することは短期的には（ローカルな）強化遅延を短くはしても，長期的には（グローバルな）強化量を減少する非合理的な行動であったからである。例えば，目の前のちょっとしたデザートに目がくらんで，結果として本当に価値のある，おいしい御馳走を得ることができなくなるようなケースである。しかし，このような自己制御は，21世紀を迎えた私たちにとっては，ある種の違和感が伴う。地球温暖化からの回避や持続可能な社会の提言といった，20世紀後半から認識されてきた人類による地球環境の簒奪を考慮に入れると，こうしたSS＼LL選択パラダイムの意味する自己制御は，合理的行動ではあるが自己利益最大化を考える，すなわちエゴ・セントリック（ego-centric）な自己制御のように思える。

　それに対して，要素スケジュールを入れ替える効果だけで生み出される選択は，同じ強化子の量でありながら，一方の選択肢への高い選択割合を生み出し，その結果，もう一方の選択肢よりも長い強化遅延をその選択肢に与えることができる。つまり上の例でいえば，価値の高い，おいしい御馳走を選ばないようにすることができるという，逆説的な自己制御選択を考えることになる。このような自己制御をここではエコ・セントリック（eco-centric）な自己制御とよんでおこう。

エコ・セントリックな自己制御のメカニズムについては，今後の研究を待たねばならない。1つの可能性としては，分割効果についての研究から示唆されるように，条件性弁別刺激のもたらす情報の効果（Takahashi, 1996）によると考えられる。例えば，図18-10（4）の chain FT 2″ FT 5″ と chain FT 5″ FT 2″ の間で後者が好まれるということは，chain FT 2″ FT 5″ において FT 2″ とともに提示される刺激はその後に高コストの出来事（FT 5″）が起こるという悪い知らせをもたらすが，chain FT 5″ FT 2″ において FT 5″ とともに提示される刺激はその後に低コストの出来事（FT 5″）が起こるという良い知らせをもたらす。先に良いことが起こり（FT 2″），その後で悪いことがある（FT 5″）よりも，先に悪いことが起こり（FT 5″），その後で良いことがある（FT 2″）ことの方が好まれることを意味している。

本章で述べたかった「もう1つの自己制御」とは，地球環境の簒奪を抑える，エコ・セントリックな自己制御である。同じ特性をもつ強化子でありながら，それでもなおかつ，資源利用からみて，より効率的な選択肢を選択するような行動を整置（アレンジ）する環境や随伴性を，私たちは今後作り出していかなくてはならないのではないだろうか。

〈謝辞〉
　エゴ・セントリック対エコ・セントリックという名称については三田地真実氏のご示唆をいただいた。ここに記して謝意を表したい。

※注　以下に簡単に Skinner による継時（S）型自己制御と選択（C）型自己制御との違いを整理しておく。
1）［デフォルト］デフォルトの（反応しないと提示される）随伴性は，S 型では SS 選択に相当する随伴性となっており，制御行動を起こすことによって LL 選択に相当する随伴性に変化する。一方 C 型には選択点があるので，選択行動をしない限り先に進まない。ある意味で，C 型ではどちらかの選択肢を選ぶことが強化されている。
2）［制御行動］S 型では制御行動の自発によって，制御される行動の随伴性が変えられる。C 型には明示的な制御行動はなく，SS 選択をしない LL 選択がそのまま制御行動とみなされている。また C 型で LL 選択をしても SS 選択肢の随伴性を変えることはない。
3）［価値の選択］C 型では選択肢ごとに随伴性が異なっており，これらの随伴性のどれを選択するかという構造になっている。
　これらの随伴性は，選択肢の「価値」を表し，個体は複数の「価値」から，ある「価値」を選択していると考えられている。一方，S 型では制御行動が自発されるか否かが問題となっており，制御行動の出現によって変容された随伴性とそれがない時の随伴性との価値を比較するという観点はない。
4）［行動の結果］S 型における別の結果へと結びつく行動の開始点は，個体が決定するのに対して，C 型における開始点（これは選択点となっている）は実験者の手続きで決定されている。C 型では 1）でみたように，個体は選択しないという選択を現実的にはすることはできないし，何もしないと S 型のようなデフォルトで設定されている強化子遭遇の機会をもっていない。
　S 型自己制御のような場面では，反応をするかしないかという選択行動を個体がしているときにいわれるが，こうした選択行動は C 型での選択肢間の選択行動と大きく異なっており，以上でみてきたように，単なる類比で両者間の異同を論じることには問題があると著者は考えている。

文献

第1章

Ainslie, G. W. (1974). Impulse control in pigeons. *Journal of the Experimental Analysis of Behavior*, 21, 485–489.

Ainslie, G., & Herrnstein, R. J. (1981). Preference reversal and delayed reinforcement. *Animal Learning & Behavior*, 9, 476–482.

Aragona. J., Cassady, J., & Drabman, R. S. (1975). Treating overweight children through parental training and contingency contracting. *Journal of Applied Behavior Analysis*, 8, 269–278.

Baum, W. M. (1974). On two types of deviation from the matching law: Bias and undermatching. *Journal of the Experimental Analysis of Behavior*, 22, 231–242. doi: 10.1901/jeab.1974.22-231

Baum, W. M. (1979). Matching, undermatching, and over- matching in studies of choice. *Journal of the Experimental Analysis of Behavior*, 32, 269–281.

Baumeister, R. F., & Vohs, K. D. (2007). Self-regulation, ego depletion, and motivation. *Social and Personality Psychology Compass*, 1, 115–128. doi: 10. 1111/j.1751-9004. 2007. 00001.x

Bean, M. K., Stewart, K., & Olbrisch, M. E. (2008). Obesity in America: Implications for clinical and health psychologists. *Journal of Clinical Psychological Medical Settings*, 15 (3), 214–224.

Becker, G. S., & Murphy, K. M. (1988). A theory of rational addiction. *Journal of Political Economy*, 96, 675–700.

Beeby, E., & White, K. G. (2013). Preference reversal between impulsive and self-control choice. *Journal of the Experimental Analysis of Behavior*, 99, 260–276.

Borrero, J. C., & Vollmer, T. R. (2002). An application of the matching law to severe problem behavior. *Journal of Applied Behavior Analysis*, 35, 13–27. doi: 10. 1901/jaba.2002. 35-13

Bradshaw, C. M., Ruddle, H. V., & Szabadi, E. (1981). Studies of concurrent performances in humans. In C. M. Bradshaw, E. Szabadi, & C. F. Lowe (Eds.), *Quantification of steady-state operant behaviour* (pp. 79–90). Amsterdam: Elsevier/North-Holland Biomedical Press.

Brownell, K. D. (2000). *The LEARN program for weight management 2000*. Dallas: American Health Publishers.

Brownstein, A. J. (1971). Concurrent schedules of responseindependent response-independent reinforcement: Duration of a reinforcing stimulus. *Journal of the Experimental Analysis of Behavior*, 15, 211–214.

Burke, L. E., Wang, J., & Sevick, M. A. (2011). Self-monitoring in weight loss: A systematic review of the literature. *Journal of the American Dietetic Association*, 111 (1), 92–102. doi: 10. 1016/j.jada.2010. 10. 008

Carels, R. A., Douglass, O. M., Cacciapaglia, H. M., & O'Brien, W. H. (2004). An Ecological Momentary Assessment of Relapse Crises in Dieting. *Journal of Consulting and Clinical Psychology*, 72 (2), 341–348.

Carver, C. S., & Scheier, M. F. (1998). *On the self-regulation of behavior*. New York: Cambridge University Press.

Catania, A. C. (1963). Concurrent performances: A baseline for the study of reinforcement magnitude. *Journal of the Experimental Analysis of Behavior*, 6, 299–300.

Chiu, J. L., & Linn, M. C. (2011). The Role of Self-Monitoring in Learning Chemistry with Dynamic Visualization. In A. Zohar, & Y. J. Dori (Eds.), *Metacognition and Science Education: Trends in Current Research*. London: Springer-Verlag.

Chung, S. H., & Herrnstein, R. J. (1967). Choice and delay of reinforcement. *Journal of the Experimental Analysis of Behavior*, 10, 67–74. doi: 10.1901/jeab.1967.10-67

Cliffe, M. J., & Parry, S. J. (1980). Matching to reinforcer value: Human concurrent variable-interval performance. *Quarterly Journal of Experimental Psychology*, 32, 557–570.

文　献

Cooper, Z., & Fairburn, C. G. (2001). A new cognitive behavioural approach to the treatment of obesity. *Behaviour Research and Therapy*, **39**, 499–511.
Cullen, K. W., Baronowski, T., & Smith, S. P. (2001). Using goal setting as a strategy for dietary behavior change. *Journal of the American Dietetic Association*, **101**, 562–566.
Dalton, W. T., & Kitzmann, K. M. (2012). A preliminary investigation of stimulus control, self-monitoring, and reinforcement in lifestyle: Interventions for pediatric overweight. *American Journal of Lifestyle Medicine*, **6**, 75–89.
Davison, M., & Baum, W. M. (2002). Choice in a variable environment: Effects of blackout duration and extinction between components. *Journal of the Experimental Analysis of Behavior*, **77**, 65–89.
Davison, M., & Baum, W. M. (2003). Every reinforcer counts: Reinforcer magnitude and local preference. *Journal of the Experimental Analysis of Behavior*, **80**, 95–129.
Davison, M. , & McCarthy, D. (1988). *The matching law: A research review*. Hillsdale, NJ: Erlbaum.
Davison, M., & Nevin, J. A. (1999). Stimuli, reinforcers, and behavior: An integration. *Journal of the Experimental Analysis of Behavior*, **71**, 439–482.
Davison, M., de Ridder, D. T. D., & de Wit, J. B. F. (2006). Self-regulation in health behavior: Concepts, theories, and central issues. In D. T. D. de Ridder & J. B. F. de Wit (Eds.), *Self-regulation in health behavior*. John Wiley & Sons.
De Ridder, D. T., & De Wit, J. B. (2006). Self-regulation in health behavior: Concepts, theories, and central issues. *Self-regulation in health behavior*, 1–23.
de Villiers, P. (1977). Choice in concurrent schedules and a quantitative formulation of the law of effect. In W. K. Honig. & J. E. R. Staddon (Eds.), *Handbook of Operant Behavior* (pp. 233–287). Englewood Cliffs, NJ: Prentice-Hall.
Eisenberger, R., & Masterson, F. A. (1987). Effects of prior learning and current motivation on self-control. In M. L. Commons, J. A. Nevin, & H. Rachlin (Eds.), *Quantitative analyses of behavior, Vol. 5: The effect of delay and intervening events on reinforcement value* (pp. 267–282). Hillsdale, NJ: Erlbaum.
Elliffe, D., Davison, M., & Landon, J. (2008). Relative reinforcer rates and magnitudes do not control concurrent choice independently. *Journal of the Experimental Analysis of Behavior*, **90**, 169–185.
Fantino, E. (1969). Choice and rate of reinforcement. *Journal of the Experimental Analysis of Behavior*, **12**, 723–730. doi.org/10.1901/jeab.1969.12-723 PMid: 16811396
Fantino, E. (2012). Optimal and non-optimal behavior across species. *Comparative Cognition & Behabior Review*, **7**, 44–54.
Ferster, C. B., Nurnberger, J. I., & Levitt, E. B. (1962). The control of eating. *Journal of Mathetics*, **1**, 87–109.
Flora, S. R., & Pavlilk, W. (1992). Human self-control and the density of reinforcement. *Journal of the Experimental Analysis of Behavior*, **57**, 201–208.
Forzano, L. B., & Logue, A. W. (1992). Predictors of adult humans' self-control and impulsiveness for food reinforcers. *Appetite*, **19**, 33–47.
Forzano, L. B., Michels, J. L., Sorama, M., Etopio, A. L., & English, E. J. (2014). Self-control and impulsiveness in adult humans: Comparison of qualitatively different consumable reinforcers using a new methodology. *The Psychological Record*, **64**, 719–730.
Foster, G. D., Angela, P., Makris, A. P., & Bailer, B. A. (2005). Behavioral treatment of obesity. *The American Journal of Clinical Nutrition*, **82** (8), 230S–235S.
Frederick, S., Loewenstein, G., & O'Donoghue, T. (2002). Time discounting and time preference: A critical review. *Journal of Economic Literature*, **40**, 351–401.
Funder, D. C., & Block, J. (1989). The role of ego-control, ego-resiliency, and IQ in delay of gratification in adolescence. *Journal of Personality and Social Psychology*, **57**, 1041–1050.
Gehrman, C. A., & Hovell, M. F. (2003). Protecting children from environmental tobacco smoke (ETS) exposure: A critical review. *Nicotine & Tobacco Research*, **5**, 289–301.
Green, L., & Estle, S. J. (2003). Preference reversals with food and water reinforcers in rats. *Journal of the Experimental Analysis of Behavior*, **79**, 233–242.
Green, L., Fisher, E. B. Jr., Perlow, S., & Sherman, L. (1981). Preference reversal and self control: Choice as a

function of reward amount and delay. *Behaviour Analysis Letters*, **1**, 43–51.
Green, L., & Myerson, J. (2004). A discounting framework for choice with delayed and probabilistic rewards. *Psychological Bulletins*, **130** (5), 769–792.
Grosch, J., & Neuringer, A. (1981). Self control in pigeons under Mischel paradigm. *Journal of the Experimental Analysis of Behavio*, **35**, 3–21.
Gutin, B., Owen, S., Okuyama, T., Riggs, S., Ferguson, M., & Litaker, M. (1999). Effect of physical training and its cessation on percent fat and bone density of children with obesity. *Obesity Research*, **7**, 208–214.
Herrnstein, R. J. (1961). Relative and absolute strength of response as a function of frequency of reinforcement. *Journal of the Experimental Analysis of Behavior*, 4 (3), 267–272.
Herrnstein, R. J. (1970). On the law of effect. *Journal of the Experimental Analysis of Behavior*, **13**, 243–266.
Hofmeyr, A., Ainslie, G., Charlton, R., & Ross, D. (2011). The relationship between addiction and reward bundling: An experiment comparing smokers and non-smokers. *Addiction*, **106**, 402–409. doi: 10.1111/j.1360-0443.2010.03166.x
Hursh, S. R., Madden, G. J., Spiga, R., DeLeon, I. G., & Francisco, M. T. (2013). The translational utility of behavioral economics: The experimental analysis of consumption and choice. In G. J. Madden, W. V. Dube, T. D. Hackenberg, G. P. Hanley, & K. A. Lattal (Eds.), *APA handbook of behavior analysis, Vol. 2: Translating principles into practice* (pp. 191–224). Washington, DC: American Psychological Association.
Hyten, C., Madden, G. J., & Field, D. P. (1994). Exchange delays and impulsive choice in adult humans. *Journal of the Experimental Analysis of Behavior*, **62**, 225–233.
Iglauer, C., & Woods, J. H. (1974). Concurrent performances: Reinforcement by different doses of intravenous cocaine in rhesus monkeys. *Journal of the Experimental Analysis of Behavior*, **22**, 179–196. doi: 10.1901/jeab.1974.22-179
Kirby, K. N., & Guastello, B. (2001). Making choices in anticipation of similar future choices can increase self-control. *Journal of Experimental Psychology: Applied*, **7** (2), 154–164.
Kirby, K. N., & Herrnstein, R. J. (1995). Preference reversals due to myopic discounting of delayed reward. *Psychological Science*, **6**, 83–89.
Kollins, S. H., Lane, S. D., & Shapiro, S. K. (1997). Experimental analysis of childhood psychopathology: A laboratory matching analysis of the behavior of children diagnosed with attention-deficit hyperactivity disorder (ADHD). *Psychological Record*, **47**, 25–44.
Larrick, R. P., Morgan, J. N., & Nisbett, R. E. (1990). Teaching the use of cost-benefit reasoning in everyday life. *Psychological Science*, **1**, 362–370.
Latner, J. D., Stunkard, A. J., Wilson, T., Jackson, M., Zelitch, D. S., & Labouvie, E. (2000). Effective long-term treatment of obesity: A continuing care model. *International Journal of Obesity*, **24** (7), 893–898.
Logue, A. W. (2000). Self-control and health behavior. In W. K. Bickel, & R. E. Vuchinich (Eds.), *Refraining health behavior change with behavioral economics* (pp. 167–192). Mahwah, NJ: Erlbaum.
Logue, A. W., Chavarro, A., Rachlin, H., & Reeder, R. W. (1988). lmpulsiveness in pigeons living in the experimental chamber. *Animal Learning & Behavior*, **16**, 31–39.
Logue, A. W., & King, G. R. (1991). Self-control and impulsiveness in adult humans when food is the reinforcer. *Apetite*, **17**, 105–120.
Logue, A. W., Pena-Correal, T. E., Rodriguez, M. L., & Kabela, E. (1986). Self-control in adult humans: Variation in positive reinforcer amount and delay. *Journal of the Experimental Analysis of Behavior*, **46**, 159–173.
Mace, C. A., & Neef, N. A. (1994). Limited matching on concurrent-schedule reinforcement of academic behavior. *Journal of Applied Behavior Analysis*, **27**, 585–596.
Mahoney, M. J., Moura, N. G. M., & Wade, T. C. (1973). The relative efficacy of self-reward, self-punishment, and self-monitoring techniques for weight loss. *Journal of Consulting and Clinical Psychology*, **40**, 404–407.
Martyn-Nemeth, P., Penckofer, S., Gulanick, M., Velsor-Friedrich, B., & Bryant, F. B. (2008). Self-esteem, stress, coping, eating behavior, and depressive mood in adolescents. *Research in Nursing & Health*, **32**, 96–109.
Mazur, J. E. (1987). An adjusting procedure for studying delayed reinforcement. In M. L. Commons, J. E.

文　献

Mazur, J. A. Nevin, & H. Rachlin (Eds.), *Quantitative analyses of behavior, Vol. 5: The effect of delay and of intervening events on reinforcement value* (pp. 55–73). Hillsdale, NJ: Lawrence Erlbaum Associates.
Mazur, J. E., & Logue, A. W. (1978). Choice in a "self-control" paradigm: Effects of a fading procedure. *Journal of the Experimental Analysis of Behavior, 30*, 11–17.
McDevitt, M. A., & Williams, B. A. (2001). Effects of signaled versus unsignaled delay of reinforcement on choice. *Journal of the Experimental Analysis of Behavior, 75*, 165–182. doi: 10.1901/jeab.2001.75–165
McDowell, J. J. (1981). On the validity and utility of Herrnstein's hyperbola in applied behavior analysis. In C. M. Bradshaw, E. Szabadi, & C. F. Lowe (Eds.), *Quantification of steady-state operant behaviour* (pp. 311–324). Amsterdam: Elsevier/North-Holland.
McDowell, J. J. (1988). Matching theory in natural human environments. *The Behavior Analyst, 11*, 95–109.
McDowell, K. J. (2013). On the theoretical and empirical status of the matching law and matching theory. *Psychological Bulletin, 139*, 1000–1028.
McKee, H. C., & Ntoumanis, N. (2014). Developing self-regulation for dietary temptations: Intervention effects on physical, self-regulatory and psychological outcomes. *Journal of Behavioral Medicine, 37* (6), 1075–1081.
Millar, A., & Navarick, D. J. (1984). Self-control and choice in humans: Effects of video game playing as a positive reinforcer. *Learning and Motivation, 15*, 203–218.
Miller W. R. &, Rollnick, S. (2002). *Motivational interviewing: Preparing people for change* (2nd ed.). New York, NY: The Guildford Press.
Mischel, H. N., Ebbesen, E. B., & Zeiss, A. R. (1972). Cognitive and attentional mechanisms in delay of gratification. *Journal of Personality and Social Psychology, 16*, 204–218.
Mischel, W., & Baker, N. (1975). Cognitive appraisals and transformations in delay behavior. *Journal of Personality and Social Psychology, 31*, 254–261.
Mischel, W., Shoda, Y., & Rodriguez, M. L. (1989). Delay of gratification in children. *Science, 244*, 933–938.
Murray, L. K., & Kollins, S. H. (2000). Effects of methylphenidate on sensitivity to reinforcement in children diagnosed with attention deficit hyperactivity disorder: An application of the matching law. *Journal of Applied Behavior Analysis, 33*, 573–591. doi: 10.1901/jaba.2000.33–573
Nauta, H., Hospers, H., Kok, G., & Jansen, A. (2000). A comparison between a cognitive and a behavioral treatment for obese binge eaters and obese non-binge eaters. *Behavior Therapy, 31*, 441–461.
Navarick, D. J. (1982). Negative reinforcement and choice in humans. *Learning and Motivation, 13*, 361–377.
Pearson, E. S. (2012). Goal setting as a health behavior change strategy in overweight and obese adults: A systematic literature review examining intervention components. *Patient Education and Counseling, 87*, 32–42.
Penick, S. B., Filion, R., Fox, S., & Stunkard, A. J. (1971). Behavior modification in the treatment of obesity. *Pychosomatic Medicine, 33*, 49–55.
Rachlin, H., & Baum, W. M. (1969). Response rate as a function of amount of reinforcement for a signalled concurrent response. *Journal of the Experimental Analysis of Behavior, 12*, 11–16.
Rachlin, H., & Green, L. (1972). Commitment, choice and self-control. *Journal of the Experimental Analysis of Behavior, 17*, 15–22.
Rotatori, A. F., & Fox, R. (1980). The effectiveness of a behavioral weight reduction program for moderately retarded adolescents. *Behavior Therapy, 11*, 410–416.
Schwartz, J. L. (1979). Review and evaluation of methods of smoking cessation, 1969-77. Summary of a monograph. *Public Health Reports, 94* (6), 558–563.
Solnick, J. V., Kannenberg, C. H., Eckerman, D. A., & Waller, M. B. (1980). An experimental analysis of impulsivity and impulse control in humans. *Learning and Motivation, 11*, 61–77.
Stilling, S. T., & Critchfield, T. S. (2010). The matching relation and situation-specific bias modulation in professional football play selection. *Journal of the Experimental Analysis of Behavior, 93* (3), 435–454. doi: 10.1901/jeab.2010.93–435
Stuart, R. B., & Davis, B. (1972). *Slim chance in a fat world: Behavioral control of obesity*. Champaign, Illinois: Research Press.

Sumpter, C. E., Foster, T. M., & Temple, W. (2002). Assessing Animal's Preferences: Concurrent Schedules of Reinforcement. *International Journal of Comparative Psychology*, **15**, 107-126.

Sussman, S., Sun, P., & Dent, C. W. (2006). A meta-analysis of teen cigarette smoking cessation. *Health Psychology*, **25** (5), 549-557.

Takahashi, M. (1996). Schedule segmentation and delay-reduction theory. *Behavioural Processes*, **36**, 263-275.

Takahashi, M., & Fujihara, T. (1995). Human self-control: Effects of type, amount, and delay of reinforcer. *Learning and Motivation*, **26**, 183-202.

Takahashi, M., & Iwamoto, T. (1986). Human concurrent performances: The effects of experience, instruction, and schedule-correlated stimuli. *Journal of the Experimental Analysis of Behavior*, **45**, 257-267.

Takahashi, M., & Shimakura, T. (1998). Effects of instructions on human concurrent performances. *The Psychological Record*, **48**, 171-181.

Thoresen, C. E., & Mahoney, M. (1974). *Behavioral self-control*. Holt, Rinehart and Winston.

Wadden, T. A. (1993). The treatment of obesity: An overview. In A. J. Stunkard, & T. Wadden (Eds.), *Obesity: Theory and therapy* (2nd ed., pp. 197-218). New York: Raven Press.

Wadden, T. A., Meghan, L., Butryn, M. L., & Wilson, C. (2007). Lifestyle Modification for the Management of Obesity. *Gastroenterology*, **132**, 2226-2238.

Wilson, V. B., Mitchell, S. H., Musser, E. D., Schmitt, C. F., & Nigg, J. T. (2011). Delay discounting of reward in ADHD: Application in young children. *Journal of Child Psychology and Psychiatry*, **52**, 256-264. doi: 10.1111/j.1469-7610.2010.02347.x

Zimmerman, B. J. (1990). Self-regulated learning and academic achievement: An overview. *Educational Psychologist*, **25** (1), 3-17.

第2章

Alessi, S. M., & Petry, N. M. (2003). Pathological gambling severity is associated with impulsivity in a delay discounting procedure. *Behavioural Processes*, **64**, 345-354.

Baker, F., Johnson, M. W., & Bickel, W. K. (2003). Delay discounting in current and never-before cigarette smokers: Similarities and differences across commodity, sign, and magnitude. *Journal of Abnormal Psychology*, **112**, 382-392.

Barratt, E. S. (1985). Impulsiveness defined within a systems model of personality. In C. D. Spielberger, & J. N. Butcher (Eds.), *Advances in personality assessment* (Vol. 5, pp. 113-132). Hillsdale, NJ: Erlbaum.

Bickel, W. K., Odum, A. L., & Madden, G. J. (1999). Impulsivity and cigarette smoking: Delay discounting in current, never, and ex-smokers. *Psychopharmacology*, **146**, 447-454.

Bickel, W. K., Yi, R., Kowal, B. P., & Gatchalian, K. M. (2008). Cigarette smokers discount past and future rewards symmetrically and more than controls: Is discounting a measure of impulsivity? *Drug and Alcohol Dependence*, **96**, 256-262.

Cherek, D. R., & Lane, S. D. (1999). Laboratory and psychometric measurements of impulsivity among violent and nonviolent female parolees. *Biological Psychiatry*, **46**, 273-280.

Coffey, S. F., Gudleski, G. D., Saladin, M. E., & Brady, K. T. (2003). Impulsivity and rapid discounting of delayed hypothetical rewards in cocaine-dependent individuals. *Experimental and Clinical Psychopharmacology*, **11**, 18-25.

Crean, J. P., de Wit, H., & Richards, J. B. (2000). Reward discounting as a measure of impulsive behavior in a psychiatric outpatient population. *Experimental and Clinical Psychopharmacology*, **8**, 155-162.

de Wit, H., Flory, J. D., Acheson, A., McCloskey, M., & Manuck, S. B. (2007). IQ and nonplanning impulsivity are independently associated with delay discounting in middle-aged adults. *Personality and Individual Differences*, **42**, 111-121.

Dixon, M. R., Marley, J., & Jacobs, E. A. (2003). Delay discounting by pathological gamblers. *Journal of Applied Behavior Analysis*, **36**, 449-458.

Dom, G., de Wilde, B., Hulstijn, W., & Sabbe, B. (2007). Dimensions of impulsive behaviour in abstinent alcoholics. *Personality and Individual Differences*, **42**, 465-476.

文　献

Dom, G., D'haene, P., Hulstijn, W., & Sabbe, B. (2006). Impulsivity in abstinent early- and late-onset alcoholics: Differences in self-report measures and a discounting task. *Addiction*, 101, 50-59.
Epstein, L. H., Richards, J. B., Saad, F. G., Paluch, R. A., Roemmich, J. N. & Lerman, C. (2003). Comparison between two measures of delay discounting in smokers. *Experimental and Clinical Psychopharmacology*, 11, 131-138.
Evenden, J. L. (1999). Varieties of impulsivity. *Psychopharmacology*, 146, 348-361.
Eysenck, S. B. G., & Eysenck, H. J. (1978). Impulsiveness and venturesomeness: Their position in a dimensional system of personality description. *Psychological Reports*, 43, 1247-1255.
Eysenck, S. B. G., Pearson, P. R., Easting, G., & Allsopp, J. F. (1985). Age norms for impulsiveness, venturesomeness and empathy in adults. *Personality and Individual Differences*, 6, 613-619.
Fields, S., Collins, C., Leraas, K., & Reynolds, B. (2009). Dimensions of impulsive behavior in adolescent smokers and nonsmokers. *Experimental and Clinical Psychopharmacology*, 17, 302-311.
Green, L., Fry, A. F., & Myerson, J. (1994). Discounting of delayed rewards: A life-span comparison. *Psychological Science*, 5, 33-36.
Green, L., & Myerson, J. (1993). Alternative frameworks for the analysis of self control. *Behavior and Philosophy*, 21, 37-47.
Heyman, G. M., & Gibb, S. P. (2006). Delay discounting in college cigarette chippers. *Behavioural Pharmacology*, 17, 669-679.
Johnson, M. W., Bickel, W. K., Baker, F., Moore, B. A., Badger, G. J., & Budney, A. J. (2010). Delay discounting in current and former marijuana-dependent individuals. *Experimental and Clinical Psychopharmacology*, 18, 99-107.
Kirby, K. N. (2009). One-year temporal stability of delay-discount rates. *Psychonomic Bulletin & Review*, 16, 457-462.
Kirby, K. N., & Maraković, N. N. (1996). Delay-discounting probabilistic rewards: Rates decrease as amounts increase. *Psychonomic Bulletin & Review*, 3, 100-104.
Kirby, K. N., Petry, N. M., & Bickel, W. K. (1999). Heroin addicts have higher discount rates for delayed rewards than non-drug-using controls. *Journal of Experimental Psychology: General*, 128, 78-87.
Krishnan-Sarin, S., Reynolds, B., Duhig, A. M., Smith, A., Liss, T., McFetridge, A., Cavallo, D. A., Carroll, K. M., & Potenza, M. N. (2007). Behavioral impulsivity predicts treatment outcome in a smoking cessation program for adolescent smokers. *Drug and Alcohol Dependence*, 88, 79-82.
Madden, G. J., Petry, N. M., Badger, G. J., & Bickel, W. K. (1997). Impulsive and self-control choices in opioid-dependent patients and non-drug-using control participants: Drug and monetary rewards. *Experimental and Clinical Psychopharmacology*, 5, 256-262.
Mazur, J. E. (1987). An adjusting procedure for studying delayed reinforcement. In M. L. Commons, J. E. Mazur, J. A. Nevin, & H. Rachlin (Eds.), *Quantitative analyses of behavior, Vol. 5: The effect of delay and of intervening events on reinforcement value* (pp. 55-73). NJ: Lawrence Erlbaum Associates.
Melanko, S., Leraas, K., Collins, C., Fields, S., & Reynolds, B. (2009). Characteristics of psychopathy in adolescent nonsmokers and smokers: Relations to delay discounting and self reported impulsivity. *Experimental and Clinical Psychopharmacology*, 17, 258-265.
Mitchell, S. H. (1999). Measures of impulsivity in cigarette smokers and non-smokers. *Psychopharmacology*, 146, 455-464.
村上宣寛 (2006). 心理尺度のつくり方　北大路書房
Myerson, J., Green, L., & Warusawitharana, M. (2001). Area under the curve as a measure of discounting. *Journal of the Experimental Analysis of Behavior*, 76, 235-243.
Odum, A. L., & Rainaud, C. P. (2003). Discounting of delayed hypothetical money, alcohol, and food. *Behavioural Processes*, 64, 305-313.
Ohmura, Y., Takahashi, T., Kitamura, N., & Wehr, P. (2006). Three-month stability of delay and probability discounting measures. *Experimental and Clinical Psychopharmacology*, 14, 318-328.
Patton, J. H., Stanford, M. S., & Barratt, E. S. (1995). Factor structure of the Barratt Impulsiveness Scale. *Journal of Clinical Psychology*, 51, 768-774.

Peters, E. N., Petry, N. M., LaPaglia, D. M., Reynolds, B., & Carroll, K. M. (2013). Delay discounting in adults receiving treatment for marijuana dependence. *Experimental and Clinical Psychopharmacology*, 21, 46-54.

Petry, N. M. (2001a). Delay discounting of money and alcohol in actively using alcoholics, currently abstinent alcoholics, and controls. *Psychopharmacology*, 154, 243-250.

Petry, N. M. (2001b). Pathological gamblers, with and without substance use disorders, discount delayed rewards at high rates. *Journal of Abnormal Psychology*, 110, 482-487.

Petry, N. M. (2002). Discounting of delayed rewards in substance abusers: Relationship to antisocial personality disorder. *Psychopharmacology*, 162, 425-432.

Rachlin, H. (2006). Notes on discounting. *Journal of the Experimental Analysis of Behavior*, 85, 425-435.

Rachlin, H., Raineri, A., & Cross, D. (1991). Subjective probability and delay. *Journal of the Experimental Analysis of Behavior*, 55, 233.-244.

Reynolds, B., & Schiffbauer, R. (2004). Measuring state changes in human delay discounting: An experiential discounting task. *Behavioural Processes*, 67, 343-356.

Richards, J. B., Zhang, L., Mitchell, S. H., & de Wit, H. (1999). Delay or probability discounting in a model of impulsive behavior: Effect of alcohol. *Journal of the Experimental Analysis of Behavior*, 71, 121-143.

佐伯大輔（2009）．遅延割引検査の開発―自己制御選択との関係― 日本心理学会第73回大会ワークショップ「医療・教育現場で真に役立つ自己制御尺度の開発と応用」

佐伯大輔（2011）．価値割引の心理学―動物行動から経済現象まで― 昭和堂

佐伯大輔・伊藤正人（2002）．高校生における遅延・確率・共有による報酬の価値割引―大学生との比較― 日本行動分析学会第20回年次大会発表論文集，36

佐伯大輔・伊藤正人（2008）．衝動性尺度と遅延割引の関係 科学研究費補助金「医療・教育現場で真に役立つ自己制御尺度の開発と応用」 第2回自律的口腔ケアプログラムの開発研究会 愛知県立看護大学

佐伯大輔・伊藤正人（2009）．遅延割引検査の開発―改良簡易版と完全版との相関― 科学研究費補助金「医療・教育現場で真に役立つ自己制御尺度の開発と応用」 第3回自律的口腔ケアプログラムの開発研究会 愛知県立看護大学

Simpson, C. A., & Vuchinich, R. E. (2000). Reliability of a measure of temporal discounting. *The Psychological Record*, 50, 3-16.

Someya, T., Sakado, K., Seki, T., Kojima, M., Reist, C., Tang, S. W., & Takahashi, S. (2001). The Japanese version of the Barratt Impulsiveness Scale, 11th version (BIS-11): Its reliability and validity. *Psychiatry and Clinical Neurosciences*, 55, 111-114.

杉若弘子（1995）．日常的なセルフ・コントロールの個人差評価に関する研究 心理学研究，66，169-175.

Sugiwaka, H., & Okouchi, H. (2004). Reformative self-control and discounting of reward value by delay or effort. *Japanese Psychological Research*, 46, 1-9.

滝聞一嘉・坂元 章（1991）．認知的熟慮性―衝動性尺度の作成―信頼性と妥当性の検討― 日本グループダイナミクス学会第39回大会発表論文集，39-40.

Vuchinich, R. E., & Simpson, C. A. (1998). Hyperbolic temporal discounting in social drinkers and problem drinkers. *Experimental and Clinical Psychopharmacology*, 6, 292-305.

第3章

Ainslie, G. (2001). *Breakdown of will*. Cambridge, UK: Cambridge University Press.（山形浩生（訳）（2006）．誘惑される意志―人はなぜ自滅的行動をするのか― NTT出版）

Allais, M. (1953). The behavior of rational man in risk situations: A critique of the axioms and postulates of the American school. *Econometrica*, 21, 503-546.

Angeletos, G. M., Laibson, D., Repetto, A., Tobacman, J., & Weinberg, S. (2001). The hyperbolic consumption model: Calibration, simulation, and empirical evaluation. *Journal of Economic Perspectives*, 15, 47-68.

Aon Hewitt (2011). 2011 trends & experience in defined contribution plans. Aon. Retrieved from http://www.aon.com/attachments/thought-leadership/2011_Trends_Experience_Executive_Summary_v5.pdf（2016年9月29日閲覧）

Ariely, D., & Wertenbroch, K. (2002). Procrastination, deadlines, and performance: Self-Control by precommit-

文 献

ment. *Psychological Science*, 13, 219-224.
Bellemare, C., Krause, M., Kroger, S., & Zhang, C. (2005). Myopic loss aversion, information feedback vs. investment flexibility. *Economic Letters*, 87, 319-324.
Belsky, G., & Gilovich, T. (2000). *Why smart people make big money mistakes and how to correct them: Lessons from the new science of behavioral economics*. New York: Simon & Schuster.（鬼澤　忍（訳）(2003).　人はなぜお金で失敗するのか　日本経済新聞社）
Benartzi, S., & Thaler, R. H. (1995). Myopic loss aversion and the equity premium puzzle. *Quarterly Journal of Economics*, 110, 73-92.
Benartzi, S., & Thaler, R. H. (2007). Heuristics and biases in retirement savings behavior. *Journal of Economic Perspectives*, 21, 81-104.
Benartzi, S., & Thaler, R. H. (2013). Behavioral economics and the retirement savings crisis. *Science*, 339, 1152-1153.
Bryan, G., Karlan, D., & Nelson, S. (2010). Commitment devices. *Annual Review of Economics*, 2, 671-698.
Camerer, C. (2003). *Behavioral game theory: Experiments in strategic interaction*. Princeton, NJ: Princeton University Press
Carroll, G., Choi, J. J., Laibson, D., Madrian, B., & Metrick, A. (2009). Optimal defaults and active decisions. *Quarterly Journal of Economics*, 124, 1639-1676.
Choi, J. J., Laibson, D., & Madrian, B. C. (2004). Plan design and 401 (k) savings outcomes. *National Tax Journal*, 57, 275-298.
Choi, J. J., Laibson, D., Madrian, B. C., & Metrick, A. (2004). For better or for worse: Default effects and 401 (k) savings behavior. In D. A. Wise (Ed.), *Perspectives on the economics of aging* (pp. 81-121). Chicago, IL: University of Chicago Press.
DellaVigna, S. (2009). Psychology and economics: Evidence from the field. *Journal of Economic Literature*, 47, 315-372.
DellaVigna, S., & Malmendier, U. (2006). Paying not to go to the gym. *American Economic Review*, 96, 694-719.
Durand, R. B., Lloyd, P., & Tee, H. W. (2004). Myopic loss aversion and the equity premium puzzle reconsidered. *Finance Research Letters*, 1, 171-177.
Fellner, G., & Sutter, M. (2009). Causes, consequences, and cures of myopic loss aversion? An Experimental Investigation. *The Economic Journal*, 119, 900-916.
Friedman, M. (1957). *A theory of the consumption function*. Princeton, NJ: Princeton University Press.（宮川公男・今井賢一（訳）(1961).　消費の経済理論　巌松堂）
Gneezy, U., Kapteyn, A., & Potters, J. (2003). Evaluation periods and asset prices in a market experiment. *Journal of Finance*, 58, 821-837.
Gneezy, U., & Potters, J. (1997). An experiment on risk taking and evaluation periods. *Quarterly Journal of Economics*, 11, 631-645.
権田　直 (2009).　近視眼的損失回避行動の日米比較　行動経済学, 2, 133-137.
Haigh, M. S., & List, J. A. (2005). Do professional traders exhibit myopic loss aversion? An experimental analysis. *Journal of Finance*, 60, 523-534.
Hall, R. E., & Mishkin, F. S. (1982). The sensitivity of consumption to transitory income: Estimates from panel data on households. *Econometrica*, 50, 461-481.
Hardin, A. M., & Looney, C. A. (2012). Myopic loss aversion: Demystifying the key factors influencing decision problem framing. *Organizational Behavior and Human Decision Processes*, 117, 311-331.
広田すみれ・増田真也・坂上貴之（編著）(2006).　心理学が描くリスクの世界—行動的意思決定入門—　改訂版　慶應義塾大学出版会
Hofmeyr, A., Ainslie, G., Charlton, R., & Ross, D. (2010). The relationship between addiction and reward bundling: An experiment comparing smokers and non-smokers. *Addiction*, 106, 402-409.
依田高典 (2010).　行動経済学—感情に揺れる経済心理—　中央公論新社
池田新介 (2012).　自滅する選択—先延ばしで後悔しないための新しい経済学—　東洋経済新報社
岩本康志 (2009).　行動経済学は政策をどう変えるのか　池田新介・市村英彦・伊藤秀史（編）　現代経済学の潮

流2009（pp. 61-91） 東洋経済新報社
Iyengar, S. S. (2010). *The art of choosing*. New York: Twelve.（櫻井祐子（訳）(2010). 選択の科学 文藝春秋）
Iyengar, S. S., Huberman, G., & Jiang, W. (2004). How much choice is too much? Contributions to 401 (k) retirement plans. In O. S. Mitchell & S. P. Utkus (Eds.), *Pension design and structure: New lessons from behavioral finance* (pp. 83-95). Oxford, UK: Oxford University Press.
Iyengar, S. S., & Lepper, M. R. (2000). When choice is demotivating: Can one desire too much of a good thing? *Journal of Personality and Social Psychology*, 79, 995-1006.
Kahneman, D. (2011). *Thinking, fast and slow*. New York: Farrar, Straus and Giroux.（村井章子（訳）(2014). ファスト＆スロー——あなたの意思はどのように決まるか？——（上・下） 早川書房）
Kahneman, D., Slovic, P., & Tversky, A. (Eds.) (1982). *Judgment under uncertainty: Heuristics and biases*. Cambridge, UK: Cambridge University Press.
Kahneman, D., & Tversky, A. (1979). Prospect theory: An analysis of decision under risk. *Econometrica*, 47, 263-291.
角田康夫（2004）．人生と投資のパズル　文藝春秋
川越敏司（2010）．行動ゲーム理論入門　NTT出版
Keller, P. A., Harlam, B., Loewenstein, G., & Volpp, K. G. (2011). Enhanced active choice: A new method to motivate behavior change. *Journal of Consumer Psychology*, 21, 376-383.
Kliger, D., & Levit, B. (2009). Evaluation periods and asset prices: Myopic loss aversion at the financial marketplace. *Journal of Economic Behavior & Organization*, 71, 361-371.
Laibson, D. (1997). Golden eggs and hyperbolic discounting. *Quarterly Journal of Economics*, 112, 443-477.
Laibson, D., Repetto, A., & Tobacman, J. (2003). A Debt Puzzle. In P. Aghion, R. Frydman, J. Stiglitz & M. Woodford (Eds.), *Knowledge, information, and expectations in modern economics* (pp. 228-266). Princeton, NJ: Princeton University Press.
Langer, T., & Weber, M. (2008). Does commitment or feedback influence myopic loss aversion? An experimental analysis. *Journal of Economic Behavior & Organization*, 67, 810-819.
Madrian, B. C., & Shea, D. F. (2001). The power of suggestion: Inertia in 401 (k) participation and savings behavior. *Quarterly Journal of Economics*, 116, 1149-1187.
真壁昭夫（2003）．最強のファイナンス理論　講談社
Mehra, R., & Prescott, E. C. (1985). The equity premium: A puzzle. *Journal of Monetary Economics*, 15, 145-161.
Meier, S., & Sprenger, C. (2010). Present-biased preferences and credit card borrowing. *American Economic Journal: Applied Economics*, 2, 193-210.
Mitchell, O. S., & Utkus, S. P. (2004a). Lessons from behavioral finance for retirement plan design. In O. S. Mitchell & S. P. Utkus (Eds.), *Pension design and structure: New lessons from behavioral finance* (pp. 83-95). Oxford, UK: Oxford University Press.
Mitchell, O. S., & Utkus, S. P. (Eds.) (2004b). *Pension design and structure: New lessons from behavioral finance*. Oxford, UK: Oxford University Press.
Modigliani, F., & Brumberg, R. (1954). Utility analysis and the consumption function: An interpretation of cross-section data. In K. Kurihara (Ed.), *Post Keynesian Economics* (pp. 388-436). New Brunswick, NJ: Rutgers University Press.
Montier, J. (2002). *Behavioural finance: Insights into irrational minds and markets*. New York: John Wiley & Sons.（真壁昭夫・栗田昌孝・小西　諭（訳）(2005). 行動ファイナンスの実践—投資家心理が動かす金融市場を読む— ダイヤモンド社）
盛本晶子（2009）．双曲割引と消費行動—アンケートデータを用いた実証分析— 行動経済学, 2, 49-59.
中川雅之・齊藤　誠（2012）．プロスペクト理論とマンションの耐震性能の選択　齊藤　誠・中川雅之（編著）人間行動から考える地震リスクのマネジメント—新しい社会制度を設計する—（pp. 179-206）勁草書房
Odean, T. (1998). Are investors reluctant to realize their losses? *Journal of Finance*, 53, 1775-1798.
O'Donoghue, T., & Rabin, M. (1999). Doing it now or later. *American Economic Review*, 89, 103-124.
O'Donoghue, T., & Rabin, M. (2001). Choice and procrastination. *Quarterly Journal of Economics*, 116, 121-160.
大垣昌夫・田中沙織（2014）．行動経済学—伝統的経済学との統合による新しい経済学を目指して— 有斐閣
奥田秀宇（2008）．意思決定心理学への招待　サイエンス社

文　献

Perry, B. E.（Ed.）(1952). *Aesopica: Greek and Latin texts* (Vol. 1). Urbana, IL: University of Illinois Press.（中務哲郎（訳）(1999). イソップ寓話集　岩波書店）
坂上貴之（編）(2009). 意思決定と経済の心理学　朝倉書店
Samuelson, W., & Zeckhauser, R. (1988). Status quo bias in decision making. *Journal of Risk & Uncertainty*, 1, 7-59.
Shea, J. (1995). Union contracts and the life-cycle/permanent-income hypothesis. *American Economic Review*, 85, 186-200.
Shefrin, H. (2000). *Beyond greed and fear: Understanding behavioral finance and the psychology of investing.* New York: Oxford University Press.（鈴木一功（訳）(2005). 行動ファイナンスと投資の心理学―ケースで考える欲望と恐怖の市場行動への影響―　東洋経済新報社）
白須洋子・鈴木雅貴・吉野直行（2009）. 長期的株式投資パフォーマンスの視点から―再考と展望―　金融庁金融研究研修センター ディスカッションペーパー, No.2009-03 Retrieved from http://www.fsa.go.jp/frtc/seika/discussion/2009/20090713.pdf（2016年9月29日閲覧）
Stein, J. S., Smits, R. R., Johnson, P. S., Liston, K. J., & Madden, G. J. (2013). Effects of reward bundling on male rats' preference for larger-later food rewards. *Journal of the Experimental Analysis of Behavior*, 99, 150-158.
Sunstein, C. R., & Thaler, R. H. (2003). Libertarian paternalism is not an oxymoron. *The University of Chicago Law Review*, 70, 1159-1202.
Sutter, M. (2007). Are teams prone to myopic loss aversion? An experimental study on individual versus team investment behavior. *Economics Letters*, 97, 128-132.
田渕直也（2005）. 図解でわかるランダムウォーク＆行動ファイナンス理論のすべて　日本実業出版社
多田洋介（2003）. 行動経済学入門　日本経済新聞社
Tanaka, T., & Murooka, T. (2012). Self-control problems and consumption-saving decisions: Theory and empirical evidence. *Japanese Economic Review*, 63, 23-37.
Thaler, R. H. (1985). Mental accounting and consumer choice. *Marketing Science*, 4, 199-214.
Thaler, R. H. (1999). Mental accounting matters. *Journal of Behavioral Decision Making*, 12, 183-206.
Thaler, R. H. (2015). *Misbehaving: The making of behavioral economics.* New York: W.W. Norton & Company.（遠藤真美（訳）(2016). 行動経済学の逆襲　早川書房）
Thaler, R. H., & Benartzi, S. (2004). Save more tomorrow™: Using behavioral economics to increase employee saving. *Journal of Political Economy*, 112, S164-S187.
Thaler, R. H., & Sunstein, C. R. (2003). Libertarian paternalism. *American Economic Review*, 93, 175-179.
Thaler, R. H., & Sunstein, C. R. (2008). *Nudge: Improving decisions about health, wealth, and happiness.* New Haven, CT: Yale University Press.（遠藤真美（訳）(2009). 実践 行動経済学―健康，富，幸福への聡明な選択―　日経BP社）
Thaler, R. H., Tversky, A., Kahneman, D., & Schwartz, A. (1997). The effect of myopia and loss aversion on risk taking: An experimental test. *The Quarterly Journal of Economics*, 112, 647-661.
友野典男（2006）. 行動経済学―経済は「感情」で動いている―　光文社
Tversky, A., & Kahneman, D. (1974). Judgment under uncertainty: Heuristics and biases. *Science*, 185, 1124-1131.
Tversky, A., & Kahneman, D. (1981). The framing of decisions and the psychology of choice. *Science*, 211, 453-458.
Tversky, A., & Kahneman, D. (1992). Advances in prospect theory: Cumulative representation of uncertainty. *Journal of Risk and Uncertainty*, 5, 297-323.
臼杵政治（2007）. 401(k)プランと行動ファイナンス―米国年金保護法にみる―　ニッセイ基礎研レポート 2007年3月 Retrieved from http://www.nli-research.co.jp/files/topics/37001_ext_18_0.pdf（2016年9月29日閲覧）
von Neumann, J., & Morgenstern, O. (1944). *Theory of games and economic behavior.* Princeton, NJ: Princeton University Press.（銀林　浩・橋本和美・宮本敏雄（訳）(1973). ゲームの理論と経済行動　東京図書）
Wong, W. K. (2008). How much time-inconsistency is there and does it matter? Evidence on self-awareness, size, and effects. *Journal of Economic Behavior & Organization*, 68, 645-656.

WorldatWork and the American Benefits Institute (2013). Trends in 401 (k) plans and retirement rewards. WorldatWork. Retrieved from http://www.worldatwork.org/waw/adimLink?id=71489 (2016年9月29日閲覧)

Zeisberger, S., Langer, T., & Trede, M. (2007). A note on myopic loss aversion and the equity premium puzzle. *Finance Research Letters*, 4, 127-136.

第4章

Ames, C. (1978). Children's achievement attributions and self-reinforcement: Effect of self-concept and competitive reward structure. *Journal of Educational Psychology*, 70, 345-355.

Bandura, A. (1977). Self-efficacy: Toward a unifying theory of behavioral change. *Psychological Review*, 84, 191-215.

Bandura, A. (1991). Social cognitive theory of self-regulation. *Organizational Behavior and Human Decision Processes*, 50, 248-287.

Baumeister, R. F., Heatherton, T. F., & Tice, D. M. (1994). *Losing control: How and why people fail at self-regulation*. San Diego: Academic Press.

Brandon, J. E., Oescher, J., & Loftin, J. M. (1990). The self-control questionnaire: An assessment. *Health Values*, 14, 3-9.

Carver, C. S. (2005). Impulse and constraint: Perspectives from personality psychology, convergence with theory in other areas, and potential for integration. *Personality and Social Psychology Review*, 9, 312-333.

Carver, C. S., Sinclair, S., & Johnson, S. L. (2010). Authentic and hubristic pride: Differential relations to aspects of goal regulation, affect and self-control. *Journal of Research in Personality*, 44, 698-703.

Cleary, T. J. (2006). The development and validation of the Self-Regulation Strategy Inventory-Self-report. *Journal of School Psychology*, 44, 307-322.

Friese, M., & Hofmann, W. (2009). Control me or I will control you: Impulses, trait, self-control, and the guidance of behavior. *Journal of Research in Personality*, 43, 795-805.

Fry, P. S. (1977). Success, failure and resistance to temptation. *Developmental Psychology*, 13, 519-520.

Fulford, D., Johnson, S. L., & Carver, C. S. (2008). Commonalities and differences in characteristics of persons at risk for narcissism and mania. *Journal of Research in Personality*, 42, 1427-1438.

Gailliot, M. T., Schmeichel, B. J., & Baumeister, R. F. (2006). Self-regulatory processes defend against the threat of death: Effects of self-control depletion and trait self-control on thoughts and fears of dying. *Journal of Personality and Social Psychology*, 91, 49-62.

Gruber, V. A., & Wildman, B. G. (1987). The impact of dysmenorrhea on daily activities. *Behaviour Research and Therapy*, 25, 123-128.

Heiby, E. M. (1982). A self-reinforcement questionnaire. *Behavior Research and Therapy*, 20, 397-401.

平岡恭一・樺澤菜緒子 (2013). 調整型セルフ・コントロールと遅延または労力を伴う報酬の価値割引との関係 心理学研究, 84, 267-273.

Humphrey, L. L. (1982). Children's and teachers' perspectives on children's self-control: The development of two rating scales. *Journal of Consulting and Clinical Psychology*, 50, 624-633.

Jones, R. G. (1968). *A factored measure of Ellis' irrational belief system*. Wichita, KS: Test Systems.

Jostmann, N. B., & Koole, S. L. (2010). Dealing with high demands: The role of action versus state orientation. In R. H. Hoyle (Ed.), *Handbook of personality and self-regulation* (pp. 332-352). Wiley-Blackwell.

Kagan, J., Rosman, B. L., Day, D., Albert, J., & Phillips, W. (1964). Information processing in the child: Significance of analytic and reflective attitudes. *Psychological Monographs: General and Applied*, 78, 1-37.

Kanfer, F. H. (1970). Self-regulation: Research, issues, and speculations. In C. Neuringer, & J. L. Michael (Eds.), *Behavior modification in clinical psychology* (pp. 178-220). New York: Appleton-Century-Crofts.

Kanfer, F. H., & Karoly, P. (1972). Self-control: A behavioristic excursion into the lion's den. *Behavior Therapy*, 3, 398-416.

Kanfer, F. H., & Schefft, B. K. (1988). *Guiding the process of therapeutic change*. Illinois: Research Press.

Katz, R. C., & Singh, N. (1986). A comparison of current smokers and self-cured quitters on Rosenbaum's Self-

文　献

Control Schedule. *Addictive Behaviors*, 11, 63-65.
Kendall, P. C., & Braswell, L. (1982). Cognitive-behavioral self-control therapy for children: A components analysis. *Journal of Consulting and Clinical Psychology*, 50, 672-689.
Kendall, P. C., & Wilcox, L. E. (1979). Self-control in children: Development of a rating scale. *Journal of Consulting and Clinical Psychology*, 47, 1020-1029.
Kendall, P. C., & Wilcox, L. E. (1980). Cognitive-behavioral treatment for impulsivity: Concrete versus conceptual training in non-self-controlled problem children. *Journal of Consulting and Clinical Psychology*, 48, 80-91.
Kendall, P. C., & Zupan, B. A. (1981). Individual versus group application of cognitive-behavioral self-control procedures with children. *Behavior Therapy*, 12, 667-681.
Leon, G. R., & Rosenthal, B. S. (1984). Prognostic indicators of success or relapse in weight reduction. *International Journal of Eating Disorders*, 3, 15-24.
Maloney, P. W., Grawitch, M. J., & Barber, L. K. (2012). The multi-factor structure of the Brief Self-Control Scale: Discriminate validity of restraint and impulsivity. *Journal of Research in Personality*, 46, 111-115.
Mezo, P. G. (2009). The self-control and self-management scale (SCMS): Development of an adaptive self-regulatory coping skills instrument. *Journal of Psychopathology and Behavioral Assessment*, 31, 83-93.
Mezo, P. G., & Heiby, E. M. (2004). A comparison of four measures of self-control skills. *Assessment*, 11, 238-250.
Mezo, P. G., & Short, M. M. (2012). Construct validity and confirmatory factor analysis of the self-control and self-management scale. *Canadian Journal of Behavioural Science*, 44, 1-8.
Mischel, W. (2014). *The marshmallow test: Understanding self-control and how to master it*. London: Bantam Press.（柴田裕之（訳）（2015）．マシュマロ・テスト―成功する子・しない子―　早川書房）
Mischel, W., Ayduk, O., Berman, M. G., Casey, B. J., Gotlib, I. H., Jonides, J., Kross, E., Teslovich, T., Wilson, N. L., Zayas, V., & Shoda, Y. (2011).'Willpower' over the life span: Decomposing self-regulation. *Social Cognitive and Affective Neuroscience*, 6, 252-256.
Mischel, W., Shoda, Y., & Peake, P. K. (1988). The nature of adolescent competencies predicted by preschool delay of gratification. *Journal of Personalty and Social Psychology*, 54, 687-696.
Nerenz, S. M., & Leventhal, H. (1983). Self-regulation theory in chronic illness. In T. G. Burish, & L. A. Bradley (Eds.), *Coping with chronic disease: Research and applications* (pp. 1-37). New York: Academic Press.
Patton, J. H., Stanford, M. S., & Barratt, E. S. (1995). Factor structure of the Barratt Impulsiveness Scale. *Journal of Clinical Psychology*, 51, 768-774.
Redden, E. M., Tucker, R. K., & Young, L. (1983). Psychometric properties of the Rosenbaum schedule for assessing self-control. *The Psychological Record*, 33, 77-86.
Rehm, L. P., Fuchs, C. Z., Roth, D. M., Kornblith, S. J., & Romano, J. M. (1979). A comparison of self-control and assertion skills treatments of depression. *Behavior Therapy*, 10, 429-442.
Rehm, L. P., Kornblish, S. J., O'Hara, M. W., Lamparski, D. M., Romano, J. M., & Volkin, J. (1981). An evaluation of major components in a self-control therapy program for depression. *Behavior Modification*, 5, 459-489.
Reynolds, W. M., & Stark, K. D. (1986). Self-control in children: A multimethod examination of treatment outcome measures. *Journal of Abnormal Psychology*, 14, 13-23.
Robin, A. L., Fischel, J. E., & Brown, K. E. (1984). The Measurement of self-control in children: Validation of the Self-Control Rating Scale. *Journal of Pediatric Psychology*, 9, 165-175.
Rohrbeck, C. A., Azar, S. T., & Wagner, P. E. (1991). Child self-control rating scale: Validation of a child self-report. *Journal of Child Clinical Psychology*, 20, 179-183.
Rosenbaum, M. (1980). A schedule for assessing self-control behaviors: Preliminary findings. *Behavior Therapy*, 11, 109-121.
Rosenbaum, M. (1989). Self-control under stress: The role of learned resourcefulness. *Advances in Behaviour Research and Therapy*, 11, 249-258.
Rosenbaum, M., & Ben-Ari, K. (1985). Learned helplessness and learned resourcefulness: Effects of noncontin-

gent success and failure on individuals differing in self-control skills. *Journal of Personality and Social Psychology*, 48, 198-215.
Rosenbaum, M., & Ben-Ari, S. (1986). Cognitive and personality factors in the delay of immediate gratification of hemodialysis patients. *Journal of Personality and Social Psychology*, 51, 357-364.
Rotter, J. B. (1966). Generalized expectancies for internal versus external control of reinforcement. *Psychological Monographs*, 80, 1-28.
Rude, S. S. (1986). Relative benefits of assertion or cognitive self-control treatment for depression as a function of proficiency in each domain. *Journal of Consulting and Clinical Psychology*, 54, 390-394.
Rude, S. S. (1989). Dimensions of self-control in a sample of depressed women. *Cognitive Therapy and Research*, 13, 363-375.
坂野雄二・東條光彦 (1986). 一般性セルフ・エフィカシー尺度作成の試み 行動療法研究, 12, 73-82.
Schmeichel, B. J., & Zell, A. (2007). Trait self-control predicts performance on behavioral tests of self-control. *Journal of Personality*, 75, 744-756.
Schroder, K. E. E., Ollis, C. L., & Davies, S. (2013). Habitual self-control: A brief measure of persistent goal pursuit. *European Journal of Personality*, 27, 82-95.
杉若弘子 (1995). 日常的なセルフ・コントロールの個人差評価に関する研究 心理学研究, 66, 169-175.
杉若弘子 (1996). 質問紙法によるセルフ・コントロールの評価 奈良教育大学紀要, 45, 165-176.
杉若弘子 (2000). 連続失敗経験場面における調整型セルフ・コントロールの機能 奈良教育大学紀要, 49, 175-180.
杉若弘子 (2001). 調整型セルフ・コントロールの実行を決定する要因―内的要因と外的要因の検討― 行動療法研究, 27, 71-81.
杉若弘子 (2003). セルフ・コントロールの実験臨床心理学 風間書房
杉若弘子 (2005). 改良型セルフ・コントロールを活性化する要因 奈良教育大学紀要, 54, 63-67.
Sugiwaka, H., & Agari, I. (1995). The effects of controllability and predictability as situational factors on two types of self-control. Paper presented at the World Congress of Behavioral & Cognitive Therapies. Copenhagen, Denmark.
Sugiwaka, H., & Okouchi, H. (2004). Reformative self-control and discounting of reward value by delay or effort. *Japanese Psychological Research*, 46, 1-9.
Tangney, J. P., Baumeister, R. F., & Boone, A. L. (2004). High self-control predicts good adjustment, less pathology, better grades, and interpersonal success. *Journal of Personality*, 72, 271-324.
植松晃子 (2004). 日本人留学生の異文化適応の様相―滞在国の対人スキル, 民族意識, セルフコントロールに着目して― 発達心理学研究, 15, 313-323.
Williams, R. L., Moore, C. A., Pettibone, T. J., & Thomas, S. P. (1992). Construction and validation of a brief self-report scale of self-management practices. *Journal of Research in Personality*, 26, 216-234.
Work, W. C., Hightower, A. D., Fantuzzo, J. W., & Rohrbeck, C. A. (1987). Replication and extension of the Teacher Self-Control Rating Scale. *Journal of Consulting and Clinical Psychology*, 55, 115-116.

第5章

Alberto, P. A., & Troutman, A. C. (1986). *Applied behavior analysis for teachers* (2nd ed.). Bell & Howell Company. (佐久間　徹・谷　晋二 (監訳) (1992). はじめての応用行動分析　二瓶社)
Binder, M. L., Dixon, M. R., & Ghezzi, P. M. (2000). A procedure to teach self-control to children with attention deficit hyperactivity disorder. *Journal of Applied Behavior Analysis*, 33, 233-237.
Burns, D. J., & Powers, R. B. (1975). Choice and self-control in children: A test of Rachlin's model. *Bulletin of the Psychonomic Society*, 5, 159-161.
Dixon, M. R., & Cummings, A. (2001). Self-control in children with autism: Response allocation during delays to reinforcement. *Journal of Applied Behavior Analysis*, 34, 491-495.
Flora, S. R., & Pavlik, W. B. (1992). Human self-control and the density of reinforcement. *Journal of the Experimental Analysis of Behavior*, 57, 201-208.
Forzano, L. B., Szuba, M., & Figurilli, J. M. (2003). Self-control and impulsiveness in children: Effect of visual

food cue. *The Psychological Record*, 53, 161-175.

Freud, S. (1959). Formulations regarding the two principles in mental functioning. In E. Jones (Ed.), Collected papers of Sigmund Freud (Vol. 4, pp. 13-21) (J. Riviere, Trans.). New York: Basic Books. (Original work published 1911) (井村恒郎・小此木啓吾（訳）(1970). 精神現象の二原則に関する定式　井村恒郎・小此木啓吾他（訳）　フロイト著作集　6　自我論・不安本能論　人文書院)

Green, L., & Myerson, J. (2004). A discounting framework for choice with delayed and probabilistic rewards. *Psychological Bulletin*, 130, 769-792.

Harris, A. C., & Madden, G. J. (2002). Delay discounting and performance on the Prisoner's dilemma game. *Psychological Record*, 52, 429-440.

伊藤正人 (2005). 行動と学習の心理学―日常生活を理解する―　昭和堂

伊藤正人 (2009). マッチング関数を使う　坂上貴之（編）　意思決定と経済の心理学　朝倉書店

伊藤正人 (2013). 研究の進め方―観察と実験―　伊藤正人（編）　現代心理学―行動から見る心の探究―　昭和堂

Ito, M., & Nakamura, K. (1998). Humans' choice in a self-control choice situation: Sensitivity to reinforcer amount, reinforcer delay, and overall reinforcement density. *Journal of the Experimental Analysis of Behavior*, 69, 87-102.

Ito, M., Saeki, D., & Green, L. (2011). Sharing, discounting, and selfishness: A Japanese-American comparison. *Psychological Record*, 60, 59-76.

Ito, M., Saeki, D., & Sorama, M. (2009). Local and overall reinforcement density as a determiner of self-control in preschool children: A preliminary analysis. 人文研究（大阪市立大学大学院文学研究科紀要）, 60, 94-109.

Jones, B. A., & Rachlin, H. (2009). Delay, probability, and social discounting in a public goods game. *Journal of the Experimental Analysis of Behavior*, 91, 61-73.

Locey, M. L., Safin, V., & Rachlin, H. (2013). Social discounting and the prisoner's dilemma game. *Journal of the Experimental Analysis of Behavior*, 99, 85-97.

Mach, E. (1918). The analysis of sensations and the relation of the physical to the psychical. (須藤吾之助・廣松　渉（訳）(1971). 感覚の分析　法政大学出版局)

Mead, G. H. (1934). *Mind, self, and society from the standpoint of a social behaviorist.* The University of Chicago Press. (河村　望（訳）(1995). 精神・自我・社会　人間の科学社)

Metcalfe, J., & Mischel, W. (1999). A hot/cool-system analysis of delay of gratification: Dynamics of willpower. *Psychological Review*, 106, 3-19.

Miltenberger, R. G. (2001). *Behavior modification: Principles and procedures* (2nd ed.). Belmont, CA: Wadsworth/Thomson Learning. (園山繁樹・野呂文行・渡部国隆・大石幸二（訳）(2006). 行動変容法入門　二瓶社)

Mischel, W., Shoda, Y., & Rodriguez, M. L. (1989). Delay of gratification in children. *Science*, 244, 933-938.

Poundstone, W. (1992). *Prisoner's dilemma: John von Neumann, Game theory, and the puzzle of the bomb.* Doubleday. (松浦俊輔（訳）(1995). 囚人のジレンマ―フォン・ノイマンとゲームの理論―　青土社)

Rachlin, H. (1993). The context of pigeon and human choice. *Behavior and Philosophy*, 21, 1-17.

Rachlin, H., & Green, L. (1972). Commitment, choice, and self-control. *Journal of the Experimental Analysis of Behavior*, 17, 15-22.

Rachlin, H., & Jones, B. A. (2008). Social discounting and delay discounting. *Journal of Behavioral Decision Making*, 21, 29-43.

Reed, D. D., & Martens, B. K. (2011). Temporal discounting predicts student responsiveness to exchange delays in a classroom token system. *Journal of Applied Behavior Analysis*, 44, 1-18.

佐伯大輔・伊藤正人・佐々木　恵 (2004). 青年期における遅延・確率・共有による報酬の価値割引　日本行動分析学会第22回年次大会発表論文集, 56.

Schweitzer, J. B., & Sulzer-Azaroff, B. (1988). Self-control: Teaching tolerance for delay in impulsive children. *Journal of the Experimental Analysis of Behavior*, 50, 173-186.

嶋崎まゆみ (1997). 発達障害児の衝動性とセルフコントロール　行動分析学研究, 11/12, 29-40.

Sonuga-Barke, E. J., Lea, S. E. G., & Webley, P. (1989a). The development of adaptive choice in a self-control paradigm. *Journal of the Experimental Analysis of Behavior*, 51, 77-85.

Sonuga-Barke, E. J., Lea, S. E. G., & Webley, P. (1989b). Children's choice: Sensitivity to changes in reinforcer density. *Journal of the Experimental Analysis of Behavior*, 51, 185-197.
空間美智子・伊藤正人・佐伯大輔 (2007). 遅延による価値割引の枠組みを用いた就学前児の自己制御に関する実験的検討 行動分析学研究, 20, 101-108.
空間美智子・伊藤正人・佐伯大輔 (2010a). 就学児における自己制御の発達的変化—小学生用簡易版遅延割引質問紙の改訂— 日本行動分析学会第28回年次大会論文集, 120.
空間美智子・伊藤正人・佐伯大輔 (2010b). 就学児における他者との共有による報酬の価値割引—小学生用簡易版社会割引質問紙の開発— 日本心理学会第74回大会発表論文集, 1213.
空間美智子・伊藤正人・佐伯大輔 (2011). 就学児における社会的ジレンマ課題と共有による報酬の価値割引 日本心理学会第75回大会発表論文集, 1155
空間美智子・伊藤正人・佐伯大輔 (2013). 就学児における社会割引と社会的ジレンマ課題—社会的スキルとの関連— 日本心理学会第77回大会発表論文集, 1120.
空間美智子・伊藤正人・佐伯大輔・嶋崎まゆみ (2010). 自閉症児のセルフコントロール訓練における選択手続きの検討 人文研究 (大阪市立大学大学院文学研究科紀要), 61, 162-171.
空間美智子・和田彩紀子・伊藤正人・佐伯大輔 (2009). 小学校におけるカードゲームを用いた集団社会的スキル訓練—セルフコントロールに関する心理教育授業の一環として— 日本行動療法学会第35回大会発表論文集, 324-325.
山口哲生・伊藤正人 (2001). 喫煙・飲酒・薬物摂取の行動経済学 行動分析学研究, 16, 185-196.
Yi, R., Johnson, M. W., & Bickel, W. K. (2005). Relationship between cooperation in an iterated prisoner's dilemma game and the discounting of hypothetical outcomes. *Learning & Behavior*, 33, 324-336.

第6章

Ayduk, O., Mendoza-Denton, R., Mischel, W., Downey, G., Peake, P. K., & Rodriguez, M. (2000). Regulating the interpersonal self: Strategic self-regulation for coping with rejection sensitivity. *Journal of Personality and Social Psychology*, 79, 776-792.
Duckworth, A. L., & Seligman, M. E. P. (2005). Self-discipline outdoes IQ in predicting academic performance of adolescents. *Psychological Science*, 16, 939-944.
Forzano, L. B., Michels, J. L., Carapella, R. K., Conway, P., & Chelonis, J. J. (2011). Self-control and impulsivity in children: Multiple behavioral measures. *The Psychological Record*, 61, 425-448.
Freeney, Y., & O'Connell, M. (2010). Wait for it: Delay-discounting and academic performance among an Irish adolescent sample. *Learning and Individual Differences*, 20, 231-236.
Funder, D. C., Block, J. H., & Block, J. (1983). Delay of gratification: Some longitudinal personality correlates. *Journal of Personality and Social Psychology*, 44, 1198-1213.
Green, L., Fry, A. F., & Myerson, J. (1994). Discounting of delayed reward: A life-span comparison. *Psychological Science*, 5, 33-36.
平岡恭一 (2009). 医療・教育現場で真に役立つ自己制御尺度の開発と応用 (ワークショップ話題提供) 日本心理学会第73回大会発表論文集, WS (37).
平岡恭一 (2010). 小学生用遅延割引検査の検討と改訂—諸変数との関連と再検査信頼性— 日本心理学会第74回大会発表論文集, 785.
池上将永 (2014). セルフコントロールと衝動性の神経基盤 日本行動分析学会第32回大会発表論文集, 19.
石川信一 (2010). 子どもの不安・こわがりへの適用と留意点 児童心理2010年12月号臨時増刊 子どもの認知行動療法入門, 64, 22-27.
伊藤崇達・神藤貴昭 (2003). 自己効力感, 不安, 自己調整学習方略, 学習の持続性に関する因果モデルの検証 日本教育工学会論文誌, 27, 377-385.
Jones, B., & Rachlin, H. (2006). Social discounting. *Psychological Science*, 17, 283-286.
Kirby, K. N., & Marakovic, N. N. (1996). Delay discounting probabilistic rewards: Rates decrease as amounts increase. *Psychonomic Bulletin & Review*, 3, 100-104.
Kirby, K. N., Winston, G. C., & Sntiesteban, M. (2005). Inpatience and grades: Delay-discount rates correlate negatively with college GPA. *Leauning and Individual Dfferences*, 15, 213-222.

文　献

Logue, A. W.（1988）. Research on self-control: An integrating framework. *Behavioral and Brain Sciences*, 11, 665-709.
Logue, A. W., & Chavarro, A.（1992）. Self-control and impulsiveness in preschool children. *The Psychological Record*, 42, 189-204.
Logue, A. W., Forzano, L. B., & Ackerman, K. T.（1996）. Self-control in children: Age, preference for reinforcer amount and delay, and language ability. *Learning and Motivation*, 27, 260-277.
Madden, G. J., Petry, N. M., Badger, G. J., & Bickel, W. K.（1997）. Impulsive and self-control choice in opioid-dependent patients and non-drug-using control participants: Drug and momentary rewards. *Experimental and Clinical Psychopharmacology*, 5, 256-262.
松沼光泰（2004）．テスト不安，自己効力感，自己調整学習及びテストパフォーマンスの関連性―小学校4年生と算数のテストを対象として―　教育心理学研究, 52, 426-436.
Metcalfe, J., & Mischel, W.（1999）. A hot/cool-system analysis of delay of gratification: Dynamics of willpower. *Psychological Review*, 106, 3-19.
Miller, D. T., Weinstein, S. M., & Karniol, R.（1978）. Effects of age and self-verbalization on children's ability to delay gratification. *Developmental Psychology*, 14, 569-570.
Mischel, W., Ebbesen, E. B., & Zeiss, A. R.（1972）. Cognitive and attentional mechanisms in delay of gratification. *Journal of Personality and Social Psychology*, 21, 204-218.
Mischel, W., Shoda, Y., & Ayduck, O.（2007）. Introduction to Personality: Toward an Integrative Science of the Person, (8th ed.).Wiley.（黒沢　香・原島　雅之（監訳）（2010）．パーソナリティ心理学―全体としての人間の理解―　培風館）
Mischel, W., Shoda, Y., & Peake, P. K.（1988）. The nature of adolescent competencies predicted by preschool delay of gratification. *Journal of Personality and Social Psychology*, 54, 687-696.
Mischel, W., Shoda, Y., & Rodriguez, M. L.（1989）. Delay of gratification in children. *Science*, 244, 933-938.
村井佳比子（2014）．心理療法とセルフコントロール研究―価値割引研究の衝動性制御への応用―　日本行動分析学会第32回大会発表論文集, 19.
Olson, E. A., Hooper, C. J., Collins, P., & Luciana, M.（2007）. Adolescents' performance on delay and probability discounting tasks: Contributions of age, intelligence, executive functioning, and self-reported externalizing behavior. *Personality and Individual Differences*, 43, 1886-1897.
Rachlin, H., & Green, L.（1972）. Commitment, choice and self-control. *Journal of the Experimental Analysis of Behavior*, 17, 15-22.
佐伯大輔・伊藤正人・佐々木　恵（2004）．青年期における遅延・確率・共有による報酬の価値割引　日本行動分析学会第22回年次大会発表論文集, 56.
Scheres, A., Dijkstra, M., Ainslie, E., Balkan, J., Reynolds, B., Sonuga-Barke, E., & Castellanos, F. X.（2006）. Temporal and probabilistic discounting of reward in children and adolescents: Effects of age and ADHD symptoms. *Neuropsychologia*, 44, 2092-2103.
下山　剛（1985）．学習意欲の見方・導き方　東京出版
塩見邦雄・千原孝司・岸本陽一（1991）．心理検査法　ナカニシヤ出版
Shoda, Y., Mischel, W., & Peake, P. K.（1990）. Predicting adolescent cognitive and self-regulatory competencies from preschool delay of gratification: Identifying diagnostic conditions. *Developmental Psychology*, 26, 978-986.
曽我祥子（1993）．不安のアセスメント―MAS, STAI―　上里一郎（監）　心理アセスメントハンドブック（pp. 339-359）　西村書店
Sonuga-Barke, E. J. S., Lea, S. E. G., & Webley, P.（1989）. The development of adaptive choice in a self-control paradigm. *Journal of the Experimental Analysis of Behavior*, 51, 71-85.
空間美智子（2011）．報酬の価値割引から見た自己制御の発達的研究　大阪市立大学大学院文学研究科博士論文
空間美智子・伊藤正人・佐伯大輔（2007）．遅延による価値割引の枠組みを用いた就学前児の自己制御に関する実験的検討　行動分析学研究, 20, 101-108.
空間美智子・伊藤正人・佐伯大輔（2010a）．就学児における自己制御の発達的変化―小学生用簡易版遅延割引質問紙の改訂―　日本行動分析学会第28回年次大会発表論文集, 120.
空間美智子・伊藤正人・佐伯大輔（2010b）．就学児における他者との共有による報酬の価値割引―小学生用簡

易版社会割引質問紙の開発— 日本心理学会第74回大会発表論文集, 1213.
空間美智子・伊藤正人・佐伯大輔 (2012). 就学児の自己制御と遅延による報酬の価値割引—日常場面における自己制御行動と遅延割引率との関連— 日本行動分析学会第30回大会発表論文集, 38.
空間美智子・伊藤正人・佐伯大輔 (2013). 就学児における社会割引と社会的ジレンマ課題—社会的スキルとの関連— 日本心理学会第77回大会発表論文集, 1120.
辻岡美延 (1979). 新性格検査法—Y-G性格検査実施・応用・研究手引き— 日本・心理テスト研究所
山本眞理子 (編) (2001). 心理測定尺度集Ⅰ 人間の内面を探る〈自己・個人内過程〉 サイエンス社
Wulfert, E., Block, J. A., Ana, E. S., Rodrigues, M. L., & Colsman, M. (2002). Delay of gratification: Impulsive choice and problem behaviors in early and late adolescence. *Journal of Personality*, **70**, 533-552.

第7章

安達知郎 (2013). 子どもを対象としたソーシャルスキル尺度の日本における現状と課題—ソーシャルスキル教育への適用という視点から— 教育心理学研究, **61**, 79-94.
Barlow, D. H., & Hersen, M. (1984). *Single case experimental design: Strategies for studying behavior change* (2nd ed.). New York: Pergamon Press.(高木俊一郎・佐久間　徹 (監訳) (1997). 一事例の実験デザイン 二瓶社)
Bickel, W. K., Yi, R., Landes, R. D., Hill, P. F., & Baxter, C. (2011). Remembering the future: Working memory training decreases delay discounting among stimulant addicts. *Biological Psychiatry*, **69**, 260-265.
Binder, L. M., Dixon, M. R., & Ghezzi, P. M. (2000). A procedure to teach self-control to children with attention deficit hyperactivity disorder. *Journal of Applied Behavior Analysis*, **33**, 233-237.
Darcheville, J. C., Riviere, V., & Wearden, J. H. (1992). Fixed-interval performance and self-control in children. *Journal of the Experimental Analysis of Behavior*, **57**, 187-199.
Dixon, M. R., & Cummings, A. (2001). Self-control in children with autism: Response allocation during delays to reinforcement. *Journal of Applied Behavior Analysis*, **34**, 491-495.
Dixon, M. R., Hayes, L. J., Binder, L. M., Manthey, S., Sigman, C., & Zdanowski, D. M. (1998). Using a self-control training procedure to increase appropriate behavior. *Journal of Applied Behavior Analysis*, **31**, 203-210.
Dixon, M. R., Jacobs, E. A., & Sanders, S. (2006). Contextual control of delay discounting by pathological gamblers. *Journal of Applied Behavior Analysis*, **39**, 413-422.
藤枝静暁・相川　充 (2001). 小学校における学級単位の社会的スキル訓練の効果に関する実験的検討 教育心理学研究, **49**, 371-381.
平岡恭一 (2011). セルフコントロールに関する授業に伴う小学生の遅延価値割引の変化 日本心理学会第75回大会発表論文集, 774.
Hoerger, M. L., & Mace, F. C. (2006). A computerized test of self-control predicts classroom behavior. *Journal of Applied Behavior Analysis*, **39**, 147-159.
井上雅彦 (2009). 自閉症児に対するエビデンスに基づく実践を我が国に定着させるための戦略 行動分析学研究, **23**, 173-183.
石田勢津子 (1995). 社会性の育ちと形成 岩田純一・佐々木正人・石田勢津子・落合幸子 (著) 児童の心理学 有斐閣
伊藤正人 (2005). 行動と学習の心理学—日常生活を理解する— 昭和堂
Ito, M., Saeki, D., & Sorama, M. (2009). Local and overall reinforcement density as a determiner of self-control in preschool children: A preliminary analysis. 人文研究 (大阪市立大学大学院文学研究科紀要), **60**, 97-112.
金山元春・後藤吉道・佐藤正二 (2000). 児童の孤独感低減に及ぼす学級単位の集団社会的スキル訓練の効果 行動療法研究, **26**, 83-96.
Kirby, K. N., Winston, G. C., & Santiesteban, M. (2005). Impatience and grades: Delay discount rates correlate negatively with college GPA. *Learning and Individual Differences*, **15**, 213-222.
Logue, A. W. (1988). Research on self-control: An integrating framework. *Behavioral and Brain Sciences*, **11**, 665-709.
Logue, A. W. (1995). *Self-control: Waiting until tomorrow for what you want today*. New York: Prentice Hall.

文 献

Logue, A. W., & Chavarro, A. (1992). Self-control and impulsiveness in preschool children. *The Psychological Record*, 42, 189-204.
Logue, A. W., Forzano, L. B., & Ackerman, K. T. (1996). Self-control in children: Age, preference for reinforcer amount and delay, and language ability. *Learning and Motivation*, 27, 260-277.
中野良顯 (2010). セルフコントロールの考え方 指導と評価, 56, 4-8.
Rachlin, H., & Green, L. (1972). Commitment, choice and self-control. *Journal of the Experimental Analysis of Behavior*, 17, 15-22.
Reimers, S., Maylor, E. A., Stewart, N., & Chater, N. (2009). Associations between a one-shot delay discounting measure and age, income, education and real-world impulsive behavior. *Personality and Individual Differences*, 47, 973-978.
Schweitzer, J. B., & Sulzer-Azoroff, B. (1988). Self-control: Teaching tolerance for delay in impulsive children. *Journal of the Experimental Analysis of Behavior*, 51, 185-197.
Schweitzer, J. B., & Sulzer-Azaroff, B. (1995). Self-control in boys with attention deficit hyperactivity disorder: Effects of added stimulation and time. *Journal of Child Psychology and Psychiatry and Allied Disciplines*, 36, 671-686.
嶋田洋徳 (1998). 小中学生の心理的ストレスと学校不適応に関する研究 風間書房
嶋崎まゆみ (1997). 発達障害児の衝動性とセルフコントロール 行動分析学研究, 11, 29-40.
Sonuga-Barke, E. J. S., Lea, S. E. G., & Webley, P. (1989a). The development of adaptive choice in a self-control paradigm. *Journal of the Experimental Analysis of Behavior*, 51, 71-85.
Sonuga-Barke, E. J. S., Lea, S. E. G., & Webley, P. (1989b). Children's choice: Sensitivity to changes in reinforcer density. *Journal of the Experimental Analysis of Behavior*, 51, 185-197.
Sonuga-Barke, E. J. S., Taylor, E., & Smith, J. (1992). Hyperactivety and delay aversion-Ⅰ: The effect of delay on choice. *Journal of Child Psychology Psychiatry*, 33, 387-398.
空間美智子 (2011). 報酬の価値割引から見た自己制御の発達的研究 大阪市立大学大学院文学研究科博士論文
空間美智子 (2013). 治す―臨床― 伊藤正人 (編) 現代心理学―行動から見る心の探究― 昭和堂
空間美智子 (2014). 小学校スクールカウンセリングにおける応用行動分析の適用 神戸学院大学心理臨床カウンセリングセンター紀要, 7, 19-26.
空間美智子・伊藤正人・佐伯大輔 (2007). 遅延による価値割引の枠組みを用いた就学前児の自己制御に関する実験的検討 行動分析学研究, 20, 101-108.
空間美智子・伊藤正人・佐伯大輔 (2012). 就学児の自己制御と遅延による報酬の価値割引―日常場面における自己制御行動と遅延割引率との関連― 日本行動分析学会第30回大会発表論文集, 38.
空間美智子・伊藤正人・佐伯大輔・嶋崎まゆみ (2010). 自閉症児のセルフコントロール訓練における選択手続きの検討 人文研究 (大阪市立大学大学院文学研究科紀要), 61, 162-171.
空間美智子・和田彩紀子・伊藤正人・佐伯大輔 (2009). 小学校におけるカードゲームを用いた集団社会的スキル訓練―セルフコントロールに関する心理教育授業の一環として― 日本行動療法学会第35回大会発表論文集, 324-325.
空間美智子・和田彩紀子・伊藤正人・佐伯大輔・嶋崎まゆみ (2008). 選択行動研究の枠組みを用いた自閉症児のセルフコントロールの査定と訓練 日本行動療法学会第34回大会発表論文集, 264-265.
杉山尚子・島宗 理・佐藤方哉・R. W. マロット・M. E. マロット (1998). 行動分析学入門 産業図書
高橋雅治 (2009). 遅延割引の応用 坂上貴之 (編) 朝倉実践心理学講座Ⅰ 意思決定と経済の心理学 (pp. 62-66) 朝倉書店
山本淳一・澁谷尚樹 (2009). エビデンスにもとづいた発達障害支援―応用行動分析学の貢献― 行動分析学研究, 23, 46-70.
吉田裕彦・井上雅彦 (2008). 自閉症児におけるボードゲームを利用した社会的スキル訓練の効果 行動療法研究, 34, 311-323.

第8章

青山謙二郎・高木悠哉 (2010). レポート課題への取り組みと遅延価値割引の程度の関係 行動科学, 49, 1-9.
Ariely, D., & Wertenbroch, K. (2002). Procrastination, deadlines, and performance: Self-control by precommit-

ment. *Psychological Science*, **13**, 219-224.

Boyle, P. A., Yu, L., Gamble, K. J., & Bennett, D. A. (2013). Temporal discounting is associated with an increased risk of mortality among community-based older persons without dementia. *PLoS One*, **8**, e67376.

Critchfield, T. S., & Kollins, S. H. (2001). Temporal discounting: Basic research and the analysis of socially important behavior. *Journal of Applied Behavior Analysis*, **34**, 101-122.

Dixon, M. R., Hayes, L. J., Binder, L. M., Manthey, S., Sigman, C., & Zdanowski, D. M. (1998). Using a self-control training procedure to increase appropriate behavior. *Journal of Applied Behavior Analysis*, **31**, 203-210.

Freeney, Y., & O'Connell, M. (2010). Wait for it: Delay-discounting and academic performance among an Irish adolescent sample. *Learning and Individual Differences*, **20**, 231-236.

Green, L., Fisher, E. B., Perlow, S., & Sherman, L. (1981). Preference reversal and self control: Choice as a function of reward amount and delay. *Behaviour Analysis Letters*, **1**, 43-51.

Hofmeyr, A., Ainslie, G., Charlton, R., & Ross, D. (2011). The relationship between addiction and reward bundling: An experiment comparing smokers and non-smokers. *Addiction*, **106**, 402-409.

井田正則（2005）．自己制御と衝動性—高校生の勉強行動との関連— 立正大学心理学部研究紀要, **3**, 1-15.

Kirby, K. N., & Guastello, B. (2001). Making choices in anticipation of similar future choices can increase self-control. *Journal of Experimental Psychology Applied*, **7**, 154-164.

Kirby, K. N., Winston, G. C., & Santiesteban, M. (2005). Impatience and grades: Delay-discounting rates correlate negatively with college GPA. *Learning and Individual Differences*, **15**, 213-222.

Mazur, J. E., & Logue, A. W. (1978). Choice in a "self-control" paradigm: Effects of a fading procedure. *Journal of Expreimental Analysis of Behavior*, **30**, 11-17.

Neef, N. A., Bicaard, D. F., & Endo, S. (2001). Assessment of impulsivity and the development of self-control in students with attention deficit hyperactivity disorder. *Journal of Applied Behavior Analysis*, **34**, 397-408.

Neisser, U., Boodoo, G., Bouchard, T. J., Boykin, A. W., Brody, N., Ceci, S. J., Halpern, D. F., Loehlin, J. C., Perloff, R., Sternberg, R. J., & Urbina, S. (1996). Intelligence: Knowns and unknowns. APA Taskforce on Intelligence. *American Psychologist*, **51**, 77-101.

岡本弘司・伊藤正人・佐伯大輔（2006）．分割された遅延報酬の主観的価値—割引過程の確認— 日本行動分析学会第24回年次大会発表論文集, 111.

Reed, D. D., & Martens, B. K. (2011). Temporal discounting predicts student responsiveness to exchange delays in a classroom token system. *Journal of Applied Behavior Analysis*, **44**, 1-18.

Reimers, S., Maylor, E. A., Stewart, N., & Chater, N. (2009). Associations between a one-shot delay discounting measure and age, income, education and real-world impulsive behavior. *Personality and Individual Differences*, **47**, 973-978.

佐伯大輔・高橋雅治（2009）．遅延割引関数を使う 坂上貴之（編） 意思決定と経済の心理学（pp. 53-68） 朝倉書店

White, K. R. (1982). The relation between socioeconomic status and academic achievement. *Psychological Bulletin*, **91**, 461-481.

Yamane, S., Takahashi, T., Kamesaka, A., Tsutsui, Y., & Ohtake, F. (2013). Socio-emotional status, education, and time-discounting in Japanese non-smoking population: A multi-generational study. *Psychology*, **4**, 124-132.

吉田正寛・青山謙二郎（2006）．価値割引と試験勉強場面の学習行動の関係 日本行動分析学会第24回年次大会発表論文集, 32.

第9章

Alikari, V., & Zyga, S. (2014). Conceptual analysis of patient compliance in treatment. *Health Science Journal*, **8**, 179-186.

Bandura, A. (1977). Self-efficacy: Toward a unifying theory of behavioral change. *Psychological Review*, **84**, 191-215.

文　献

Becker, M. H., & Maiman, L. A.（1975）. Sociobehavioral determinants of compliance with health and medical care recommendations. *Medical Care*, 13, 10-24.
Bickel, W. K., Odum, A. L., & Madden, G. J.（1999）. Impulsivity and cigarette smoking: Delay discounting in current, never, and ex-smokers. *Psychopharmacology*, 146, 447-454.
Bissonnette, J. M.（2008）. Adherence: A concept analysis. *Journal of Advanced Nursing*, 63, 634-643.
藤田礎史郎（2001）．参加型医療と患者―生きるために結び合う患者たち―　晃洋書房
Groopman, J., & Hartzband, P.（2012）. *Your medical mind: How to decide what is right for you*. London: Penguin Books.（堀内志奈（訳）（2013）．決められない患者たち　医学書院）
広井良典（2006）．持続可能な福祉社会―「もうひとつの日本」の構想―　筑摩書房
梶田　昭（2003）．医学の歴史　講談社
小西友七・南出康世（2003）．ジーニアス英和辞典第3版　大修館書店
厚生労働省（2013a）．地域包括ケアシステム Retrieved from http://www.mhlw.go.jp/stf/seisakunitsuite/bunya/hukushi_kaigo/kaigo_koureisha/chiiki-houkatsu/
厚生労働省（2013b）．平成24年度国民医療費の概況 Retrieved from http://www.mhlw.go.jp/toukei/saikin/hw/k-iryohi/12/index.html
Kyngaes, H., Duffy, M. E., & Kroll, T.（2000）. Conceptual analysis of compliance. *Journal of Clinical Nursing*, 9, 5-12.
Miltenberger, R. C.（2001）. *Behavior modification: Principles and procedures*（2nd ed.）. Belmont: Wadsworth.（園山繁樹・野呂文行・渡部国隆・大石幸二（訳）（2006）．行動変容法入門　二瓶社）
宮本忠雄・上田宣子・小倉義廣（2004）．患者論　日本医師会（編）　最新医療秘書講座1　健康と病気，患者論，発育と老化　メヂカルフレンド社
宮坂忠夫・川田智惠子・吉田　亨（2008）．最新 保健学講座別巻1　健康教育論　メヂカルフレンド社
森　臨太郎（2013）．持続可能な医療を創る―グローバルな視点からの提言―　岩波書店
宗像恒次（2007）．最新 行動科学からみた健康と病気　メヂカルフレンド社
内閣府（2014）．平成26年版高齢社会白書
　　http://www8.cao.go.jp/kourei/whitepaper/w-2014/zenbun/26pdf_index.html
中山和弘・岩本　貴（2013）．患者中心の意思決定支援―納得して決めるためのケア―　中央法規出版
日本医療政策機構（2013）．2013年日本の医療に関する世論調査
　　http://www.hgpi.org/report_events.html?article=258
日本行動分析学会（編）（2015）．ケースで学ぶ行動分析学による問題解決　金剛出版
日本透析医学会（2015）．わが国の慢性透析療法の現況　2014年12月31日現在
　　http://docs.jsdt.or.jp/overview/pdf2015/p002.pdf
OECD（The Organisation for Economic Co-operation and Development）（2015）. Health Statistics 2015
　　http://www.oecd.org/els/health-systems/health-data.htm
Parker, K.（2013）. *Kill or cure*. London: Dorling Kindersley Limited.（千葉喜久枝（訳）（2016）．医療の歴史―穿孔開頭術から幹細胞治療までの1万2千年史―　創元社）
Polikandrioti, M., & Ntokou, M.（2011）. Needs of hospitalized patients. *Health Science Journal*, 5, 15-22.
Rachlin, H., Raineri, A., & Cross, D.（1991）. Subjective probability and delay. *Journal of the Experimental Analysis of Behavior*, 55, 233-244.
Rosenstock, I. M.（1966）. Why people use health services. *The Milbank Memorial Fund Quarterly*, 44, 94-127.
Skinner, B. F.（1953）. *Science and human behavior*. New York: Free Press.
Stewart, M.（1995）. *Patient-centered medicine*. Thousand Oaks: Sage publication.（山本和利（訳）（2002）．患者中心の医療　診断と治療社）
Suchman, E. A.（1967）. Preventive health behavior: A model for research on community health campaigns. *Journal of Health and Social Behavior*, 8, 197-209.
飛田伊都子（2015）．慢性疾患患者の問題行動に対する行動マネジメント　日本行動分析学会（編）　ケースで学ぶ行動分析学による問題解決（pp. 202-205）　金剛出版
飛田伊都子（2016a）．医出づる国―医師任せで大丈夫？―患者の選択，生き方決める　日本経済新聞　3月30日朝刊，第46737号，1
飛田伊都子（2016b）．患者の存在無しに安全はなし遂げられない　日本経済新聞　3月30日電子版

http://www.nikkei.com/article/DGXMZO98261140Q6A310C1I10000/
飛田伊都子・鈴木純恵・伊藤正人（2008）．運動行動の維持を導くプログラムの有効性―慢性血液透析患者における臨床実験介入的検討― 日本行動分析学会第26回年次大会発表論文集，49．
飛田伊都子・鈴木純恵・伊藤正人（2009）．強化子消去による運動行動アセスメント―血液透析患者における臨床実験からの考察― 日本行動分析学会第27回年次大会発表論文集，52．
Tobita, I., Suzuki, S., Kobayashi, T., Shimizu, Y., & Umeshita, K. (2009). A programme to encourage participation of haemodialysis patients in an exercise regimen. *Journal of Renal Care*, 35, 48-53.
飛田伊都子・鈴木純恵・島本英樹・安江郁子・南海津由子・小林光子・中村淑子・長南由香（2010）．透析中の床上運動プログラムの効果 日本腎不全看護学会誌，12，43-49．
United Nations（2012）．*World Population Prospects*
　　　https://esa.un.org/unpd/wpp/
Vuchinich, R. E., & Simpson, C. A. (1998). Hyperbolic temporal discounting in social drinkers and problem drinkers. *Experimental and Clinical Psychopharmacology*, 6, 292-305.
WHO（World Health Organization）（2003）．*Adherence to long-term therapies: Evidence for Action.*

第10章

Aikens, J. E., & Mayes, R. (1997). Elevated glycosylated albumin in NIDDM is a function of recent everyday environmental stress. *Diabetes Care*, 20 (7), 1111-1113.
Al-Khawaldeh, O. A., Al-Hassan, M. A., & Froelicher, E. S. (2012). Self-efficacy, self-management, and glycemic control in adults with type 2 diabetes mellitus. *Journal of Diabetes and its Complications*, 26 (1), 10-16, ISSN 1056-8727.
Albright, T. L., Parchman, M., & Burge, S. K. (2001). Predictors of self-care behavior in adults with type 2 diabetes: An RRNeST study. *Family Medicine*, 33 (5), 354-360.
Anderson, R. M., Funnell, M. M., Butler, P. M., Arnold, M. S., Fitzgerald, J. T., & Feste, C. C. (1995). Patient empowerment: Results of a randomized controlled trial. *Diabetes Care*, 18 (7), 943-949.
Anderson, R. M., Funnell, M. M., Fitzgerald, J. T., & Marrero, D. G. (2000). The Diabetes Empowerment Scale: A measure of psychosocial self-efficacy. *Diabetes Care*, 23 (6), 739-743.
荒川光子・上遠野了子（2006）．糖尿病外来継続看護の有効性の検討―継続看護開始前後の食事自己管理に対する自己効力感とHbA1cの推移から― 日本糖尿病教育・看護学会誌，10（1），52-56．
Bandura, A. (1977). Self-efficacy: Toward a unifying theory of behavioral change. *Psychological Review*, 84 (2), 191-215.
Bandura, A. (2006). Guide for constructing self-efficacy scales. In F. Pajares, & T. C. Urdan (Eds.), *Self-efficacy beliefs of adolescents* (pp. 307-337). Information Age Publishing.
Bean, M. K., Stewart, K., & Olbrisch, M. E. (2008). Obesity in America: Implications for clinical and health psychologists. *Journal of Clinical Psychology in Medical Settings*, 15 (3), 214-224.
Boehm, S., Coleman-Burns, P., Schlenk, E. A., Funnell, M. M., Parzuchowski, J., & Powell, I. J. (1995). Prostate cancer in African American men: Increasing knowledge and self-efficacy. *Journal of Community Health Nursing*, 12 (3), 161-169.
Boltri, J. M., Okosun, I. S., Davis-Smith, M., & Vogel, R. L. (2005). Hemoglobin a1c levels in diagnosed and undiagnosed black, hispanic, and white persons with diabetes: Results from NHANES 1999-2000. *Ethnicity and Disease*, 15 (4), 562-567.
Bott, U., Muhlhauser, I., Overmann, H., Berger, M. (1998). Validation of a diabetes-specific quality-of-life scale for patients with type 1 diabetes. *Diabetes Care*, 21 (5), 757-769.
Boudreaux, E. D., Francis, J. L., Taylor, C. L. C., Scarinci, I. C., & Brantley, P. J. (2003). Changing multiple health behaviors: Smoking and exercise. *Preventive Medicine*, 36 (4), 471-478.
Boyer, J. G., & Earp, J. A. (1997). The development of an instrument for assessing the quality of life of people with diabetes. Diabetes-39. *Medical care*, 35, 440-453.
Bradley, C., Todd, C., Gorton, T., Symonds, E., Martin, A., & Plowright, R. (1999). The development of an individualized questionnaire measure of perceived impact of diabetes on quality of life: The ADDQoL. *Quality*

文 献

of Life Research, 8, 79-91.
Brownell, K. D. (2000). *The LEARN program for weight management 2000*. Dallas, TX: American Health.
Burke, L. E., Styn, M. A., Glanz, K., Ewing, L. J., Elci, O. U., Conroy, M. B., Sereika, S. M., Acharya, S. D., Music, E., Keating, A. L., & Sevick, M. A. (2009). SMART trial: A randomized clinical trial of self-monitoring in behavioral weight management-design and baseline findings. *Contemporary Clinical Trials*, 30 (6), 540-551.
Burke, L. E., Swigart, V., Turk, M. W., Derro, N., & Ewing, L. J. (2009). Experiences of self-monitoring: Successes and struggles during treatment for weight loss. *Qualitative Health Research*, 19, 815-828.
Burke, L. E., Wang, J., & Sevick, M. A. (2011). Self-monitoring in weight loss: A systematic review of the literature. *Journal of the American Dietetic Association*, 111 (1), 92-102.
Carels, R. A., Douglass, O. M., Cacciapaglia, H. M., & O'Brien, W. H. (2004). An ecological momentary assessment of relapse crises in dieting. *Journal of Consulting and Clinical Psychology*, 72 (2), 341-348.
Carver, C. S. (2004). Self-regulation of action and affect. In R. F. Baumeister, & K. D. Vohs (Eds.), *Handbook of self-regulation: Research, theory and applications* (pp. 13-34). New York: Guilford Press.
Cheadle, A., Psaty, B. M., Diehr, P., Koepsell, T., Wagner, E., Curry, S., & Kristal, A. (1995). Evaluating community-based nutrition-programs: Comparing grocery store and individual-level survey measures of program impact. *Preventive Medicine*, 24 (1), 71-79.
Chiu, C. J., Wray, L. A., Beverly, E. A., & Dominic, O. G. (2010). The role of health behaviors in mediating the relationship between depressive symptoms and glycemic control in type 2 diabetes: A structural equation modeling approach. *Social Psychiatry and Psychiatric Epidemiology*, 45 (1), 67-76.
Choi, S. E. (2009). Diet-specific family support and glucose control among Korean immigrants with type 2 diabetes. *The Diabetes Educator*, 35 (6), 978-985.
Cooper, Z., & Fairburn, C. G. (2001). A new cognitive behavioural approach to the treatment of obesity. *Behaviour Research and Therapy*, 39 (5), 499-511.
Dalton, W. T., & Kitzmann, K. M. (2011). A preliminary investigation of stimulus control, self-monitoring, and reinforcement in lifestyle interventions for pediatric overweight. *American Journal of Lifestyle Medicine*, 65 (1), 75-89.
Daniele, T. M., de Bruin, V. M., de Oliveira, D. S., Pompeu, C. M. & Forti, A. C. (2013). Associations among physical activity, comorbidities, depressive symptoms and health-related quality of life intype 2 diabetes. *Arquivos Brasileiros de Endocrinologia & Metabologia*, 57 (1), 44-50.
de Ridder, D., & de Wit, J. (2006). Self-regulation in health behavior: Concepts, theories and central issues. In D. de Ridder, & J. de Wit (Eds.), *Self-regulation in health behavior* (pp. 1-23). Chichester: Wiley.
Diabetes Prevention Program Research Group. (1999). The diabetes prevention program: Design and methods for a clinical trial in the prevention of type 2 diabetes. *Diabetes Care*, 22, 623-634.
DiIorio, C., Dudley, W. N., Soet, J., Watkins, J., & Mabach, E. (2000). A social cognitive-based model for condom use among college students. *Nursing Research*, 49, 208-214.
DiIorio, C., Fathery, B., & Manteuffel, B. (1992). Self-efficacy and social support in self-management of epilepsy. *Western Journal of Nursing Research*, 14, 292-303.
Fisher, J. D., & Fisher, W. A. (1992). Changing AIDS-risk behavior. *Psychological Bulletin*, 111 (3), 455-474.
Ford, M. E., Tilley, B. C., & McDonald, P. E. (1998). Social support among African-American adults with diabetes, Part 2: A review. *Journal of the National Medical Association*, 90 (7), 425-432.
Foster, G. D., Makris, A. P., & Bailer, B. A. (2005). Behavioral treatment of obesity. *The American Journal of Clinical Nutrition*, 82 (1), 230S-235S.
Foster, G. D., Wadden, T. A., Phelan, S., Sarwer, D. B., & Sanderson, R. S. (2001). Obese patients' perceptions of treatment outcomes and the factors that influence them. *Archives of Internal Medicine*, 161 (17), 2133-2139.
藤沼宏彰・星野武彦・渡辺裕哉・熱海真希子・山崎俊朗・清野弘明・菊池宏明・阿部隆三 (1998). 糖尿病患者における運動指導半年後の運動実施状況 糖尿病, 41 (12), 1123-1128.
Funnell, M. M., Brown, T. L., Childs, B. P., Haas, L. B., Hosey, G. M., Jensen, B., Maryniuk, M., Peyrot, M., Piette, J. D., Reader, D., Siminerio, L. M., Weinger, K., & Weiss, M. A. (2009). National standards for diabetes self-management education. *Diabetes Care*, 32 (Supplement 1), S87-S94.

文　献

Funnell, M. M., Tang, T. S., & Anderson, R. M.（2007）. From DSME to DSMS: Developing empowerment-based diabetes self-management support. *Diabetes Spectrum*, 20（4）, 221-226.
布佐真理子・千田睦美・野崎智恵子・田　千鶴子・箱石恵子（2002）．糖尿病で外来通院中の患者の健康行動に対する自己効力感とその影響要因　日本糖尿病教育・看護学会誌，6（2），113-122．
Gao, J., Wang, J., Zheng, P., Haardörfer, R., Kegler, M. C., Zhu, Y., & Fu, H.（2013）. Effects of self-care, self-efficacy, social support on glycemic control in adults with type 2 diabetes. *BMC Family Practice*, 14, 66.
Garay-Sevilla, M. E., Nava, L. E., Malacara, J. M., Huerta, R., de León, J. D., Mena, A., & Fajardo, M.E.（1995）. Adherence to treatment and social support in patients with non-insulin dependent diabetes mellitus. *Journal of Diabetes and its Complications*, 9（2）, 81-86.
Garratt, A. M., Schmidt, L., & Fitzpatrick, R.（2002）. Patient-assessed health outcome measures for diabetes: A structured review. *Diabetic Medicine*, 19, 1-11.
Gecht, M. R., Connel, K. J., Sinacore, J. M., & Prohaska, T. R.（1996）. A survey of exercise beliefs and exercise habits among people with arthritis. *Arthritis Care Research*, 9, 82-88.
Germann, J. N., Kirschenbaum, D. S., & Rich, B. H.（2007）. Child and parental self-monitoring as determinants of success in the treatment of morbid obesity in low-income minority children. *Journal of Pediatric Psychology*, 32（1）, 111-121.
Glasgow, R. E., & Toobert, D. J.（1988）. Social environment and regimen adherence among type II diabetic patients. *Diabetes Care*, 11, 377-386.
Gonder-Frederick, L. A., Cox, D. J., & Ritterband, L. M.（2002）. Diabetes and behavioral medicine: The second decade. *Journal of Consulting and Clinical Psychology*, 70（3）, 611-625.
Gonzales, J. T.（1990）. Factors relating to frequency of breast self-examination among low-income Mexican-American women. *Canadian Nurse*, 13, 134-142.
Gutin, B., Owens, S., Okuyama, T., Riggs, S., Ferguson, M., & Litaker, M.（1999）. Effect of physical training and its cessation on percent fat and bone density of children with obesity. *Obesity Research*, 7（2）, 208-214.
Haas, L., Maryniuk, M., Beck, J., Cox, C. E., Duker, P., Edwards, L., Fisher, E. B., Hanson, L., Kent, D., Kolb, L., McLaughlin, S., Orzeck, E., Piette, J. D., Rhinehart, A. S., Rothman, R., Sklaroff, S., Tomky, D., & Youssef, G.（2013）. National standards for diabetes self-management education and support. *Diabetes Care*, 36（Supplement 1）, S100-S108.
Hale, P. J., & Trumbetta, S. L.（1996）. Women's self-efficacy and sexually transmitted disease preventive behaviours. *Research in Nursing and Health*, 19, 101-110.
Hannon, T. S., Rofey, D. L., Lee, S., & Arslanian, S. A.（2013）. Depressive symptoms and metabolic markers of risk for type 2 diabetes in obese adolescents. *Pediatric Diabetes*, 14, 497-503.
服部真理子・吉田　亨・村嶋幸代・伴野祥一・河津捷二（1999）．糖尿病患者の自己管理行動に関連する要因について　日本糖尿病教育・看護学会誌，3（2），101-109．
Herschbach, P., Duran, G., Waadt, S., Zettler, A., Amm, C., & Marten-Mittag, B.（1997）. Psychometric properties of the questionnaire on stress in patients with diabetes-revised（QSD-R）. *Health Psychology*, 16, 171-174.
Hjelm, K., Mufunda, E., Nambozi, G., & Kemp, J.（2003）. Preparing nurses to face the pandemic of diabetes mellitus: A literature review. *Journal of Advanced Nursing*, 41, 424-434.
House, J. S., & Kahn, R. J.（1985）. Measures and concepts of social support. In S. Cohen, & S. L. Syme（Eds.）, *Social support and health*（pp. 83-108）. San Diego, CA: Academic Press.
Hurley, A.（1990）. Measuring self-care ability in patients with diabetes: The insulin management diabetes self-efficacy scale. In C. Waltz（Ed.）, *Measurement of nursing outcomes: Measuring client self-care and coping skills 4*（pp. 28-44）. New York: Springer Publishing.
Hurley, A. C., & Shea, C. A.（1992）. Self-efficacy: Strategy for enhancing diabetes self-care. *The Diabetes Educator*, 18（2）, 146-150.
池田京子・桜井浩治・村松芳幸・真島一郎・下条文武（2000）．血糖値と心理的要因に関する研究―糖尿病患者のセルフエフィカシーと不安・抑うつについて―　心療内科，4（3），231-237．
池田京子・鈴木　力・斉藤紀子・小池武嗣・斉藤君枝・村松芳幸（2004）．自己効力感，不安・抑うつと血糖コントロールの関連　日本心療内科学会誌，8（4），243-246．
板垣昭代・川島保子（2001）．外来における継続的個別糖尿病患者教育プログラムの作成と評価　日本糖尿病教

文　献

育・看護学会誌, 5 (2), 120-129.
Kara, M., van der Bijl, J. J., Shortridge-Baggett, L. M., Asti, T., & Erguney, S. (2006). Cross-cultural adaptation of the diabetes management self-efficacy scale for patients with type 2 diabetes mellitus: Scale development. *International Journal of Nursing Studies*, 43 (5), 611-621.
Kavanagh, D. J., Gooley, S., & Wilson, P. H. (1993). Prediction of adherence and control in diabetes. *Journal of Behavioral Medicine*, 16, 509-522.
Khattab, M., Khader, Y. S., Al-Khawaldeh, A., & Ajlouni, K. (2010). Factors associated with poor glycemic control among patients with type 2 diabetes. *Journal of Diabetes and its Complications*, 24 (2), 84-89.
金外淑・嶋田洋徳・坂野雄二 (1996). 慢性疾患患者の健康行動に対するセルフ・エフィカシーとストレス反応との関連　心身医学, 36 (6), 500-504.
King, T. K., Marcus, B. H., Pinto, B. M., Emmons, K. M., & Abrams, D. B. (1996). Cognitive behavioural mediators of changing multiple behaviours: Smoking and a sedentary lifestyle. *Preventive Medicine*, 25, 684-691.
Kingery, P. M. (1988). *Self-efficacy and outcome expectations in the self-regulation of non-insulin dependent diabetes mellitus* (A doctoral dissertation presented to the University of Oregon).
Kingery, P. M., & Glasgow, R. E. (1989). Self-efficacy and outcome expectations in the self-regulation of non-insulin dependent diabetes mellitus. *Health Education*, 20 (7), 13-19.
厚生労働省 (2013). 平成25年国民健康・栄養調査報告
桑木由美子・簱持知恵子 (2012). ２型糖尿病に罹患した女性就労者の食事自己管理行動とその影響要因の関連　日本糖尿病教育・看護学会誌, 16 (2), 117-123.
Lane, J. D., McCaskill, C. C., Williams, P. G., Parekh, P. I., Feinglos, M. N., & Surwit, R. S. (2000). Personality correlates of glycemic control in type 2 diabetes. *Diabetes care*, 23 (9), 1321-1325.
Lansky, D., & Vance, M. A. (1983). School-based intervention for adolescent obesity: Analysis of treatment, randomly selected control, and self-selected control subjects. *Journal of Consulting and Clinical Psychology*, 51 (1), 147-148.
Latner, J. D., Stunkard, A. J., Wilson, G. T., Jackson, M. L., Zelitch, D. S., & Labouvie, E. (2000). Effective long-term treatment of obesity: A continuing care model. *International Journal of Obesity and Related Metabolic Disorder*, 24 (7), 893-898
Li, D., Inouye, J., Davis, J., & Arakaki, R. F. (2013). Associations between psychosocial and physiological factors and diabetes health indicators in Asian and Pacific Islander adults with type 2 diabetes. *Nursing Research and Practice*, 2013, Article ID 703520, 7 pages.
Lin, C. C., & Ward, S. E. (1996). Perceived self-efficacy and outcome expectancies in coping with chronic low back pain. *Research in Nursing & Health*, 19 (4), 299-310.
Lorig, K. R., Ritter, P., Stewart, A. L., Sobel, D. S., Brown Jr, B. W., Bandura, A., Gonzalez, V. M., Laurent, D. D., & Holman, H. R. (2001). Chronic disease self-management program: 2-year health status and health care utilization outcomes. *Medical Care*, 39 (11), 1217-1223.
Maddigan, S. L., Majumdar, S. R., & Johnson, J. A. (2005). Understanding the complex associations between patient-provider relationships, self-care behaviours, and health-related quality of life in type 2 diabetes: A structural equation modeling approach. *Quality of Life Research*, 14 (6), 1489-1500.
Mainous, A. G. Ⅲ, Diaz, V. A., Koopman, R. J., & Everett, C. J. (2007). Quality of care for Hispanic adults with diabetes. *Family Medicine*, 39 (5), 351-356.
Martyn-Nemeth, P., Penckofer, S., Gulanick, M., Velsor-Friedrich, B., & Bryant, F. B. (2009). The relationships among self-esteem, stress, coping, eating behavior, and depressive mood in adolescents. *Research in Nursing & Health*, 32 (1), 96-109.
McCaul, K. D., Glasgow, R. E., & Schafer, L. C. (1987). Diabetes regimen behaviors: Predicting adherence. *Medical Care*, 25 (9), 868-881.
McDowell, J., Courtney, M., Edwards, H., & Shortridge-Baggett, L. (2005). Validation of the Australian/English version of the diabetes management self-efficacy scale. *International Journal of Nursing Practice*, 11, 177-184.
McKee, H. C., & Ntoumanis, N. (2014). Developing self-regulation for dietary temptations: Intervention effects on physical, self-regulatory and psychological outcomes. *Journal of Behavioral Medicine*, 37 (6), 1075-1081.

Meadows, K. A., Abrams, S., & Sandbaek, A. (2000). Adaptation of the Diabetes Health Profile (DHP-1) for use with patients with Type 2 diabetes mellitus: Psychometric evaluation and cross-cultural comparison. *Diabetic Medicine*, 17, 572–580.

Meadows, K., Steen, N., McColl, E., Eccles, M., Shiels, C., Hewison, J., & Hutchinson, A. (1996). The Diabetes Health Profile (DHP): a new instrument for assessing the psychosocial profile of insulin requiring patients—development and psychometric evaluation. *Quality of Life Research*, 5 (2), 242–254.

Miller, W. R., & Rollnick, S. (2002). *Motivational interviewing: Preparing people for change*. New York: Guilford Press.

Nakahara, R., Yoshiuchi, K., Kumano, H., Hara, Y., Suematsu, H., & Kuboki, T. (2006). Prospective study on influence of psychosocial factors on glycemic control in Japanese patients with type 2 diabetes. *Psychosomatics*, 47 (3), 240–246.

中野真寿美・森山美知子・西山美香・松井美帆 (2003). 2型糖尿病の自己管理に関連した文献的考察―患者特性分類のためのアセスメントツール開発に向けて― 広島大学保健学ジャーナル, 3 (1), 1-12.

Nauta, H., Hospers, H., Kok, G., & Jansen, A. (2000). A comparison between a cognitive and a behavioral treatment for obese binge eaters and obese non-binge eaters. *Behavior Therapy*, 31 (3), 441–461.

Nelson, K., McFarland, L., & Reiber, G. (2007). Factors influencing disease selfmanagement among veterans with diabetes and poor glycemic control. *Society of General Internal Medicine*, 22, 442–447.

Nichols, G. A., Hillier, T. A., Javor, K., & Brown, J. B. (2000). Predictors of glycemic control in insulin-using adults with type 2 diabetes. *Diabetes Care*, 23 (3), 273–277.

野並葉子・山川真理子・飯岡由紀子・豊田邦江・伊波早苗 (2001). 外来における糖尿病患者の看護の実態調査 日本糖尿病教育・看護学会誌, 5 (1), 14-23.

Norris, S. L., Engelgau, M. M., & Narayan, K. V. (2001). Effectiveness of self-management training in type 2 diabetes a systematic review of randomized controlled trials. *Diabetes Care*, 24 (3), 561–587.

Osborn, C. Y., Amico, K. R., Fisher, W. A., Egede, L. E., & Fisher, J. D. (2010). An information-motivation-behavioral skills analysis of diet and exercise behavior in Puerto Ricans with diabetes. *Journal of Health Psychology*, 15 (8), 1201–1213.

Pearson, E. S. (2012). Goal setting as a health behavior change strategy in overweight and obese adults: A systematic literature review examining intervention components. *Patient Education and Counseling*, 87, 32–42.

Peyrot, M., McMurry, J. F., Jr. & Kruger, D. F. (1999). A biopsychosocial model of glycemic control in diabetes: Stress, coping and regimen adherence. *Journal of Health and Social Behavior*, 40 (2), 141–158.

Prapavessis, H., Cameron, L., Baldi, J. C., Robinson, S., Borrie, K., Harper, T., & Grove, J. R. (2007). The effects of exercise and nicotine replacement therapy on smoking rates in women. *Addictive Behaviors*, 32 (7), 1416–1432.

Rabi, D. M., Edwards, A. L., Svenson, L. W., Sargious, P. M., Norton, P., Larsen, E. T., & Ghali, W. A. (2007). Clinical and medication profiles stratified by household income in patients referred for diabetes care. *Cardiovascular Diabetology*, 30, 6–11.

Renjilian, D. A., Perri, M. G., Nezu, A. M., McKelvey, W. F., Shermer, R. L., & Anton, S. D. (2001). Individual vs. group therapy for obesity: Effects of matching participants to their treatment preference. *Journal of Consulting and Clinical Psychology*, 69, 717–721.

Rickheim, P. L., Weaver, T. W., Flader, J. L., & Kendall, D. M. (2002). Assessment of group versus individual diabetes education a randomized study. *Diabetes Care*, 25 (2), 269–274.

Rist, F., & Watzi, H. (1983). Self-assessment of relapse risk and assertiveness in relation to treatment outcome of female alcoholics. *Addictive Behaviour*, 8, 121–127.

Rotatori, A. F., & Fox, R. (1980). The effectiveness of a behavioral weight reduction program for moderately retarded adolescents. *Behavior Therapy*, 11 (3), 410–416.

Ruggiero, L., Spirito, A., Bond, A., Coustan, D., & McCarvey, S. (1990). Impact of social support and stress on compliance in woman with gestational diabetes. *Diabetes Care*, 13, 441–444.

Rygg, L. Ø., Rise, M. B., Grønning, K., & Steinsbekk, A. (2012). Efficacy of ongoing group based diabetes self-management education for patients with type 2 diabetes mellitus. A randomised controlled trial. *Patient*

文　献

Education and Counseling, 86（1），98–105.
Skelly, A. H., Marshall, J. R., Haughey, B. P., Davis, P. J., & Dmiord, R. G.（1995）. Self-efficacy and confidence in outcomes as determinants of self-care practices in inner-city, African-American women with non-insulin-dependent diabetes. *The Diabetes Educator*, 21, 38–46.
Smeltzer, S. C., & Bare, B. G.（2000）. *Brunner and Suddarth's textbook of medical-surgical nursing*（9th ed.）. Philadelphia, PA: Lippincott Williams & Wilkins.
Stephens, R. S., Wertz, J. S., & Roffman, R. A.（1995）. Self-efficacy and marijuana cessation: A construct validity analysis. *Journal of Consulting and Clinical Psychology*, 63（6），1022.
Strecher, V. J., DeVellis, B. M., Becker, M. H., & Rosenstock, I. M.（1986）. The role self-efficacy in achieving health behaviour change. *Health Education Quarterly*, 13, 73–92.
鈴木千絵子（2013）．2型糖尿病患者の血糖コントロールに及ぼす家族支援と自己効力感について―患者の性別に焦点を当てて―　ヒューマンケア研究学会誌，5（1），41–46.
Tang, T. S., Funnell, M. M., & Anderson, R. M.（2006）. Group education strategies for diabetes self-management. *Diabetes Spectrum*, 19（2），99–105.
Tao, B. T.（2006）. The impact of insurance on recommended medical care, lifestyle behaviors and the health of non-elderly diabetics. University of North Carolina, 17–22（Nov. 29, 2006）. Retrieved from http://www.unc.edu/the/archives/tao.pdf.
Thoits, P. A.（2011）. Mechanisms linking social ties and support to physical and mental health. *Journal of Health and Social Behavior*, 52（2），145–161.
冨樫智子・須釜千絵・小嶋百合子（2004）．自己効力を高める糖尿病教育プログラムの評価　日本糖尿病教育・看護学会誌，8（1），25–34.
Trief, P. M., Himes, C. L., Orendorff, R., & Weinstock, R. S.（2001）. The marital relationship and psychosocial adaptation and glycemic control of individuals with diabetes. *Diabetes Care*, 24（8），1384–1389.
Turan, B., Osar, Z., Turan, J. M., Damci, T., & Ilkova, H.（2002）. The role of coping with disease in adherence to treatment regimen and disease control in type 1 and insulin treated type 2 diabetes mellitus. *Diabetes Metabolism*, 28（2），186–193.
Uzoma, C. U., & Feldman, R. H.（1989）. Psychosocial factors influencing inner city black diabetic patients' adherence with insulin. *Health Education*, 20, 29–32.
Van der Bijl, J., van Poelgeest-Eeltink, A., & Shortridge-Baggett, L.（1999）. The psychometric properties of the diabetes management self-efficacy scale for patients with type 2 diabetes mellitus. *Journal of Advanced Nursing*, 30（2），352–358.
Wadden, T. A.（1993）. Treatment of obesity by moderate and severe caloric restriction: Results of clinical research trials. *Annals of Internal Medicine*, 119（7），688–693.
Wadden, T. A., Butryn, M. L., & Byrne, K. J.（2004）. Efficacy of lifestyle modification for long-term weight control. *Obesity Research*, 12（S12），151S–162S.
Wadden, T. A., Butryn, M. L., & Wilson, C.（2007）. Lifestyle modification for the management of obesity. *Gastroenterology*, 132（6），2226–2238.
WHO（World Health Organization）（2014）. Global status report on noncommunicable diseases 2014. World Health Organization. Retrieved from http://apps.who.int/iris/bitstream/10665/148114/1/9789241564854_eng.pdf?ua=1（2015年6月15日閲覧）
Williams, G. C., Freedman, Z. R., & Deci, E. L.（1998）. Supporting autonomy to motivate patients with diabetes for glucose control. *Diabetes Care*, 21（10），1644–1651.
Wilson, W., Ary, D. V., Biglan, A., Glasgow, R. E., Toobert, D., & Campbell, D. R.（1986）. Psychosocial predictors of self-care behaviors（compliance）and glycemic control in non-insulin-dependent diabetes mellitus. *Diabetes Care*, 9, 614–622.
Wing, R. R., Goldstein, M. G., Acton, K. J., Birch, L. L., Jakicic, J. M., Sallis, J. F. Jr., Smith-West, D., Jeffery, R. W., & Surwit, R. S.（2001）. Behavioral science research in diabetes: Lifestyle changes related to obesity, eating behavior, and physical activity. *Diabetes Care*, 24（1），117–123.
Wu, S.-F. V., Lee, M.-C., Liang, S.-Y., Lu, Y.-Y., Wang, T.-J., & Tung, H.-H.（2011）. Effectiveness of a self-efficacy program for persons with diabetes: A randomized controlled trial. *Nursing & Health Sciences*, 13, 335–343.

八嶋　功・平山俊英・藤井謙裕・金内雅夫・土肥和紘（1996）．糖尿病患者に対する血糖測定の教育効果　奈良医学雑誌，47，216-220．
安酸史子（1997a）．糖尿病患者の食事自己管理に対する自己効力感尺度の開発に関する研究　東京大学大学院医学系研究科博士論文
安酸史子（1997b）．糖尿病患者教育と自己効力　看護研究，30，29-36．
安酸史子・住吉和子・三上寿美恵・佐々木雅美・佐藤元香（1998）．自己効力を高める糖尿病教育入院プログラム開発への挑戦と課題　看護研究，31（1），31-38．
吉田百合子・横田恵子・高間静子（2002）．成人糖尿病患者の日常生活自己管理度測定尺度の信頼性・妥当性の検討　富山医科薬科大学看護学会誌，4（2），51-58．

第11章

Ammerman, A. S., Lindquist, C. H., Lohr, K. N., & Hersey, J. (2002). The efficacy of behavioral interventions to modify dietary fat and fruit and vegetable intake: A review of the evidence. *Preventive Medicine*, 35, 25-41.
Au, N., Marsden, G., Mortimer, D., & Lorgelly, P. K. (2013). The cost-effectiveness of shopping to a predetermined grocery list to reduce overweight and obesity. *Nutrition & Diabetes*, 3, 1-5.
Barlow, D. H., Nock, M. K., & Hersen, M. (2009). *Single case experimental designs: Strategies for studying behavior change* (3rd ed.). Boston, MA: Allyn and Bacon.
Bickel, W. K., Wilson, A. G., Franck, C. T., Mueller, E. T., Jarmolowicz, D. P., Koffarnus, M. N., & Fede, S. J. (2014). Using crowdsourcing to compare temporal, social temporal, and probability discounting among obese and non-obese individuals. *Appetite*, 75, 82-89.
Bodor, J. N., Rice, J. C., Farley, T. A., Swalm, C. M., & Rose, D. (2010). The association between obesity and urban food environments. *Journal of Urban Health*, 87, 771-781.
Borghans, L., & Golsteyn, B. H. H. (2006). Time discounting and body mass index, evidence from the Netherlands. *Economics of Human Biology*, 4, 39-61.
Bollinger, B., Leslie, P., & Sorensen, A. (2011). Calorie posting in chain restaurants. *American Economie Journal: Economic Policy*, 3, 91-128.
Bruemmer, B., Krieger, J., Saelens, B. E., & Chan, N. (2012). Energy, saturated fat, and sodium were lower in entrees at chain restaurants at 18 months compared with 6 months following the implementation of mandatory menu labeling regulation in King County, Washington. *Journal of the Academy of Nutrition and Dietetics*, 112, 1169-1176.
Burdette, H. L., & Whitaker, R. C. (2004). Neighborhood playgrounds, fast food restaurants, and crime: Relationships to overweight in low-income preschool children. *Preventive Medicine*, 38, 57-63.
Cantor, J., Torres, A., Abrams, C., & Elbel, B. (2015). Five years later: Awareness of New York City's calorie labels declined, with no changes in calories purchased. *Health Affairs*, 34, 1893-1900.
Chandon, P., & Wansink, B. (2002). When are stockpiled products consumed faster? A convenience-salience framework of postpurchase consumption incidence and quantity. *Journal of Marketing Research*, 39, 321-335.
Cohen, D. A., & Babey, S. H. (2012). Candy at the cash register: A risk factor for obesity and chronic disease. *New England Journal of Medicine*, 367, 1381-1383.
Davis, B., & Carpenter, C. (2009). Proximity of fast-food restaurants to schools and adolescent obesity. *American Journal of Public Health*, 99, 505-510.
Delboeuf, F. J. (1865). Note on certain optical illusions: Essay on a psychophysical theory concerning the way in which the eye evaluates distances and angles. *Bulletins de l'Académie Royale des Sciences, Lettres et Beaux-arts de Belgique*, 19, 195-216.
Downs, J. S., Loewenstein, G., & Wisdom, J. (2009). Strategies for promoting healthier food choices. *American Economic Review*, 99, 159-164.
Dumanovsky, T., Huang, C. Y., Nonas, C. A., Matte, T. D., Bassett, M. T., & Silver, L. D. (2011). Changes in energy content of lunchtime purchases from fast food restaurants after introduction of calorie labelling: Cross sectional customer surveys. *British Medical Journal*, 343, d4464.

文　献

Elbel, B., Kersh, R., Brescoll, V. L., & Dixon, L. B. (2009). Calorie labeling and food choices: A first look at the effects on low-income people in New York City. *Health Affairs*, 28, w1110-w1121.
Feinberg, R. A. (1986). Credit cards as spending facilitating stimuli: A conditioning interpretation. *Journal of Consumer Research*, 13, 348-356.
Fernandes, A. C., Oliveira, R. C., Proença, R. P., Curioni, C. C., Rodrigues, V. M., & Fiates, G. M. (2016). Influence of menu labeling on food choices in real-life settings: A systematic review. *Nutrition Reviews*, 74, 534-548.
Fick, A. (1851). *Da errone quodam optic asymmetria bulbi effecto*. Marburg, Koch.
Fields, S. A., Sabet, M., Peal, A., & Reynolds, B. (2011). Relationship between weight status and delay discounting in a sample of adolescent cigarette smokers. *Behavioural Pharmacology*, 22, 266-268.
Fields, S. A., Sabet, M., & Reynolds, B. (2013). Dimensions of impulsive behavior in obese, overweight, and healthy-weight adolescents. *Appetite*, 70, 60-66.
Finkelstein, E. A., Strombotne, K. L., Chan, N. L., & Krieger, J. (2011). Mandatory menu labeling in one fast-food chain in King County, Washington. *American Journal of Preventive Medicine*, 40, 122-127.
Fisher, J. O. (2007). Effects of age on children's intake of large and self-selected food portions. *Obesity*, 15, 403-412.
Fisher, J. O., & Kral, T. V. (2008). Super-size me: Portion size effects on young children's eating. *Physiology & Behavior*, 94, 39-47.
Fisher, J. O., Rolls, B. J., & Birch, L. L. (2003). Children's bite size and intake of an entree are greater with large portions than with age-appropriate or self-selected portions. *The American Journal of Clinical Nutrition*, 77, 1164-1170.
Green, L., Fisher, E. B., Perlow, S., & Sherman, L. (1981). Preference reversal and self control: Choice as a function of reward amount and delay. *Behaviour Analysis Letters*, 1, 43-51.
Hanks, A. S., Just, D. R., Smith, L. E., & Wansink, B. (2012). Healthy convenience: Nudging students toward healthier choices in the lunchroom. *Journal of Public Health*, 31, 1-7.
Hanks, A. S., Just, D. R., & Wansink, B. (2013). Smarter lunchrooms can address new school lunchroom guidelines and childhood obesity. *The Journal of Pediatrics*, 162, 867-869.
Harnack, L. J., & French, S. A. (2008). Effect of point-of-purchase calorie labeling on restaurant and cafeteria food choices: A review of the literature. *International Journal of Behavioral Nutrition and Physical Activity*, 5, 51.
Harnack, L. J., French, S. A., Oakes, J. M., Story, M. T., Jeffery, R. W., & Rydell, S. A. (2008). Effects of calorie labeling and value size pricing on fast food meal choices: Results from an experimental trial. *International Journal of Behavioral Nutrition and Physical Activity*, 5, 63.
Hawley, K. L., Roberto, C. A., Bragg, M. A., Liu, P. J., Schwartz, M. B., & Brownell, K. D. (2012). The science on front-of-package food labels. *Public Health Nutrition*, 16, 430-439.
Hedley, A. A., Ogden, C. L., Johnson, C. L., Carroll, M. D., Curtin, L. R., & Flegal, K. M. (2004). Prevalence of overweight and obesity among US children, adolescents, and adults, 1999-2002. *The Journal of the American Medical Association*, 291, 2847-2850.
Hirschman, E. C. (1979). Differences in consumer purchase behavior by credit card payment system. *Journal of Consumer Research*, 6, 58-66.
池田新介（2012）．自滅する選択―先延ばしで後悔しないための新しい経済学―　東洋経済新報社
International Diabetes Federation (2015). IDF Diabetes Atlas (7th ed.). International Diabetes Federation. Retrieved from
　　http://www.diabetesatlas.org/resources/2015-atlas.html（2016年7月17日閲覧）
Jeffery, R. W., Baxter, J., McGuire, M., & Linde, J. (2006). Are fast food restaurants an environmental risk factor for obesity? *International Journal of Behavioral Nutrition and Physical Activity*, 3, 2.
Just, D. R., & Payne, C. R. (2009). Obesity: Can behavioral economics help? *Annals of Behavioral Medicine*, 38, 47-55.
Just, D. R., & Price, J. (2013). Using incentives to encourage healthy eating in children. *Journal of Human Resources*, 48, 855-872.

Just, D. R., & Wansink, B. (2009). Smarter lunchrooms: Using behavioral economics to improve meal selection. *Choices*, 24, 1–7.
Just, D. R., & Wansink, B. (2014). School lunch debit card payment systems are associated with lower nutrition and higher calories. *Obesity*, 22, 24–26.
Just, D. R., Wansink, B., Mancino, L., & Guthrie, J. (2008). Behavioral economic concepts to encourage healthy eating in school cafeterias. Economic Research Report no. ERR-68. Washington, DC: US Department of Agriculture, Economic Research Service.
Knai, C., Pomerleau, J., Lock, K., & McKee, M. (2006). Getting children to eat more fruit and vegetables: A systematic review. *Preventive Medicine*, 42, 85–95.
Komlos, J., Smith, P., & Bogin, B. (2004). Obesity and the rate of time preference: Is there a connection? *Journal of Biosocial Science*, 36, 209–219.
Ledikwe, J. H., Ello-Martin, J. A., & Rolls, B. J. (2005). Portion sizes and the obesity epidemic. *The Journal of Nutrition*, 135, 905–909.
Levy, D. E., Riis, J., Sonnenberg, L. M., Barraclough, S. J., & Thorndike, A. N. (2012). Food choices of minority and low-income employees: A cafeteria intervention. *American Journal of Preventive Medicine*, 43, 240–248.
Liu, P. J., Wisdom, J., Roberto, C. A., Liu, L. J., & Ubel, P. A. (2014). Using behavioral economics to design more effective food policies to address obesity. *Applied Economic Perspectives and Policy*, 36, 6–24.
Livingstone, M. B. E., & Pourshahidi, L. K. (2014). Portion size and obesity. *Advances in Nutrition*, 5, 829–834.
Loewenstein, G. (2011). Confronting reality: Pitfalls of calorie posting. *American Journal of Clinical Nutrition*, 93, 679–680.
Loewenstein, G., Asch, D. A., Friedman, J. Y., Melichar, L. A., & Volpp, K. G. (2012). Can behavioural economics make us healthier? *British Medical Journal*, 344, e3482.
Lusk, J. L. (2014). Are you smart enough to know what to eat? A critique of behavioral economics as justification for regulation. *European Review of Agricultural Economics*, 41, 355–373.
Marteau, T. M., Ogilvie, D., Roland, M., Suhrcke, M., & Kelly, M. P. (2011). Judging nudging: Can nudging improve population health? *British Medical Journal*, 342, d228.
Mazur, J. E. (2013). *Learning and behavior* (7th ed.). Upper saddle River, NJ: Pearson Education.
McKinsey Global Institute (2014). Overcoming obesity: An initial economic analysis. McKinsey & Company. Retrieved from http://www.mckinsey.com/insights/economic_studies/how_the_world_could_better_fight_obesity（2016年7月17日閲覧）
Mehta, N. K., & Chang, V. W. (2008). Weight status and restaurant availability: A multilevel analysis. *American Journal of Preventive Medicine*, 34, 127–133.
Meyers, A. W., & Stunkard, A. J. (1980). Food accessibility and food choice: A test of Schachter's externality hypothesis. *Archives of General Psychiatry*, 37, 1133–1135.
Milkman, K. L., Rogers, T., & Bazerman, M. H. (2010). I'll have the ice cream soon and the vegetables later: A study of online grocery purchases and order lead time. *Marketing Letters*, 21, 17–35.
Mischel, W. (1966). Theory and research on the antecedents of self-imposed delay of reward. In B. A. Maher (Ed.), *Progress in experimental personality research* (Vol. 3, pp. 85–131). New York: Academic Press.
Mischel, W. (1974). Processes in delay of gratification. In L. Berkowitz (Ed.), *Advances in experimental social psychology* (Vol. 7, pp. 249–292). New York: Academic Press.
Mischel, W. (2014). *The marshmallow test: Mastering self-control*. New York, NY: Little, Brown, and Company.（柴田裕之（訳）（2015）．マシュマロ・テスト—成功する子・しない子— 早川書房）
Mischel, W., & Baker, N. (1975). Cognitive appraisals and transformations in delay behavior. *Journal of Personality & Social Psychology*, 31, 254–261.
Mischel, W., & Ebbesen, E. B. (1970). Attention in delay of gratification. *Journal of Personality & Social Psychology*, 16, 329–337.
Mischel, W., Ebbesen, E. B., & Raskoff Zeiss, A. (1972). Cognitive and attentional mechanisms in delay of gratification. *Journal of Personality and Social Psychology*, 21, 204–218.
Mischel, W., & Moore, B. (1973). Effects of attention to symbolically presented rewards on self-control. *Journal of Personality and Social Psychology*, 28, 172–179.

文　献

Mischel, W., Shoda, Y., & Rodriguez, M. I. (1989). Delay of gratification in children. *Science*, 244, 933-938.
Morland, K., Diez Roux, A. V., & Wing, S. (2006). Supermarkets, other food stores, and obesity: The atherosclerosis risk in communities study. *American Journal of Preventive Medicine*, 30, 333-339.
Morland, K. B., & Evenson, K. R. (2009). Obesity prevalence and the local food environment. *Health & Place*, 15, 491-495.
Morley, B., Scully, M., Martin, J., Niven, P., Dixon, H., & Wakefield, M. (2013). What types of nutrition menu labelling lead consumers to select less energy-dense fast food? An experimental study. *Appetite*, 67, 8-15.
Ogden, C. L., Carroll, M. D., Curtin, L. R., McDowell, M. A., Tabak, C. J., & Flegal, K. M. (2006). Prevalence of overweight and obesity in the United States, 1999-2004. *The Journal of the American Medical Association*, 295, 1549-1555.
Pomerleau, J., Lock, K., Knai, C., & McKee, M. (2005). Interventions designed to increase adult fruit and vegetable intake can be effective: A systematic review of the literature. *The Journal of Nutrition*, 135, 2486-2495.
Powell, L. M., Auld, M. C., Chaloupka, F. J., O'Malley, P. M., & Johnston, L. D. (2007a). Access to fast food and food prices: Relationship with fruit and vegetable consumption and overweight among adolescents. *Advances in Health Economics and Health Services Research*, 17, 23-48.
Powell, L. M., Auld, M. C., Chaloupka, F. J., O'Malley, P. M., & Johnston, L. D. (2007b). Associations between access to food stores and adolescent body mass index. *American Journal of Preventive Medicine*, 33, S301-S307.
Prelec, D., & Simester, D. (2001). Always leave home without it: A further investigation of the credit-card effect on willingness to pay. *Marketing Letters*, 12, 5-12.
Raghubir, P., & Srivastava, J. (2008). Monopoly money: The effect of payment coupling and form on spending behavior. *Journal of Experimental Psychology: Applied*, 14, 213-225.
Read, D., & Van Leeuwen, B. (1998). Predicting hunger: The effects of appetite and delay on choice. *Organizational Behavior and Human Decision Processes*, 76, 189-205.
Richards, T. J., & Hamilton, S. F. (2012). Obesity and hyperbolic discounting: An experimental analysis. *Journal of Agricultural and Resource Economics*, 37, 181.
Roberto, C. A., Larsen, P. D., Agnew, H., Baik, J., & Brownell, K. D. (2010). Evaluating the impact of menu labeling on food choices and intake. *American Journal of Public Health*, 100, 312-318.
Rolls, B. J. (2003). The supersizing of America: Portion size and the obesity epidemic. *Nutrition Today*, 38, 42-53.
Rolls, B. J., Engell, D., & Birch, L. L. (2000). Serving portion size influences 5-year-old but not 3-year-old children's food intakes. *Journal of the American Dietetic Association*, 100, 232-234.
Rolls, B. J., Morris, E. L., & Roe, L. S. (2002). Portion size of food affects energy intake in normal-weight and overweight men and women. *The American Journal of Clinical Nutrition*, 76, 1207-1213.
Rolls, B. J., Roe, L. S., Kral, T. V., Meengs, J. S., & Wall, D. E. (2004). Increasing the portion size of a packaged snack increases energy intake in men and women. *Appetite*, 42, 63-69.
Rolls, B. J., Roe, L. S., & Meengs, J. S. (2006a). Larger portion sizes lead to a sustained increase in energy intake over 2 days. *Journal of the American Dietetic Association*, 106, 543-549.
Rolls, B. J., Roe, L. S., & Meengs, J. S. (2006b). Reductions in portion size and energy density of foods are additive and lead to sustained decreases in energy intake. *The American Journal of Clinical Nutrition*, 83, 11-17.
Rolls, B. J., Roe, L. S., & Meengs, J. S. (2007). The effect of large portion sizes on energy intake is sustained for 11 days. *Obesity*, 15, 1535-1543.
Rolls, B. J., Roe, L. S., Meengs, J. S., & Wall, D. E. (2004). Increasing the portion size of a sandwich increases energy intake. *Journal of the American Dietetic Association*, 104, 367-372.
Rothman, R. L., Housam, R., Weiss, H., Davis, D., Gregory, R., Gebretsadik, T., Shintani, A., & Elasy, T. A.(2006). Patient understanding of food labels: The role of literacy and numeracy. *American Journal of Preventive Medicine*, 31, 391-398.
Shepard, R. N. (1981). Psychophysical complementarity. In M. Kubovy, & J. Pomeranz (Eds.), *Perceptual or-*

ganization (pp. 279-341). Hillsdale, NJ: Lawrence Erlbaum Associates.

Shepard, R. N. (1990). *Mind sights: Original visual illusions, ambiguities, and other anomalies, with a commentary on the play of mind in perception and art.* New York: Freeman.(鈴木光太郎・芳賀康朗(訳)(1993).視覚のトリック―だまし絵が語る「見る」しくみ― 新曜社)

Sigurdsson, V., Larsen, N. M., & Gunnarsson, D. (2011). An in-store experimental analysis of consumers' selection of fruits and vegetables. *The Service Industries Journal*, 31, 2587-2602.

Sigurdsson, V., Larsen, N. M., & Gunnarsson, D. (2014). Healthy food products at the point of purchase: An in-store experimental analysis. *Journal of Applied Behavior Analysis*, 47, 151-154.

Sigurdsson, V., Saevarsson, H., & Foxall, G. (2009). Brand placement and consumer choice: An in-store experiment. *Journal of Applied Behavior Analysis*, 42, 741-745.

Skipper, R. A. (2012). Obesity: Towards a system of libertarian paternalistic public health interventions. *Public Health Ethics*, 5, 181-191.

Skov, L. R., Lourenco, S., Hansen, G. L., Mikkelsen, B. E., & Schofield, C. (2013). Choice architecture as a means to change eating behaviour in self-service settings: A systematic review. *Obesity Reviews*, 14, 187-196.

Smith, P. K., Bogin, B., & Bishai, D. (2005). Are time preference and body mass index associated? Evidence from the National Longitudinal Survey of Youth. *Economics & Human Biology*, 3, 259-270.

Soman, D. (2003). The effect of payment transparency on consumption: Quasi-experiments from the field. *Marketing Letters*, 14, 173-183.

Srivastava, J., & Raghubir, P. (2002). Debiasing using decomposition: The case of memory-based credit card expense estimates. *Journal of Consumer Psychology*, 12, 253-264.

Swartz, J. J., Braxton, D., & Viera, A. J. (2011). Calorie menu labeling on quick-service restaurant menus: An updated systematic review of the literature. *International Journal of Behavioral Nutrition and Physical Activity*, 8, 135.

Thomas, M., Desai, K. K., & Seenivasan, S. (2011). How credit card payments increase unhealthy food purchases: Visceral regulation of vices. *Journal of Consumer Research*, 38, 126-139.

Thomson, C. A., & Ravia, J. (2011). A systematic review of behavioral interventions to promote intake of fruit and vegetables. *Journal of the American Dietetic Association*, 111, 1523-1535.

Thorndike, A. N., Sonnenberg, L., Riis, J., Barraclough, S., & Levy, D. E. (2012). A 2-phase labeling and choice architecture intervention to improve healthy food and beverage choices. *American Journal of Public Health*, 102, 527-533.

Van Ittersum, K., & Wansink, B. (2012). Plate size and color suggestibility: The Delboeuf Illusion's bias on serving and eating behavior. *Journal of Consumer Research*, 39, 215-228.

Volpp, K. G., Troxel, A. B., Pauly, M. V., Glick, H. A., Puig, A., Asch, D. A., Galvin, R., Zhu, J., Wan, F., DeGuzman, J., Corbett, E., Weiner, J., & Audrain-McGovern, J. (2009). A randomized, controlled trial of financial incentives for smoking cessation. *New England Journal of Medicine*, 360, 699-709.

Walpole, S. C., Prieto-Merino, D., Edwards, P., Cleland, J., Stevens, G., & Roberts, I. (2012). The weight of nations: An estimation of adult human biomass. *BMC Public Health*, 12, 439.

Wansink, B. (1996). Can package size accelerate usage volume? *Journal of Marketing*, 60, 1-14.

Wansink, B. (2004). Environmental factors that unknowingly increase a consumer's food intake and consumption volume. *Annual Review of Nutrition*, 24, 455-479.

Wansink, B. (2006). *Mindless eating: Why we eat more than we think.* New York: Bantam-Dell.(中井京子(訳)(2007).そのひとクチがブタのもと 集英社)

Wansink, B. (2010). From mindless eating to mindlessly eating better. *Physiology & Behavior*, 100, 454-463.

Wansink, B., Cardello, A., & North, J. (2005). Fluid consumption and the potential role of canteen shape in minimizing dehydration. *Military Medicine*, 170, 871-873.

Wansink, B., & Cheney, M. M. (2005). Super bowls: Serving bowl size and food consumption. *Journal of the American Medical Association*, 293, 1727-1728.

Wansink, B., Just, D. R., Hanks, A. S., & Smith, L. E. (2013). Pre-sliced fruit in school cafeterias: Children's selection and intake. *American Journal of Preventive Medicine*, 44, 477-480.

文　献

Wansink, B., Just, D. R., & Payne, C. R. (2009). Mindless eating and healthy heuristics for the irrational. *American Economic Review*, 99, 165-169.
Wansink, B., & Kim, J. (2005). Bad popcorn in big buckets: Portion size can influence intake as much as taste. *Journal of Nutrition Education and Behavior*, 37, 242-245.
Wansink, B., Painter, J. E., & Lee, Y. K. (2006). The office candy dish: Proximity's influence on estimated and actual consumption. *International Journal of Obesity*, 30, 871-875.
Wansink, B., Painter, J. E., & North, J. (2005). Bottomless bowls: Why visual cues of portion size influence intake. *Obesity Research*, 13, 93-100.
Wansink, B., & Park, S. (2001). At the movies: How external cues and perceived taste impact consumption volume. *Food Quality and Preference*, 12, 69-74.
Wansink, B., & Payne, C. R. (2007). Counting bones: Environmental cues that decrease food intake. *Perceptual and Motor Skills*, 104, 273-276.
Wansink, B., & Payne, C. R. (2009). The joy of cooking too much: 70 years of calorie increases in classic recipes. *Annals of Internal Medicine*, 150, 291-292.
Wansink, B., & Sobal, J. (2007). Mindless eating: The 200 daily food decisions we overlook. *Environment and Behavior*, 39, 106-123.
Wansink, B., & Van Ittersum, K. (2003). Bottoms up! The influence of elongation on pouring and consumption volume. *Journal of Consumer Research*, 30, 455-463.
Wansink, B., & Van Ittersum, K. (2005). Shape of glass and amount of alcohol poured: Comparative study of effect of practice and concentration. *British Medical Journal*, 331, 1512-1514.
Wansink, B., & Van Ittersum, K. (2007). Portion size me: Downsizing our consumption norms. *Journal of the American Dietetic Association*, 107, 1103-1106.
Wansink, B., Van Ittersum, K., & Painter, J. E. (2006). Ice cream illusions: Bowls, spoons, and self-served portion sizes. *American Journal of Preventive Medicine*, 31, 240-243.
Wansink, B., & Wansink, C. S. (2010). The largest Last Supper: Depictions of food portions and plate size increased over the millennium. *International Journal of Obesity*, 34, 943-944.
Watson, D. L., & Tharp, R. G. (2014). *Self-directed behavior: Self-modification for personal adjustment* (10th ed.). Boston, MA: Cengage Learning.
Weller, R. E., Cook Ⅲ, E. W., Avsar, K. B., & Cox, J. E. (2008). Obese women show greater delay discounting than healthy-weight women. *Appetite*, 51, 563-569.
Wing, R. R., Jeffery, R. W., Burton, L. R., Thorson, C., Nissinoff, K. S., & Baxter, J. E. (1996). Food provision vs structured meal plans in the behavioral treatment of obesity. *International Journal of Obesity*, 20, 56-62.
Wisdom, J., Downs, J. S., & Loewenstein, G. (2010). Promoting healthy choices: Information versus convenience. *American Economic Journal: Applied Economics*, 2, 164-178.
Wrigley, N., Warm, D., & Margetts, B. (2003). Deprivation, diet, and food-retail access: Findings from the Leeds 'food-deserts' study. *Environment and Planning*, 35, 151-188.
Young, L. R., & Nestle, M. (2002). The contribution of expanding portion sizes to the US obesity epidemic. *American Journal of Public Health*, 92, 246-249.
Zhang, L., & Rashad, I. (2008). Obesity and time preference: The health consequences of discounting the future. *Journal of Biosocial Science*, 40, 97-113.

第12章

荒川浩久・宮澤忠蔵（編）(2005)．口腔保健実践ガイドブック（pp. 23-26）　学健書院
Barbara, K. R., & Karen, G. (2005). *Theory at a glance: A guide for health promotion practice* (2nd ed.).（福田吉治・八幡裕一郎・今井博久（監訳）(2008)．一目でわかるヘルスプロモーション―理論と実践ガイドブック―　日本語版（pp. 31-34）　国立保健医療科学院）
深田順子・鎌倉やよい・百瀬由美子・布谷麻耶・藤野あゆみ・横矢ゆかり・坂上貴之（2010）．PRECEDE-PROCEED モデルを用いた地域高齢者における口腔保健行動に関連する評価尺度の開発　日本摂食・嚥下リハビリテーション学会雑誌, 15 (2), 199-208.

文　献

深田順子・鎌倉やよい・坂上貴之・百瀬由美子・布谷摩耶・藤野あゆみ・横矢ゆかり（2012）．地域高齢者における保健行動に関連した自己制御尺度の開発　日本看護科学会誌，32（3），85-95．

吹田麻耶・百瀬由美子・深田順子・森本紗磨美・横矢ゆかり・藤野あゆみ・坂上貴之・鎌倉やよい（2010）．地域高齢者の口腔保健行動―PRECEDE-PROCEED モデルを用いた類型化―　身体教育医学研究，11（1），27-35．

Green, L. W., & Kreuter, M. W.（1991）．*Health promotion planning: An educational and environmental approach*（2nd ed.）．Mayfield Publishing Company（p.10）（神馬征峰・岩永俊博・松野朝之・鳩町洋子（訳）（1997）．ヘルスプロモーション―PRECEDE-PROCEED モデルによる活動の展開―　医学書院）

Green, L. W., & Kreuter, M. W.（2005）．*Health program planning: An educational and ecological approach*（4th ed.）．McGraw-Hill.（神馬征峰（訳）（2005）．実践ヘルスプロモーション―PRECEDE-PROCEED モデルによる企画と評価―（pp. 8-19）　医学書院）

池山豊子・菊谷　武（2007）．高齢者の機能低下に合わせた口腔機能向上トレーニング（p. 15, 18）　日総研出版

乾　友紀・鎌倉やよい・深田順子・米田雅彦（2014）．成人および高齢者の口腔内における肺炎球菌保菌の実態と唾液タンパクとの関連　日本摂食嚥下リハビリテーション学会雑誌，18（3），265-273．

鎌倉やよい・藤本保志・深田順子（2000）．嚥下障害ナーシング（pp. 10-28, 42-45）　医学書院

鎌倉やよい・岡本和士・杉本助男（1998）．在宅高齢者の嚥下状態と生活習慣　総合リハビリテーション，26（6），581-587．

Kanfer, F. H., & Schefft, B. K.（1988）．*Guiding the process of therapeutic change*. IL: Research Press.

河村　誠・笹原妃佐子（2004）．プリシード・プロシードモデルを基にした歯科保健モデルと地域における現状とのギャップ―共分散構造分析結果―　口腔衛生学誌，54, 115-121．

厚生労働省（2014）．平成25年簡易生命表の概況
http://www.mhlw.go.jp/toukei/saikin/hw/life/life13/index.html

厚生労働統計協会（2014）．厚生の指標　増刊　国民衛生の動向2014/2015, 61（9），424-425.

宗像恒次（1996）．最新 行動科学から見た健康と病気（p. 84）　メヂカルフレンド社

内閣府（2014）．平成26年度版高齢社会白書（pp. 1-30）

Nerenz, S. M., & Leventhal, H.（1983）．Self-regulation theory in chronic illness. In T. G. Burish, & L. A. Bradly （Eds.）, *Coping with chronic disease: Research and applications*（pp. 13-37）．New York: Academic Press.

日本保健医療行動科学会（監修）（1999）．保健医療行動科学事典（p. 131）　メヂカルフレンド社

西尾正輝（1994）．ASMT 旭式発話メカニズム検査（pp. 13-17）　インテルナ出版

Rachlin, H.（2000）．*The science of self-control*. Cambridge, MA: Harvard University Press.

Rachlin, H., Castrogiovanni, A., & Cross, D.（1987）．Probability and delay in commitment. *Journal of the Experimental Analysis of Behavior*, 48（3），347-353．

Rachlin, H., & Green, L.（1972）．Commitment, choice and self-control. *Journal of the Experimental Analysis of Behavior*, 17（1），15-22．

Rosenbaum, M.（1989）．Self-control under stress: The role of learned resourcefulness. *Advance in Behaviour Research and Tgerapy*, 11, 249-258．

Rotter, J. B.（1966）．Generalized expectancies for internal versus external control of reinforcement. *Psychological Monographs, General and Applied*, 80（1），1-28．

才藤栄一（1997）．分担課題「摂食機能減退の診断方法の開発」　平成 8 年度厚生省・健康政策調査研究事業　個人の能力に応じた「味わい」のある食事内容・指導等に関する研究（pp. 37-58）

Skinner, B. F.（1953）．*Science and human behavior*. New York: MacMillan.

杉若弘子（1995）．日常的なセルフ・コントロールの個人差評価に関する研究　心理学研究，66（3），169-175．

辻　一郎（2007）．人口動態からみた老化・老年病―高齢地域社会で健康寿命を延ばす―　ジェロントロジーニューホライズン，19（1），21-24．

植田耕一郎（2009）．口腔機能の向上マニュアル―高齢者が一生おいしく，楽しく，安全な食生活を営むために―　改訂版　厚生労働省 Retrieved from http://www.mhlw.go.jp/topics/2009/05/dl/tp0501-1f.pdf（2015年7月9日閲覧）

渡辺正樹（1985）．Health Locus of Control による保健行動の試み　東京大学教育学部紀要，25, 299-307．

文献

第13章

Ainslie, G., & Herrnstein, R. J.（1981）. Preference reversal and delayed reinforcement. *Animal Learning and Behavior*, 9, 476-482.
Ainslie, G., & Monterosso, J. R.（2003）. Building blocks of self-control: Increased tolerance for delay with bundled rewards. *Journal of the Experimental Analysis of Behavior*, 79, 37-48.
APA（American Psychiatric Association）（2013）. *Diagnostic and statistical manual of mental disorders*（5th ed.）. Washington, DC: American Psychiatric Association. 高橋三郎・大野　裕（監訳）（2014）. DSM-5　精神疾患の診断・統計マニュアル　医学書院
Becker, G. S., & Murphy, K. M.（1988）. A theory of rational addiction. *Journal of Political Economy*, 96, 675-700.
Bickel, W. K., De Grandpre, R. J., Hughes, J. R., & Higgins, S. T.（1991）. Behavioral economics of drug self-administration: II. A unit price analysis of cigarette smoking. *Journal of the Experimental Analysis of Behavior*, 55, 145-154.
Bickel, W. K., Hughes, J. R., De Grandpre, R. J., Higgins, S. T., & Rizzuto, P.（1992）. Behavioral economics of drug self-administration: IV. The effects of response requirement on consumption of and interaction between concurrently available coffee and cigarettes. *Psychopharmacology*, 107, 211-216.
Coffey, F., Gudleski, G. D., Saladin, M. E., & Brady, K. T.（2003）. Impulsivity and rapid discounting of delayed hypothetical rewards in cocaine-dependent individuals. *Experimental and Clinical Psychopharmacology*, 11, 18-25.
Dixon, M. R., Marley, J., & Jacobs, E.（2003）. Delay discounting of pathological gamblers. *Journal of Applied Behavior Analysis*, 36, 449-458.
Gottfredson, M. R., & Hirschi, T.（1990）. *A general theory of crime*. Stanford, CA: Stanford University Press.
帚木蓬生（2004）．ギャンブル依存症とたたかう　新潮社
犯罪対策閣僚会議（2012）．再犯防止に向けた総合対策　平成24年7月　Retrieved from http://www.kantei.go.jp/jp/singi/hanzai/
樋口　進（2009）．成人の飲酒実態と生活習慣に関する実態調査研究　石井裕正（研究代表者）　わが国における飲酒の実態ならびに飲酒に関する生活習慣病，公衆衛生上の諸問題とその対策に関する総合的研究　平成20年度厚生労働科学研究費補助金　循環器疾患等生活習慣病対策総合研究事業　総括分担研究報告書（pp. 12-50）
堀越　勝（2010）．受刑者に対する認知行動モデルに基づいた介入　精神神経学雑誌，112, 890-896.
法務省（1989）．平成元年版犯罪白書　第4編／第4章／第2節／4　Retrieved from http://hakusyo1.moj.go.jp/jp/30/nfm/n_30_2_4_4_2_4.html
法務省（2012）．刑事施設における性犯罪者処遇プログラム受講者の再犯等に関する分析　研究報告書　Retrieved from http://www.moj.go.jp/kyousei1/kyousei05_00009.html
Hursh, S. R., Madden, G. J., Spiga, R., De Leon, I. G., & Francisco, M. T.（2013）. The translational utility of behavioral economics: The experimental analysis of consumption and choice. In G. J. Madden, W. V. Dube, T. D. Hackenberg, G. P. Hanley, & K. A. Lattal（Eds.）, *APA handbook of behavior analysis, Vol. 2: Translating principles into practice*（pp. 191-224）. Washington, DC: American Psychological Association.
伊藤雅美（2013）．少年施設における薬物再乱用防止プログラム　精神科治療学，第28巻増刊号　物質使用障害とアディクション　臨床ハンドブック，277-280.
Kirby, K. N., & Guastello, B.（2001）. Making choices in anticipation of similar future choices can increase self-control. *Journal of Experimental Psychology: Applied*, 7, 154-164.
厚生労働省（2013）．依存症者に対する医療及びその回復支援に関する検討会報告書　Retrieved from http://www.mhlw.go.jp/stf/shingi/2r98520000031qyo.html
Lea, S. E. G.（1978）. The psychology and economics of demand. *Psychological Bulletin*, 85, 441-466.
Madden, G. J., Petry, N. M., Badger, G. J., & Bickel, W. K.（1997）. Impulsive and self-control choices in opioid-dependent patients and non-drug-using control participants: Drug and monetary rewards. *Experimental and Clinical Psychopharmacology*, 5, 256-262.
松本俊彦（2013）．物質使用障害とアディクションの精神病理学　精神科治療学，第28巻増刊号　物質使用障害

とアディクション 臨床ハンドブック，46-51.
松本俊彦・今村扶美・小林桜児・千葉泰彦・和田　清（2009）．少年鑑別所における薬物再乱用防止教育ツールの開発とその効果—若年者用自習ワークブック「SMARPP-Jr.」— 日本アルコール・薬物医学会雑誌，44, 121-138.
森山成彬（2008）．病的賭博者100人の臨床的実態　精神医学，50, 895-904.
西崎勝則（2013）．保護観察における薬物事犯者の処遇及び薬物処遇プログラムについて　精神科治療学，第28巻増刊号　物質使用障害とアディクション 臨床ハンドブック，281-283.
小保方晶子・無藤　隆（2005）．親子関係・友人関係・セルフコントロールから検討した中学生の非行傾向行為の規定要因および抑止要因　発達心理学研究，16, 286-299.
Petry, N. M., & Bickel, W. K.（1998）. Polydrug abuse in heroin addicts: A behavioral economic analysis. *Addiction*, 93, 321-335.
Ross, D., Sharp, C., Vuchinich, R. E., & Spurrett, D.（2008）. *Midbrain mutiny: The picoeconomics and neuroeconomics of disordered gambling*. Cambridge: MIT Press.
Tanaka, S. C., Schweighofer, N., Asahi, S., Shishida, K., Okamoto, Y., Yamawaki, S., & Doya, K.（2007）. Serotonin differentially regulates short- and long-term prediction of rewards in the ventral and dorsal striatum. *PLoS One*, 12, e1333.
谷家優子・上原　央・安達泰盛・石田周良・加藤誌勅（2013）．刑務所における薬物再乱用防止プログラム　精神科治療学，第28巻増刊号，物質使用障害とアディクション 臨床ハンドブック，274-276.
融　道男・中根充文・小見山実・岡崎祐士・大久保善朗（監訳）（2005）．ICD-10　精神および行動の障害—臨床記述と診断ガイドライン— 新訂版　医学書院
上田光明（2007）．犯罪学におけるコントロール理論の最近の展開と主な論争点の検討　犯罪社会学研究，32, 134-145.
Vuchinich, R. E., & Simpson, C. A.（1998）. Hyperbolic temporal discounting in social drinker and problem drinkers. *Experimental and Clinical Psychopharmacology*, 6, 292-305.
山口哲生・伊藤正人（2001）．喫煙・飲酒・薬物摂取の行動経済学　行動分析学研究，16, 185-196.

第14章

Arantes, J., Berg, M. E., Lawlor, D., & Grace, R. C.（2013）. Offenders have higher delay-discounting rates than non-offenders after controlling for differences in drug and alcohol abuse. *Legal and Criminological Psychology*, 18, 240-253.
Brown, W., & Jennings, W. G.（2014）. A replication and an honor-based extension of Hirschi's reconceptualization of self-control theory and crime and analogous behaviors. *Deviant Behavior*, 35, 297-310.
Cherek, D. R., & Lane, S. D.（1999）. Laboratory and psychometric measurements of impulsivity among violent and nonviolent female parolees. *Biological Psychiatry*, 46, 273-280.
Cherek, D. R., Moeller, F. G., Dougherty, D. M., & Rhoades, H.（1997）. Studies of violent and nonviolent male parolees: II. Laboratory and psychometric measurements of impulsivity. *Biological Psychiatry*, 41, 523-529.
Conner, B. T., Stein, J. A., & Longshore, D.（2009）. Examining self-control as a multidimensional predictor of crime and drug use in adolescents with criminal histories. *The Journal of Behavioral Health Services & Research*, 36, 137-149.
Gottfredson, M. R., & Hirschi, T.（1990）. *A general theory of crime*. Stanford, CA: Stanford University Press.
Grasmick, H. G., Tittle, C. R., Bursik, Jr., R. J., & Arneklev, B. J.（1993）. Testing the core empirical implications of Gottfredson and Hirschi's general theory of crime. *Journal of Research in Crime and Delinquency*, 30, 5-29.
Green, L., Fry, A. F., & Myerson, J.（1994）. Discounting of delayed rewards: A life-span comparison. *Psychological Science*, 5, 33-36.
Green, L., & Myerson, J.（1996）. Exponential versus hyperbolic discounting of delayed outcomes: Risk and waiting time. *American Zoologist*, 36, 496-505.
Green, L., Myerson, J., Lichtman, D., Rosen, S., & Fry, A.（1996）. Temporal discounting in choice between delayed rewards: The role of age and income. *Psychology and Aging*, 11, 79-84.

文　献

Hanoch, Y., Rolison, J., & Gummerum, M. (2013). Good things come to those who wait: Time discounting differences between adult offenders and nonoffenders. *Personality and Individual Differences*, 54, 128-132.
Herrnstein, R. J. (1970). On the law of effect. *Journal of the Experimental Analysis of Behavior*, 13, 243-266.
Hirschi, T. (2004). Self-control and crime. In R. F. Baumeister, & K. D. Vohs (Eds.), *Handbook of self-regulation: Research, theory, and applications* (pp. 537-552). New York: The Guilford Press.
Hyten, C., Madden, G. J., & Field, D. P. (1994). Exchange delays and impulsive choice in adult humans. *Journal of the Experimental Analysis of Behavior*, 62, 225-233.
Ito, M., & Nakamura, K. (1998). Humans' choice in a self-control choice situation: Sensitivity to reinforcer amount, reinforcer delay, and overall reinforcement density. *Journal of the Experimental Analysis of Behavior*, 69, 87-102.
Jones, C. G. A., Kemp, R. I., & Chan, J. S. K. (2013). The relationship between delay discounting, judicial supervision, and substance use among adult drug court clients. *Psychology, Public Policy, and Law*, 19, 454-465.
Kahneman, D., & Tversky, A. (1984). Choices, values, and frames. *American Psychologist*, 39, 341-350.
Kirby, K. N. (1997). Bidding on the future: Evidence against normative discounting of delayed rewards. *Journal of Experimental Psychology: General*, 126, 54-70.
Kirby, K. N., & Marakovic̀, N. N. (1996). Delay-discounting probabilistic rewards: Rates decrease as amounts increase. *Psychonomic Bulletin & Review*, 3, 100-104.
Kirby, K. N., Petry, N. M., & Bickel, W. K. (1999). Heroin addicts have higher discount rates for delayed rewards than non-drug-using controls. *Journal of Experimental Psychology: General*, 128, 78-87.
Madden, G. J., Petry, N. M., Badger, G. J., & Bickel, W. K. (1997). Impulsive and self-control choices in opioid-dependent patients and non-drug-using control participants: Drug and monetary rewards. *Experimental and Clinical Psychopharmacology*, 5, 256-262.
Marcus, B. (2004). Self-control in the general theory of crime: Theoretical implications of a measurement problem. *Theoretical Criminology*, 8, 33-55.
Mathias, C. W., Marsh-Richard, D. M., & Dougherty, D. M. (2008). Behavioral measures of impulsivity and the law. *Behavioral Science and the Law*, 26, 691-707.
Mazur, J. E. (1987). An adjusting procedure for studying delayed reinforcement. In M. L. Commons, J. E. Mazur, J. A. Nevin, & H. Rachlin (Eds.), *Quantitative analyses of behavior, Vol. 5: The effect of delay and of intervening events on reinforcement value* (pp. 55-73). Hillsdale, NJ: Lawrence Erlbaum Associates.
Nagin, D. S., & Pogarsky, G. (2004). Time and punishment: Delayed consequences and criminal behavior. *Journal of Quantitative Criminology*, 4, 295-317.
Ostaszewski, P. (1997). Temperament and the discounting of delayed and probabilistic rewards: Conjoining European and American psychological traditions. *European Psychologist*, 2, 35-43.
Pratt, T. C., & Cullen, F. T. (2000). The empirical status of Gottfredson and Hirschi's general theory of crime: A meta-analysis. *Criminology*, 38, 931-964.
Rachlin, H., Raineri, A., & Cross, D. (1991). Subjective probability and delay. *Journal of the Experimental Analysis of Behavior*, 55, 233-244.
佐伯大輔・伊藤正人・高田雅弘（2001）．非行少年における遅延・確率・共有による報酬の価値割引　日本心理学会第65回大会発表論文集，1054.
Silver, E., & Ulmer, J. T. (2012). Future selves and self-control motivation. *Deviant Behavior*, 33, 699-714.
Sonuga-Barke, E. J. S., Taylor, E., Sembi, S., & Smith, J. (1992). Hyperactivity and delay aversion—I. The effect of delay on choice. *Journal of Child Psychology and Psychiatry*, 33, 387-398.
van Gelder, J.-L., Hershfield, H. E., & Nordgren, L. F. (2013). Vividness of the future self predicts delinquency. *Psychological Science*, 24, 974-980.
Vazsonyi, A. T., Wittekind, J. E. C., Belliston, L. M., & Van Loh, T. D. (2004). Extending the general theory of crime to "the East:" Low self-control in Japanese late adolescents. *Journal of Quantitative Criminology*, 20, 189-216.
Wilson, J. Q., & Herrnstein, R. J. (1985). *Crime & human nature: The definitive study of the causes of crime*. New York: The Free Press.

Wilson, M., & Daly, M. (2004). Do pretty women inspire men to discount the future? *Proceedings of the Royal Society London B, Biological Sciences*, 271, S177-S179.
Wilson, M., & Daly, M. (2006). Are juvenile offenders extreme future discounters? *Psychological Science*, 17, 989-994.

第15章

Ansell, E. B., Laws, H. B., Roche, M. J., & Sinha, R. (2015). Effects of marijuana use on impulsivity and hostility in daily life. *Drug and Alcohol Dependence*, 148, 136-142.
APA (American Psychiatric Association) (1994). *Diagnostic and statistical manual of mental disorders* (4th ed.). Washington, DC: American Psychiatric Association. (高橋三郎・大野　裕・染矢俊幸 (訳) (1996). DSM-Ⅳ　精神疾患の診断・統計マニュアル　医学書院)
APA (American Psychiatric Association) (2013). *Diagnostic and statistical manual of mental disorders* (5th ed.). Washington, DC: American Psychiatric Association. (高橋三郎・大野　裕 (監訳) (2014). DSM-5 精神疾患の診断・統計マニュアル　医学書院)
Bickel, W. K., Yi, R., Gatchalian, K. M., & Kowal, B. P. (2008). Past discounting by cigarette smokers. *Drug and Alcohol Dependence*, 96, 256-262.
Dallery, J., & Raiff, B. R. (2007). Delay discounting predicts cigarette smoking in a laboratory model of abstinence reinforcement. *Psychopharmacology*, 190, 485-496.
Dixon, M. R., Marley, J., & Jacobs, E. A. (2003). Delay discounting by pathological gamblers. *Journal of Applied Behavior Analysis*, 36, 449-458.
平岡恭一 (2012). ギャンブルと価値割引　日本行動分析学会第30回年次大会発表論文集, 33.
Holt, D. D., Green, L., & Myerson, J. (2003). Is discounting impulsive? Evidence from temporal and probability discounting in gambling and non-gambling college students. *Behavioral Processes*, 31, 355-367.
木戸盛年・嶋崎恒雄 (2007). 修正日本語版South Oaks Gambling Screen (SOGS) の信頼性・妥当性の検討　心理学研究, 77, 547-552.
Ledgerwood, D. M., Alessi, S. M., Phoenix, N., & Petry, N. M. (2009). Behavioral assessment of impulsivity in pathological gamblers with and without substance use disorder histories versus healthy control. *Drug and Alcohol Dependence*, 105, 89-96.
Lesieur, H. R., & Blume, S. B. (1987). The South Oaks Gambling Screen (SOGS): A new instrument for the identification of pathological gamblers. *American Journal of Psychiatry*, 144, 1184-1188.
Logue, A. W. (1995). *Self-control: Waiting until tomorrow for what you want today*. New York: Prentice Hall.
MacKillop, J., Anderson, E. J., Castelda, B. A., Martson, R. E., & Donovick, P. J. (2006). Divergent validity of measures of cognitive distortions, impulsivity, and time perspective in pathological gambling. *Journal of Gambling Studies*, 22, 339-354.
Mazur, J. E. (1987). An adjusting procedure for studying delayed reinforcement. In M. L. Commons, J. E. Mazur, J. A. Nevin, & H. Rachlin (Eds.), *Quantitative analyses of behavior, Vol. 5: The effect of delay and of intervening events on reinforcement value* (pp. 55-73). Hillsdale, NJ: Lawrence Erlbaum Associates.
宮里勝政 (1999). 薬物依存　岩波書店
Myerson, J., Green, L., & Warusawitharana, M. (2001). Area under the curve as a measure of discounting. *Journal of the Experimental Analysis of Behavior*, 76, 235-243.
Petry, N. M. (2001). Delay discounting of money and alcohol in actively using alcoholics, currently abstinent alcoholics, and controls. *Psychopharmacology*, 154, 243-250.
Petry, N. M., & Casarella, T. (1999). Excessive discounting of delayed rewards in substance abusers with gambling problems. *Drug and Alcohol Dependence*, 56, 25-32.
Rachlin, H. (1990). Why do people gamble and keep gambling despite heavy losses? *Psychological Science*, 1, 294-297.
Reynolds, B. (2006). A review of delay-discounting research with humans: Relations to drug use and gambling. *Behavioral Pharmacology*, 17, 651-667.
清水健二 (2014). 依存症大国日本　毎日新聞　8月21日朝刊

Vogel-Sprott, M. D., & Banks, R. K. (1965). The effect of delayed punishment on an immediately rewarded response in alcoholics and nonalcoholics. *Behaviour Research and Therapy*, **3**, 69–73.

Yi, R., Mitchell, S. H., & Bickel, W. K. (2010). Delay discounting and substance abuse-dependence. In G. J. Madden, & W. K. Bickel (Eds.), *Impulsivity: The behavioral and neurological science of discounting* (pp. 191–211). Washington DC: American Psychological Association.

第16章

Ainslie, G. (2005). Précis of Breakdown of Will. *Behavioral and Brain Sciences*, **28**, 635–650.

Allais, M. (1953). Le Comportement de l'homme rationnel devant le risque: Critique des postulats et axiomes de l'école américaine. *Econometrica*, **21**, 503–546.

Becker, G., & Murphy, K. (1988). A theory of rational addiction. *Journal of Political Economy*, **96**, 675–700.

Bentham, J. (1789). *An introduction to the principles of morals and legislation*. Oxford: Clarendon Press.

Binmore, K. (2008). *Rational Decisions*. Princeton: Princeton University Press.

Cajueiro, D. O. (2006). A note on the relevance of the q-exponential function in the context of intertemporal choices. *Physica A*, **364**, 385–388.

Cho, S. S., Koshimori, Y., Aminian, K., Obeso, I., Rusjan, P., Lang, A. E., Daskalakis, Z. J., Houle, S., & Strafella, A. P. (2015). Investing in the future: Stimulation of the medial prefrontal cortex reduces discounting of delayed rewards. *Neuropsychopharmacology*, **40**, 546–553.

Cooper, N., Kable, J. W., Kim, B. K., & Zauberman, G. (2013). Brain activity in valuation regions while thinking about the future predicts individual discount rates. *The Journal of Neuroscience*, **33**, 13150–13156.

Ellsberg, D. (1961). Risk, ambiguity and savage axioms. *Quarterly Journal of Economics*, **75**, 643–669.

Fehr, E., & Schmidt, K. M. (1999). A theory of fairness, competition, and cooperation. *Quarterly Journal of Economics*, **114**, 817–868.

Ferrini, M., Piroli, G., Frontera, M., Falbo, A., Lima, A., & De Nicola, A. F. (1999). Estrogens normalize the hypothalamic-pituitary-adrenal axis response to stress and increase glucocorticoid receptor immuno-reactivity in hippocampus of aging male rats. *Neuroendocrinology*, **69**, 129–137.

Figner, B., Knoch, D., Johnson, E. J., Krosch, A. R., Lisanby, S. H., Fehr, E., & Weber, E. U. (2010). Lateral prefrontal cortex and self-control in intertemporal choice. *Nature Neuroscience*, **13**, 538–539.

Gorini, A., Lucchiari, C., Russell-Edu, W., & Pravettoni, G. (2014). Modulation of risky choices in recently abstinent dependent cocaine users: A transcranial direct-current stimulation study. *Frontiers in Human Neuroscience*, **8**, 661.

Green, L., & Myerson, J. (2004). A discounting framework for choice with delayed and probabilistic rewards. *Psychological Bulletin*, **130**, 769–792.

Han, R., & Takahashi, T. (2012). Psychophysics of time perception and valuation in temporal discounting of gain and loss. *Physica A*, **391**, 6568–6576.

Heilbronner, S. R., & Meck, W. H. (2014). Dissociations between interval timing and intertemporal choice following administration of fluoxetine, cocaine, or methamphetamine. *Behavioral Processes*, **101**, 123–134.

Homberg, J. R. (2012). Serotonin and decision making processes. *Neuroscience and Biobehavioral Reviews*, **36**, 218–236.

Hume, D. (1777). *Enquiries concerning human understanding and concerning the principles of morals*. Oxford: Oxford University Press.

Inukai, K., & Takahashi, T. (2009). Decision under ambiguity: Effects of sign and magnitude. *International Journal of Neuroscience*, **119**, 1170–1178.

Jones, B., & Rachlin, H. (2006). Social discounting. *Psychological Science*, **17**, 283–286.

Kable, J. W., & Glimcher, P. W. (2007). The neural correlates of subjective value during intertemporal choice. *Nature Neuroscience*, **10**, 1625–1633.

Kahneman, D. (2011). *Thinking, fast and slow*. London: Penguin.

Kahneman, D., & Tversky, A. (1979). Prospect theory: An analysis of decision under risk. *Econometrica*, **47**, 263–291.

文　献

Kawamura, Y., Takahashi, T., Liu, X., Nishida, N., Tokunaga, K., Ukawa, K., Noda, Y., Yoshikawa, A., Shimada, T., Umekage, T., & Sasak, T. (2013). DNA polymorphism in the FKBP5 gene affects impulsivity in intertemporal choice. *Asia-Pacific Psychiatry*, 5, 31-38.

Kim, B. K., & Zauberman, G. (2013). Can Victoria's Secret change the future? A subjective time perception account of sexual-cue effects on impatiences. *Journal of Experimental Psychology General*, 142, 328-335.

Knight, F. (1921). *Risk, uncertainty and profit*. Boston and New York: Houghton Mifflin Company.

Knoch, D., Pascual-Leone, A., Meyer, K., Treyer, V., & Fehr, E. (2006). Diminishing reciprocal fairness by disrupting the right prefrontal cortex. *Science*, 314, 829-832.

Koob, G. F., Buck, C. L., Cohen, A., Edwards, S., Park, P. E., Schlosburg, J. E., Schmeichel, B., Vendruscolo, L. F., Wade, C. L., Whitfield, T. W. Jr., & George, O. (2014). Addiction as a stress surfeit disorder. *Neuropharmacology*, 76, 370-382.

Loewenstein, G. (1996). Out of control: Visceral influences on behavior. *Organizational Behavior and Human Decision Processes*, 65, 272-292.

Loewenstein, G., & Prelec, D. (1992). Anomalies in intertemporal choice: Evidence and an interpretation. *The Quarterly Journal of Economics*, 107, 573-597.

Mazur, J. E. (1987). An adjusting procedure for studying delayed reinforcement. In M. L. Commons, J. E. Mazur, J. A. Nevin, & H. Rachlin (Eds.), *Quantitative analyses of behavior, Vol. 5: The effect of delay and of intervening events on reinforcement value* (pp. 55-73). Hillsdale, NJ: Lawrence Erlbaum Associates.

Mobini, S., Chiang, T. J., Al-Ruwaitea, A. S., Ho, M. Y., Bradshaw, C. M., & Szabadi, E. (2000). Effect of central 5-hydroxytryptamine depletion on inter-temporal choice: A quantitative analysis. *Psychopharmacology*, 149, 313-318.

Mobini, S., Chiang, T. J., Ho, M. Y., Bradshaw, C. M., & Szabadi, E. (2000). Effects of central 5-hydroxytryptamine depletion on sensitivity to delayed and probabilistic reinforcement. *Psychopharmacology*, 152, 390-397.

Moschak, T. M., & Mitchell, S. H. (2014). Partial inactivation of nucleus accumbens core decreases delay discounting in rats without affecting sensitivity to delay or magnitude. *Behavioural Brain Research*, 15, 159-168.

Nater, U. M., & Rohleder, N. (2009). Salivary alpha-amylase as a non-invasive biomarker for the sympathetic nervous system: Current state of research. *Psychoneuroendocrinology*, 34, 486-496.

von Neumann, J., & Morgenstern, O. (1953). *Theory of games and economic behavior*. Princeton: Princeton University Press.

Ogiue-Ikeda, M., Tanabe, N., Mukai, H., Hojo, Y., Murakami, G., Tsurugizawa, T., Takata, N., Kimoto, T., & Kawato, S. (2008). Rapid modulation of synaptic plasticity by estrogens as well as endocrine disrupters in hippocampal neurons. *Brain Research Reviews*, 57, 363-375.

Ohmura, Y., Takahashi, T., & Kitamura, N. (2005). Discounting delayed and probabilistic monetary gains and losses by smokers of cigarettes. *Psychopharmacology*, 182, 508-515.

Paterson, N. E., Wetzler, C., Hackett, A., & Hanania, T. (2012). Impulsive action and impulsive choice are mediated by distinct neuropharmacological substrates in rat. *International Journal of Neuropsychopharmacology*, 15, 1473-1487.

Paulus, M. P., & Frank, L. R. (2006). Anterior cingulate activity modulates nonlinear decision weight function of uncertain prospects. *Neuroimage*, 30, 668-677.

Peters, J., & Büchel, C. (2009). Overlapping and distinct neural systems code for subjective value during intertemporal and risky decision making. *Journal of Neuroscience*, 29, 15727-15734.

Prelec, D. (1998). The probability weighting function. *Econometrica*, 66, 497-527.

Prelec, D. (2004). Decreasing impatience: A criterion for non-stationary time preference and "hyperbolic" discounting. *Scandinavian Journal of Economics*, 106, 511-532.

Rachlin, H. (2006). Notes on discounting. *Journal of the Experimental Analysis of Behavior*, 85, 425-435.

Rachlin, H., Raineri, A., & Cross, D. (1991). Subjective probability and delay. *Journal of Experimental Analysis of Behavior*, 55, 233-244.

Read, D., Frederick, S., Orsel, B., & Rahman, J. (2005). Four score and seven years from now: The date/delay

effect in temporal discounting. *Management Science*, 51, 1326-1335.
Samuelson, P. A. (1937). A note on measurement of utility. *Review of Economic Studies*, 4, 155-161.
Sanfey, A. G., Rilling, J. K., Aronson, J. A., Nystrom, L. E., & Cohen, J. D. (2003). The neural basis of economic decision-making in the Ultimatum Game. *Science*, 300, 1755-1758.
Smith, C. T., Sierra, Y., Oppler, S. H., & Boettiger, C. A. (2014). Ovarian cycle effects on immediate reward selection bias in humans: A role for estradiol. *Journal of Neuroscience*, 34, 5468-5476.
Sozou, P. D. (1998). On hyperbolic discounting and uncertain hazard rates. *Proceedings of the Royal Society B*, 265, 2015-2020.
Sutton, R., & Barto, A. G. (1998). *Reinforcement learning: An introduction.* Cambridge: A Bradford Book.
須鎗弘樹（2010）．複雑系のための基礎数理——べき乗則とツァリスエントロピーの数理——　牧野書店
Takagishi, H., Takahashi, T., Toyomura, A., Takashino, N., Koizumi, M., & Yamagishi, T. (2009). Neural correlates of the rejection of unfair offers in the impunity game. *Neuroendocrinology Letters*, 30, 496-500.
Takahashi, H., Matsui, H., Camerer, C., Takano, H., Kodaka, F., Ideno, T., Okubo, S., Takemura, K., Arakawa, R., Eguchi, Y., Murai, T., Okubo, Y., Kato, M., Ito, H., & Suhara, T. (2010). Dopamine D_1 receptors and nonlinear probability weighting in risky choice. *Journal of Neuroscience*, 30, 16567-16572.
Takahashi, T. (2004). Cortisol levels and time-discounting of monetary gain in humans. *Neuroreport*, 15, 2145-2147.
Takahashi, T. (2005). Loss of self-control in intertemporal choice may be attributable to logarithmic time-perception. *Medical Hypotheses*, 65, 691-693.
Takahashi, T. (2007a). Non-reciprocal altruism may be attributable to hyperbolicity in social discounting function. *Medical Hypotheses*, 68, 184-187.
Takahashi, T. (2007b). Economic decision-making in the ultimatum game by smokers. *Neuroendocrinology Letters*, 28, 659-661.
Takahashi, T. (2009). Theoretical frameworks for neuroeconomics of intertemporal choice. *Journal of Neuroscience, Psychology, and Economics*, 2, 75-90.
Takahashi, T. (2010). A neuroeconomic theory of bidirectional synaptic plasticity and addiction. *Medical Hypotheses*, 75, 356-358.
Takahashi, T. (2011a). Psychophysics of the probability weighting function. *Physica A*, 390, 902-905.
Takahashi, T. (2011b). A neuroeconomic theory of rational addiction and nonlinear time-perception. *Neuroendocrinology Letters*, 32, 221-225.
Takahashi, T. (2011c). Neuroeconomics of suicide. *Neuroendocrinology Letters*, 32, 400-404.
Takahashi, T. (2013). The q-exponential social discounting functions of gain and loss. *Applied Mathematics*, 4, 445-448.
Takahashi, T., & Han, R. (2013). Psychophysical neuroeconomics of decision making: Nonlinear time perception commonly explains anomalies in temporal and probability discounting. *Applied Mathematics*, 4, 1520-1525.
Takahashi, T., Ikeda, K., Fukushima, H., & Hasegawa, T. (2007). Salivary alpha-amylase levels and hyperbolic discounting in male humans. *Neuroendocrinology Letters*, 28, 17-20.
Takahashi, T., Ikeda, K., & Hasegawa, T. (2007). A hyperbolic decay of subjective probability of obtaining delayed rewards. *Behavioral and Brain Functions*, 3, 52.
Takahashi, T., Ikeda, K., & Hasegawa, T. (2008). Salivary alpha-amylase levels and temporal discounting for primary reward under a simulated life-threatening condition. *Neuroendocrinology Letters*, 29, 451-453.
Takahashi, T., Kimoto, T., Tanabe, N., Hattori, T. A., Yasumatsu, N., & Kawato, S. (2002). Corticosterone acutely prolonged N-methyl-d-aspartate receptor-mediated Ca^{2+} elevation in cultured rat hippocampal neurons. *Journal of Neurochemistry*, 83, 1441-1451.
Takahashi, T., Oono, H., Inoue, T., Boku, S., Kako, Y., Kitaichi, Y., Kusumi, I., Masui, T., Nakagawa, S., Suzuki, K., Tanaka, T., Koyama, T., & Radford, M. H. (2008). Depressive patients are more impulsive and inconsistent in intertemporal choice behavior for monetary gain and loss than healthy subjects: An analysis based on Tsallis' statistics. *Neuroendocrinology Letters*, 29, 351-358.
Takahashi, T., Oono, H., & Radford, M. H. B. (2007). Empirical estimation of consistency parameter in inter-

temporal choice based on Tsallis' statistics. *Physica A*, **81**, 338–342.
Takahashi, T., Sakaguchi, K., Oki, M., Homma, S., & Hasegawa, T. (2006). Testosterone levels and discounting delayed monetary gains and losses in male humans. *Neuroendocrinology Letters*, **27**, 439–444.
Takahashi, T., Shinada, M., Inukai, K., Tanida, S., Takahashi, C., Mifune, N., Takagishi, H., Horita, Y., Hashimoto, H., Yokota, K., Kameda, T., & Yamagishi, T. (2010). Stress hormones predict hyperbolic time-discount rates six months later in adults. *Neuroendocrinology Letters*, **31**, 616–621.
Tversky, A., & Kahneman, D. (1992). Advances in prospect-theory: Cumulative representation of uncertainty. *Journal of Risk and Uncertainty*, **5**, 297–323.
Weber, B. J., & Huettel, S. A. (2008). The neural substrates of probabilistic and intertemporal decision making. *Brain Research*, **1234**, 104–115.
Wilson, M., & Daly, M. (2006). Are juvenile offenders extreme future discounters? *Psychological Science*, **17**, 989–994.
Wittmann, M., Leland, D. S., & Paulus, M. P. (2007). Time and decision making: Differential contribution of the posterior insular cortex and the striatum during a delay discounting task. *Experimental Brain Research*, **179**, 643–653.
Wittmann, M., Simmons, A. N., Flagan, T., Lane, S. D., Wackermann, J., & Paulus, M. P. (2011). Neural substrates of time perception and impulsivity. *Brain Research*, **1406**, 43–58.
Yamakawa, Y., Kanai, R., Matsumura, M., & Naito, E. (2009). Social distance evaluation in human parietal cortex. *PLoS One*, **4**, e4360.
Zauberman, G., Kim, B. K., Malkoc, S. A., & Bettman, J. R. (2009). Discounting time and time discounting: Subjective time perception and intertemporal preferences. *Journal of Marketing Research*, **46**, 543–556.

第17章

Ainslie, G. (1975). Specious reward: A behavioral theory of impulsiveness and impulse control. *Psychological Bulletin*, **82**, 463–496.
APA (American Psychiatric Association) (2013). *Diagnostic and statistical manual of mental disorders* (5th ed.). Washington, DC: American Psychiatric Association. (高橋三郎・大野　裕（監訳）(2014). DSM-5　精神疾患の診断・統計マニュアル　医学書院)
Araki, A., Ikegami, M., Okayama, A., Matsumoto, N., Takahashi, S., Azuma, H., & Takahashi, M. (2015). Improved prefrontal activity in AD/HD children treated with atomoxetine: A NIRS study. *Brain and Development*, **37**, 76–87.
Arnsten, A. F. (2006). Stimulants: Therapeutic actions in AD/HD. *Neuropsychopharmacology*, **31**, 2376–2383.
Aron, A. R., Robbins, T. W., & Poldrack, R. A. (2004). Inhibition and the right inferior frontal cortex. *Trends in Cognitive Sciences*, **8**, 170–177.
Ballard, K., & Knutson, B. (2009). Dissociable neural representations of future reward magnitude and delay during temporal discounting. *Neuroimage*, **45**, 143–150.
Bari, A., & Robbins, T. W. (2013). Inhibition and impulsivity: Behavioral and neural basis of response control. *Progress in Neurobiology*, **108**, 44–79.
Barkley, R. A. (1997). Behavioral inhibition, sustained attention, and executive functions: Constructing a unifying theory of ADHD. *Psychological Bulletin*, **121**, 65–94.
Barkley, R. A. (2002). Psychosocial treatments for attention-deficit/hyperactivity disorder in children. *Journal of Clinical Psychiatry*, **63**, 36–43.
Barkley, R. A., Edwards, G., Laneri, M., Fletcher, K., & Metevia, L. (2001). Executive functioning, temporal discounting, and sense of time in adolescents with attention deficit hyperactivity disorder (ADHD) and oppositional defiant disorder (ODD). *Journal of Abnormal Child Psychology*, **29**, 541–556.
Barrett, L. F., Tugade, M. M., & Engle, R. W. (2004). Individual differences in working memory capacity and dual-process theories of the mind. *Psychological Bulletin*, **130**, 553–573.
Basten, U., Biele, G., Heekeren, H. R., & Fiebach, C. J. (2010). How the brain integrates costs and benefits during decision making. *Proceedings of the National Academy of Sciences of the United States of America*, **107**,

文 献

21767-21772.
Berkman, E. T., Graham, A. M., & Fisher, P. A. (2012). Training self-control: A domain-general translational neuroscience approach. *Child Development Perspectives*, 6, 374-384.
Berridge, C. W., & Devilbiss, D. M. (2011). Psychostimulants as cognitive enhancers: The prefrontal cortex, catecholamines, and attention-deficit/hyperactivity disorder. *Biological Psychiatry*, 69, e101-111.
Berridge, C. W., Devilbiss, D. M., Andrzejewski, M. E., Arnsten, A. F., Kelley, A. E., Schmeichel, B., Hamilton, C., & Spencer RC. (2006). Methylphenidate preferentially increases catecholamine neurotransmission within the prefrontal cortex at low doses that enhance cognitive function. *Biological Psychiatry*, 60, 1111-1120.
Beveridge, T. J., Gill, K. E., Hanlon, C. A., & Porrino, L. J. (2008). Review. Parallel studies of cocaine-related neural and cognitive impairment in humans and monkeys. *Philosophical Transactions of the Royal Society B: Biological Sciences*, 363, 3257-3266.
Bickel, W. K., Jarmolowicz, D. P., Mueller, E. T., Gatchalian, K. M., & McClure, S. M. (2012). Are executive function and impulsivity antipodes? A conceptual reconstruction with special reference to addiction. *Psychopharmacology*, 221, 361-387.
Bickel, W. K., Odum, A. L., & Madden, G. J. (1999). Impulsivity and cigarette smoking: Delay discounting in current, never, and ex-smokers. *Psychopharmacology*, 146, 447-454.
Bickel, W. K., Yi, R., Kowal, B. P., & Gatchalian, K. M. (2008). Cigarette smokers discount past and future rewards symmetrically and more than controls: Is discounting a measure of impulsivity? *Drug and Alcohol Dependence*, 96, 256-262.
Bickel, W. K., Yi, R., Landes, R. D., Hill, P. F., & Baxter, C. (2011). Remember the future: Working memory training decreases delay discounting among stimulant addicts. *Biological Psychiatry*, 69, 260-265.
Bidwell, L. C., McClernon, F. J., & Kollins, S. H. (2011). Cognitive enhancers for the treatment of ADHD. *Pharmacology Biochemistry and Behavior*, 99, 262-274.
Botvinick, M. M. (2007). Conflict monitoring and decision making: Reconciling two perspectives on anterior cingulate function. *Cognitive, Affective, and Behavioral Neuroscience*, 7, 356-366.
Brevers, D., Cleeremans, A., Verbruggen, F., Bechara, A., Kornreich, C., Verbanck, P., & Noël, X. (2012). Impulsive action but not impulsive choice determines problem gambling severity. *PLoS One*, 7, e50647. doi: 10.1371/journal.pone.0050347.
Buschkuehl, M., Jaeggi, S. M., & Jonides, J. (2012). Neuronal effects following working memory training. *Developmental Cognitive Neuroscience*, 2S, S167-179.
Bymaster, F. P., Katner, J. S., Nelson, D. L., Hemrick-Luecke, S. K., Threlkeld, P. G., Heiligenstein, J. H., Morin, S. M., Gehlert, D. R., & Perry, K. W. (2002). Atomoxetine increases extracellular levels of norepinephrine and dopamine in prefrontal cortex of rat: A potential mechanism for efficacy in attention deficit/hyperactivity disorder. *Neuropsychopharmacology*, 27, 699-711.
Carlson, J. M., Foti, D., Mujica-Parodi, L. R., Harmon-Jones, E., & Hajcak, G. (2011). Ventral striatal and medial prefrontal BOLD activation is correlated with reward-related electrocortical activity: A combined ERP and fMRI study. *Neuroimage*, 57, 1608-1616.
Cherniawsky, A. S., & Holroyd, C. B. (2013). High temporal discounters overvalue immediate rewards rather than undervalue future rewards: An event-related brain potential study. *Cognitive, Affective, & Behavioral Neuroscience*, 13, 36-45.
Christakou, A., Brammer, M., & Rubia, K. (2011). Maturation of limbic corticostriatal activation and connectivity associated with developmental changes in temporal discounting. *Neuroimage*, 54, 1344-1354.
Clark, L., Robbins, T. W., Ersche, K. D., & Sahakian, B. J. (2006). Reflection impulsivity in current and former substance users. *Biological Psychiatry*, 60, 515-522.
Costa Dias, T. G., Wilson, V. B., Bathula, D. R., Iyer, S. P., Mills, K. L., Thurlow, B. L., Stevens, C. A., Musser, E. D., Carpenter, S. D., Grayson, D. S., Mitchell, S. H., Nigg, J. T., & Fair, D. A. (2013). Reward circuit connectivity relates to delay discounting in children with attention-deficit/hyperactivity disorder. *European Neuropsychopharmacology*, 23, 33-45.
Cubillo, A., Halari, R., Smith, A., Taylor, E., & Rubia, K. (2012). A review of fronto-striatal and fronto-cortical

brain abnormalities in children and adults with Attention Deficit Hyperactivity Disorder (ADHD) and new evidence for dysfunction in adults with ADHD during motivation and attention. *Cortex*, 48, 194-215.

Cubillo, A., Smith, A. B., Barrett, N., Giampietro, V., Brammer, M. J., Simmons, A., & Rubia, K. (2014a). Shared and drug-specific effects of atomoxetine and methylphenidate on inhibitory brain dysfunction in medication-naive ADHD boys. *Cerebral Cortex*, 24, 174-185.

Cubillo, A., Smith, A. B., Barrett, N., Giampietro, V., Brammer, M., Simmons, A., & Rubia, K. (2014b). Drug-specific laterality effects on frontal lobe activation of atomoxetine and methylphenidate in attention deficit hyperactivity disorder boys during working memory. *Psychological Medicine*, 44, 633-646.

Daniel, T. O., Stanton, C. M., & Epstein, L. H. (2013). The future is now: Comparing the effect of episodic future thinking on impulsivity in lean and obese individuals. *Appetite*, 71, 120-125.

Demurie, E., Roeyers, H., Baeyens, D., & Sonuga-Barke, E. (2012). Temporal discounting of monetary rewards in children and adolescents with ADHD and autism spectrum disorders. *Developmental Science*, 15, 791-800.

Diaz-Granados, J. L., Greene, P. L., & Amsel, A. (1994). Selective activity enhancement and persistence in weanling rats after hippocampal X-irradiation in infancy: Possible relevance for ADHD. *Behavioral and Neural Biology*, 61, 251-259.

Dixon, M. R., Marley, J., & Jacobs, E. A. (2003). Delay discounting by pathological gamblers. *Journal of Applied Behavior Analysis*, 36, 449-458.

Dougherty, D. M., Mathias, C. W., Marsh, D. M., & Jagar, A. A. (2005). Laboratory behavioral measures of impulsivity. *Behavior Research Methods*, 37, 82-90.

Douglas, V. I., & Parry, P. A. (1994). Effects of reward and nonreward on frustration and attention in attention deficit disorder. *Journal of Abnormal Child Psychology*, 22, 281-302.

Eisenberg, D. T., Mackillop, J., Modi, M., Beauchemin, J., Dang, D., Lisman, S. A., Lum, J. K., & Wilson, D. S. (2007). Examining impulsivity as an endophenotype using a behavioral approach: A DRD2 TaqI A and DRD4 48-bp VNTR association study. *Behavioral and Brain Functions*, 3, 2. doi: 10.1186/1744-9081-3-2.

Engle, R. W. (2002). Working memory capacity as executive attention. *Current Directions in Psychological Science*, 11, 19-23.

Ernst, T., Chang, L., Oropilla, G., Gustavson, A., & Speck, O. (2000). Cerebral perfusion abnormalities in abstinent cocaine abusers: A perfusion MRI and SPECT study. *Psychiatry Research*, 99, 63-74.

Evenden, J. L. (1999). Varieties of impulsivity. *Psychopharmacology*, 146, 348-361.

Eysenck, S. B., Pearson, P. R., Easting, G., & Allsopp, J. F. (1985). Age norms for impulsiveness, venturesomeness and empathy in adults. *Personality and Individual Differences*, 6, 613-619.

Figner, B., Knoch, D., Johnson, E. J., Krosch, A. R., Lisanby, S. H., Fehr, E., & Weber, E. U. (2010). Lateral prefrontal cortex and self-control in intertemporal choice. *Nature Neuroscience*, 13, 538-539.

Fishbach, A., Friedman, R. S., & Kruglanski, A. W. (2003). Leading us not unto temptation: Momentary allurements elicit overriding goal activation. *Journal of Personality and Social Psychology*, 84, 296-309.

Franklin, T. R., Acton, P. D., Maldjian, J. A., Gray, J. D., Croft, J. R., Dackis, C. A., O'Brien, C. P., & Childress, A. R. (2002). Decreased gray matter concentration in the insular, orbitofrontal, cingulate, and temporal cortices of cocaine patients. *Biological Psychiatry*, 51, 134-142.

Furukawa, E., Bado, P., Tripp, G., Mattos, P., Wickens, J. R., Bramati, I. E., Alsop, B., Ferreira, F. M., Lima, D., Tovar-Moll, F., Sergeant, J. A., & Moll, J. (2014). Abnormal striatal BOLD responses to reward anticipation and reward delivery in ADHD. *PLoS One*, 9, e89129. doi: 10.1371/journal.pone.0089129.

Gianotti, L. R., Figner, B., Ebstein, R. P., & Knoch, D. (2012). Why some people discount more than others: Baseline activation in the dorsal PFC mediates the link between COMT genotype and impatient choice. *Frontiers in Neuroscience*, 6, 54. doi: 10.3389/fnins.2012.00054.

Guerrieri, R., Nederkoorn, C., & Jansen, A. (2012). Disinhibition is easier learned than inhibition. The effects of (dis) inhibition training on food intake. *Appetite*, 59, 96-99.

Haber, S. N., & Knutson, B. (2010). The reward circuit: Linking primate anatomy and human imaging. *Neuropsychopharmacology*, 35, 4-26.

Hahn, T., Heinzel, S., Dresler, T., Plichta, M. M., Renner, T. J., Markulin, F., Jakob, P. M., Lesch, K. P., & Fallgatter, A. J. (2011). Association between reward-related activation in the ventral striatum and trait reward

sensitivity is moderated by dopamine transporter genotype. *Human Brain Mapping*, 32, 1557-1565.
Halperin, J. M., Wolf, L., Greenblatt, E. R., & Young, G. (1991). Subtype analysis of commission errors on the continuous performance test in children. *Developmental Neuropsychology*, 7, 207-217.
Hannestad, J., Gallezot, J. D., Planeta-Wilson, B., Lin, S. F., Williams, W. A., van Dyck, C. H., Malison, R. T., Carson, R. E., & Ding, Y. S. (2010). Clinically relevant doses of methylphenidate significantly occupy norepinephrine transporters in humans in vivo. *Biological Psychiatry*, 68, 854-860.
Hare, T. A., Camerer, C. F., & Rangel, A. (2009). Self-control in decision-making involves modulation of the vmPFC valuation system. *Science*, 324, 646-648.
Hare, T. A., Malmaud, J., & Rangel, A. (2011). Focusing attention on the health aspects of foods changes value signals in vmPFC and improves dietary choice. *Journal of Neuroscience*, 31, 11077-11087.
Hassabis, D., Kumaran, D., Vann, S. D., & Maguire, E. A. (2007). Patients with hippocampal amnesia cannot imagine new experiences. *Proceedings of the National Academy of Sciences of the United States of America*, 104, 1726-1731.
Hester, R., & Garavan, H. (2004). Executive dysfunction in cocaine addiction: Evidence for discordant frontal, cingulate, and cerebellar activity. *Journal of Neuroscience*, 24, 11017-11022.
Hofmann, W., Gschwendner, T., Friese, M., Wiers, R. W., & Schmitt, M. (2008). Working memory capacity and self-regulatory behavior: Toward an individual differences perspective on behavior determination by automatic versus controlled processes. *Journal of Personality and Social Psychology*, 95, 962-977.
Hofmann, W., Schmeichel, B. J., & Baddeley, A. D. (2012). Executive functions and self-regulation. *Trends in Cognitive Sciences*, 16, 174-180.
Houben, K., & Jansen, A. (2011). Training inhibitory control: A recipe for resisting sweet temptations. *Appetite*, 56, 345-349.
Houben, K., Wiers, R. W., & Jansen, A. (2011). Getting a grip on drinking behavior: Training working memory to reduce alcohol abuse. *Psychological Science*, 22, 968-975.
Irvine, M. A., Worbe, Y., Bolton, S., Harrison, N.A., Bullmore, E.T., & Voon, V. (2013). Impaired decisional impulsivity in pathological videogamers. *PLoS One*, 8, e75914. doi: 10.1371/journal.pone.0075914.
Johnson, M. W., Bruner, N. R., & Johnson, P. S. (2015). Cocaine dependent individuals discount future rewards more than future losses for both cocaine and monetary outcomes. *Addictive Behaviors*, 40, 132-136.
Kable, J. W., & Glimcher, P. W. (2007). The neural correlates of subjective value during intertemporal choice. *Nature Neuroscience*, 10, 1625-1633.
Kable, J. W., & Glimcher, P. W. (2009). The neurobiology of decision: Consensus and controversy. *Neuron*, 63, 733-745.
Kagan, J. (1966). Reflection-impulsivity: The generality and dynamics of conceptual tempo. *Journal of Abnormal Psychology*, 71, 17-24.
Kim, S., & Lee, D. (2011). Prefrontal cortex and impulsive decision making. *Biological Psychiatry*, 69, 1140-1146.
Kirby, K. N. (2009). One-year temporal stability of delay-discount rates. *Psychonomic Bulletin and Review*, 16, 457-462.
Kirby, K. N., Petry, N. M., & Bickel, W. K. (1999). Heroin addicts have higher discount rates for delayed rewards than non-drug-using controls. *Journal of Experimental Psychology*, 128, 78-87.
Knutson, B., Fong, G. W., Adams, C. M., Varner, J. L., & Hommer, D. (2001). Dissociation of reward anticipation and outcome with event-related fMRI. *Neuroreport*, 12, 3683-3687.
小橋眞理子・井田政則 (2011). 日本語版BIS-11作成の試み 立正大学心理学研究年報, 2, 73-80.
Kober, H., Kross, E. F., Mischel, W., Hart, C. L., & Ochsner, K. N. (2010). Regulation of craving by cognitive strategies in cigarette smokers. *Drug and Alcohol Dependence*, 106, 52-55.
Kober, H., Mende-Siedlecki, P., Kross, E. F., Weber, J., Mischel, W., Hart, C. L., & Ochsner, K. N. (2010). Prefrontal-striatal pathway underlies cognitive regulation of craving. *Proceedings of the National Academy of Sciences of the United States of America*, 107, 14811-14816.
Koda, K., Ago, Y., Cong, Y., Kita, Y., Takuma, K., & Matsuda, T. (2010). Effects of acute and chronic administration of atomoxetine and methylphenidate on extracellular levels of noradrenaline, dopamine and sero-

tonin in the prefrontal cortex and striatum of mice. *Journal of Neurochemistry*, 114, 259-270.

Laibson, D. (1997). Golden eggs and hyperbolic discounting. *Quarterly Journal of Economics*, 112, 443-477.

Lambek, R., Tannock, R., Dalsgaard, S., Trillingsgaard, A., Damm, D., & Thomsen, P. H. (2010). Validating neuropsychological subtypes of ADHD: How do children with and without an executive function deficit differ?. *Journal of Child Psychology and Psychiatry*, 51, 895-904.

Lebreton, M., Bertoux, M., Boutet, C., Lehericy, S., Dubois, B., Fossati, P., & Pessiglione, M. (2013). A critical role for the hippocampus in the valuation of imagined outcomes. *PLoS Biology*, 11, e1001684. doi: 10.1371/journal.pbio.1001684.

Lemiere, J., Danckaerts, M., Van Hecke, W., Mehta, M. A., Peeters, R., Sunaert, S., & Sonuga-Barke, E. (2012). Brain activation to cues predicting inescapable delay in adolescent attention deficit/hyperactivity disorder: An fMRI pilot study. *Brain Research*, 1450, 57-66.

Logan, G. D. (1994). On the ability to inhibit thought and action: A user's guide to the stop signal paradigm. In D. Dagenbach, & T. H. Carr (Eds.), *Inhibitory processes in attention, memory and language*. San Diego: Academic.

Logue, S. F., & Gould, T. J. (2014). The neural and genetic basis of executive function: Attention, cognitive flexibility, and response inhibition. *Pharmacology Biochemistry and Behavior*, 123, 45-54.

Luman, M., Tripp, G., & Scheres, A. (2010). Identifying the neurobiology of altered reinforcement sensitivity in ADHD: A review and research agenda. *Neuroscience and Biobehavioral Reviews*, 34, 744-754.

Mahmood, O. M., Goldenberg, D., Thayer, R., Migliorini, R., Simmons, A. N., & Tapert, S. F. (2013). Adolescents' fMRI activation to a response inhibition task predicts future substance use. *Addictive Behaviors*, 38, 1435-1441.

Mariano, T. Y., Bannerman, D. M., McHugh, S. B., Preston, T. J., Rudebeck, P. H., Rudebeck, S. R., Rawlins, J. N., Walton, M. E., Rushworth, M. F., Baxter, M. G., & Campbell, T. G. (2009). Impulsive choice in hippocampal but not orbitofrontal cortex-lesioned rats on a nonspatial decision-making maze task. *European Journal of Neuroscience*, 30, 472-484.

Matochik, J. A., London, E. D., Eldreth, D. A., Cadet, J. L., & Bolla, K. I. (2003). Frontal cortical tissue composition in abstinent cocaine abusers: A magnetic resonance imaging study. *Neuroimage*, 19, 1095-1102.

McClure, S. M., & Bickel, W. K. (2014). A dual-systems perspective on addiction: Contributions from neuroimaging and cognitive training. *Annals of the New York Academy of Sciences*, 1327, 62-78.

McClure, S. M., Laibson, D. I., Loewenstein, G., & Cohen, J. D. (2004). Separate neural systems value immediate and delayed monetary rewards. *Science*, 306, 503-507.

Moeller, F. G., Barratt, E. S., Dougherty, D. M., Schmitz, J. M., & Swann, A. C. (2001). Psychiatric aspects of impulsivity. *American Journal of Psychiatry*, 158, 1783-1793.

Monden, Y., Dan, H., Nagashima, M., Dan, I., Kyutoku, Y., Okamoto, M., Yamagata, T., Momoi, M. Y., & Watanabe, E. (2012). Clinically-oriented monitoring of acute effects of methylphenidate on cerebral hemodynamics in AD/HD children using fNIRS. *Clinical Neurophysiology*, 123, 1147-1157.

Monterosso, J. R., Ainslie, G., Xu, J., Cordova, X., Domier, C. P., & London, E. D. (2007). Frontoparietal cortical activity of methamphetamine-dependent and comparison subjects performing a delay discounting task. *Human Brain Mapping*, 28, 383-393.

Nichols, S. L., & Waschbusch, D. A. (2004). A review of the validity of laboratory cognitive tasks used to assess symptoms of ADHD. *Child Psychiatry and Human Development*, 34, 297-315.

Nigg, J. T. (2005). Neuropsychologic theory and findings in attention-deficit/hyperactivity disorder: The state of the field and salient challenges for the coming decade. *Biological Psychiatry*, 57, 1424-1435.

Nigg, J. T., Willcutt, E. G., Doyle, A. E., & Sonuga-Barke, E. J. (2005). Causal heterogeneity in attention-deficit/hyperactivity disorder: Do we need neuropsychologically impaired subtypes? *Biological Psychiatry*, 57, 1224-1230.

O'Doherty, J., Dayan, P., Schultz, J., Deichmann, R., Friston, K., & Dolan, R. J. (2004). Dissociable roles of ventral and dorsal striatum in instrumental conditioning. *Science*, 304, 452-454.

Okamoto, M., Dan, H., Sakamoto, K., Takeo, K., Shimizu, K., Kohno, S., Oda, I., Isobe, S., Suzuki, T., Kohyama, K., & Dan, I. (2004). Three-dimensional probabilistic anatomical cranio-cerebral correlation via the international 10-20 system oriented for transcranial functional brain mapping. *Neuroimage*, 21, 99-111.

Padoa-Schioppa, C., & Assad, J. A. (2006). Neurons in orbitofrontal cortex encode economic value. *Nature*, 441, 223-226.

Padoa-Schioppa, C., & Assad, J. A. (2008). The representation of economic value in the orbitofrontal cortex is invariant for changes of menu. *Nature Neuroscience*, 11, 95-102.

Palombo, D. J., Keane, M. M., & Verfaellie, M. (2015). The medial temporal lobes are critical for reward-based decision making under conditions that promote episodic future thinking. *Hippocampus*. 25, 345-353.

Pan, W. X., Schmidt, R., Wickens, J. R., & Hyland, B. I. (2005). Dopamine cells respond to predicted events during classical conditioning: Evidence for eligibility traces in the reward-learning network. *Journal of Neuroscience*, 25, 6235-6242.

Park, S. Q., Kahnt, T., Beck, A., Cohen, M. X., Dolan, R. J., Wrase, J., & Heinz, A. (2010). Prefrontal cortex fails to learn from reward prediction errors in alcohol dependence. *Journal of Neuroscience*, 30, 7749-7753.

Patros, C. H., Alderson, R. M., Kasper, L. J., Tarle, S. J., Lea, S. E., & Hudec, K. L. (2016). Choice-impulsivity in children and adolescents with attention-deficit/hyperactivity disorder (ADHD): A meta-analytic review. *Clinical Psychology Review*, 43, 162-174.

Patros, C. H., Alderson, R. M., Lea, S. E., Tarle, S. J., Kasper, L. J., & Hudec, K. L. (2015). Visuospatial working memory underlies choice-impulsivity in boys with attention-deficit/hyperactivity disorder. *Research in Developmental Disabilities*, 38C, 134-144.

Patton, J. H., Stanford, M. S., & Barratt, E. S. (1995). Factor structure of the Barratt impulsiveness scale. *Journal of Clinical Psychology*, 51, 768-774.

Peters, J., & Büchel, C. (2009). Overlapping and distinct neural systems code for subjective value during intertemporal and risky decision making. *Journal of Neuroscience*, 29, 15727-15734.

Peters, J., & Büchel, C. (2010a). Episodic future thinking reduces reward delay discounting through an enhancement of prefrontal-mediotemporal interactions. *Neuron*, 66, 138-148.

Peters, J., & Büchel, C. (2010b). Neural representations of subjective reward value. *Behavioural Brain Research*, 213 (2), 135-141. doi: 10. 1016/j.bbr.2010. 04. 031. Epub 2010 Apr 24.

Peters, J., & Büchel, C. (2011). The neural mechanisms of inter-temporal decision-making: Understanding variability. *Trends in Cognitive Sciences*, 15, 227-239.

Petry, N. M. (2001). Delay discounting of money and alcohol in actively using alcoholics, currently abstinent alcoholics, and controls. *Psychopharmacology*, 154, 243-250.

Pine, A., Seymour, B., Roiser, J. P., Bossaerts, P., Friston, K. J., Curran, H. V., & Dolan, R. J. (2009). Encoding of marginal utility across time in the human brain. *Journal of Neuroscience*, 29, 9575-9581.

Pitts, R. C., & McKinney, A. P. (2005). Effects of methylphenidate and morphine on delay-discount functions obtained within sessions. *Journal of the Experimental Analysis of Behavior*, 83, 297-314.

Plichta, M. M., & Scheres, A. (2014). Ventral-striatal responsiveness during reward anticipation in ADHD and its relation to trait impulsivity in the healthy population: A meta-analytic review of the fMRI literature. *Neuroscience and Biobehavioral Reviews*, 38, 125-134.

Plichta, M. M., Vasic, N., Wolf, R. C., Lesch, K. P., Brummer, D., Jacob, C., Fallgatter, A. J., & Grön, G. (2009). Neural hyporesponsiveness and hyperresponsiveness during immediate and delayed reward processing in adult attention-deficit/hyperactivity disorder. *Biological Psychiatry*, 65, 7-14.

Pochon, J. B., Riis, J., Sanfey, A. G., Nystrom, L. E., & Cohen, J. D. (2008). Functional imaging of decision conflict. *Journal of Neuroscience*, 28, 3468-3473.

Price, J. L., & Drevets, W. C. (2010). Neurocircuitry of mood disorders. *Neuropsychopharmacology*, 35, 192-216.

Reynolds, B., Richards, J. B., & De Wit, H. (2006). Acute-alcohol effects on the experiential discounting task (EDT) and a question-based measure of delay discounting. *Pharmacology, Biochemistry and Behavior*, 83, 194-202.

Reynolds, B., & Schiffbauer, R. (2004). Measuring state changes in human delay discounting: An experiential discounting task. *Behavioural Processes*, 67, 343-356.

Robinson, E. S., Eagle, D. M., Mar, A. C., Bari, A., Banerjee, G., Jiang, X., Dalley, J. W., & Robbins, T. W. (2008).

Similar effects of the selective noradrenaline reuptake inhibitor atomoxetine on three distinct forms of impulsivity in the rat. *Neuropsychopharmacology*, 33, 1028-1037.
Rubia, K., Alegria, A. A., Cubillo, A. I., Smith, A. B., Brammer, M. J., & Radua, J. (2014). Effects of stimulants on brain function in attention-deficit/hyperactivity disorder: A systematic review and meta-analysis. *Biological Psychiatry*, 76, 616-628.
Rubia, K., Halari, R., Christakou, A., & Taylor, E. (2009). Impulsiveness as a timing disturbance: Neurocognitive abnormalities in attention-deficit hyperactivity disorder during temporal processes and normalization with methylphenidate. *Philosophical Transactions of the Royal Society B: Biological Sciences*, 364, 1919-1931.
佐伯大輔（2010）．価値割引の心理学　昭和堂
Sagvolden, T., Aase, H., Zeiner, P., & Berger, D. (1998). Altered reinforcement mechanisms in attention-deficit/hyperactivity disorder. *Behavioural Brain Research*, 94, 61-71.
Sagvolden, T., Johansen, E. B., Aase, H., & Russell, V. A. (2005). A dynamic developmental theory of attention-deficit/hyperactivity disorder (ADHD) predominantly hyperactive/impulsive and combined subtypes. *Behavioral and Brain Sciences*, 28, 397-419; discussion 419-468.
Samejima, K., Ueda, Y., Doya, K., & Kimura, M. (2005). Representation of action-specific reward values in the striatum. *Science*, 310, 1337-1340.
Schacter, D. L., Addis, D. R., & Buckner, R. L. (2007). Remembering the past to imagine the future: The prospective brain. *Nature Reviews Neuroscience*, 8, 657-661.
Schel, M. A., Scheres, A., & Crone, E. A. (2014). New perspectives on self-control development: Highlighting the role of intentional inhibition. *Neuropsychologia*, 65, 236-246.
Scheres, A., Dijkstra, M., Ainslie, E., Balkan, J., Reynolds, B., Sonuga-Barke, E., & Castellanos, F. X. (2006). Temporal and probabilistic discounting of rewards in children and adolescents: Effects of age and ADHD symptoms. *Neuropsychologia*, 44, 2092-2103.
Scheres, A., Milham, M. P., Knutson, B., & Castellanos, F. X. (2007). Ventral striatal hyporesponsiveness during reward anticipation in attention-deficit/hyperactivity disorder. *Biological Psychiatry*, 61, 720-724.
Scheres, A., Tontsch, C., & Thoeny, A. L. (2013). Steep temporal reward discounting in ADHD-Combined type: Acting upon feelings. *Psychiatry Research*, 209, 207-213.
Scheres, A., Tontsch, C., Thoeny, A. L., & Kaczkurkin, A. (2010). Temporal reward discounting in attention-deficit/hyperactivity disorder: The contribution of symptom domains, reward magnitude, and session length. *Biological Psychiatry*, 67, 641-648.
Schultz, W. (1998). Predictive reward signal of dopamine neurons. *Journal of Neurophysiology*, 80, 1-27.
Sellitto, M., Ciaramelli, E., & di Pellegrino, G. (2010). Myopic discounting of future rewards after medial orbitofrontal damage in humans. *Journal of Neuroscience*, 30, 16429-16436.
Shamosh, N. A., Deyoung, C. G., Green, A. E., Reis, D. L., Johnson, M. R., Conway, A. R., Engle, R. W., Braver, T. S., & Gray, J. R. (2008). Individual differences in delay discounting: Relation to intelligence, working memory, and anterior prefrontal cortex. *Psychological Science*, 19, 904-911.
Shiels, K., Hawk, L. W. Jr., Reynolds, B., Mazzullo, R. J., Rhodes, J. D., Pelham, W. E. Jr., Waxmonsky, J. G., & Gangloff, B. P. (2009). Effects of methylphenidate on discounting of delayed rewards in attention deficit/hyperactivity disorder. *Experimental and Clinical Psychopharmacology*, 17, 291-301.
Slezak, J. M., & Anderson, K. G. (2011). Effects of acute and chronic methylphenidate on delay discounting. *Pharmacology Biochemistry and Behavior*, 99, 545-551.
Slezak, J. M., Ricaurte, G. A., Tallarida, R. J., & Katz, J. L. (2014). Methylphenidate and impulsivity: A comparison of effects of methylphenidate enantiomers on delay discounting in rats. *Psychopharmacology*, 231, 191-198.
Smith, J. L., Mattick, R. P., Jamadar, S. D., & Iredale, J. M. (2014). Deficits in behavioural inhibition in substance abuse and addiction: A meta-analysis. *Drug and Alcohol Dependence*, 145, 1-33.
Sonuga-Barke, E. J. (2003). The dual pathway model of AD/HD: An elaboration of neuro-developmental characteristics. *Neuroscience and Biobehavioral Reviews*, 27, 593-604.
Sonuga-Barke, E. J., Houlberg, K., & Hall, M. (1994). When is "impulsiveness" not impulsive? The case of hyperactive children's cognitive style. *Journal of Child Psychology and Psychiatry*, 35, 1247-1253.

文　献

Sonuga-Barke, E. J., Taylor, E., Sembi, S., & Smith, J. (1992). Hyperactivity and delay aversion-I. The effect of delay on choice. *Journal of Child Psychology and Psychiatry, 33*, 387–398.

Stanford, M. S., Mathias, C. W., Dougherty, D. M., Lake, S. L., Anderson, N. E., & Patton, J. H. (2009). Fifty years of the Barratt Impulsiveness Scale: An update and review. *Personality and Individual Differences, 47*, 385–395.

Sun, H., Cocker, P. J., Zeeb, F. D., & Winstanley, C. A. (2012). Chronic atomoxetine treatment during adolescence decreases impulsive choice, but not impulsive action, in adult rats and alters markers of synaptic plasticity in the orbitofrontal cortex. *Psychopharmacology, 219*, 285–301.

Sun, W., & Rebec, G. V. (2006). Repeated cocaine self-administration alters processing of cocaine-related information in rat prefrontal cortex. *Journal of Neuroscience, 26*, 8004–8008.

Tanno, T., Maguire, D. R., Henson, C., & France, C. P. (2014). Effects of amphetamine and methylphenidate on delay discounting in rats: Interactions with order of delay presentation. *Psychopharmacology, 231*, 85–95.

Tripp, G., & Wickens, J. R. (2008). Research review: Dopamine transfer deficit: A neurobiological theory of altered reinforcement mechanisms in ADHD. *Journal of Child Psychology and Psychiatry, 49*, 691–704.

Upadhyaya, H. P., Desaiah, D., Schuh, K. J., Bymaster, F. P., Kallman, M. J., Clarke, D. O., Durell, T. M., Trzepacz, P. T., Calligaro, D. O., Nisenbaum, E. S., Emmerson, P. J., Schuh, L. M., Bickel, W. K., & Allen, A. J. (2013). A review of the abuse potential assessment of atomoxetine: A nonstimulant medication for attention-deficit/hyperactivity disorder. *Psychopharmacology, 226*, 189–200.

Urcelay, G. P., & Dalley, J. W. (2009). Linking ADHD, impulsivity, and drug abuse: A neuropsychological perspective. *Current Topics in Behavioral Neurosciences, 9*, 173–197.

van Gaalen, M. M., van Koten, R., Schoffelmeer, A. N., & Vanderschuren, L. J. (2006). Critical involvement of dopaminergic neurotransmission in impulsive decision making. *Biological Psychiatry, 60*, 66–73.

Verbruggen, F., Adams, R., & Chambers, C. D. (2012). Proactive motor control reduces monetary risk taking in gambling. *Psychological Science, 23*, 805–815.

Verbruggen, F., Adams, R. C., van't Wout, F., Stevens, T., McLaren, I. P., & Chambers, C. D. (2013). Are the effects of response inhibition on gambling long-lasting? *PLoS One, 8*, e70155. doi: 10.1371/journal.pone.0070155.

Verdejo-García, A., Lawrence, A. J., & Clark, L. (2008). Impulsivity as a vulnerability marker for substance-use disorders: Review of findings from high-risk research, problem gamblers and genetic association studies. *Neuroscience and Biobehavioral Reviews, 32*, 777–810.

Wesley, M. J., & Bickel, W. K. (2014). Remember the future II: Meta-analyses and functional overlap of working memory and delay discounting. *Biological Psychiatry, 75*, 435–448.

White, S. F., Clanton, R., Brislin, S. J., Meffert, H., Hwang, S., Sinclair, S., & Blair, R. J. (2014). Reward: Empirical contribution. Temporal discounting and conduct disorder in adolescents. *Journal of Personality Disorders, 28*, 5–18.

Whiteside, S. P., & Lynam, D. R. (2001). The five factor model and impulsivity: Using a structural model of personality to understand impulsivity. *Personality and Individual Differences, 30*, 669–689.

Wilbertz, G., Trueg, A., Sonuga-Barke, E. J., Blechert, J., Philipsen, A., & Tebartz van Elst, L. (2013). Neural and psychophysiological markers of delay aversion in attention-deficit hyperactivity disorder. *Journal of Abnormal Psychology, 122*, 566–572.

Wilens, T. E. (2008). Effects of methylphenidate on the catecholaminergic system in attention-deficit/hyperactivity disorder. *Journal of Clinical Psychopharmacology, 28*, S46–53.

Wittmann, M., Leland, D. S., & Paulus, M. P. (2007). Time and decision making: Differential contribution of the posterior insular cortex and the striatum during a delay discounting task. *Experimental Brain Research, 179*, 643–653.

Yi, R., Gatchalian, K. M., & Bickel, W. K. (2006). Discounting of past outcomes. *Experimental and Clinical Psychopharmacology, 14*, 311–317.

Zelazo, P. D., & Cunningham, W. (2007). Executive function: Mechanisms underlying emotion regulation. In J. Gross (Ed.), *Handbook of emotion regulation* (pp. 135–158). New York: Guilford.

第18章

Ainslie, G. (1974). Impulse control in pigeons. *Journal of the Experimental Analysis of Behavior*, 21, 485-489.
Baum, W. M., & Rachlin, H. C. (1969). Choice as time allocation. *Journal of the Experimental Analysis of Behavior*, 12, 861-874.
Budescu, D. V., & Fischer, I. (2001). The same but different: An empirical examination of the reducibility principle. *Journal of Behavioral Decision Making*, 14, 187-206.
Doughty, A. H., Meginley, M. E., Doughty, S. S., & Lattal, K. A. (2004). Psychological distance to reward: Equating the number of stimulus and response segments. *Behavioural Processes*, 66 (2), 73-82.
Green, L., Fisher Jr. E. B., Perlow, S., & Sherman, L. (1981). Preference reversal and self-control: Choice as a function of reward amount and delay. *Behaviour Analysis Letters*, 1, 43-51.
Hackenberg, T. D. (2009). Token reinforcement: A review and analysis. *Journal of the Experimental Analysis of Behavior*, 91, 257-286.
Herrnstein, R. J. (1982). Melioration as behavioral dynamism. In M. L. Commons, R. J. Herrnstein, & H. Rachlin (Eds.), *Matching and maximizing accounts* (pp. 433-458). Cambridge, MA: Ballinger.
Herrnstein, R. J., Loewenstein, G. F., Prelec, D., & Vaughan, W. Jr. (1993). Utility maximization and melioration: Internalities in individual choice. *Journal of Behavioral Decision Making*, 6, 149-185.
Herrnstein, R. J., & Prelec, D. (1992). A theory of addiction. In G. F. Loewenstein, & J. Elster (Eds.), *Choice over time* (pp. 331-360). New York: Russell Sage Foundation.
Kudadjie-Gyamfi, E., & Rachlin, H. (1996). Temporal patterning in choice among delayed outcomes. *Organizational Behavior and Human Decision Processes*, 65, 61-67.
Logue, A. W. (1995). *Self-control: Waiting until tomorrow for what you want today*. Englewood Cliffs, NJ: Prentice Hall.
Mazur, J. E. (1987). An adjusting procedure for studying delayed reinforcement. In M. L. Commons, J. E. Mazur, J. A. Nevin, & H. Rachlin (Eds.), *Quantitative analyses of behavior, Vol. 5: The effect of delay and of intervening events on reinforcement value* (pp. 55-73). Hillsdale, NJ: Lawrence Erlbaum Associates.
Rachlin, H., & Green, L. (1972). Commitment, choice and self-control. *Journal of the Experimental Analysis of Behavior*, 17, 15-22.
Ronen, J. (1973). Effects of some probability displays on choices. *Organizational Behavior and Human Performance*, 9, 1-15.
Sakagami, T., Kato, C., & Shi, X. (2015). Post-reinforcement cost does not affect choice behavior. *Poster presentation at Eighth International Conference of Association for Behavior Analysis* (Kyoto, Japan, September 27-29).
坂上貴之・楚良詩織 (2013). もう1つの自己制御パラダイム―連鎖スケジュール成分の入れ替えの効果― 日本行動分析学会第31回年次大会発表論文集, p. 80.
Shi, X., & Sakagami, T. (2014). The analysis of choice behavior in multi-stage gambles. *Poster presentation at 40th Annual Convention of Association for Behavior Analysis International* (Chicago, USA).
時　曉聰・坂上貴之 (2014). 確率的な多段階選択場面におけるラットの選択行動　日本行動分析学会第32回年次大会発表論文集
Siegel, E., & Rachlin, H. (1995). Soft commitment: Self-control achieved by response persistence. *Journal of the Experimental Analysis of Behavior*, 64, 117-128.
Skinner, B. F. (1953). *Science and human behavior*. New York: Macmillan. (河合伊六・長谷川芳典・高山巌・藤田継道・園田順一・平川忠敏・杉若弘子・藤本光孝・望月　昭・大河内浩人・関口由香 (訳) (2003). 科学と人間行動　二瓶社)
Stephens, D. W., & Anderson, D. (2001). The adaptive value of preference for immediacy: When shortsighted rules have farsighted consequences. *Behavioral Ecology*, 12, 330-339.
Takahashi, M. (1996). Schedule segmentation and delay-reduction theory. *Behavioural Processes*, 36, 263-275.
Watson, D. L., & Tharp, R. G. (2007). *Self-directed behavior* (9th ed.). Belmont, CA: Wadsworth.
Yankelevitz, R. L., Bullock, C. E., & Hackenberg, T. D. (2008). Reinforcer accumulation in a token-reinforcement context. *Journal of the Experimental Analysis of Behavior*, 90, 283-299.

索引

●あ
ISA（個人貯蓄口座）　44
IFG　⇒下前頭回
アイゼンク衝動性質問紙　292
アイゼンク衝動性尺度　32
アイゼンク性格検査　32
曖昧性　275
後でもらえる大きな報酬　17　⇒遅延される大きな報酬
アドヒアランス　152, 173, 174
アトモキセチン　309
アノマリー　269, 276　⇒変則事象
アメリカ糖尿病予防プログラム　170
アルコール依存　165
　――患者　299, 302
　――者　251, 258
アルコール乱用者　232
アルツハイマー病　303
αアミラーゼ　275
アレの反例　277
アンダーマッチング　10

●い
異時間点　303
　――選択　95, 268, 272
　――選択課題　290, 308
意志力　84, 86
依存　227
依存症　227
1型糖尿病　161
　――患者　162
1次性強化子　17, 38
一夜漬け　134
一般化対応法則　9
一般性セルフ・エフィカシー尺度　76
医療者決定型医療　150
色分け表示　180
飲酒　26, 34

●う
インストア実験　182
インフォームド・チョイス　168
インフォームドディシジョンモデル　151

ウェーバー・フェヒナー則　284
うつ　172, 273
裏切り　95
運動性　291
運動的衝動性　37

●え
ASD　⇒自閉症スペクトラム障害
ADHD　⇒注意欠如・多動性障害
栄養成分表示　176
ACC　⇒前帯状皮質
AUC　⇒曲線下面積
エインスリーの自己制御手続き　315
エゴ・セントリックな自己制御　330, 331
SS＼LL 選択パラダイム　316
エストラジオール　273, 274, 288
NMDA 型受容体　288
n-back 課題　300
エピソード付加効果　303, 304
fMRI　⇒機能的核磁気共鳴画像法
MOFC　⇒内側前頭眼窩皮質
MPFC　⇒内側前頭前皮質
LPFC　⇒外側前頭前皮質
嚥下障害　215
エンパワーメント　168

●お
オーバーマッチング　10
オッズ・アゲインスト（負け目）　278, 285
オピオイド依存症　232
オプトアウト方式　43, 61
オプトイン方式　61
オペラント条件づけ　3

索引

オペラント反応　3

●か
外側前頭前皮質（lateral prefrontal cortex: LPFC）
　　295, 296, 307, 311
外的手がかり　196
外的要因による行動のコントロール　75
介入　137, 138
海馬　302, 304
改良型セルフ・コントロール　75
学業成績（GPA）　108, 120, 129
学習意欲　108
学習記録表　134
学習時間　135
覚せい剤精神病　227
拡張能動的選択　62
確定拠出型年金　59
確率加重関数，確率ウェイト関数　41, 277, 278
確率割引　94, 110, 254, 258, 279
過去割引　259
カジノ　230
過剰なコントロール　78
過食行動　4
下前頭回（inferior frontal gyrus: IFG）　298, 309, 311
仮想報酬　310
価値　319
価値関数　41, 269, 277
価値評価　294
　　──ネットワーク　297
価値割引　23, 101, 176
葛藤　304
渇望　227
カフェテリア　181
株式ポートフォリオ　46
株式リスク・プレミアム　45, 47
　　──のパズル　44, 45
カロリー表示　176
簡易版遅延割引質問紙　28
眼窩前頭皮質　286　⇒前頭眼窩皮質
患者参加型医療　151
完全版遅延割引質問紙　26
感応度逓減　41

●き
危険ドラッグ　229
器質的口腔ケアプログラム　215
期待効用理論　41, 275
喫煙　20, 25, 34, 50, 96
　　──者　303
　　──切望　299
機能的核磁気共鳴画像法（functional Magnetic Resonance Imaging: fMRI）　290, 303, 307
機能的口腔ケアプログラム　218
気晴らし　187
気分の変わりやすさ　244
ギャンブル課題　301
ギャンブル障害　228, 232, 261
QOL　⇒生活の質
q-指数関数時間割引モデル　270
教育　6, 255
　　──水準　130
　　──法　166
　　──レベル　162
強化　4, 119
強化子　3
強化随伴性　92, 118, 123, 157
強化遅延勾配　306
強化に対する態度　10
強化法　169, 218
矯正　236
協調　95
共分散構造分析　208
局所的報酬密度　87
曲線下面積（Area Under the Curve: AUC）　27, 133, 248, 263, 293
巨視的な最大化　18
拒否感受性　111
禁煙　4-6
近視眼的損失回避性　44, 46, 48
近赤外分光法　311
禁断症状　227, 231

●く
空間スパン課題　306
クレジットカード　53, 58, 182, 184

●け

経済的状況　130
経済的レベル　163
経頭蓋磁気刺激法　275
ゲーム依存　266
ゲーム理論　95
結果受容期　89　⇒後期段階
決定価値　297
嫌悪感　280
限界消費性向　54
健康行動に対するセルフ・エフィカシー　166
健康信念モデル　156
言語的強化子　88
言語的教示　119
言語的賞賛　157
言語的説得　156, 167
現在バイアス選好　51, 53, 55, 179
現状維持バイアス　61

●こ

後期段階　12
口腔保健行動　205
口腔保健行動評価尺度　206
攻撃行動　111
交差価格弾力性　230
恒常所得仮説　53
構造方程式モデリング　171
後帯状皮質（posterior cingulate cortex: PCC）　273, 295, 295
行動経済学　39, 40, 229, 281
行動契約　5, 159
行動ゲーム　40
行動コスト　229
行動修正　2
行動神経経済学　40
行動的介入　168
行動の相対性　88
行動パッケージ　168
行動ファイナンス　39, 40
行動リハーサル　119
公平性　280
効用　269
効用主義　282

功利主義　282
合理性　88
合理的経済人（ホモ・エコノミクス）　40
合理的嗜癖　228
合理的中毒理論　272
Go/No-go 課題　293
コーピング　6, 165, 170, 173
コールドプレッサーテスト　66
コカイン依存症　232
コカイン乱用　300
心の会計理論　40
個人間ジレンマ　95
個人内ジレンマ　95
子育てモデル　242
コミットメント　51, 242, 322　⇒先行拘束
コルチゾール　273, 274
コルチゾン　273
コンビニエンスストア　197
コンプライアンス　152

●さ

再検査信頼性　31
サウスオーク・ギャンブリング・スクリーン（South Oaks Gambling Screen）　263
先にもらえる小さな報酬　17
作業記憶　300
　──課題　300
　──キャパシティ　301
　──訓練　302
参照点　41
漸進的遅延強化スケジュール　114

●し

ジアゼパム　230
CPT　⇒連続遂行テスト
シールの添付　157
シェアードディシジョンモデル　151
シェパード錯視　194
時間整合性　269, 272, 287
時間整合的　51
時間選好　269
時間的見通し　309
時間非整合性　270, 287

385

索 引

時間非整合的　51
刺激制御法　4, 169
刺激欲求尺度　250
思考制御　6
自己観察　5
自己監視　5, 157, 169
自己管理　2, 162
自己強化　5, 79
自己教示　6
自己記録　5, 218
　——表　221
自己拘束　93　⇒コミットメント
自己効力感　73, 76, 156, 165, 167, 172-174
自己制御尺度　210
自己調整　2, 301
自己陳述　73
自己罰　79
自己評価　79
自己報酬　5
自殺　233
自殺関連遺伝子　274
資産の流動性　52
事象関連電位　297
指数関数割引モデル　16
指数割引　231, 269, 284
　——関数　51, 54
自尊感情　110
実行機能　300
実際報酬　310
自動的態度　301
自動登録制　61
児童用遅延割引質問紙　102, 104, 107
自閉症スペクトラム障害（Autistic Spectrum Disorders: ASD）　93, 113, 114, 293
嗜癖　228, 324
社会化　84, 98, 242
社会適応　99
社会的絆　243
社会的距離　281, 286
社会的サポート　164, 169, 173
社会的スキル訓練　118
社会的選好　279
社会割引　94, 106, 110, 285

　——モデル　281
借金行動　55
終環　321　⇒後期段階
囚人のジレンマゲーム　96, 97
収入　255
主観確率　278
主観等価点　115
熟慮性―衝動性　293
需要の法則　229
準双曲割引関数　54
小学生用社会的スキル尺度　119
条件性強化子呈示　88
衝動性　13, 25, 269, 272, 279, 291
衝動制御の失敗　254
衝動逓減性　272
情動的サポート　164
消費　229
情報収集課題　293
情報的サポート　164
情報・動機づけ・行動技能モデル　173
初環　321　⇒前期段階
食選択　176
食器のサイズ　192
迅速登録方式　62
身体依存　227
心的時間旅行　303
信頼性　31
心理時間　284

●す
垂直水平錯視　194
随伴性契約　5
随伴性設定　88
スーパーマーケット　197
スティーヴンスのべき乗則　285
ステロイドホルモン　273
ストップシグナル課題　293, 301, 306
ストレス　173
ストレスホルモン　274, 288
スマーター・ランチルーム運動　181
SMartT プラン　63
SMARPP　239

索　引

●せ

生活の質（Quality of Life: QOL）　151, 172, 174, 204
性感染症予防　165
制御される行動　314　⇒被制御行動
制御する行動（制御行動）　157, 314
成功体験　156, 167
精神依存　227
精神神経薬理学的方法　288
正の強化　4
生理的情動的状態の管理　168
生理的・情動的変化　156
セルフ・コントロール　2, 13
セルフ・コントロール・アンド・セルフ・マネージメント・スケール（Self-Control and Self-Management Scale）　78
セルフ・コントロール尺度　244
セルフ・コントロール・スケジュール　73
セルフ・コントロールの構造教育　93
セルフ・コントロール・レイティング・スケール（Self-Control Rating Scale）　69
セルフ・モニタリング　79　⇒自己監視
セロトニン　233, 273, 288
前期段階　12
選好　6
選好逆転（選好の逆転）　15, 17, 51, 126, 179, 233, 246, 266, 269
先行拘束　14, 185　⇒コミットメント
先行子操作　91
潜在連合テスト　301
線条体　233, 286, 309
喘息　165
前帯状皮質（anterior cingulate cortex: ACC）　278, 286, 304
全体的報酬密度　87
全体の見方　118, 123
選択　294
　　──課題　300, 303
　　──期　89　⇒前期段階
選択行動　2, 6
　　──パラダイム　99
選択肢の数　63
選択衝動性　293

前頭葉　286
前頭眼窩皮質　307, 309
前頭前野　282
前頭皮質　286
前頭葉　280
先憂によるリスク回避　279
前立腺癌　165
洗練された双曲割引者　51, 55

●そ

双曲線関数　24, 25, 27, 103, 129
　　──割引モデル　16
双曲割引　53, 55, 231, 284
　　──関数　51, 58
　　──モデル　269
素行障害　294
ソフト・コミットメント　322
損失　41
損失回避性　42, 61, 182

●た

ダイエット　186
対応法則　8
帯状回　282
代替財　230
代替薬　231
代理的経験　156, 167
他行動　21
他行動強化法　88
タバコ　198
単価　229
単純な双曲割引者　51, 55

●ち

地域包括ケアシステム　147, 201
遅延価値割引　129, 132, 133, 262
遅延嫌悪　254, 306
遅延減少仮説　12
遅延されない小さな報酬　12　⇒先にもらえる小さな報酬
遅延される大きな報酬　12　⇒後でもらえる大きな報酬
遅延時間　179

索 引

遅延報酬割引　231
遅延割引　23, 101, 258, 268, 290, 308, 310
遅延割引質問紙　24
遅延割引率　94, 251　⇒割引率
逐次改良理論　323
知的行動介入　6
チャイルド・セルフ・コントロール・レイティング・スケール (Child Self-Control Rating Scale)　72
チャイルド・パーシーブド・セルフ・コントロール・スケール (Children's Perceived Self-Control Scale)　70
注意欠如・多動性障害　22, 93, 113, 138, 293, 305
注意性　291
抽象化　188
中枢刺激薬　309
中退　111
中毒　227
調整型―改良型セルフ・コントロール尺度　33, 213　⇒レドレッシブ・リフォーマティブ・セルフ・コントロール・スケール
調整型セルフ・コントロール　75
調整遅延手続き　36, 252
調整法　115
調整量手続き　36, 101
貯蓄　59

● て

DSM-5　257
DSM-Ⅳ　257
DLPFC　⇒背外側前頭前皮質
ティーチャーズ・セルフ・コントロール・レイティング・スケール (Teacher's Self-Control Rating Scale)　70
テストステロン　273, 274
デビッドカード　182, 185
デフォルト　60, 198
δシステム　296
デルブフ錯視　195
てんかん　165

● と

動因 (drive) 操作　91
同画探索テスト　66, 293
動機づけ面接　6, 168, 170
道具的サポート　164
頭頂間溝皮質　295
糖尿病　161
糖尿病エンパワーメント尺度　165
糖尿病患者のためのセルフ・エフィカシー尺度　166
糖尿病管理の能力感尺度　165
糖尿病自己管理の自己効力感尺度　165
糖尿病の食事自己管理についての自己効力感尺度　166
島皮質　280
トークン　137
トークン強化スケジュール　325
トータル・セルフ・コントロール・スケール (Total Self-Control Scale)　77
ドーパミン　273, 288, 304, 308, 309
ドーパミンＤ１受容体　278
ドーパミントランスポーター　309
独立財　230
独立性公理　276

● な

内臓要因　282
内側前頭眼窩皮質 (medial perfrontal cortex: MPFC)　295, 296
内側前頭前皮質 (medial prefrontal cortex: MPFC)　273
内側側頭葉 (medial temporal lobe: MTL)　304
ナイト流の不確実性　275

● に

NISA (少額投資非課税制度)　44
２型糖尿病　161, 162
ニコチン依存　165, 259
２次性強化子　38
二重経路モデル　307
２段階説　100
日本語版SOGS　263

索 引

日本版401(k)プラン　59
乳癌自己検査　165
認知行動療法　168, 237
認知的介入　170
認知的再体制化　6, 170
認知的熟慮性―衝動性尺度　33
認知的能力　130

●ね
妬み　280
ネット依存　266
年金制度　59

●の
能動的決定　62
能動的選択　62
ノルアドレナリン　309
ノルアドレナリントランスポーター　309

●は
背外側前頭前皮質（dorsolateral prefrontal cortex: DLPFC）　275, 298, 300, 302, 309, 311
背側線条体　307
パターナリズム　145
パチスロ　230
パチンコ　230
罰　4
発達障害児　113
パッチ利用パラダイム　324
バラット衝動性尺度　32, 291 ⇒ BIS 尺度
犯罪の一般理論　237, 242
反応形成　92
反応努力　91
反応抑制　293, 306
反応抑制訓練　301
反犯罪性思考プログラム　238
反復経頭蓋磁気刺激　299

●ひ
BIS 尺度　37　⇒バラット衝動性尺度
BMI　163, 166, 167, 172, 174
PCC　⇒後帯状皮質

非流動性資産　52
被制御行動　157⇒制御される行動
非中枢刺激薬　309
肥満　4, 6, 176, 186
肥満者　305
病的ギャンブラー　120, 262, 293, 300
病的賭博　227
病的なゲーム依存　293

●ふ
ファストフード　189, 197, 198
不安　109, 172
VS　⇒腹側線条体
VS-VMPFC ネットワーク　296
VMPFC　⇒腹内側前頭前皮質
VTA　⇒腹側被蓋野
フェイディング法　19, 92
複合くじ　329
複数信号表示　178
腹側線条体（ventral striatum: VS）　273, 286, 287, 295, 299, 307, 308-310
腹側被蓋野（ventral tegmental area: VTA）　281, 304, 308
腹内側前頭前皮質（bentromedial prefrontal cortex: VMPFC）　287, 295, 298, 299, 309
物質関連障害　261
物質関連障害および嗜癖性障害群　228
物質使用障害　228
物質乱用者　293
負の強化　4
負の強化子　17
ブプレノルフィン　231
部分的に単純な消費者　56
部分的に単純な双曲割引者　57
不明化　187, 198
ブリーフ・セルフ・コントロール・スケール（Brief Self-Control Scale）　77
プリムローズ・パス（魅惑的だが危険な道）　323
PRECEDE-PROCEED モデル　203
プロスペクト理論　39-41, 277
分割効果　328
分割提示　139

索 引

●へ
並立スケジュール　7, 320
並立連鎖スケジュール　89, 320
並列連鎖強化スケジュール　12
β-δ モデル　295
HbA1c　162, 167, 168, 172, 173
ヘルス・ローカス・オブ・コントロール
　　（Health Locus of Control）尺度　213
ヘロイン　230
勉強行動　132, 133
偏好　10
変則事象　40　⇒アノマリー
扁桃体　274, 304, 307, 308
弁別可能性　87
弁別刺激　3, 91, 118, 123

●ほ
報酬感受性　306
報酬結合（報酬結束）　19, 50, 235
報酬密度　87
暴力　37
ポーションサイズ　188, 198
ポーテウス迷路検査　69
補完財　230
保健信念モデル　156
ホット・クールシステム　86

●ま
マシュマロテスト　98
マッチング拠出　60
マリファナ　258
マリファナ依存　165
慢性血液透析患者　157
慢性腰痛　165
満足遅延（満足の遅延）　67, 73, 86, 98

●み
未来についてのエピソード的思考　303
未来表象　303
未来予想　294

●む
無計画性　37, 291

無差別　29

●め
メタドン　231
メチルフェニデート　22, 288, 309

●も
目標設定　5, 6, 157, 168, 171
モデリング　119
問題解決方略　73
問題解決療法　168

●や
薬物依存　257
　　――者　249, 251
　　――離脱指導　239
薬物摂取　26, 34
薬物代替療法　231
薬物乱用　111, 120, 257
　　――者　259

●ゆ
UPPS 衝動的行動尺度　292

●よ
欲求不満耐性　118, 242
４コマ漫画形式の質問紙　104
401（k）プラン　59

●ら
LEARN プログラム　168
ライフサイクル仮説　53
乱用　227

●り
利己性　106
リスク回避　41
リスク志向　41, 254, 279
リスク選好　275
リスク追及　244
離脱　259
　　――症状　227, 231
利得　41

リバタリアン・パターナリズム　41, 43, 61
リボリング払い　53, 55, 55

●る
累積プロスペクト理論　42
ルール支配行動　123

●れ
レドレッシブ・リフォーマティブ・セルフ・コントロール・スケール（Redressive-Reformative Self-Control Scale）　75　⇒調整型—改良型セルフ・コントロール尺度
連続遂行テスト（continuous performance test: CPT）　293

●わ
ワーキングメモリ　120　⇒作業記憶
Y-G 性格検査　107
割引関数　23, 293
割引効用理論　272
割引率　23, 25, 27, 248, 260, 263

◆執筆者一覧（＊は編者）

高橋　雅治＊	旭川医科大学医学部	1章，10章
佐伯　大輔	大阪市立大学大学院文学研究科	2章，14章
井垣　竹晴	流通経済大学流通情報学部	3章，11章
杉若　弘子	同志社大学心理学部	4章
伊藤　正人	大阪市立大学	5章
空間　美智子	京都ノートルダム女子大学現代人間学部	6章，7章
平岡　恭一	弘前大学教育学部	6章，7章，15章
青山　謙二郎	同志社大学心理学部	8章（1・2節）
高木　悠哉	奈良学園大学人間教育学部	8章（3・4節）
飛田　伊都子	滋慶医療科学大学大学院医療管理学研究科	9章
鎌倉　やよい	日本赤十字豊田看護大学看護学部	12章
百瀬　由美子	愛知県立大学看護学部	12章
深田　順子	愛知県立大学看護学部	12章
坂上　貴之	慶應義塾大学文学部	12章，18章
蒲生　裕司	こころのホスピタル町田	13章
高橋　泰城	北海道大学大学院文学研究科	16章
池上　将永	旭川医科大学医学部	17章

◆編者紹介

高橋雅治（たかはし・まさはる）

1957年山梨県生まれ。1986年北海道大学大学院博士後期課程単位取得退学(文学博士)。現在は旭川医科大学医学部教授・放送大学客員教授。専門は学習心理学。

主な著書：
岩本隆茂・高橋雅治（1990）．オペラント心理学―その基礎と応用―（pp. 290）　勁草書房
D. W. シュワーブ・高橋雅治・B. J. シュワーブ・D. A. シュワーブ（2005）．心理学者のためのネットスキル・ガイドブック（pp. 163）　北大路書房
D. W. シュワーブ・B. J. シュワーブ・高橋雅治（2013）．改訂新版　初めての心理学英語論文（pp. 167）　北大路書房
高橋雅治・D. W. シュワーブ・B. J. シュワーブ（2013）．心理学のための英語論文の基本表現（pp. 194）　朝倉書店

主な分担執筆：
「オペラント行動の基礎と臨床」　1986　川島書店
「心理学―基礎と応用―」　1986　医歯薬出版
「わたし そして われわれ」　1988　北大路書房
「行動と体験」　1990　川島書店
「心理学入門」　1993　放送大学教育振興会
「心理学辞典」　1999　有斐閣
「新・心理学の基礎知識」　2004　有斐閣
「意志決定と経済の心理学」　2009　朝倉書店
「行動生物学辞典」　2012　化学同人社
「実験実習で学ぶ心理学の基礎」　2015　金子書房

セルフ・コントロールの心理学
――自己制御の基礎と教育・医療・矯正への応用――

| 2017年5月20日　初版第1刷印刷 | 定価はカバーに表示 |
| 2017年5月30日　初版第1刷発行 | してあります。 |

編著者　　高　橋　雅　治
発行所　　（株）北大路書房

〒603-8303　京都市北区紫野十二坊町12-8
電　話　(075) 431-0361 (代)
ＦＡＸ　(075) 431-9393
振　替　01050-4-2083

Ⓒ2017　　　　　　　　　印刷／製本　亜細亜印刷(株)
検印省略　落丁・乱丁はお取り替えいたします。
ISBN978-4-7628-2973-4　Printed in Japan

・ JCOPY 〈(社)出版者著作権管理機構 委託出版物〉
本書の無断複写は著作権法上での例外を除き禁じられています。
複写される場合は，そのつど事前に，(社)出版者著作権管理機構
（電話 03-3513-6969,FAX 03-3513-6979,e-mail: info@jcopy.or.jp）
の許諾を得てください。